津沽大地上的奋斗足迹

中共天津市委党校（中共天津市委党史研究室）　编

南开大学出版社　　天津出版传媒集团
NANKAI UNIVERSITY PRESS　　天津人民出版社

图书在版编目(CIP)数据

津沽大地上的奋斗足迹 / 中共天津市委党校
(中共天津市委党史研究室)编. -- 天津：南开大学出版
社：天津人民出版社，2025.3. -- ISBN 978-7-310
-06634-6

Ⅰ. D235.21

中国国家版本馆 CIP 数据核字第 2024Y3A233 号

津沽大地上的奋斗足迹

JINGU DADISHANG DE FENDOU ZUJI

南开大学出版社出版发行

出版人：王　康

地址：天津市南开区卫津路 94 号　　邮政编码：300071

营销部电话：(022)23508339　营销部传真：(022)23508542

https://nkup.nankai.edu.cn

天津创先河普业印刷有限公司印刷　全国各地新华书店经销

2025 年 3 月第 1 版　　2025 年 3 月第 1 次印刷

240×170 毫米　16 开本　28.25 印张　3 插页　433 千字

定价：145.00 元

如遇图书印装质量问题，请与本社营销部联系调换，电话：(022)23508339

前　言

中国共产党自 1921 年成立以来，已经走过百余年的奋斗历程。百余年来，中国共产党始终坚持把马克思主义基本原理同中国实际相结合、同中华优秀传统文化相结合，团结带领全国各族人民战胜各种艰难险阻，不断将革命、建设、改革事业推向前进，取得了举世瞩目的辉煌成就。中国共产党不愧是伟大、光荣、正确的马克思主义政党。

2024 年是中国共产党天津地方执行委员会成立 100 周年。百年恰是风华正茂，在 100 年的奋斗历程中，海河儿女在党的领导下，浴血奋战、迎来解放，艰苦创业、走上中国特色社会主义道路，进行改革开放新的伟大革命，团结奋进在新时代，创造了无愧于时代、无愧于人民、无愧于历史的骄人业绩。

习近平总书记指出："只有正确认识历史，才能更好开创未来。"在开启全面建设社会主义现代化国家新征程、向着第二个百年奋斗目标迈进之际，回顾党领导天津人民走过的波澜壮阔的奋斗历程，从党的历史中汲取前行的智慧和力量，继承党的光荣传统和优良作风，对于激励和引导广大党员干部群众铭记历史、不忘初心、牢记使命，为实现中华民族伟大复兴的宏伟目标砥砺前行、接续奋斗，奋力谱写中国式现代化天津篇章，具有重要的历史和现实意义。

编者

2024 年 6 月

目　录

▶▶─────────────────────────────────

新民主主义革命时期

社会主义革命和建设时期

改革开放和社会主义现代化建设新时期

中国特色社会主义新时代

新民主主义
革命时期

五四运动风暴席卷津城

中国在巴黎和会上的外交失败，是五四运动的直接导火线。1919 年 5 月 4 日，北京学生 3000 余人齐集天安门前举行示威，震惊中外的五四运动爆发。次日，天津《大公报》转载了北京学界的通告。通告疾呼："中国的土地可以征服，而不可以断送；中国的人民可以杀戮，而不可以低头；国亡了，同胞起来呀！"一时间，天津各界尤其是爱国学生群情激愤，一场反帝爱国运动风暴拉开序幕。

立即响应五四运动

5 月 5 日开始，天津大中学校学生纷纷行动起来，通过集会、演讲、发通电等方式，给北京学生爱国运动以最早的声援。在不断高涨的爱国热潮中，5 月 14 日，天津学生联合会成立。5 月 25 日，天津女界爱国同志会成立。这两个学生爱国团体成立后，立即组织学生冲出校门走向社会，开展爱国演讲，张贴反帝标语，愤怒声讨北洋政府和帝国主义的罪恶行径。

在爱国学生的影响下，天津工人和各界群众也发起成立了救国十人团、公教救国团等爱国团体，积极开展反帝爱国运动。5 月 30 日，7000 多名码头工人宣布罢工，拒绝装卸日货。天津总商会、直隶省教育会团体和南开学校校长张伯苓等社会贤达也纷纷致电北洋政府和出席巴黎和会的中国专使，坚决反对在巴黎和约上签字，并要求立即罢免曹汝霖、陆宗舆、章宗祥。6 月 9 日，天津各界群众在河北公园（今河北区中山公园）召开公民大会。天津学联副会长马骏登台演讲，呼吁各界民众联合起来，用学生罢课、工人罢工、商界罢市等种种强力手段，敦请北洋政府释放被捕学生，罢免三个卖国贼职务，拒绝在巴黎和约上签字。在爱国学生和各界群众的影响和推动下，总商会决定从 6 月 10 日起罢市。

全国各地反帝浪潮的冲击，尤其是近在咫尺的天津的"不稳之象"，使本来就穷于应付的北洋政府更加惶恐不安，他们不得不下令释放被捕学生，免去曹汝霖、陆宗舆、章宗祥的职务，五四爱国运动取得了初步胜利。

在共同的反帝爱国斗争中，天津各界民众增进了相互了解，加强了联系。6 月 18 日，天津教育界、文化界、工商界、妇女界和宗教界联合成立天津各界联合会，工商界爱国人士卞月庭、教育界爱国人士马千里分任正副会长，全市的各支爱国力量紧紧地团结起来。

6 月中旬，北洋政府无视全国人民的反对，悍然决定在巴黎和约上签字。消息传来，天津人民展开了更大规模的斗争。6 月 20 日起，天津学生联合会、天津织布工人联合会、天津电车工人联合会、天津总商会相继组织了罢课、罢工和罢市活动；27 日，马骏、刘清扬等 10 名天津代表同北京、山东、山西等地代表联合赴总统府请愿。北洋政府总统徐世昌拒绝接见，各地请愿代表聚集在总统府门前坚持斗争。经过持续 30 多个小时的据理力争，6 月 28 日，徐世昌被迫接见各地请愿代表，答应拒签巴黎和约的要求。天津人民同全国人民一起赢得了五四运动的又一个胜利。

声援山东人民

拒签和约的目标实现后，五四反帝爱国运动仍在持续发展。7 月下旬，北洋政府宣布对山东实行戒严。8 月 5 日，山东戒严司令、济南镇守使马良大肆镇压爱国群众，杀害回教救国后援会会长马云亭等三人。消息传来，天津各界迅速掀起声援山东人民、抗议山东军阀马良镇压爱国群众的斗争。8 月 6 日，周恩来在《天津学生联合会报》上发表《黑暗势力》一文，大声疾呼："黑暗势力'排山倒海'地来了"，我们"要有预备，要有办法，要有牺牲！"随后，《天津学生联合会报》立即派人到济南调查采访，揭露血案真相。8 月 23 日，刘清扬、郭隆真等 10 名天津各界代表与北京、山东、直隶等地代表一起到总统府请愿，要求严惩马良，解除山东戒严，却全部遭到逮捕。8 月 26 日至 28 日，京津 2000 多名请愿学生聚集在天安门，在马骏指挥下包围总统府、国会和国务

五四时期出版的《天津学生联合会报》

院，进行请愿斗争。北洋政府派出大批军警驱赶、殴打请愿学生，马骏等代表被逮捕。周恩来等组织天津学生赶往北京，同京津学生和各界代表一起连日在总统府门外露宿请愿。在声势浩大的群众声援下，北洋政府被迫于 8 月 30 日释放被捕代表。

9 月底，全国学联应山东各界爱国团体的要求，决定组织各省代表再度前往北京进行请愿斗争。10 月 1 日，天津、上海、山东、河南等七省市的 31 名代表到新华门前请愿，提出取消丧权辱国的"二十一条"、恢复山东主权、惩办马良、取消山东戒严令等五项要求。北洋政府拒不接受，并逮捕全部代表。10 月 10 日，天津学生、各界群众约 5 万人在南开操场集会，痛斥北洋政府镇压爱国运动的罪行。会后，与会群众不顾军警的阻拦、殴打，奋力冲出重围，举行了声势浩大的环城示威游行。邓颖超等 11 人冲出会场时遭警察殴打身受重伤，受轻伤者不计其数。

为抗议天津当局的压制、迫害，10 月 13 日，南开大学等 13 所中等以上学校举行了为期 6 天的罢课。10 月 20 日，在天津学生联合会、女界爱国同志会等团体发动下，天津各界 1 万余人前往直隶省公署请愿，强烈要求惩办杨以德（天津警察厅厅长，指使天津军警镇压、殴打爱国学生的主谋），无条件释放被北洋政府逮捕的各地请愿代表。天津的这一斗争得到全国学联等团体的有力声援，与各地爱国斗争相互响应。11 月 7 日，北洋政府被迫释放 10 月 1 日在新华门前逮捕的各地请愿代表。

赢得狱中斗争胜利

1920 年初，作为全国性的五四反帝爱国运动已进入尾声，而天津人民为声援"闽案"（1919年11月16日，日本军国主义者为破坏抵制日货运动，制造枪杀一人、打伤多人的福州惨案），抗议反动当局镇压，仍进行着颇具声势、英勇顽强的斗争。"闽案"发生后，天津各界迅速声援，天津学生联合会组织开展更大规模抵制日货运动，举行千余人集会游行，并赴省公署请愿。12月20日，天津各界群众10万人在南开操场举行声势浩大的国民大会，焚烧日货，并举行了规模空前的示威游行。

1920年1月23日，学生联合会调查员在魁发成洋货庄检查日货时，遭到日本浪人毒打。天津反动当局不仅不惩办店主和日本浪人，反而下令逮捕了马千里、马骏等20余位各界代表，还查封了天津学生联合会和各界联合会，妄图把天津爱国运动镇压下去。

在极为严峻的形势下，1月26日至28日，周恩来主持召开各校学生代表秘密会议，决定举行更大规模的请愿示威。1月29日，在周恩来等人领导下，天津各校学生数千人再次到直隶省公署请愿示威，提出启封各界联合会、学生联合会，释放被捕代表等要求。不料，直隶当局下令再次拘捕请愿代表，并出动大批军警镇压请愿学生，制造了轰动一时的"九一廿九"（民国九年一月二十九日的简称）流血惨案。军阀当局的暴行，激起爱国学生和社会各界的强烈义愤。被捕后，周恩来等各界代表与反动当局进行了不屈的斗争。他们递交抗议书、发动绝食斗争，得到社会各界有力支援。4月5日，谌志笃、邓颖超等24人作为新学联代表，到警察厅要求替代被捕代表入狱。慑于社会各方面的压力，警察厅于4月7日将周恩来等由警察厅营务处移送天津地方检察厅看守所。周恩来等人始终保持昂扬斗志，把看守所作为"战场和学校"，举办读书团，召开演讲会，学习马克思主义。在全国舆论和天津各界人民声援下，7月17日，反动当局不得不无条件释放周恩来等全体被捕代表。

五四运动的风暴，促使周恩来、马骏、刘清扬、郭隆真、张太雷、于方舟、邓颖超等一批先进青年迅速成长起来，同时也为天津党组织的建立做了思想上干部上的准备。五四运动孕育了伟大的五四精神，在近代以来中华民族追求民族独立和发展进步的历史进程中具有里程碑意义。

作者：曹冬梅

马克思主义在天津的早期传播

　　鸦片战争以后，随着西方列强的不断入侵，中国一步步沦为半殖民地半封建社会。面对危难深重的祖国，一些具有进步爱国思想的知识分子，开始求索救国救民的道路。十月革命的胜利，打开了中国人民接触马克思主义的大门，揭开了天津人民接触、研究、宣传、运用马克思主义的序幕。

初步了解马克思主义

　　1917 年，俄国在马克思主义指导下爆发了十月革命，建立了世界上第一个社会主义国家。1919 年 7 月，列宁领导的苏俄政府宣布无条件废除沙皇政府同中国签订的不平等条约，放弃在中国的一切特权。一石激起千层浪，天津青年学生和进步分子由此看到了苏俄政府彻底的革命精神和对中国的友好态度，也看到了中国未来社会发展新希望的曙光所在，因而开始更多地关注苏俄的内外政策和布尔什维克党的有关情况，这就为马克思主义在天津的早期传播打开了大门。

　　在天津最早进行马克思主义传播的是革命先驱李大钊。早在十月革命爆发之前，李大钊就在天津创办刊物、主持编译革命书刊，积极倡导新文化运动，传播马克思主义。1907 年，他考入天津法政专门学校，面对当时国际国内严峻形势，组建了"北洋政法学会"，并创办了期刊《言治》，对当时军阀政客的黑暗统治，展开了无情批判，并积极向西方探求救世良策。十月革命后，已经担任北京大学图书馆主任的李大钊对俄国的革命更为关注。早已停刊的《言治》，也在相关人士的操持下，于 1917 年改为季刊，仍以天津北洋法政学会出版物的形式在北京复刊，李大钊继续为编辑部成员之一。

1918 年，该刊第 3 册发表了他写作的《法俄革命之比较观》，该文的发表标志着李大钊由民主主义者向社会主义者转变。他随后又发表了《庶民的胜利》《布尔什维主义的胜利》《我的马克思主义观》等文章，运用马克思主义观点，热烈赞扬十月革命，把十月革命同 20 世纪人类历史发展的根本趋势紧密联系在一起，指出无产阶级的社会主义革命是世界历史的潮流，并满怀信心地预言："试看将来的环球，必是赤旗的世界！"这些文章开阔了天津知识分子的视野，并引导他们初步接受了马克思主义的思想启蒙。

掀起马克思主义宣传热潮

五四运动期间，天津知识分子学习研究新思潮活动蔚然成风。为了揭露北洋政府的腐败无能、关注民生疾苦和传播各种进步思潮，一些爱国进步报刊如雨后春笋般出现，吸引了各阶层的许多读者，逐渐形成了学习和宣传马克思主义的热潮。由南开学校学生于 1919 年 5 月 26 日创办的《南开日刊》，相继发表了《思想革命》《劳动问题与俄国革命》《青年思想的根本改造》和《马克思劳动时间的主张》等大量文章，不仅详细介绍了俄国布尔什维克党领导俄国人民夺取政权的经过，还初步提出了要把经济斗争和政治斗争相结合以谋求中国社会问题根本解决的马克思主义的基本观点。周恩来主编的《天津学生联合会报》、天津学生联合会和女界爱国同志会联合创办的《平民杂志》、北洋大学出版的《北洋日刊》、直隶第一女子师范学校出版的《醒世》（周刊）等，都发表了宣传马克思主义和介绍十月革命的文章。这些进步刊物成为当时天津传播马克思主义的主要载体，对于促使广大青年学生和先进分子了解、接触并最终接受马克思主义发挥了重要作用。

五四运动后期，各种进步社团的出现为马克思主义在天津的传播作出了巨大贡献。1919 年 9 月 16 日觉悟社成立，主要成员有周恩来、马骏、刘清扬、郭隆真、邓颖超等 20 人。新生社成立时间稍晚，主要成员有于方舟、韩麟符、安幸生等 10 余人。觉悟社和新生社共同的宗旨是：关注民生问题，学习、研究马克思主义，为改造中国而奋斗。在觉悟社和新生社社员们的共同努力和积极推动下，1922 年底，天津成立了研究宣传马克思主义的公开组织——马克思主义研究会。该会在公开发表的宣言中郑重宣布："我们相信改造社会必须有一定的目标，才有能发生效力的希望。我们的目标便是马克思主义。"至此，天津的青年学生及知识分子形成了学习、研究和传播马克思主义的热潮，有效地扩大了马克思主义在天津的影响，为天津早期共产主义者的成长奠定了坚实的思想基础。

马克思主义的深入广泛传播

五四运动后，马克思主义在天津的传播更为广泛深入。1920 年 10 月，天津社会主义青年团成立，明确规定其宗旨是"研究和实现社会主义"，马克思主义在天津的传播进入有组织阶段，宣传工作更有针对性。团组织面向青年学生发售《共产党宣言》和《共产党》月刊，建立"五五书报代卖社"推介马克思主义书籍报刊，并利用马克思诞辰和列宁逝世等纪念日，通过发表文章、组织集会演讲等形式开展多种多样的宣传活动。

这一时期，新的社团和刊物大量增加，宣传马克思主义的阵地不断扩大。据不完全统计，1921 年至 1924 年间天津成立了马克思主义研究会、女星社等20 余个宣传新思想的团体，出版了《来报》《新民意报》《女权运动同盟会直隶支部特刊》等十多种报刊，发表了李大钊、周恩来、李达、李汉俊等数十人撰写的近百篇宣传马克思主义的文章。一些官办的报纸如《华北新闻》《微明》副刊等也开始以副刊的形式讨论社会主义学说，发表介绍马克思主义的译文。从内容上看，天津报刊发表的这些文章已经涉及马克思主义哲学、政治经济学和科学社会主义等许多方面。此外，还有一些文章不同程度地运用马克思主义观点，初步分析帝国主义本质、政党性质以及中国革命道路等若干问题，揭露统治阶级的反动腐朽，反映贫民生活的悲苦，指出知识分子的作用和妇女解放及青年运动的方向，使马克思主义在天津的早期传播呈现思想性、理论性、系统性的特点。

当时，被当作新思潮传播的各种思想流派十分庞杂，既有马克思主义的科学社会主义，又有形形色色号称"社会主义"的资产阶级和小资产阶级思想。为了彻底消除"误解"、分清真假，天津的马克思主义传播者撰写了《社会主义派别与其批评》《共产主义历史的变迁》等多篇文章，分析比较和批判了无政府主义、议会派、工团主义、基尔特社会主义等非马克思主义思想的基本观点，系统论述了共产主义思想。经过学习思考与斗争实践，这些具有初步共产主义思想的知识分子，比较彻底地抛弃了非马克思主义的观点，从纷繁复杂的新思潮中找到了马克思主义这一思想武器，辨明和确定了改造中国社会的方向和道路。

与天津工人运动相结合

天津是马克思主义与工人运动迅速结合的重要地区之一。五四运动前后，天津已有数万名产业工人，工人阶级队伍有了一定基础。在五四运动中，天津工人阶级以独立的姿态在反帝爱国运动中登上政治舞台，发挥了积极作用。一些已经初步掌握马克思主义的先进分了，在五四运动中看到工人阶级的巨大力量，自觉地投身于工人运动之中。李培良、卢绍亭等带领广大进步青年走向社会开办平民夜校、国民半日学校、工人星期日学校等。五四运动后，张太雷、谌小岑等在天津和唐山等地开展工农运动，使知识分子和工农群众结合起来，有力推动了天津工农运动发展和马克思主义传播。

中国共产党成立后，1921年9月，在中国劳动组合书记部北方分部的指导下，天津开始创办工余实习学校，至1924年全市平民学校已发展到30余所，形成了轰轰烈烈的平民教育运动，培养了一批工人运动骨干力量，加速了马克思主义与天津工人运动相结合的进程。1921年底，中国劳动组合书记部天津支部成立。中国劳动组合书记部天津支部率领广大工人，联合其他团体开展维护工人权益的劳动立法运动，建立工会，开

觉悟社初期活动旧址草场庵

展罢工，马克思主义在天津的传播已进入运用理论指导革命的阶段。

　　然而马克思主义在天津的早期传播，并非一帆风顺。当时的北洋政府把马克思主义视为洪水猛兽、异端邪说，镇压革命团体，取缔进步报刊。但是真理终将战胜邪恶。随着马克思主义与天津工人运动的结合，中国共产党天津地方执行委员会于 1924 年 9 月正式建立，并在很短的时间内使党的基层支部发展到 20 多个并拥有党员 450 余人。马克思主义终于在天津生根开花，并结出了丰硕之果。

　　　　　　　　　　　　　　　　　　　　　　　　作者：赵凤俊

中国共产党天津地方执行委员会的创建

中国共产党天津地方执行委员会是 1924 年 9 月建立的，管辖天津及津南等地党组织。到 1927 年初，天津已有 24 个中共基层支部，459 名共产党员，有组织的工人已达 10 万人，占全市工人的一半。

天津社会主义青年团的创建发展

20 世纪初期，特别是第一次世界大战期间，随着天津民族资本主义工业的迅速发展，天津无产阶级开始成长壮大起来，为天津党组织的产生奠定了阶级基础。俄国十月社会主义革命胜利和五四运动的爆发，使马克思主义在天津迅速传播，为天津党组织建立奠定了思想基础。以周恩来、张太雷、于方舟为代表的具有初步共产主义思想的知识分子逐步成长为无产阶级的先锋战士，为天津党组织的建立奠定了组织基础。

1920 年，张太雷参加了北京共产党早期组织，并参与了中国共产党的发起和筹建工作。在李大钊和苏俄共产党人及共产国际代表的直接帮助下，同年 10 月，张太雷在天津建立了社会主义青年团。天津社会主义青年团创办《来报》周刊，积极在铁路、纺织和码头工人中从事组织工会、领导罢工等革命工作，有力推动了天津革命形势的发展。

中共天津地方执行委员会创建前的筹备工作

1921 年 7 月 23 日，中国共产党第一次全国代表大会在上海召开，中国共产党正式成立。1921 年下半年，中共北京地方委员会成立，李大钊任书记。

按照党中央指示，天津的革命工作由中共北京地方委员会直接领导。1921 年至 1922 年间，于方舟、江浩、安体诚、安幸生、韩麟符、辛璞田即参加了由李大钊直接领导的北京大学马克思学说研究会。在此前后，江浩、李锡九、于方舟、于树德、安体诚、安幸生、李培良、陈镜湖、张隐韬、李震瀛、韩麟符等人相继加入中国共产党。然而由于党成立初期干部十分缺乏，这批骨干大都被派往外地开辟工作，天津未能建立党的组织。1923 年 6 月，中国共产党召开第三次全国代表大会，制定了同国民党实行合作的政策，确定党在当时阶段的中心任务是进行国民革命运动。1924 年 1 月，国民党第一次全国代表大会在广州召开，标志着以国共合作为基础的革命统一战线正式建立。经李大钊推荐，于树德、于方舟、江浩、李锡九、韩麟符等人作为北方代表出席了这次大会。于树德当选为国民党中央执行委员，于方舟、韩麟符当选为国民党中央候补执行委员。

为了适应革命形势发展的需要，李大钊指示于方舟、江浩、李锡九等人，返津后加紧筹建中共天津地方组织和国民党地方组织。于方舟、江浩、李锡九回津后，于 2 月底组建了国民党直隶省党部和天津市党部。按照党的指示，天津的共产党员和青年团员以个人名义加入国民党。于方舟、江浩、李锡九等人担任了国民党省市党部的主要领导人。在组建国民党地方组织的掩护下，于方舟、江浩、李锡九等人秘密地进行着中国共产党天津地方组织的筹建工作。

为筹建中共天津地方组织，1924 年春，先是由于树德等 5 名党员和候补党员成立了天津党小组，于树德任组长。天津党小组按照党章中"所在地方尚无地方支部时，则由区执行委员会直辖之"的规定，直接隶属于中共北京区执行委员会。1923 年 6 月，中共中央决定成立中共北京区委员会，同时，中共北京地方委员会与北京区委合并，称北京区执行委员会兼北京地方委员会。在此期间，天津社会主义青年团也有了进一步发展。1924 年 3 月 9 日，天津社会主义青年团在天津高等工业专门学校召开中共天津地方执行委员会成立大会。会议由韩麟符主持，选举产生执行委员 5 人，候补执行委员 4 人。4 月 16 日，团地委作出工作分工：委员长于方舟，秘书李濂祺，会计张宝泉，宣传崔溥，教育王巧宽。团地委下设 6 个支部：第一支部在高等工业专门学校，第二支部在法政专门学校，第三支部在南开中学，第四支部在汇文中学，第五支部在官立一中，第六支部在达仁女学。此时，天津社会主义青年团共有团员49人。到6月30日，团地委又分别在师范学校和南开女中增设了第七、第八支部，团员增至65人。

中共天津地方小组的建立和天津团组织的迅速发展，为中共天津地方执行委员会的建立奠定了基础。当时天津党、团组织是合在一起工作的。1924年3月，为了适应国共合作的新形势和加强党的自身建设、加强党对统一战线工作的领导，中共北京区委兼北京地方执行委员会改组，由李大钊任委员长。改组后的北京区委对天津党组织的建设更加重视。6月，中共北京区委根据中共中央和青年团中央关于党、团组织分开，经过审查将超龄团员尽量转入党组织的精神，指示天津党、团组织立即着手这项工作。党、团组织分开后，天津社会主义青年团10余名团员陆续转为中共党员。这样，到1924年9月天津已有共产党员近20名，建立中共天津地方组织的条件基本成熟。

中共天津地方执行委员会成立大会旧址

中共天津地方执行委员会创建

1924 年 9 月，天津全体共产党员在法租界 24 号路（今和平区长春道）普爱里 34 号举行中共天津地方执行委员会成立大会。大会根据党的三大通过的《中国共产党第一次修正章程》第六条关于"一地方有十人以上，经中央执行委员会之许可，区执行委员会得派员在该地方召集全体党员大会或代表会，由该会推举三人组织该地方执行委员会"的规定，正式成立中共天津地方执行委员会。于方舟当选为中共天津地方执行委员会委员长，江浩为组织部主任，李锡九为宣传部主任。不久，中共天津地方执行委员会增设农工部，主任为李培良。同时，中共北京区委派陈为人来津协助开展工人运动。

中共天津地方执行委员会的成立，是中共天津历史上的重大事件，也是近代天津革命历史上的重大事件，天津人民的革命斗争从此有了更加坚强有力的领导核心。中共天津地方执行委员会成立后，为推动天津的革命斗争，发展天津的革命形势，先后作出了关于开展工人运动、农民运动、学生运动和妇女运动等决议，并先后派李培良、卢绍亭、周世昌、韩义、宋树蕃等到工厂去创办平民学校，创办报刊，宣传无产阶级思想，启发人们的觉悟，发动工人和各界群众迅速投入日益兴起的国民革命运动，迎接即将到来的革命高潮。

作者：赵凤俊

大革命高潮在天津兴起

一个小小的斗争火种，便能引发一场熊熊燃烧的革命烈焰。1925 年 5 月，上海工人反对外国资本家的罢工，就如同火种被点燃，在中国共产党天津地方执行委员会（以下简称中共天津地委）的领导下，天津工人和各界群众迅速投入日益兴起的国民革命运动，并迅速形成燎原之势，天津迎来了以五卅运动为标志的大革命高潮的到来。

把领导工人运动作为中心工作

1924 年 5 月，中央扩大执行委员会会议提出，将劳动运动尤其是近代产业工人运动和青年运动作为我党的主要工作的要求。天津党小组根据中央指示，掀起了以工人运动为主的各阶层参加的革命活动。

天津作为华北最大的工商业城市，轻工业具有相当基础，机器制造业和修配工业也有一定规模。作为京津、京奉、津浦三大铁路交会点，全市工人数量可达 20 万人，人员也相对集中。1924 年 9 月中共天津地委成立后，李培良、卢绍亭、周世昌等人便深入到纺织工人比较集中的海河西岸小刘庄、海河东岸郑庄子和河北新开河一带，以开办平民学校的方式，组织工人群众，开展工人运动。党团员坚持不懈的宣传教育工作，逐步唤起工人群众的阶级觉悟，激发了他们改变自身命运和创造新生活的勇气。

通过平民学校这个阵地，天津党组织发现并培养了一批工人骨干，他们积极联系群众、秘密筹建工会组织。在工会组织的带领下，宝成、裕元纱厂的工人群众为谋求自身权益迅速展开斗争。印刷工人、码头工人、铁路工人在党领导下相继成立了工会组织，党对工人运动的领导得到进一步加强。

在发展党组织和工会组织的同时，中共天津地委积极发动各界群众投入国民会议运动。这是中共天津地委第一次领导大规模的群众运动。1924年11月至1925年3月间，根据党中央指示精神，中共天津地委积极开展迎接孙中山北上、呼吁召开国民会议的群众运动。孙中山在津期间，中共天津地委以国民党直隶省党部、天津市党部的名义多次举行欢迎集会等活动，成立了由江浩、邓颖超等党、团员为主要领导成员的天津国民会议促成会，极大地唤起了各界群众的革命热情。

在五卅运动中蓬勃发展

1925年，中国大地上积蓄已久的革命力量像火山一样喷发出来，以五卅运动和省港大罢工为标志，中国革命掀起了前所未有的高潮。在奉系军阀统治下的天津，中共天津地委和党的基层组织积极发动和领导各界群众投入五卅反帝爱国运动，把革命运动推向高潮。

五卅惨案发生后第二天，中共天津地委召开紧急会议，决定发动学生、工人，联络其他团体，"唤醒市民，一致行动"。随后天津学生联合会、工会联合会、反帝大同盟及天津总商会等团体决定举行全市性示威集会，声援五卅惨案受难同胞，抗议帝国主义暴行。6月上旬，为充实天津党组织的力量，中共北京区委派李季达担任中共天津地委书记，于方舟任组织部部长，李希逸任宣传部部长，李培良任农工部部长，邓颖超任妇女部部长。在中共天津地委的组织领导下，天津各界联合会宣告成立，邓颖超当选为主席团主席。作为团结全市各界爱国团体的统一战线，天津各界联合会有力地聚集起天津的革命力量，推动了天津反帝爱国斗争的进一步发展。

随着形势的发展，中共天津地委在6月先后组织召开三次市民大会，控诉帝国主义的残暴罪行，举行声势浩大的示威游行，一场强大的反帝爱国热潮由此在天津掀起。第三次市民大会后，在中共天津地委的领导下，以青年学生为主体，宣传募捐、抵制英日货等各种形式的反帝爱国活动更加蓬勃地开展起来。至8月底，天津各界群众汇往上海的捐款达66500余元，有力地支援了上海工人的罢工斗争，并对英日帝国主义给予了有力打击。

风起云涌的罢工斗争

为进一步加强党对工人斗争的领导，中共天津地委组织成立天津总工会，极大地增强了工人阶级的凝聚力和战斗力。天津工人阶级在斗争中表现出高度的阶级觉悟和坚强的斗争意志，创造了可歌可泣的斗争业绩。

大规模罢工斗争的序幕以天津印刷工人罢工为开端。6月11日，印刷业党支部先后发动《天津日报》（日文）的全体中国工人与承印《京津泰晤士报》的天津印字馆工人开展罢工。此后，全市印刷厂工人举行联合大罢工，有力地打击了英日帝国主义势力，促进了工人运动的高涨。

继印刷工人举行罢工之后，天津海员和码头工人掀起了新的罢工浪潮。英商"怡和""太古"轮船公司为逃避上海、广州、香港等地罢工斗争的打击，所属部分轮船驶往天津。为了粉碎帝国主义瓦解反帝爱国运动的阴谋，中共北京区委按照中共中央指示，派赵世炎到天津组建"海员罢工委员会"，并于7月21日举行全体海员罢工。8月10日，中共天津地委发动2000多名码头装卸工人举行罢工。海员、码头工人罢工相互呼应，迫使英日轮船无法开动，码头货物堆积如山。

各业工人的斗争波澜起伏，纺织工人的同盟罢工终于把这场斗争推向高潮。7月14日，宝成纱厂资本家无理开除一名女工，以此为导火索，宝成纱厂2000余名工人在工会带领下宣布罢工，针对资方迫于压力接受工人要求后，又变本加厉克扣工人的做法，中共天津地委决定把宝成纱厂单独的罢工扩展为海河两岸宝成、裕大、北洋、裕元等四大纱厂的同盟罢工，以相互支援，争取胜利。8月9日，四大纱厂2万多名男女工人一致行动，中共天津地委书记李季达迅速召集地委职工运动委员会、各界联合会负责人紧急磋商，决定以各界联合会的名义进行"调解"，迫使厂方接受工人要求。11日上午，裕大纱厂工人面对军警的肆意毒打，奋力还击，其他纱厂工人闻讯赶来支持。当晚，反动军警对准备举行纺织工人大会的工人代表开枪射击和拘捕，打死打伤80多名工人，制造了轰动一时的惨案。

反动军阀当局还对天津各界爱国团体和革命群众进行镇压，查封天津总工会、天津各界联合会、学生联合会、救国日报社等团体，缉拿、逮捕各团体领导人，驱散罢工工人，禁止罢工、游行、讲演、示威等活动。在形势出现逆转的情况下，8月10日，中共中央决定改变斗争策略，在北京区委领导下，中共天津地委积极争取社会舆论的同情和支持，设法营救被捕同志和群众，在反动军阀当局的残暴统治下继续坚持斗争。

中共天津地委领导全市各界群众在五卅运动中掀起革命的高潮，极大地提高了天津工人阶级和各界群众的觉悟，显示了工人阶级和人民群众联合起来的巨大威力，并与上海等地的反帝运动相呼应，有力地打击和震慑了帝国主义、军阀势力，谱写了天津人民反帝爱国革命斗争的新篇章。

设在大东旅社的天津总工会

作者：孟罡

津门之光——于方舟

于方舟，1900年9月15日出生于天津市宁河县（现为天津市宁河区）俵口村一个农民家庭，是天津五四运动杰出的领导者之一，也是天津党团组织的重要创建人、领导人。李瑞环同志在于方舟牺牲60周年时曾为他亲笔题词"津门之光"。

在学生运动中成长

1917年秋，于方舟考入设在天津的直隶省立第一中学。在学校，他通过阅读报刊认真学习革命思想，担任《进修》周刊的编辑员，以杂文、论文、诗词等各种文体针砭时弊，揭露军阀统治的残暴和百姓生活的艰辛。

1919年，五四运动爆发，于方舟立即投身于反帝爱国斗争的革命洪流。5月6日晚，他代表直隶一中参加了天津各中等以上学校代表的紧急会议。回校后，他立即组织成立学生救国团并被推举为团长。随后，他代表直隶一中出席了"天

于方舟（1900—1928）

津学生临时联合会"筹建成立大会，参与领导了国耻纪念日示威游行。5月14日天津学生联合会正式成立，于方舟被选为天津市学联评议会委员，随后又被选为天津市各界联合会学生代表之一。他带领直隶一中的学生，冲破学校阻挠，参加了天津15所中等以上学校的罢课斗争。9月，于方舟与其他学生运动骨干一起组织成立进步团体新生社，并出版《新生》杂志，研究宣传马克思主义。

1920年1月29日，于方舟与周恩来等率天津爱国学生千余人赴直隶省公署请愿，遭到军阀当局的野蛮镇压。于方舟、周恩来、郭隆真等请愿代表被捕入狱。在狱中，于方舟毫无畏惧，据理斗争，对反动当局逮捕青年、镇压学生的行径予以无情揭露；与难友一起开展绝食斗争抗议非法拘捕；共同学习马克思主义理论；在开庭公审的法庭上慷慨激昂地进行答辩斗争。在全国舆论和天津各界群众声援下，7月17日，反动当局不得不释放于方舟等人。

组织开展农民运动

获释后，学校以宣传"过激主义"的罪名将于方舟开除了学籍。回到家乡，面对国家极度黑暗、人民异常困苦的现实，目睹广大农民终日在饥饿和死亡线上挣扎的惨状，他开始深入到劳动群众中去，宣传革命道理，组织农民进行革命斗争。他用浅明、简短的文字编写传单，说明什么是帝国主义，什么是军阀，什么是土豪劣绅，并以工整的字体抄写散发给广大农民。他用易于被农民接受的歌谣形式，编写破除迷信的小册子并广为散发，以打破封建迷信思想对农民的束缚。在他的启发引导下，当地农民的政治觉悟不断提高，有些村的农民自发组成请愿团，到县政府请愿，逐步走上革命斗争的道路。

当时，宁河县议会议长刘瑞五提出对盐、碱、薄、洼的土地每亩增征二钱六厘银子的附加税，使农民的负担大为增加。于方舟对这种残酷的剥削行为无比愤慨，决心发动农民进行抗税斗争。他走村串户，以宁河县旅津学生同乡会的名义，召集暑假回乡的进步同学，率领贫苦的农民、渔民去县政府请愿。在县政府，于方舟当面质问刘瑞五："你身为议长，既不体贴民苦，又讲不出附加税的正当用处，盐、碱、薄、洼之地，又多数不在你们地主豪绅之手，如此的附加税，岂不是为害于民吗？"他代表大家要求当局立即宣布撤销原案，撤回增收附加税的告示。在随同群众的声援下，县政府只好当场宣布免征附加税，斗争取得了胜利。

建立天津地方党团组织

在家乡开展革命活动的同时，于方舟积极探求革命真理，与北京马克思主义研究会取得联系并成为该会的通讯会员。1920 年秋，他在新生社的基础上建立马克思主义研究会并发行会刊，介绍十月革命后苏俄的情况，积极宣传革命的主张。1921 年，于方舟根据李大钊的指示，将天津马克思主义研究会改组为社会主义青年团。1922 年，于方舟考入南开大学，继续在天津市区从事革命活动。1923 年经李大钊介绍，于方舟加入中国共产党。从此，他以马克思主义者的崭新姿态，更加自觉地献身于无产阶级革命事业。

1924 年 1 月，国民党第一次全国代表大会在广州召开。经李大钊推荐，于方舟同江浩、李锡九等作为北方代表出席大会并当选为国民党中央候补执行委员。正是在这次大会期间，他作《方舟歌》自警道："狂澜四面严相逼，群生彼岸须舟亟。方舟负任一何重？方舟遭境一何逆？"他激励自己："努力壮尔神，努力执尔舵，战胜眼前魔，何愁沧海阔？"同时，他也正式把自己的名字由于兰渚改为于方舟。

为了适应革命形势发展的需要，李大钊指示于方舟、江浩、李锡九等人返津后加紧筹建中共地方组织和国民党地方组织。于方舟等回津后，于 2 月底组建了国民党直隶省党部和天津市党部，并担任了国民党直隶省党部和天津市党部的主要领导人。在组建国民党地方组织的掩护下，于方舟等秘密进行中共天津地方组织的筹建工作。

1924 年 3 月，中国社会主义青年团天津地方执行委员会在高等工业学校召开重建大会。于方舟在会上作报告，传达中央通告，提出团组织在天津活动的范围、方法和原则并当选为执行委员会委员长。团地委建立后，加强了对团员和进步青年的马克思主义教育，组织广大团员深入工厂、农村进行革命宣传，在协助党组织开展学生运动方面，做了大量工作。9 月，天津全体共产党员在法租界 24 号路（今和平区长春道）普爱里 34 号召开大会，正式成立中共天津地方执行委员会，于方舟当选为中共天津地方执行委员会委员长。

天津人民的革命斗争从此有了坚强的领导核心。

推动大革命高潮在天津的兴起

1924 年 11 月，孙中山接受冯玉祥的邀请，发表《北上宣言》，提出召开国民会议、废除不平等条约、停止内战的主张。根据党的指示，于方舟等迅速发动群众，开展了声势浩大的欢迎孙中山北上、呼吁召开国民会议的运动。他们以国民党直隶省党部的名义发起了组织天津市民欢迎孙中山先生大会筹备会，并组织召开了欢迎孙中山先生大会，以扩大反帝反封建的宣传和影响。同时组织党员、团员深入工厂、学校及市区街道，宣传民主革命、反对帝国主义和封建军阀的主张，有力地推动了北方革命形势的发展。1925 年初，在中共天津地委的推动下，天津各界人民国民会议促成会成立，70 余个团体参加，于方舟当选为宣传科主任。在他的组织和领导下，宣传活动从市区深入到县城，各县国民会议促成会也建立了起来，从城市到农村形成了国民会议运动高潮。与此同时，以党员、团员为骨干的反帝运动大同盟、非基督教大同盟、妇女联合会等群众组织也迅速建立起来，并公开进行反帝反封建斗争。

五卅惨案的消息传到天津后，中共天津地委迅速将各阶层的人民组织起来，各个阶层的沪案后援会纷纷成立，工会组织也在反帝斗争中迅速发展。根据中共天津地委的决定，于方舟领导天津电车工人开展了罢工斗争，与纺织、海员、印刷、码头工人的罢工斗争一起，把天津的大革命运动推向高潮。天津党组织也在斗争中成长壮大，基层党支部迅速在工厂、学校、农村建立起来，为进一步开展革命斗争奠定了坚实基础。

领导玉田暴动

1927 年大革命失败后，党确定了土地革命和武装反抗国民党反动统治的总方针，各地纷纷举行武装起义。10 月，北方局制定了《北方暴动计划》，决定在京津地区发动大暴动。中共顺直省委派出党员干部在冀东玉田一带发动农民武装暴动。暴动取得初步胜利后，奉系军阀派出重兵对农民军进行围剿。中共顺直省委派于方舟率领一批军事干部加强对暴动的领导。在于方舟的主持下，农民军改编为京东人民革命军，并根据省委意见，准备第二次攻打玉田县城。

10月底，部队进入遵化县东南部，按计划准备夺取平安镇。经过周密部署，部队向敌人发动突然袭击，打死打伤警卫民团数十人，缴获长短枪15支，解除了全部反动武装；没收了税务局和部分豪绅的财物，分给了贫苦百姓。人民革命军队伍也迅速壮大起来。不久，部队进入鲁家峪，遭到反动民团两三千人包围。由于敌我力量悬殊，人民革命军缺乏战斗经验，遭受重大伤亡。分散突围时，于方舟等被捕。被捕后，于方舟被押解到玉田县城。在狱中，面对敌人的威逼利诱和种种酷刑，他坚贞不屈。1928年1月14日于方舟在玉田县城外英勇就义。

作者：赵风俊

中共早期革命活动家李季达

李季达，字世昌，化名李吉荣，曾任中共天津地方执行委员会书记、中共顺直省委宣传部部长兼天津市委书记。在津期间，他组织领导了天津的反帝爱国运动，有力推动了天津革命斗争的发展。

少年立志救国　思想日渐成熟

李季达（1900—1927）

李季达，1900年1月10日出生于四川省（现重庆市）巫山县城关镇一个工商业兼地主家庭，他天资聪颖，自幼便受到中华优秀传统文化的熏陶和教育。15岁小学毕业后，他放弃继承殷实的祖业和无忧无虑的安逸生活，执意到重庆一所半工半读学校学习，在那里度过了三年的求学时光。在此期间，李季达目睹了中国因帝国主义入侵，军阀混战变得满目疮痍的现实状况，暗下决心为拯救祖国贡献自己的力量。

1919年7月，受当时新文化运动思想的影响，李季达考入留法勤工俭学会四川分会设立的成都第二届留法勤工俭学预备学校，学习法文。在这里，他开始接触到一些宣传新文化、新思想的刊物。但当时，李季达还没真正接触到马克思主义，以有限的认识水平为基础，他与穆青、程秉渊、黄映湖等13位奉行"工读主义"的同学成立了"劳人团"，旨在宣扬和实行劳工神圣，以改造社会，解救中国。1920年7月，李季达从留法预备学校毕业，顺利通过了法国驻成都领事馆的考试，得到赴法资格，成为全国第 17 批赴法勤工俭学的学生之一，并于 12 月 15 日赴法国留学。

在法国，李季达被分到西海岸的圣日尔曼中学学习法文，并经华法教育会介绍，入法国最大的钢铁、军火工厂——克鲁梭的史乃德公司所属的钢铁机器厂做工。在这里，他一边做工，一边自修法文，同时广泛阅读书报。后来，通过与先期赴法的赵世炎、周恩来、李隆郅（立三）、邓希贤（小平）、陈毅等人的接触，他又阅读了《共产党宣言》《社会主义从空想到科学的发展》《国家与革命》等马列著作和关于俄国十月革命的书籍，李季达逐渐放弃小资产阶级工读主义的幻想，开始研究马克思主义，进而明确认识到只有走十月革命的道路才能达到"改造中国与世界"的目的。同时，李季达还积极将学到的革命理论付诸实践，他为工厂里的华工讲授革命道理，揭露资本主义的罪恶、历数北洋政府出卖华工利益的种种罪行；积极投入勤工俭学学生"反对中法借款"和"占据里昂中法大学"运动。在革命斗争的锻炼中，思想觉悟不断提高。

1922 年春，李季达从国内寄来的《北大日刊》上得知北京大学成立了马克思学说研究会，他没有丝毫犹豫立即写信申请加入，成为研究会的会员。同年秋天，李季达和邓小平等几位川籍同学转到巴黎近郊蒙达尼的一个橡胶厂做工。该厂团小组把他作为发展对象，并吸收他加入旅欧中国社会主义青年团；之后转为中国共产党党员，成为中共旅欧总支部法国支部的一员。1924 年，受党组织的选派，他同穆青、郭隆真、傅烈、范易、聂荣臻、蔡畅等人一道赴莫斯科东方劳动者共产主义大学深造，进一步深入研究马克思主义。在国内革命形势日趋高涨的情况下，1925 年 4 月，李季达奉命从莫斯科经海参崴返回国内，投入到轰轰烈烈的革命斗争中。

临危受命津门　投身革命事业

1925 年 5 月 30 日，帝国主义在上海制造了震惊中外的"五卅惨案"。消息传到天津，引起市民群众极大愤怒。中共天津地委召开紧急会议，决定发动全市各界群众在五卅运动中掀起革命的高潮，声援五卅惨案受难同胞和上海等地的反帝运动，抗议帝国主义暴行。为了加强对天津反帝爱国运动的领导，李季达受中共北京区委委派到天津任中共天津地方执行委员会书记。

李季达来到天津后，便立即和原天津党团组织的负责人于方舟、李希逸、李培良等一起，组织各阶层群众和民众团体发出通电、宣言，散发传单，愤怒声讨英、日帝国主义的罪行，同时组织学生罢课、商人罢市，举行示威游行，声援上海人民的反帝爱国斗争。在中共天津地委的组织推动下，6月5日天津举行了"五卅"惨案发生后全市第一次群众大会和示威游行，各界群众表现出极大的热情，踊跃参加。李季达亲自起草《告天津民众书》，第一次在天津公开以共产党的名义发出，在群众中产生很大反响。同时，为了更广泛地组织发动天津人民投入反帝斗争，6月10日，中共天津地委决定，由国民会议促成会、反帝大同盟、天津各界妇女联合会等群众团体联合全市30多个团体成立天津各界联合会，号召各界群众进一步行动起来。至6月底，各界联合会又先后组织了两次全市群众大会和示威游行，共300余团体、20余万人参加，有力推动了天津反帝爱国斗争的发展。

为积极呼应上海等地反帝爱国运动，进一步掀起革命的高潮，李季达和中共天津地委积极发动广大群众投入反帝斗争，开展一系列规模空前的罢工运动。罢工斗争由印刷工人拉开序幕，迅速扩展到海员、码头、油漆等行业，并由纺织工人将罢工运动推向高潮，爆发著名的天津海员大罢工和"砸裕大"事件，有力反击了帝国主义的残酷镇压，极大提高了天津工人和各界群众的觉悟，显示出工人阶级和人民群众联合起来所具有的巨大威力。在此期间，为了应对帝国主义和军阀当局的镇压，进一步加强党对工人斗争的领导，8月4日，李季达组织全市各行业工会正式成立天津总工会，成为天津各界工人团体的坚强领导核心，推动天津工人运动进入了新的阶段。

李季达在领导工人运动的革命斗争中，非常注重根据革命形势的变化开展工作。1925年底，冯玉祥发起反奉战争，所部国民军赶走军阀李景林入驻天津。李季达和中共天津地委研究分析形势，认为"国民军在一定程度上同情国民革命"，中共天津党组织以半公开形式开展活动，深入宣传和组织群众，积极发展党、团、工会等组织。1926年1至3月，连续组织了全市国民大会、青年工人大会和孙中山逝世1周年纪念大会等7次大规模的群众集会和纪念活动。曾经遭到镇压的革命团体也一度恢复发展起来，工会会员很快发展到 3.22 万余人，联系工人 10 万余人；中共党员发展到 450 余人，建立党支部 24 个，团员发展到 170 余人。

在群众运动迅猛发展的形势下，李季达和中共天津地委则清醒地看到，国民军势力比较薄弱，难以在天津站稳脚跟，于是他们又制定了注意时局的变化，减少大规模的公开活动的新方案。3 月 22 日，国民军果然在帝国主义和奉系军阀的夹击下撤出天津，白色恐怖又一次笼罩全市。面对十分严峻的形势，李季达主持中共天津地委会议，决定采取紧急措施，隐蔽党的组织和公开的革命团体，党团活动一律转入地下，经常从事公开工作的党团负责干部迅速撤离天津，公开活动较多的共产党员也陆续被派往天津周围各县开展活动，党的组织得到有效保护。

在残酷的斗争环境中，李季达与中共天津地委妇运负责人王贞儒（王卓吾）因为政治信仰一致，彼此之间产生了钦慕和爱情。他们于 1927 年元旦正式结婚，演绎了一段革命伴侣、伉俪情深的爱情佳话。李季达将中共天津地委联络机关从义庆里 40 号转移到他租下的婚房集贤里 6 号。

从容面对酷刑　战斗直至牺牲

1927 年春夏，蒋介石、汪精卫相继叛变革命，实行"清共"和"分共"政策，轰轰烈烈的大革命遭到失败。与此相呼应，奉系军阀也在北方举起屠刀，大肆屠杀共产党员和国民党左派人士，当时的天津也被白色恐怖笼罩。中共天津地委书记李季达一面嘱咐各级组织谨慎行事，一面将党的重要文件和全天津 500 名党员的名单巧妙地存放在法租界浙江兴业银行总行的第一号保险柜里。同时，将中共天津地委机关转移至松寿里 79 号，后又移至 59 号路求志里 17 号，以保证党组织的安全。

为适应革命形势的发展变化，8 月 1 日，中共顺直省委在天津成立，负责组织领导北方各地的革命斗争，中共天津地委改组为中共天津市委，李季达任顺直省委宣传部部长兼天津市委书记。8 月 16 日，由于叛徒出卖，李季达和妻子王贞儒先后在南开体育社典华学校被捕。李季达化名李吉荣在狱中与敌人进行了英勇斗争，面对种种酷刑，他几次昏死过去，但凭着铮铮铁骨，始终没有暴露共产党员的身份，也没有牵连其他同志。党组织曾发动50多家商户出面具保，亲友也多方营救，但终无效果。1927年11月18日，李季达被奉系军阀褚玉璞押至刑场。面对屠刀，他面不改色、大义凛然，高呼"全世界无产阶级联合起来，打倒万恶的帝国主义，打倒军阀，中国共产党万岁"的口号，英勇就义。

作者：赵风俊

杰出的工人运动组织者——安幸生

安幸生是中国共产党早期革命活动家，中共天津地方组织创始人之一，天津工人运动的杰出组织者和领导者，极其活跃的社会活动家。安幸生把自己的一生献给了革命事业，为天津反帝爱国运动作出了重要贡献。

经受革命洗礼

安幸生，原名安毓文，1902 年出生于天津市北辰区双口镇中河头村一个富裕的农民家庭。1918 年，他以优异成绩考入天津直隶省立第一中学（今天津市第三中学）。在这里，他结识于方舟，一起探究救国救民之道，逐渐树立起救国救民的远大理想。五四运动爆发后，安幸生投入天津反帝爱国运动。作为学运骨干，他积极参与天津学生联合会的筹建，参加天津 10 所中等以上学校学生代表会，率领全校学生参加天津各界"国耻纪念日"示威游行和全市学生罢课大示威，

安幸生（1902—1927）

并赴省公署请愿。在五四运动的斗争中，安幸生展现出卓越的组织和领导才能。1919 年 10 月，安幸生与于方舟、韩麟符等组建新生社。在李大钊的指导下，新生社成员研读介绍马克思主义的书籍及《新青年》《少年中国》等革命性刊物，思想视野更加开阔，奋斗目标日臻清晰。1920 年 4 月，为宣传新思想，发动群众，新生社创办《新生》杂志。安幸生任杂志主编，并撰写大量的诗文、社论介绍马克思主义。1921 年 2 月，社团遭到解散，《新生》杂志被

查封，安幸生被捕入狱，后经多方营救获释。出狱后，安幸生被迫回到家乡中河头村。他领导村民开展反对当局无理收缴"烧炭税"和"割头税"的斗争并获得胜利。

1922年，中国劳动组合书记部在天津设立支部。安幸生当选为支部书记，负责组织领导天津的工人运动。6月，安幸生组织天津各界团体集会游行，支持"劳组"总部对国会通过《劳动法大纲》的要求。在天津工人运动的带动下，各地纷纷掀起推动劳动立法的高潮。在安幸生领导下，天津支部又相继组织了茶食行业工人、北洋纱厂工人和声援京汉铁路工人等罢工斗争。中国劳动组合书记部天津支部成为天津工人运动的领导核心。同年秋，安幸生加入中国共产党。

领导工人运动

1923年6月，中共三大决定建立革命统一战线，与国民党实行合作。1924年初，李大钊指示于方舟等在筹建国民党省党部、市党部的同时，尽快创建中国共产党天津地方组织。8月，安幸生成立天津反对帝国主义联盟，担任委员长，并发表《反帝联盟宣言》，表示要与帝国主义决一死战。9月7日，天津反帝大联盟发动全市工商学各界停工停课，举行"九七"（《辛丑条约》签订日）示威大会，声讨帝国主义对中国的野蛮侵略。9月，于方舟、江浩、李锡九、安幸生等人创建中国共产党天津地方执行委员会。于方舟任中共天津地委书记，安幸生任中共天津地委执行委员，负责海员与码头工人运动。1924年10月至1925年初，孙中山北上期间，安幸生担任天津国民会议促成会书记，组织讲演队，号召各界人民拥护和支持新三民主义，促进国民会议召开。孙中山病逝后，中共天津地委组织各界举行大型悼念活动。在安幸生等组织宣传下，广大群众对孙中山的政治主张有了更深入的了解，对中国共产党的主张有了进一步的认识，为天津革命运动的进一步发展奠定了良好的思想基础。

五卅运动爆发后，为推进反帝爱国运动的深入开展，安幸生与于方舟、江浩分头联络，于6月10日在天津总商会成立天津各界联合会，并召开反帝市民大会。英国轮船公司为逃避上海等地罢工斗争打击，分别驶向天津。根据中共中央指示，赵世炎、李季达、安幸生等组成"天津海员罢工委员会"，领导海员开展罢工斗争。7月18日，中华海员工会天津支部成立大会召开，安幸生被推选为支部书记。7月21日，安幸生领导海员宣布罢工，并发表《敬告全国民众文》《海员工会泣告工友书》，积极谋求天津各界人士对海员罢工的大力支持。8月9日，安幸生主持召开中华海员工会天津支部第一次全体大会。在他的组织动员下，8月10日，2000多名码头工人共同举行罢工和示威游行。天津海员大罢工坚持了3个月，给英日帝国主义沉重打击，有效策应、配合了全国范围内的工人罢工斗争。

推动工会发展

五卅运动中，天津工人运动蓬勃发展，各行业纷纷成立工会。为统一领导工人阶级的反帝爱国斗争，1925年8月4日，天津总工会成立，安幸生被推举为主要负责人，会址设在广东会馆。8月9日、10日，安幸生率天津总工会接连举行了全市工人大游行，并重点组织发动裕大、宝成等纱厂工人罢工，工人运动呈现出轰轰烈烈之势。11日，奉系军阀逮捕安幸生和各界代表近20人。在狱中，安幸生等人组建党支部，积极开展狱中斗争。同年12月24日，安幸生等获救。出狱后，安幸生立即着手推动各行业工会的恢复与组建工作。1926年1月17日，国民党天津市党部召开全体党员大会，安幸生当选为农工部委员。中共天津地委积极与国民党天津市党部和国民军联合开展革命活动，天津党组织的活动在这一时期呈现出半公开化的局面。1月至3月间，安幸生参与组织和领导了7次大规模的集会和游行活动，天津工运出现空前高涨之势。工运的发展宣传了党的思想主张，培养和锻炼了工人和各界群众的斗争意识。1926年3月22日，奉系军阀卷土重来，恢复不到3个月的天津总工会再次被查封，许多共产党员与积极分子先后被逮捕入狱。安幸生被调离天津。1927年4月27日至5月9日，安幸生作为天津代表参加中共五大。随后，被党组织派往北京，参与北方区委与北京市委的恢复工作。9月，安幸生任中共顺直省委组织部部长，并兼任中共北京市委组织部部长。10月

21 日，中共北方局、顺直省委和北京市委遭到破坏，安幸生不幸被捕。11 月 21 日，安幸生被奉系军阀秘密杀害，至死未吐露党的机密。

新中国成立后，安幸生等 18 位遇害烈士遗骨被安葬在北京八宝山革命公墓，周恩来总理参加了安葬仪式。安幸生的母校天津市第三中学为其在校园设立了塑像，邓颖超为塑像题写"安幸生烈士纪念碑"碑文。北辰区双口镇中河头村在其故居内开辟纪念室供后人瞻仰。安幸生用短暂的一生诠释了一名共产党人的初心和使命，他的精神永远激励着一代代海河儿女，为实现中华民族伟大复兴的中国梦而奋斗！

作者：曹冬梅

白色恐怖下的不屈斗争

大革命失败后，反革命的血雨腥风笼罩中国大地。在北方，由于北伐中途夭折，军阀统治得以苟延残喘，加紧了对革命力量的破坏。国民党占据天津后，不断扩大和强化其所控制的反革命力量，利用各种手段镇压革命活动，再加上"左"倾错误的影响，天津的革命斗争形势处于极其残酷的环境中。为复兴北方的革命运动，中共中央很快在天津重建了北方地区的领导中枢，天津一度成为土地革命战争时期党领导北方革命斗争的中心。天津党组织和人民群众在上级党组织领导下，同帝国主义、封建主义和反动军阀进行了不屈不挠的英勇斗争。

北方革命新的领导中枢

1927 年，与国民党反动派发动"四一二"反革命政变相呼应，奉系军阀张作霖在北方向共产党人和革命群众举起屠刀。4 月底，李大钊等 20 多名共产党人和革命者惨遭杀害，党在北方的领导中枢——中共北方区委因遭到严重破坏而停止工作。5 月 19 日，为恢复党在北方的领导中心，中共中央常务委员会决定建立顺直省委，管辖的工作范围包括河北、山西、北京、天津、察哈尔、热河、绥远、豫北、陕北等地，省委机关设在天津。八七会议后，为进一步加强北方地区党的工作，中共中央临时政治局决定成立中共中央北方局，负责管理顺直、山西、满洲、内蒙古、山东等地党的工作，9 月 2 日，北方局成立大会在天津召开。1930 年 12 月，中共中央决定建立河北省委，管理北方地区党的工作，省委机关仍然设在天津，顺直省委停止工作。顺直省委、北方局和河北省委在天津的设立，使天津成为这一时期指挥和领导北方革命运动的中心。

中共顺直省委机关旧址

播撒革命火种

1927年10月初，中共中央北方局贯彻八七会议方针，制定《北方暴动计划》，提出在京东农会活跃、革命条件较好的丰润、玉田、遵化、蓟县组织武装暴动。当月，玉田暴动爆发，两万多农民起义队伍占领玉田县城，影响范围达周边各县，在北方打响了英勇反抗反动军阀残暴统治的枪声。顺直省委组织部部长于方舟亲自从天津赶到玉田，改编农民军，领导武装斗争，不幸被敌人包围，英勇就义。玉田暴动是中共中央北方局贯彻八七会议精神的一次重要行动，是对国民党屠杀政策的一次英勇反抗，虽然由于敌强我弱，加之对敌情估计不足，玉田暴动未能成功，但它是党领导武装斗争的一次重要尝试，在广大人民心中播下了革命的火种。玉田暴动的实践也表明，如何在敌人力量集中的大城市，探索出符合革命工作的实际方针、策略和斗争方式，这是党认识、解决中国革命一系列基本问题的重要内容之一，关系着城市中党的组织和力量的兴衰存亡。

坚贞不屈的狱中斗争

由于国民党当局的残酷镇压、党内"左"倾错误影响等原因，包括天津市委书记李季达等在内的一大批党的干部惨遭敌人杀害，傅茂公、薄一波等先后被捕入狱，国民党当局对被捕入狱的共产党员和群众施以各种酷刑，但这些视死如归的共产党员始终坚贞不屈，严守党的秘密。国民党当局遂以"危害民国"等罪名，将他们判以重刑，投入河北省第三监狱。身陷囹圄的共产党人没有被敌人的精神摧残征服。在狱中，傅茂公等党员领导干部在顺直省委的帮助下，利用社会舆论对监狱的黑暗、残暴进行揭露，引起社会各界的关注，成立狱中党支部，有组织有计划地开展狱中斗争，把敌人的监狱变成锻炼革命者的熔炉和为党培养干部的学校，开辟了白区地下斗争的另一条战线。

左翼文化运动蓬勃开展

20世纪二三十年代，中国进步文化工作者在中国共产党领导和影响下，冲破国民党反革命文化"围剿"，积极宣传先进思想文化，抨击国民党黑暗统治的进步文化运动。1930年12月，天津左翼作家联盟小组成立。1932年夏，天津左翼作家联盟、天津左翼社会科学家联盟、天津左翼戏剧家联盟相继成立。在此基础上，党领导成立了天津左翼文化总同盟，这是天津左翼文化运动的领导机关。在天津左翼文化总同盟的领导下，左翼文化运动在天津全面开展起来。进步文学团体及其出版物的大量涌现，是天津左翼文化运动发展的一个重要标志。至1933年，天津进步文艺期刊已达数十种。进步学生文化团体，天津各大报纸编辑、记者，著名作家，进步戏剧、美术作者，积极投身左翼文化运动。左翼文化运动在天津的兴起和发展，对唤起各界群众觉悟，推动革命事业发展发挥了积极作用。

与"左"倾路线的抗争

在与国民党反动统治进行顽强斗争的过程中，党内一些同志也开始对王明"左"倾错误的推行及严重后果进行深入思索和质疑，并予以抵制。曾任河北省委宣传部部长、组织部部长的李铁夫是其中具有代表性的人物之一。李铁夫，朝鲜人，1928 年经共产国际介绍到中国从事革命工作并加入中国共产党。1933 年 5 月被捕后，经党组织营救被保释出狱。1934 年初，按照党组织安排，李铁夫来到天津，住在英租界小白楼附近朱家胡同的一个裁缝铺里。李铁夫对"左"倾错误给华北党组织造成的危害深感痛心，并进行了深入思考，在总结党在国民党统治区斗争经验教训的基础上，他撰写了《关于党内问题的几个意见》等十篇文章和意见书，对党在国民党统治区的工作方针和斗争策略问题，提出了一系列比较符合实际的正确意见，然而这些文章却遭到中央驻北方代表的严厉批评，报送中央审查，并在河北省委内部发动了反"铁夫路线"的斗争，李铁夫被错误打成"右倾机会主义反党分子"。这场错误斗争持续了大约一年时间，给河北省和天津的革命工作造成一定损失。李铁夫在遭受打击后没有消沉，以"仰望光明"为座右铭，坚信正确一定能纠正错误，并在极其艰难的条件下坚持为党和革命工作。

天津党组织的斗争实践和广大共产党员表现的革命精神，充分体现出共产党人在严酷的对敌斗争和生死考验面前所具有的坚定信念和高尚的革命气节。这是党领导中国革命最终取得胜利的重要保证。

作者：孟罡

党在北方工作的新起点

1928 年 6 月至 7 月召开的党的六大，确定以争取群众作为党的首要任务，把"左"倾作为主要危险来反对。党的六大以后，中国革命出现走向恢复和发展的局面。在北方，党贯彻执行六大路线，开展了大量工作，使顺直省委问题得到解决，同时澄清思想，化解矛盾，实现了党在组织上的巩固和发展，开启了党在北方工作的新起点。

顺直问题的由来

1927 年 4 月，李大钊等 20 名多共产党员被奉系军阀逮捕杀害，中共北方区委遭到严重破坏。为了恢复党在北方的领导中枢，1927 年 8 月 1 日，由中共中央成立的中共顺直省委正式成立，机关设在天津，工作范围是北京、天津、河北、山西、察哈尔、绥远、热河、河南北部和陕西北部等地区。

顺直省委成立初期，积极致力于北方各地党组织的恢复重建，并进行了大量艰苦卓绝的革命斗争。但是，省委主要负责人政治上仍然坚持陈独秀的右倾错误，组织上实行家长式统治，引起广大党员的极大不满。根据中央指示，1927 年 9 月顺直省委进行了第一次改组。改组后北方党的工作得到一定恢复发展。不久，受"左"倾思想影响，顺直省委忽略北方白色恐怖依然严峻的实际，一味在各地普遍发动工农暴动，导致刚刚恢复重建的党组织再度遭到严重破坏，一大批同志相继被捕牺牲。许多党员一时看不到出路，闹个人意气和无原则的派别纠纷，党内矛盾开始出现。针对这个情况，1928 年 1 月，顺直省委进行第二次改组。因缺乏正确的政治指导，党内很快产生严重分歧，党内矛盾纠纷不断且愈演愈烈，党的工作难以进行。为扭转顺直省委工作不力的局面，中共中央委任特派员进行巡视指导，并于 1928 年 7 月 22 日至 23 日组织召开顺直省委扩大会，第三次改组顺直省委。此次会议在一定程度上纠正了顺直党组织历史上的错误倾向。但是，由于中央特派员处理党内矛盾简单，存在着命令主义倾向，忽视了必要的思想工作，致使会议精神并未切实得到党内全部认同。"顺直问题"仍然没有得到根本解决。由此，中央特派员决定停止省委职权，将情况上报中央请求予以解决。同年 12 月 11 日，周恩来受中共中央委派来到天津，主持解决顺直省委问题。

周恩来抵津解决顺直问题

周恩来抵津当晚，即与省委主要领导人会面，听取情况汇报。12 月 13 日，他主持召开省委常委会，作了中央关于解决顺直问题的意见报告，研究并通过了恢复省委职权和改组省委等重要问题的议案。省委常委都表示接受中央决定，省委内部首先统一了思想，达成了共识。通过广泛接触党的各级组织的干部群众，进行深入细致的调查研究，周恩来摸清了顺直党内存在的问题，并对顺直党的状况进行深入、客观的分析。18 日，顺直省委内部刊物《出路》第二期发表《中央致顺直省委信》和周恩来撰写的题为《改造顺直党的过程中几个问题的回答》的文章。在文章中，周恩来根据党中央"从积极工作的出路上解决过去的一切纠纷"的精神，强调指出，顺直党内固然存在着不少问题，但那是在一定历史条件下造成的，只要多做工作，完全可以改变过来；同时，针对不满意新成立的省委、主张停止省委职权的意见，他也进行了说服。周恩来还剖析了极端民主化与民主集中制的区别、命令主义与说服群众的区别、惩办主义与铁的纪律的区别，以循循善诱的态度，对顺直党内存在的一些错误思想情绪进行了批评和疏导。

周恩来坚持从思想教育入手，开展切合实际又充分说理的批评，引导党员以向前看的精神，通过积极工作去解决矛盾和纠纷。这一做法收到了预期效果。顺直省委存在的问题得到初步化解，党内思想逐渐接近，大多数同志欣然接受了中央关于恢复省委职权和改组省委的指示精神，并一致认为必须到群众中工作，从参加和领导群众斗争做起，才能建立起党的无产阶级基础，才能逐渐肃清小资产阶级意识，才是解决党内纠纷的正确出路。

召开十二月扩大会议

经过周密准备，1928 年 12 月 22 日，中共顺直省委扩大会议在天津召开。会议由陈潭秋、刘少奇轮流主持，周恩来代表党中央作《当前形势和北方党的任务》的政治报告，传达党的六大精神和中央对顺直省委工作的指示精神。

1928 年 12 月顺直省委扩大会议旧址

在报告中，周恩来实事求是地分析了顺直党内矛盾的历史根源和社会思想根源，深刻剖析顺直党内存在的极端民主化、闹个人意气、搞小组织活动以及雇佣革命观念等非无产阶级意识。同时，他指出，解决这些问题的方法，不能靠机械命令的手段，必须有针对性地加强党的教育工作，提高党员思想政治觉悟，并在开展斗争中吸收无产阶级先进分子入党，扩大党的无产阶级基础，增强党的战斗力。周恩来的报告，使与会同志提高了认识，统一了思想，增强了团结，为解决顺直党内矛盾奠定了坚实的基础。陈潭秋、刘少奇也分别在会上作了报告。会议提出了今后顺直工作的总方针是：贯彻党的六大精神，争取群众，发动斗争，准备迎接新的革命高潮的到来。研究通过了《顺直党的政治任务决议案》《顺直党务问题决议案》，以及关于职工运动、农民运动等多项决议。经中共中央批准，恢复了省委职权，并选举产生了新的省委组成人员。1929 年 1 月 10 日晚，周恩来在天津佛照楼主持召开了顺直省委第一次常委会议，研究确定了新任省委常委分工，建立了新的顺直领导层。随着党内矛盾的解决和领导力量的加强，顺直党的状况有了迅速而重大的改变，党内无产阶级意识加强了，政治水准提高了，干部普遍深入群众中进行工作，改变了过去"在群众中几乎没有丝毫影响"的状况，真正成为群众斗争的领导中枢，为以后北方党的发展奠定了坚实的基础。

对于顺直省委问题的解决和周恩来所做的工作，党的六届二中全会指出："在顺直党的历史上，已经酝酿着很复杂的纠纷，到了六次大会的前后更广大的爆发起来，使顺直党成为破碎零离的现象。中央经过极大的努力，派人巡视，召集几次顺直的会议，特别与这一错误的倾向奋斗，最后得到了顺直党的拥护，才把顺直的党挽救过来……现在的顺直党已经较以前为进步……党的生活向着发展工作的路线上前进。"此后，在新的省委领导下，北方各地党组织不断恢复壮大，党员数量迅速发展，工人斗争重新崛起，农民革命浪潮风起云涌，北方的革命运动蓬勃发展进入新的阶段。

作者：曹冬梅

党组织领导五村农民反霸斗争

天津市河西区西苑公园矗立着一座"怀翁亭"，这是为了纪念彭真（原名傅懋恭，化名傅茂公）等领导五村农民开展反霸斗争，秘密进行革命活动而修建。1926年5月，时年24岁的彭真被调到天津从事革命活动时，正值革命处于低潮，白色恐怖笼罩天津，在这种极其恶劣、危险的境况下，彭真处变不惊，坚定地组织领导天津工人、农民和爱国学生运动，特别是他在天津近郊发动领导的五村农民"反霸护佃"斗争，进一步传播了革命思想，积聚了革命的力量。

五村农民的悲惨境遇

五村位于天津东南，是五个毗邻的村庄的简称，包括小刘庄、小滑庄、东楼村、西楼村和贺家口。早在清朝以前，这一带只居住着七八十户人家，耕种1000多亩土地。清朝统治者入关以后，通过实施"跑马圈地"，掠夺了这里农民的土地，使五村农民成为清贵族的佃户。但是这些贵族并不亲自经营，而是派遣"揽头"代行管理，"揽头"又派遣一些"庄头"直接管辖。五村农民遭受层层盘剥，生活苦不堪言。

从清初到民国初年，五村一带的"揽头"更换过四姓，其最后一姓就是亿寿堂的李苠臣。李苠臣绰号"李善人"，是天津有名的大盐商，也是当时有名的地痞恶霸。辛亥革命以后，他把土地据为己有，压迫农民，无恶不作。从当时的土地关系来看，佃户拥有永佃权，每亩每年交纳固定的租金8角，已成为沿袭下来的惯例。伴随着帝国主义的侵略以及资本主义经济的发展，天津的城市建设占地逐日扩张，土地与房租的价格越来越贵，如果建房出租，将比起收农民的固定租金获利多达千倍以上。因此，李荩臣就想出了"倾村灭佃"的办法，企图从农民手中掠夺租佃土地，农民的反霸斗争由此而起。

1915年初，蓄谋已久的李荩臣，趁着民国初年的混乱时机，向农民提出增租，遭到农民的一致反对。1917年，天津市洪水泛滥，李荩臣第二次向农民提出增租，一部分佃农迫于生计，不得不接受了地租的增加。1919年，李荩臣使用威胁手段，迫使农民全部增加了租金，他还采用欺骗伎俩，以"暂借"为名扣留农民保存的永佃租约，使农民失去凭证，并雇佣一批流氓打手，毁坏青苗、垫平园田多达100余亩，使50多户佃农流落街头，无家可归。农民们忍无可忍，推出代表向法庭申诉，但由于李荩臣与法庭相互勾结，农民的诉讼遭受失败。走投无路的五村农民，怀着满腔激愤，迫切地需要开展一场维护自身利益的斗争，迫切地需要一个坚强的斗争领导者。

护佃斗争取得初步胜利

中国共产党成立之后，积极领导天津地区的工农运动，进行反帝反封建斗争。1927年，担任中共天津地委宣传部部长的彭真负责组织天津各大纱厂工会开展工人运动。因裕元纱厂工会的工人党员多数家住五村，在党的小组会和支部会上经常提到五村农民的斗争情况。1927年上半年，彭真深入五村，与青年农民座谈，介绍俄国十月革命胜利后的情况，宣传南方各省革命斗争情况，发动农民组织起来。为了掩护斗争，彭真在西楼前街22号建立了农民操练武术的国术馆。他经常来到这里，和农民运动骨干具体研究反霸斗争的策略。

在彭真的教育和引导下，农民运动逐步开展起来，一些骨干分子在政治上不断成熟起来。1927年夏，农民运动骨干甄元和加入中国共产党，成为五村农民中的第一个党员。在实际斗争中，一批积极分子和骨干力量不断涌现出来，为了加强对五村斗争的领导，成立五村党支部，由支部书记甄元和、组织委员张连荣、宣传委员曹同兴负责。

1927年8月初，由于叛徒出卖，天津党组织遭到破坏，部分中共天津地委委员被捕。为了安全，彭真把中共天津地委第三部委书记司福祥（司呈祥）调到五村。司福祥家住东楼，与父亲在西楼一带以卖青菜为掩护，直接领导农民斗争，参加五村的支部活动。针对五村农民缺乏斗争经验，与"揽头"李荩臣的斗争还处在各自为战的状况，彭真耐心细致地给农民们讲解团结起来才有力量的道理，动员农民们联合起来开展斗争。在彭真的启发和帮助下，广大农民逐渐认识到团结起来力量大的道理，并开始主动向彭真等党员骨干分子身边靠拢。

1928 年底，在党组织的支持下，"五村农民护理佃权委员会"成立，甄元和为总代表，农民护佃委员会组织五村全体佃农举行了一次请愿示威。五村佃农全体出动，不分男女老少，手持"打倒土豪劣绅""归还我的土地"等标语小旗，冲破法警的阻拦，向法院提出了控诉。这次请愿虽未得结果，但大大鼓舞了农民们的斗志，使广大农民认识到团结起来的力量。1929 年 6 月，由于叛徒的出卖，党组织遭到严重破坏，彭真、司福祥、左振玉、张树林、金城等 23 人被捕入狱。"揽头"李荩臣再一次向法院提出解除五村农民租约的诉讼。为了争取法院合理判决，在甄元和等党员和骨干分子的组织领导下，近 6000 名工人和农民手持标语小旗，高呼口号，包围河北省高等法院，举行静坐示威。静坐示威从早上一直到了傍晚。最后，法院不得不作出对此案详细调查后再宣判的承诺，请愿队伍才陆续离去，护佃斗争取得初步胜利。

五村农民合影

反霸斗争持续开展

1933 年 5 月，中共河北省委任命甄元和为市委组织部部长，刘瑞森为市委宣传部部长，并要求天津市委加强对工运、农运的领导。根据省委指示精神，甄元和和刘瑞森深入五村开展调研，动员农民团结起来，同地主作斗争，并提出二五减租的斗争要求。1934 年，李葚臣又提出迫令佃农交地腾房的起诉，妄图把五村的全部土地归为己有。在党组织领导下，在附近产业工人的支持下，五村农民痛打了一贯欺压农民、带头行凶的李家"庄头"魏世珍和律师王守臣。为争取广泛的社会同情，五村农民决定推举赵建中、于宝林、孙留光三人去北京海淀学校，请进步教师撰写《天津贺家口、小滑庄、东楼村、西楼村、小刘庄五村全体佃农哀告书》，散发到社会各界，把李葚臣的罪行公诸于世。河北省委党刊《火线》第十八期（1934 年 7 月）刊登署名玉明的文章，对五村农民反霸斗争给予高度评价。

1934 年，彭真出狱后，仍十分关心五村农民的斗争。李家收买谦德庄一带的社会闲散人员李珍、姚少平等人，与五村农民寻衅闹事。彭真得知后及时指出要把斗争矛头指向地主阶级，对那些被地主收买利用的"打手"，要设法去做分化瓦解工作，使其不为地主阶级所用。五村农民按照这一指示，通过关系向李珍等人做工作，争取到李珍等人保持中立，李家的阴谋又一次落空。经过实际斗争培养起来的农民骨干力量越来越坚强，在五村农民护佃委员会直接领导下，继续坚持斗争。五村农民的反霸斗争，自 1915 年起，一直延续到 1949 年，其中几次重要斗争都是在党的直接领导下进行的。

五村农民反霸斗争，是天津人民在党的领导下开展的一场时间持久、规模宏大的革命斗争。中国共产党在领导农民群众的斗争中，积极培养骨干力量，发展农村积极分子入党，建立农村党支部，使这一斗争逐步走上正确轨道，并取得最后的胜利。

作者：孟罡

共产党人在敌人监狱里的英勇斗争

在中国革命血与火的斗争历程中，无数革命先辈凭着坚定的信念和对党、对革命事业的无限忠诚，战斗在"最黑暗的地方"，他们虽然遭受到肉体、精神的双重折磨，但凭着坚定的信念，捍卫了共产党人的崇高气节，以血肉之躯乃至生命坚持对敌斗争。

革命意志大于天

1929 年 6 月，中共顺直省委和天津党组织遭到严重破坏后，国民党当局先将被捕的共产党人关押在公安局，对他们施行压杠子、灌辣椒水、坐老虎凳、钉竹签子等各种酷刑，妄图从他们身上打开缺口，把天津的共产党组织一网打尽。郭宗鉴、傅茂公等天津党组织领导人受尽折磨，被敌人拷打得遍体鳞伤。但这些视死如归的共产党人坚贞不屈，始终严守党的秘密。

敌人无计可施，便以"危害民国"等罪名，将他们判以重刑，投进暗无天日的河北省第三监狱。身陷囹圄的共产党人以钢铁般的革命意志，既没有被敌人的血腥屠杀所吓倒，也没有被敌人的精神摧残所征服。他们把监狱和反省院当作生死搏斗的战场，开辟了白区地下斗争的另一条战线，把这个杀人不见血的屠场变成了锻炼革命者的熔炉和为党培养干部的学校。

铁窗内的斗争

河北省第三监狱是国民党当局为强化反动统治，于 1928 年 6 月在河北省建立的四座监狱中的一座，坐落在天津城西小西关（今红桥区西关西），人们习惯上称它为天津第三监狱。

在这座人间地狱里，监狱当局把政治犯与普通犯关押在一起，施行残酷的"虐杀政策"，犯人生活在极其恶劣的环境中，生活条件极差，几乎每天都有人死亡。政治犯左镇南（共青团干部）被残酷迫害致死后，傅茂公（彭真）联合其他难友，在党组织的秘密领导下，想方设法利用社会舆论披露了这一事件，国民党当局怕事态扩大，便将政治犯

坐落在天津小西关的国民党河北省第三监狱旧址
（现为天津人民医院）

与其他犯人分别关押。通过这次斗争，狱中建立起秘密党支部，负责人便是傅茂公（彭真）、郭宗鉴、詹大权、叶玉文和卢福坦。

1930年6月，中原大战处于拉锯过程中，监狱地下党支部认为利用这个时机开展斗争，以争取某些自由和改善生活待遇是可能的，于是向狱方提出严正抗议，提出改善生活的八项要求，限期让监狱当局答复。遭到拒绝后，120多名政治犯于1930年7月2日，展开了第一次绝食斗争。绝食斗争开始后，狱方惊恐万状，立即把傅茂公、李运昌、叶玉文等20多人押往陆军监狱，把他们认为是首要分子的郭宗鉴等人押进单人牢房，送去好饭好菜，进行诱骗。但全体政治犯在狱中党支部领导下，团结一致，毫不动摇。于是，敌人又调来一批军警和铁甲车，组成临时执法处，准备镇压。当荷枪实弹、全副武装的军警站在牢房门口时，绝食的难友们纷纷向士兵宣传绝食真相，争取他们的同情和理解。绝食进行到第三天，报纸上陆续刊载第三监狱政治犯绝食的消息，引发强烈社会反响，顺直省委也发出《动员广大群众援助被捕战士绝食运动》的紧急通告，动员群众募捐和到监狱里慰问绝食者。绝食第四天，一些新闻记者到狱中采访，转天各大报刊都作了报道。

当时正值蒋、冯、阎中原大战吃紧之时，控制天津政局的阎锡山担心因

为政治犯的绝食导致后方不稳，遂令天津当局迅速解决狱中绝食问题。在各方压力下，反动当局妥协了。到绝食的第五天，时任公安局局长曾延毅到狱中看望政治犯，表示当局对其所提条件，除"允许阅读报刊"一条外，其余全部接受，郭宗鉴等人当天转回新监。经过五天艰苦的搏斗，绝食斗争最终取得了胜利。

重回党的怀抱

为营救被捕同志出狱，打入敌人内部任天津特别市政府第三科科长的中共党员张友渔，在对天津国民党上层进行统战工作的同时，积极展开营救工作。7月7日，即狱中绝食斗争胜利的第二天，张友渔利用与天津市市长崔廷献的同乡关系，建议将刑期三年以下的政治犯集中起来，办一个"临时自新院"，以借"使于悔过自新"之名，便这些同志离开监狱，为进一步营救创造条件。这一建议得到采纳后，张友渔被任命为临时自新院副院长。薄一波、徐彬如、李运昌、刘大章、周铁忠等30多名同志被收容到临时自新院。自新院的生活"比其他监狱好得多，两人或一人一间屋子，一日三餐，吃的是大米白面。监房号子从来都是敞开的"。这些同志可以在院子里自由活动。在临时自新院，薄一波、李运昌和刘天章建立了由他们三人组成的党支部，他们利用有利条件，多学习，多锻炼，争取早日获得自由。9月中旬，在国民党新军阀的混战中晋系濒临失败、张学良所部东北军即将进关的形势下，张友渔利用敌人之间的矛盾，建议并征得崔廷献同意，撤销了临时自新院，30多名同志终于全部获释。

东北军进驻天津后，新调来的第三监狱典狱长，对政治犯肆意虐待，不承认狱方曾答应的政治犯的各项要求。在这种情况下，第三监狱政治犯在狱中党支部领导下，于9月17日至20日又成功地进行了第二次绝食斗争，迫使监狱当局恢复之前承诺的改善政治犯待遇的全部条件。1931年5月，被关押在第三监狱的傅茂公、张明远、祝子杰、金城、杜远、阚家骅等30名同志被敌人分别押往北平第一监狱和第二监狱，在那里他们继续与敌人进行了英勇不屈的斗争。

在顺直省委直接领导下，天津共产党人在严酷的对敌斗争和生死考验面前表现了坚定的理想信念和高尚的革命气节。这种革命精神，充分体现了党的事业所具有的先进性和顽强的生命力；它表明这一代表中国历史发展趋向和最广大人民群众根本利益的正义事业，是任何反动势力都不能摧毁的，不论经历怎样的艰难曲折，其必将一步步走向胜利。

作者：孟罡

民族英雄吉鸿昌

　　"恨不抗日死，留作今日羞。国破尚如此，我何惜此头。"这是共产党员、著名爱国将领吉鸿昌留下的一首气吞山河的就义诗。吉鸿昌以短暂而又光辉的一生，谱写了一曲为民族解放不懈奋斗的英雄赞歌，践行了一名共产党人的初心和使命，为后人留下了宝贵的精神财富。

领导察哈尔抗战

　　吉鸿昌生于 1895 年 10 月，1913 年投笔从戎，历任西北军冯玉祥部连长、营长、团长、旅长和师长。1929 年任国民军第十军军长、宁夏省政府主席。1930 年 10 月，任国民政府第二十二路军总指挥。1931 年，因拒绝执行蒋介石进攻中国工农红军的命令，被国民党当局解职，并强令携家眷出国"考察"。1932 年，一·二八事变爆发，吉鸿昌毅然回国，投身伟大的抗日救亡洪流，同时寻找中共地下组织。根据地下党员浦化人建议，吉鸿昌返回天津，秘密与中共华北政治保卫局建立联系。为开展反蒋抗日斗争，根据党组织的要求，他经常奔走于平津两地，并赴上海参加东北抗日救亡后援会；他还潜入湖北，组织发动驻扎宋埠的旧部起义。11 月，经中共华北政治保卫局负责人吴成方介绍，吉鸿昌在北平加入中国共产党，由一名爱国的旧军人转变为共产主义者，从此踏上了新的革命征程。

吉鸿昌（1895—1934）

1933 年，根据党的指示，吉鸿昌由天津启程到达张家口，组织领导察哈尔抗日斗争。为解决经费不足的困难，吉鸿昌毁家纾难，拿出 6 万元购置军火。他派人回天津协助妻子胡红霞购买了一批冲锋枪和手枪，秘密运送到张家口。5 月 26 日，察哈尔民众抗日同盟军宣告成立。吉鸿昌担任北路前敌总指挥，率部英勇作战，先后收复康保、宝昌、多伦等地，将日军驱出察境。然而在蒋介石与日军联合镇压下，轰轰烈烈的察哈尔抗战失败。吉鸿昌摆脱险境，乔装辗转回到天津。当时白色恐怖笼罩着天津，地下党组织及许多进步团体相继遭到国民党当局破坏，大批共产党人和革命者被捕入狱。吉鸿昌没有被这种情况所吓倒，毅然主动寻找党组织。

成立中国人民反法西斯大同盟

1934 年 1 月，吉鸿昌在上海与党组织取得联系后，按照党的指示返回天津。随后，他与南汉宸、宣侠父开始广泛联络各地反蒋抗日力量，组织抗日统一战线，建立抗日武装。

4 月 10 日，中共中央发表《为日本帝国主义占领华北并吞中国告全国民众书》，指出："一切真正愿意反对帝国主义的不甘心做亡国奴的中国人，不分政治倾向，不分职业与性别，都联合起来，在反帝统一战线之下，一致与日本和其他帝国主义作战罢！"党的号召，推动了全国各地革命形势的发展。随后，中国民族武装自卫委员会天津分会成立。在天津分会的组织推动下，天津、唐山等地工人罢工接连不断。形势的发展为吉鸿昌等人的工作提供了非常有利的条件。由于吉鸿昌在西北军和察北抗日军中的威望，加上从前的关系，他很快便与全国各地反蒋抗日力量建立了密切的联系。5 月，吉鸿昌与南汉宸等在天津成立了包括冯玉祥、李济深、方振武、任应歧等各派反蒋抗日力量代表在内的中国人民反法西斯大同盟，吉鸿昌被选为反法西斯大同盟中央委员会委员，成为中共反法西斯大同盟的党团领导之一。同时，他出资购置印刷设备，并在自家三楼设置简易印刷室，出版印刷《民族战旗》，作为反法西斯大同盟的机关刊物。这个简易印刷室除油印《民族战旗》外，还承担着印刷党的秘密文件的任务。吉鸿昌的家（今和平区花园路 5 号），也成为党在天津的主要联络站。

联系旧部建立抗日武装

根据党"必须抓紧白军士兵中的工作……与工农劳苦群众及一切抗日义勇军联合起来，发展游击战争"的指示，1934 年 4 月，吉鸿昌与南汉宸、宣侠父等奔波于平、津和华北各地，进行组织联络工作，准备建立抗日武装。1934 年春，蒋介石发动第五次反革命"围剿"，吉鸿昌旧部两个师被调往江西前线进攻苏区。吉鸿昌派人秘密与这两个师进行联系，打算发动兵变。经党组织同意，吉鸿昌等拟订暴动计划，准备将这两个师调回河南，与当地群众武装结合起米，组成抗日义勇军，转移到西北，联合杨虎城部队，开辟西北抗日根据地，形成大西北的革命局面。为实现这一暴动计划，吉鸿昌还派人请方振武将军北上，同时与在西安的杨虎城取得联系，得到了杨虎城的全力支持。在南汉宸等帮助下，吉鸿昌通过各种渠道，在各地发起和成立人民武装自卫军组织。他通过从前的关系联络了原西北军中一批具有抗日爱国思想的旧军官。为加强对这批力量的教育引导，更好地发挥他们抗日反蒋的作用，党组织决定，由吉鸿昌出面，秘密将他们请到天津，由南汉宸及曾任中共河北省委宣传部长的李铁夫负责对他们进行谈话、训练，然后作为武装抗日的火种，他们被分别派往西北各省以及豫南、豫西、安徽等地，组织人民武装抗日自卫军，点燃抗日的烽火。

被捕就义

吉鸿昌秘密开展的抗日活动引起了敌人注意。出于安全考虑，吉鸿昌改变了联络地点和方法，并把印刷室转移他处。1934 年八九月间，被派往安徽发动武装抗日的同志被捕，吉鸿昌在天津组织训练武装抗日力量的工作暴露。蒋介石密令复兴社特务处暗杀吉鸿昌、南汉宸、宣侠父等人。党组织获此情报后，立即通知吉鸿昌、南汉宸等撤离。面临危险处境，吉鸿昌首先想到的是党的工作和同志们的安全。此时，他经手的几批武器还没有运到，与广西李宗仁等反蒋抗日力量代表还没有见面，如果撤离，那么建立抗日武装的计划将要受到很大影响。因此，他决定留下坚持工作。10月初，吉鸿昌将家搬到英租界牛津别墅。为摆脱敌人严密监视，吉鸿昌通过亲戚在法租界国民饭店38号房间开辟新的秘密联络点。11月9日晚，经任应歧联系，吉鸿昌同李宗仁的代表见面。正当吉鸿昌与外地代表秘密会谈时，国民党特务闯入房间，将会谈代表当场打死，吉鸿昌与任应歧身负枪伤。与国民党特务勾结的法租界工部局的巡警，以杀人嫌疑罪名将吉鸿昌、任应歧逮捕。

在狱中，吉鸿昌向难友和狱卒宣传共产党抗日救国的主张。面对敌人的刑讯逼供，他坚贞不屈，把敌人的法庭当作宣传抗日的讲台，开展了针锋相对的斗争。他大义凛然地说："我能够加入革命的队伍，能够成为共产党的一员，能够为我们党的主义，为人类的解放而奋斗，这正是我毕生的最大光荣。"吉鸿昌被捕后，党组织想尽办法积极组织营救。社会进步舆论也一再要求国民党当局释放吉鸿昌。然而蒋介石仍然下达了"立时枪决"的命令。

1934年11月22日，吉鸿昌被敌人重兵押解北平。11月24日，在刑场上，他写下了气壮山河的就义诗：恨不抗日死，留作今日羞。国破尚如此，我何惜此头！他说："我为抗日而死，不能跪下挨枪，我死了也不能倒下！给我拿个椅子来，我得坐着死。"坐在椅子上他又对敌人说："我为抗日死，死得光明正大，不能在背后挨枪。你在我眼前开枪，我要亲眼看到敌人的子弹是怎样打死我的。"当刽子手颤抖地举起枪时，他凛然高呼："抗日万岁！""中国共产党万岁！"时年39岁的吉鸿昌英勇牺牲，他至死也没有在敌人面前倒下。

作者：曹冬梅

设立在天津的中共河北省委机关

走近天津市和平区营口道三德里21号，一座极其普通还带有岁月痕迹的二层小砖楼映入眼帘。穿越历史云烟，这里曾是1935年中共河北省委机关的办公地点。

商人之家入住三德里

1935年2月，和平区营口道三德里21号来了一家新住户。这是个四口之家。丈夫是个大高个儿，自称是商人，常常在家中会客。妻子是一位教师，通情达理。夫妻俩有两个活泼可爱的女儿，看上去八九岁的样子。很快，这家新住户就同周边邻居熟悉起来，并且相处得非常融洽。

实际上，这个新搬来的，看上去与其他家庭无异的"商人"家庭是高文华一家。高文华，原名廖剑凡，湖南益阳人。1925年加入中国共产党。大革命时期在湖南从事农民运动。1929年冬被派往中共中央长江局工作。1931年任中共中央秘书处内交科科长。1933年在上海中央执行局秘书处负责同各地的联络工作。1934年11月，高文华按照党中央的指示，从上海来到天津参加中共河北省委领导工作。次年2月，他奉命担任中共河北省委书记。为了更好地开展党的工作，他和妻子贾琏带着孩子，伪装成商人家庭，在三德里21号办公和居住。

入住后，高文华贾琏夫妇对家里进行了精心布置。浸泡过油的蘑菇被挂在房屋外面，特别显眼（在那个时候，有钱人家才能吃上油浸蘑菇）。墙上还挂了一大块腊肉。这腊肉不仅是"商人"的门面，还是为其他同志前来联系工作报平安的信号。布置完毕后，这个"商人"之家按照计划就位了。高文华通过"谈生意"，与河北省委其他负责同志研究工作，接收和传递信息。贾珵则以教师身份作掩护，负责机关的财务工作。孩子们经常在门口玩耍。一旦发现有陌生人靠近，她们就开始玩"跳房子"，以此提醒屋里的同志注意安全。在这个革命家庭的掩护下，河北省委机关得到保护，党的工作得以顺利开展。

党的活动经费短缺

1935年5月，中央驻北方代表调离北方。根据党中央指示，中共河北省委兼管中央北方局工作，负责河北、河南、陕西、陕北、绥西、东北、北平及天津等地区党的工作。当时党组织的活动经费主要由中共中央提供。中央驻北方代表离津后，北方局和河北省委处在与党中央中断联系的异常艰难的处境中。当时，党中央和红军正在长征途中，河北省委与党中央失去联系，党的经费没有了来源，而华北又遇大旱，赤地千里，资金筹措相当困难。高文华带领其他同志下乡筹钱粮，还派人在京津地区发起募捐，但效果不太理想。因经费短缺，北方局工作难以为继。

中共河北省委机关旧址

贾琏处处精打细算,对家庭开支压缩了又压缩。高文华常常几天难得吃一顿饱饭。由于长期饥饿和过度劳累,他患上肺结核,经常吐血。因为没钱看病,只能每天喝盐水杀菌。眼见高文华日渐消瘦,一米八的个子只剩下百余斤,贾琏心里非常焦急。两个女儿饿得面黄肌瘦,常常跟在贾琏身后喊:"妈妈,我饿。"有一次,两个孩子饿得实在受不了了,就和邻居家的孩子去捉蝗虫烧着吃。贾琏知道后,非常担心暴露身份。她把两个孩子拉进屋,狠狠地打了一顿,再三嘱咐她们商人的孩子不能吃蝗虫。孩子们委屈地哭了起来。贾琏转过头偷偷抹掉眼角的泪。这时候,如果有块肉吃,丈夫的身体会不会好起来,孩子们会不会没这么难熬。贾琏的眼神不经意飘落在墙上的那块腊肉上。这块腊肉对开展党的工作至关重要,说什么也不能动,只要能筹集到经费,将党的工作开展下去,一切都会好起来的。想到这,贾琏将两个孩子紧紧地搂在怀里。

割舍亲情解除困境

交通员没有出差费,房东天天催缴房租,有的同志已经饿得无法行动,家里已经没有一件可以拿去变卖的东西……该去哪里弄些经费呢?望着熟睡中的孩子:两个女儿、一个 6 个月大的儿子,高文华和贾琏忽然想到了主意——用孩子换钱。在旧社会,女孩卖不了几个钱,而且被卖后相当于掉入火坑。夫妻俩最终决定把他们的儿子卖掉。这是他们唯一的儿子。他们本来还有个儿子。那是在 1932 年,他们的第一个儿子降生。在白色恐怖下,因担心孩子的啼哭声引起敌人注意,他们忍痛把孩子送到育婴堂。不幸的是,孩子第二天夭折了。而现在又要把还在吃奶的儿子送出去。夫妻俩虽然心如刀割,但为了党的事业只能割舍亲情。他们希望儿子能在别人的抚养下健康成长,他们相信儿子长大后会理解他们今天做出的决定。就这样,夫妻俩在中间人的介绍下,将孩子卖给了唐山的一位中年妇女。用孩子换来的五十块大洋,加上其他同志筹集的零星收入,勉强维持了中共中央北方局和河北省委近半年的开支。在极端困苦和险恶的环境中,北方局先后恢复了河北、陕北的各级党组织,恢复组建了山东、山西、广州、广西、福建、贵州等地的党组织，并与东北、察哈尔、河南等地的党组织取得联系。同时根据北方革命斗争的形势制定党的工作方针和策略，组织群众抗日和反对国民党的斗争，并积极搜寻党中央的信息，设法与党中央取得联系。中共中央北方局和河北省委吸取推行"左"倾错误的教训，从而使党的组织得以保存和巩固，为领导新的更大规模的斗争奠定基础。在这期间，北方局领导了一二·九学生运动，组建中华民族解放先锋队，掀起了全国学生抗日救亡运动高潮。

1936年下半年，高文华夫妇离开天津，为革命到处奔波。新中国成立后，高文华先后任湖南省委副书记、轻工业部副部长、水产部副部长等职务，贾琏先后在长沙电厂、北京电信局、水电部水文局担任领导工作。夫妻二人为我国社会主义革命和建设事业作出重要贡献。

作者：曹冬梅

为抗日救亡呐喊呼号
——一二·九运动在天津

88年前的12月9日，"反对防共自治运动""反对卖国的对外政策""为祖国自由而奋斗"的呐喊声回荡在华北上空，充斥着满腔的爱国主义热忱。天津爱国青年学生在党组织的领导下冲破国民党反动当局的压制，开展了各种形式的抗日救亡斗争，为党领导天津人民的抗日斗争呐喊呼号。

华北事变和一二·九运动的爆发

1935年，日本帝国主义加紧实施侵华阴谋，妄图吞并华北，其先后制造了察东事件和河北事件，并集结重兵于山海关、古北口待命，迫使国民党签署《秦土协定》《何梅协定》。与此同时，日本策动了所谓的"华北五省自治运动"，扶植汉奸殷汝耕在河北通县成立"冀东防共自治政府"，并计划于12月在北平成立"冀察政务委员会"。平津、华北已是岌岌可危。

在民族危机日益严重的形势下，按照党中央的精神和北方局、河北省委的指示，平津等地的党组织和共产党员，积极在爱国学生和其他各界群众中进一步开展抗日救国的宣传和组织工作。当得知国民党当局将于9日成立"冀察政务委员会"的消息后，12月9日，在以谷景生、李常青、彭涛、周小舟等组成的中共北平临时工作委员会领导下，在姚依林、郭明秋、黄敬、宋黎等共产党员的组织和指挥下，北平数千名大中学生，举行声势浩大的抗日救国游行，提出"停止内战，一致对外""打倒日本帝国主义""反对华北自治运动"，掀开了一二·九运动的序幕。游行学生遭到国民党军警残酷镇压，有30多人被捕，数百人受伤。次日，北平各校学生宣布总罢课。12月16日，在"冀察政务委员会"计划成立的日子，学生和市民 1 万余人再度举行示威游行，终于迫使"冀察政务委员会"延期成立。

一二·九运动的抗日怒吼，震撼了古都北平，也震撼了国内外。它公开揭露了日本吞并华北进而侵略全中国的阴谋，打击了国民党政府的妥协退让政策，极大地促进了中华民族的觉醒，中国人民长期被压抑的爱国热情像火山一样猛烈地喷发出来。

天津爱国学生一二·一八抗日大游行

一二·九运动爆发后，天津爱国学生立即起来响应。天津中等以上学校学生早在 12 月 5 日即发表宣言，反对华北自治运动。一二·九运动后，天津法商学院、南开大学等校学生宣布罢课，以示声援。为了支援和配合北平学生的行动，天津党组织迅速与北平学联取得联系。天津法商学院朱光、庄林和南开大学王缓昌等立即到北平，秘密会见了北平学联和党组织负责人黄敬、黄华、黄侃、李宗瀛、郭明秋，商定在天津发动游行。北平学联特派王仲华（董毓华）来津详细研究举行游行示威的方法和步骤。考虑到国民党政府与日本之间的矛盾和爱国统一战线的需要，杨秀峰、温健公指出在游行中不提过激口号，不喊"打倒宋哲元"，并就此向朱光、郝金贵等作了具体布置。12 月 17 日，天津各校学生自治会在北洋工学院举行联席会议。会议决定，12 月 18 日发动全市各大中学校学生示威游行，声援北平学生的爱国运动；行动中要争取第二十九军官兵，避免同天津当局和军警发生冲突；组织纠察队、设置交通联络员，以维持秩序和传递消息。会后，朱光、郝金贵、庄林等分头到各校联络，并组织同学连夜赶制标语，印刷传单。一切准备工作紧张有序地进行着。

12 月 18 日清晨，寒风凛冽。天津青年学生怀着强烈的爱国热情，开始了声势浩大的抗日救国示威游行。8 时，法商学院校园里响起集合的钟声，学院教授、地下党员杨秀峰、温健公走在游行队伍的前面，温健公等先在体育场广场发表演讲，历数日本侵华罪行，痛斥国民党当局妥协退让政策，要求停止内战，一致抗日。大会发表宣言，号召反对华北特殊化，反对成立冀察政务委员会，反对对日妥协投降。大会结束后，游行队伍前往天津市政府请愿。请愿后，游行队伍高呼"打倒日本帝国主义""打倒汉奸卖国贼"等口号，唱着激昂的《义勇军进行曲》继续游行。游行队伍来到金钢桥，面对荷枪实弹的军警展，高呼"欢迎爱国军警抗日救国""中国人不打中国人"，一些军警的态度发生了变化。下午 3 时，参加游行的 10 余所大中学校的 5000 多名学生在南开操场召开全市学生大会，决定成立"天津市学生联合会"，推选庄林、王绶昌等为负责人，阮务德、郝金贵为学联的主要联系人；从 19 日起实行全市总罢课，反对国民党政府的不抵抗政策，动员全市人民投入抗日救亡运动。大会还发出宣言、通电，要求停止内战，一致对外；要求集会、结社和言论自由。

1935 年 12 月 18 日，天津爱国学生举行抗日救国大游行。

一二·一八大游行，表达了天津青年学生强烈的爱国激情，极大地唤起了各界群众的抗日救亡热情，成为一二·九运动的重要组成部分，为天津党的工作和抗日救亡运动的蓬勃开展揭开了崭新的篇章。

南下宣传和天津民先队的成立

天津学生大游行后，根据中共中央北方局和河北省委指示，12 月 26 日，天津学联负责人朱纪章赴北平，与北平学联商讨并成立"平津学生联合会"。平津学联成立后，为了把平津爱国学生更加紧密地团结在一起，将抗日救亡运动更好地开展下去，刚刚接任中共北平市委书记的林枫召集北平学联党团黄敬、姚依林、郭明秋、宋黎等研究决定，寒假期间组织"南下扩大宣传团"，深入河北农村开展抗日宣传。

1936年1月，平津南下扩大宣传团成立，下设四个分团，一、二、三分团由北平各大中学校学生组成，第四分团由北洋工学院、河北法商学院等天津各校爱国青年学生组成。宣传团沿途向群众进行了多种形式的抗日宣传。青年学生在深入社会、深入民众的过程中，受到了深刻的爱国主义教育，对党提出的"同民众相结合"的要求有了深入的理解和切实的感受。

南下扩大宣传团四个分团在固安会合后，举行了全体大会。会议决定，以平津学生联合会扩大宣传团的名义号召全国同学一致到民间去。会后，由天津学生组成的第四分团并入第一分团，约定三个分团10日后在保定会合。由于国民党当局的阻挠和镇压，宣传团员于1月16日被军警分别押送回平津。南下宣传活动的使学生们认识到必须建立一个强有力的组织，才能担负起抗击日本帝国主义、解放中华民族的使命，之后第三分团和一、二分团相继成立"中国青年救亡先锋团""民族解放先锋队"。

历时20天的南下抗日宣传，使爱国青年学生受到锻炼和考验，为党领导下的以抗日民主为目标的全国性先进青年群众组织——中华民族解放先锋队，奠定了思想和组织基础。2月1日，南下扩大宣传团团员在北平师范大学召开代表大会，决定将中国青年救亡先锋团与民族解放先锋队合并，正式成立民族解放先锋队（后改为中华民族解放先锋队，简称民先或民先队）。3月上旬，中华民族解放先锋队天津地方队部在南开大学正式成立。在党的领导下，民先队以公开和半公开的形式，为团结广大青年，带领青年学生投身日益高涨的抗日救亡运动发挥了重要作用，成为党建立抗日民族统一战线的助手和领导抗日救亡运动的纽带。

一二·九运动掀起了中国人民抗日民主运动的新高潮，使党的组织及其领导的革命力量得以增长，为实现党在国民党统治区工作的转变，贯彻党的抗日民族统一战线策略方针打下了基础。

作者：孟罡

中共中央北方局在天津
领导抗日救亡运动

中共中央北方局是党中央在北方的代表机关，天津是北方局较长时间的机关工作地。北方局在天津积极领导了北方地区的抗日救亡运动，并积极贯彻党中央决策部署，推动党在国统区斗争策略的转变，为迎接全民族抗战新阶段的到来做了大量有效的准备工作。

中共中央北方局的重建与领导抗日救亡运动

1935年5月，北方局重建，并由河北省委兼负中共中央北方局工作，当时叫作："一套人马，两块牌子"，即指导北方局所属地区工作时，用北方局名义；指导河北省工作时，用河北省委名义。6月，北方局和河北省委领导进行了工作分工。高文华任书记，柯庆施负责军事、组织工作，李大章负责宣传和对外联系工作，并兼管天津地方党的工作。中央驻北方代表离津后，北方局和河北省委处在与党中央中断联系的异常艰难的处境中。

在极端困苦和险恶的环境中，北方局先后恢复了河北、陕北的各级党组织，恢复组建了山东、山西、广州、广西、福建、贵州等地的党组织，并与东北、察哈尔、河南等地的党组织取得联系。同时根据北方革命斗争的形势制定党的工作方针和策略，组织群众抗日和反对国民党的斗争，并积极搜寻党中央的信息，设法与党中央取得联系，从而使"党的领导和党的活动已经开始冲破过去那种'左'倾盲动、脱离群众的小圈子"。中共中央北方局和河北省委汲取推行"左"倾错误的教训，在实际工作中逐步注意到改变以往的斗争方式，采取某些合法的形式开展工作，将秘密斗争与公开斗争结合起来，从而使党的组织得以保存和巩固，并为领导新的更大规模的斗争奠定了基础。

1935 年，日本帝国主义加紧实施侵华阴谋，妄图吞并华北，策动了所谓的"华北五省自治运动"。计划于 12 月在北平成立"冀察政务委员会"，以满足"华北自治"的要求。平津、华北岌岌可危。在民族危机日益严重的形势下，为贯彻《八一宣言》，北方局提出，坚决反对日本强盗及卖国贼、汉奸假借民意，树立任何变相的华北国与一切汉奸傀儡组织，反对有损中国领土主权的《塘沽协定》《何梅协定》，将全华北人民组织起来，用坚决的反日反蒋斗争建立华北自卫政权，消灭汉奸卖国贼的所谓"华北自治运动"。北方局指示平津等地的党组织和共产党员，积极在爱国学生和其他各界群众中进一步开展抗日救国的宣传和组织工作，领导声势浩大的一二·九爱国运动。12 月 9 日，在中共北平临时工作委员会领导下，在姚依林、郭明秋、黄敬、宋黎等许多在学生中开展工作的共产党员的组织和指挥下，北平数千名大中学生，冲破国民党军警的重重阻挠，举行声势浩大的抗日救国游行，提出"停止内战，一致对外""打倒日本帝国主义""反对华北自治运动"，并形成全国性的抗日救亡运动。

刘少奇领导北方局推动党在国统区斗争策略转变

1936 年 12 月 29 日，中央政治局召开常委会议，讨论北方局工作。会议决定派刘少奇到华北，以中央驻北方代表的身份，主持北方局工作。其任务主要是加强对反日学生运动及游击战争的领导，运用党的抗日民族统一战线策略，巩固党的秘密组织，使秘密工作与公开工作结合起来。

1936 年二三月间，刘少奇经过长途跋涉抵达天津。刘少奇到津后，多次与中共中央北方局和河北省委负责人进行深入细致的谈话，全面了解北方党组织的状况及抗日救亡运动的形势，向北方局和河北省委传达瓦窑堡会议精神，阐明当前的政治形势和党的任务以及建立抗日民族统一战线的策略方针。通过深入的调查研究，刘少奇了解到，北方党组织由于与中央失去联系，"左"倾关门主义和冒险主义的影响仍严重存在，其主要表现为：打倒一切，一切不合作，一切斗争到底，原则上否定策略路线的曲折性及在一定条件下防御、退却的必要性等。同时，党的组织还不健全，干部严重缺乏，党员数量过少，与党的工作发展的需要极不适应。像天津这样的重要工业城市，党员只有二三十人。针对这些情况，刘少奇认为，扭转局面的关键，在于恢复和建设华北地区党的组织，把这个地区党的工作引上正确路线。为此，刘少奇根据瓦窑堡会议精神，以陶尚行、胡服、莫文华、k.v 等署名，在 1936 年初至抗日战争爆发前夕的一年多时间里，撰写了多篇文章、报告及党内通信，系统批判了国民党统治区工作中的"左"倾关门主义和冒险主义错误，详细阐述了建立抗日民族统一战线的理论和政策。

中共中央北方局旧址

1936 年 4 月，刘少奇在党的刊物《火线》上先后发表《肃清立三路线的残余——关门主义与冒险主义》《关于白区职工运动的提纲》等文章，阐明在敌强我弱的形势下党在国民党统治区的主要工作任务是"争取工人阶级的大多数，积蓄工人阶级的雄厚力量，以准备将来决定胜负的斗争"，深刻指出了"左"倾关门主义和冒险主义的具体表现及其危害。刘少奇提出了党领导职工运动的方针和策略原则。为实现党在国民党统治区工作的转变，刘少奇还多次与中央政治局分管国民党统治区工作的张闻天通信，得到张闻天的有力支持。1936 年 8 月 9 日，张闻天在《给刘少奇同志的信》中，明确指出在国民党统治区建立广泛的抗日民族统一战线、利用合法形式开展工人运动及其他革命活动、取消不利于建立统一战线的"左"的组织形式等。刘少奇、张闻天对党在国民党统治区工作策略方针的进一步阐述，对于肃清北方党内错误思想残余，提高党的策略思想水平，实现国民党统治区工作策略方针的转变，发挥了极其重要的作用。

在开展党内思想教育、克服"左"倾错误思想残余的同时，刘少奇还采取一系列措施，恢复和发展国民党统治区党的组织，加强干部队伍建设。首先，重组中共中央北方局、恢复各地党组织。1936 年 4 月，将北方局与河北省委在组织机构上实行分设。北方局由刘少奇任书记，彭真任组织部部长，陈伯达任宣传部部长，高文华、柯庆施分别负责农村和军事工作，彭雪枫、王世英负责华北联络局，林枫任北方局秘书长。重组后的北方局领导河北、山西、山东、绥远、河南、内蒙古垦区党的工作。北方局还先后恢复重建了河北、山西、河南、山东等地的党组织，并根据党中央交给的任务，派人到香港、广州、武汉等地恢复和建立党的组织。其次，对于在王明"左"倾教条主义错误统治时期受到错误打击和处理的干部，一经核查清楚，立即予以平反。比如，曾遭到错误批判和处理的李铁夫，被重新恢复了领导职务，担任河北省委委员和天津市委书记。再者经中共中央批准，使被敌人逮捕、长期关押在北平草岚子监狱的一批党的重要干部履行敌人规定的手续陆续出狱。此外，在领导公开的群众工作中，加强对党的干部的掩蔽和保护，积极纠正过去工作中出现的一些关门主义和冒险主义的错误做法，并大量吸收在抗日救亡运动中涌现出来的优秀分子入党。由于采取了上述措施，北方党的组织不断发展壮大。至 1936 年底，党员数量已发展到 5000 人左右，为进一步贯彻瓦窑堡会议精神，建立抗日民族统一战线，提供了有力的组织保证。所有这一切，都为后来华北的抗日战争做了准备。

对于刘少奇主持的中共中央北方局工作，党中央给予了充分的肯定。1936 年 8 月 5 日，中共中央在给北方局及河北省委的指示信中指出："我们认为北方党的工作，自胡服同志到后，有了基本上的转变，主要的表现：在政治领导的加强，纠正了过去河北党中严重的关门主义倾向……表现在努力扩大抗日战线，不仅企图建立华北各界救国联合而且能顾及全国，在学生、军队、农民等群众中，均有较好的成绩。表现在组织上，河北的党不仅能够帮助环绕河北各省建立党的组织，而且能够顾及到上海、西南、武汉等地党的建设等等，这些主要转变，是已奠定了胜利的基础，开展着光明灿烂的伟大前途。"

作者：马兆亭

沦陷初期党在天津市内的抗日斗争

　　随着全民族抗战的爆发和天津沦陷，党领导天津抗日救亡运动向领导天津参加全民族抗战转变。在天津沦陷初期，天津党组织积极应对斗争形势与任务的急剧转变，有力领导了市内抗日斗争，顺利完成了上级党组织和党中央交付的各项工作任务。

领导建立华北人民抗日自卫委员会

　　天津沦陷初期，坚持在天津市内的中共河北省委及天津党组织及时转变工作方式，以租界为屏障，积极开展各种形式的抗日斗争。其中河北省委建立和领导的抗日民族统一战线组织——华北人民抗日自卫委员会，是党在天津开展抗日民族统一战线工作和抗日斗争的一个典范。

　　根据中共中央北方局关于在组织与发展下层群众斗争的同时，积极开展"上层统一战线工作，应与各方面协商组织一个能包括各武装部队、政权机关与群众团体在内的机构，领导一切抗日事宜"的指示精神，1937年9月，中共河北省委将抗战前夕在天津成立的华北各界抗日救国联合会，改组为华北人民抗日自卫委员会，形成在党的领导下，由共产党员、国民党爱国人士和其他进步民主人士组成的抗日民族统一战线组织。自卫会中，共产党员李楚离任党团书记，负责人有王仲华（董毓华）、胡锡奎、张洁清。成员有杨秀峰、赵飞克、朱其文（三人均为中共党员）和河北省立工业学院教授杨十三，河北省立工业学院斋务课课员洪冲霄（洪麟阁），滦县马城民团团总高志远，原华北各界救国联合会重要成员张申府、刘清杨，以及代表蒋介石中央系的天津电报局局长王若僖，代表阎锡山系的电话局局长张子奇，桂系人物刘绍襄，天津《益世报》主笔罗隆基，《大公报》主笔王芸生，等等。此外，中共领导的工会、青年、妇女等群众团体的代表，也参加了自卫会的工作，从而扩展了自卫会的联系范围，增强了社会影响。

为争取敌后各种抗日势力，扩大中国共产党领导下的抗日民族统一战线，根据刘少奇的指示，自卫会派王仲华到武汉国民政府备案，以取得合法地位。中共河北省委通过自卫会，广泛联系各个党派、各种武装和政治力量参加到抗日救亡运动中来，并通过各种渠道派遣干部进入各党派、社会团体、群众组织和武装力量中去，争取基层群众，扩大我党的政治影响，推动各方面的上层分子坚持抗日立场：在自卫会天津总会的直接筹划下，又成立了团结冀东各阶层抗日反汉奸的华北人民抗日自卫委员会冀东分会，冀东各县也相继成立了分会。经过党的抗日民族统一战线政策的宣传教育，广大人民群众的抗日积极性空前高涨，纷纷加入自卫会。仅蓟县、遵化、玉田、丰润等县的自卫会会员即达 1.5 万人之多。1938 年 5 月，华北人民抗日自卫委员会在天津召开会议，决定组建冀东抗日联军司令部，统一指挥抗日队伍。会后，委员会又派自卫负责人李楚离和王仲华分别到洪麟阁、高志远的部队指导工作。

领导各种形式的抗日斗争

中共天津市委加强了抗日斗争的宣传和组织发动工作。市委书记姚依林为河北省委机关刊物《火线》撰写文章，阐述党的抗日救亡主张和政策，号召天津民众以坚决的抗战粉碎日本灭亡中国的野心，争取中华民族的解放。大批共产党员和抗日救亡积极分子撤出天津后，留在天津的共产党员，如扶轮中学的姜思毅、李青等，市电话局的杨希龄、刘长远、任树荣、田学昭、陈凯，女师学院的周彬、朱峥、阎国珍，王兰庄的路平、崔建华、史甄等继续坚持地下斗争。在姚依林的直接领导下，他们在英租界秘密创办了《抗日小报》，由李启华、李青、姜思毅等撰稿、编辑和印刷。不久，在姚依林主持下，姜思毅、李青、刘文桀又协助编辑出版了党的刊物《风雨同舟》。天津市委组织出版的这些刊物，宣传了党的抗日政策，推动了天津各界群众抗日民族统一战线的发展。他们还在英、法租界内广泛张贴油印传单，进行抗日的宣传工作。

　　为了及时了解党中央和北方局的指示，加强与周围游击区的联系，指导河北、天津地区的抗日斗争，中共天津市委通过朱其文在天津电报局搞到电台，并送往冀东地区。中共天津市委通过党中央华北情报机构——"华北联络局"负责人之一、共产党员谢甫生，同国民党"桂系"官员刘绍襄的关系，利用刘设在天津家中的电台同北方局保持联系，特别是在姚依林、张洁清的筹划和领导下，经王士光（王光杰）等努力，在天津英租界伊甸园建立了秘密电台，在白色恐怖统治下坚持党的通讯联络工作，完成了与党中央、北方局的联络任务，使党的指示及时地传达到河北省委和天津市委，指导了冀津地区的抗日斗争。

　　为了支援抗日战争，天津民先队曾于 1937 年和 1938 年在天津先后开办了无线电和护士训练班。图为其中一个训练班遗址（现为和平区建设路 120 号）。

　　中共天津市委通过一些抗日救亡团体积极为天津周围的农村开展的游击战争输送各种人才，筹备枪支弹药，购买通讯器材、医疗器材和药品，先后派遣一些党员干部分赴冀东、平西等地开展抗日游击战争；同时，派地下党员深入到天津各个行业和群众团体中，广泛发动各界群众的抗日斗争，特别是深入到北洋纱厂、公大六厂和东亚毛纺厂等单位，发展建立党的组织，发动和组织工人群众开展抗日斗争。

1937年11月，在中共河北省委和中共天津市委的组织领导下，"天津工人救国团"在英租界巴克斯道（今和平区保定道）成立，主要成员有宝成、北洋、裕大、恒源、华新等几个大纱厂和电车、邮局、济安自来水公司的工人。其宗旨是推动各会员工厂组织起来，积极进行抗日救国活动。

中共天津市委组织天津电话局职工抵制日本侵略者强行接收电话局，开展了英勇顽强的"抗交"斗争。天津电话局坐落在英租界内比尔道（今和平区四川路），同时也是电话三局所在地。卢沟桥事变后，日军为扩大侵华战争的需要，强行接管了租界以外的各电话分局，而英、意租界内的电话三、四局不能用武力接管，仍独立存在，被日伪当局视为统治天津电讯事业的一大障碍。电话局局长张子奇在地下党员朱其文和广大电话职工抗日爱国热情的影响下，抗日态度十分坚决。在地下党领导下，"抗交"斗争很快发动起来。在发动和组织"抗交"斗争中，以地下党员为核心的电话工人救国会，与职工就"抗交"问题进行了商议，全局职工一致表示"绝不把电话局交给日本侵略者"。"抗交"斗争开始后，朱其文先后六次在职工大会上讲话，鼓舞职工的斗志。在此期间，日伪当局曾施加种种压力，但电话局职工态度坚决，决不屈服。此后，电话局职工继续坚持斗争。1940年9月，英、法、意当局迫于压力，将电话管理权移交日伪当局。鉴于斗争目的已经达到，根据党的指示，决定结束长达一年多的"抗交"斗争。电话局职工的"抗交"斗争，得到了社会各界的大力支持。《新华日报》曾连续报道了这一斗争的情况，在社会上引起了较大的反响。

中共天津市委领导广大群众通过各种途径开展抗日斗争。在党的领导下，裕元纱厂的工人为反对日军的统治，愤怒地焚烧了该厂第一号仓库，1000多包原棉全部被烧毁。日军存放在北站外体育场及河东大王庄日本"兴中公司"仓库的军需品，也被群众放火烧毁。天津沦陷后，市内物价飞涨，直接威胁着人民生活。为反抗日本侵略者的殖民统治，天津市内曾多次发生抢粮风潮。

在意租界，群众上街游行，高呼"给我们米""给我们面"的口号，遭到租界巡捕高压水枪的袭击。在天津北站，群众抢夺了一列载有面粉的火车。

面对卢沟桥事变后天津陷于日军铁蹄之下的形势和凶狠残暴的敌人，天津党组织按照上级指示，完成了转移革命力量、奔赴抗日前线的艰巨任务，保存和恢复了党组织及其领导的革命力量，并且带领人民群众以各种方式展开了同日本侵略者的英勇斗争。

作者：马兆亭

投身冀东抗日大暴动

1937 年 8 月 22 日至 25 日，中共中央在陕北洛川召开中央政治局扩大会议，会议决定，开辟敌后战场，建立抗日根据地。洛川会议后，党中央作出开辟冀东、建立以雾灵山为中心的抗日根据地的决定，并责成中央军委组织部队挺进冀东。1938 年 7 月，在八路军东进部队的有力支持下，中共中央北方局直接领导了声势浩大的冀东抗日大暴动。蓟州、宝坻、武清、宁河等天津现辖区人民，纷纷举行抗日武装暴动，成为冀东抗日暴动的重要组成部分。

蓄势待发——紧张而充分的准备工作

为了成功发动冀东抗日大暴动，中共中央北方局书记刘少奇指示在天津的中共河北省委，立即把注意力和工作重心转向农村，宣传党的抗日主张，准备发动冀东抗日武装起义，并作出具体部署。

遵照中共中央和北方局指示，中共河北省委和天津市委进行了紧张而充分的准备工作。思想上，中共河北省委在工作中"注全力于游击战争"，迅速将工作重点转移到农村，集中力量开展冀东游击战争。冀东各地民众，在中共河北省委的坚强领导和积极动员下，纷纷加入自卫会和抗日救国会。组织上，做了明确分工：马辉之任省委书记，吴德任组织部部长，林铁任军事部部长，姚依林任宣传部部长兼天津市委书记，原省委宣传部部长李大章调北方局任秘书长。物质上，中共河北省委在天津英租界张庄大桥附近的居民区（今营口道与南京路交口）内建立了领导机关，充分利用天津租界和物资流通的便利条件，以及与冀东毗邻的地域优势，向冀东运送了大批物资。华北人民抗日自卫委员会还在租界内的一些大旅馆，如交通旅馆、国民饭店等处设立联络点，为来往于冀东抗日游击区的人员提供安全住所。军事上，中共河北省委在天津开办了军事训练班，对主要来自冀东各地组织暴动的负责人进行培训，主要讲授游击战争战略战术，及各种武器的使用方法等，培养军事骨干。

1938年5月，华北人民抗日自卫委员会在天津召开会议，会议对冀东抗日暴动作出具体安排。决定组建华北抗日联军第三军区，成立冀东抗日联军，推选高志远（党外人士）为冀东抗日联军司令，洪麟阁（国民党党员）为副司令兼第一路指挥，李运昌（冀东分会负责人）为副司令兼第二路指挥。会后，又派自卫会负责人李楚离、王仲华分别到洪麟阁、高志远的部队指导工作。因此，自卫会实际上成了共产党发动冀东暴动的公开领导机关。在中共河北省委领导下，从7月6日开始，以港北起义为开端，冀东20万人的抗日大暴动爆发。

乘势而上——涌入抗日暴动洪流

冀东暴动开始后，天津党组织领导蓟州、宝坻、武清、宁河人民积极参加冀东抗日武装起义，汇入声势浩大的抗日暴动洪流中。

冀东八路军指挥员在异常艰苦的条件下顽强坚持斗争。图为八路军战士在采野菜。

在蓟州，6月20日，蓟县二区马伸桥镇爆发六、九甲民团起义，从而揭开了蓟县大暴动的序幕。7月14日，在中共蓟县县委号召下，邦均首先打响了冀东西部武装暴动的第一枪。邦均位于蓟县城西30里，是京东有名的大镇，当地驻有伪警察分局和地方民团训练队几百人。7月14日夜，蓟县三区民团副团长王建国（救国会骨干）带领救国会会员，攻克邦均镇伪警察所。之后，三区队正式成立。王建国任区队长，冀扶朽任政治主任。

7月15日，中共蓟县县委组织领导各区救国会会员同时发动起义，以城关和别山的一、六区救国会会员为基础，成立了第五总队；以蓟县五区的民团救国会会员和蓟县、三河、顺义、密云、平谷交界地带的武装为基础，组建了五县联合总队；以马伸桥二区救国会会员为基础成立了第十六总队；在二区南部，以救国分会为基础成立了第十八总队。蓟县七区武装暴动开始后，首先对下仓镇西面关帝庙的保安队、警察驻地发起进攻，通过内外夹击，很快解决了驻守在那里的保安队和警察，并缴获大枪几十支，击毙汉奸李永贵。战斗结束后，组建了抗日联军第六总队，下辖4个大队和1个特务连。这样，冀东西部地区由党直接领导和掌握的武装力量已有近5000人。这些部队先后在蓟县城东壕门，城西贾各庄、大土庄、龙王庙，以及邦均以南、马道、别山和盘山等地，与日伪军作战10余次，给敌人以重大打击，同时配合洪麟阁部攻下玉田县城，配合八路军第四纵队攻下蓟县县城。蓟县暴动引起了强烈的连锁反应，整个冀东西部沸腾起来。

在宝坻，全县群众纷纷起来投入大暴动中。冀东大暴动前夕，国民党直辖的"忠义救国军第七路军"和"忠义救国军第九路军"，在宝坻及邻近各县，开展抗日活动。第七路军和第九路军经过重新组建，在冀东暴动中发挥了重要作用。7月10日，七路军联络武清的平自贵便衣队500余人，攻打宝坻大口屯镇，经过激战，攻克伪警察所，俘虏30余人，占领了大口屯镇。14日，七路军攻占宝坻县城，击毙"新民会"日本顾问河野新等人，摧毁了伪政权。九路军也主动出击，给日、伪军以一定的杀伤。因形势恶化，部队撤到蓟运河一带坚持斗争，后又转移到玉田县境内坚持斗争。在冀东抗日暴动的影响下，7月上旬，宝芝麻窝（今宝坻大中庄乡）学校教员曾乃等也组织了80余人的抗日队伍，攻打三岔口伪警察队并初战获胜，队伍发展到2000人，不久归入九路军，编为独立团，在攻打林南仓商团战斗中取得重大胜利，并将缴获的大批粮食运往山区。

在武清，全县群众也积极响应，支援冀东大暴动。7月13日，李天云组织的华北人民武装抗日联军二十七支队十四团，在武清县城关西的张桐营和沙庄北口一带打响了武清抗日暴动的第一枪。全歼日军土屋部队30余人，给盘踞在廊坊、武清一带的日军以极大震慑。8月，十四团二、三营在安平与日军血战，因寡不敌众，遭致失败。但他们英勇的行为鼓舞了当地民众。

在宁河，冀东抗日暴动的热潮首先影响到岳龙庄一带。不久，东魏甸、西魏甸、东蛇麻港、西蛇麻港等地的群众加入到大暴动的行列，曾一度发展到1700多人。9月，暴动队伍会同第七路军，兵分五路攻打宁河县城。守城日、伪军在强大的攻势面前，弃城南逃。

英雄本色——津沽大地革命故事代代相传

在冀东大暴动中，天津许多优秀的共产党员和抗日志士英勇牺牲。在攻打别山镇的战斗中，中共蓟县县委书记王崇实血洒疆场。10月15日，洪麟阁在蓟县马伸桥与敌人遭遇，在作战中壮烈牺牲。洪麟阁，原名洪占勋，1902年生于河北省遵化县地北头村，1935年任天津河北省立工业学院斋务课课员。卢沟桥事变后，洪麟阁以社会名流身份参加天津各界人民抗日救国会。1938年2月回到家乡后，他积极组织和参与冀东抗日暴动的准备工作，任冀东抗日联军副司令兼第一路军总指挥；7月8日，在遵化县地北头一带举行抗日起义，所属部队很快发展到四五千人，成为冀东抗日大暴动的一支重要武装力量。洪麟阁牺牲后，当地群众用最好的柏木棺将其收殓，埋葬在蓟州一个陡峭的山顶上，起名为"洪山岭"，以示纪念。八路军总司令朱德得知消息后十分悲痛，称赞他是"我们革命队伍非常需要的爱国知识分子，也是我们党非常需要的军事人才。他的牺牲对我们是一重大损失"。

冀东暴动后，日军疯狂报复，蓟州等地群众惨遭杀戮。基于严峻的革命形势，八路军主力部队和冀东抗日联军于1938年九十月间撤往平西，在日伪军截击下，暴动队伍受到严重损失。但是这场规模宏大的抗日武装暴动，极大地鼓舞了广大人民，沉重打击了日本侵略者在冀东的统治，为开创冀热辽抗日根据地奠定了基础。天津人民作为冀东暴动的一支重要力量，为抗战初期党领导的这次大规模抗日武装斗争作出了重要贡献。

作者：崔玉田

盘山抗日烽火

以抗日根据地为依托开展独立的山地游击战争是夺取抗日战争胜利的战略举措。盘山抗日根据地是坚决贯彻党的抗战战略方针的重要成果，为夺取冀东和天津抗战胜利作出了重要贡献。

盘山抗日根据地的开辟

1937年8月，洛川会议根据毛泽东关于红军可出动一部于敌后的冀东，以雾灵山为根据地进行游击战争的指示，决定开辟冀东，建立以雾灵山为中心的抗日根据地。1938年4月后，八路军在华北实行大规模分兵，向河北、山东、豫北平原、冀热边和绥远等华北广大敌后区域发展游击战争，开辟广大的敌后战场，挺进冀东。1938年7月，党领导了冀东抗日大暴动，盘山地区是冀东抗日大暴动的重要战斗区域，大暴动为之后盘山抗日根据地的开辟创造了重要条件。

1938年10月，日军占领广州、武汉以后，抗日战争进入战略相持阶段。在这种情况下，放手发动群众，实行军民结合，广泛深入地开展群众性游击战争，大力发展人民抗日力量，建立、扩大和巩固抗日民主根据地，就成为坚持长期抗战、战胜强敌、最后夺取抗战全面胜利的关键。

为了坚持敌后持久抗战，发展和巩固华北抗日根据地，坚持冀东地区的抗日斗争，冀热察区党委决定开辟盘山抗日根据地。为开辟盘山抗日根据地，冀热察区党委和八路军冀热察挺进军进行了多方面的准备。首先，积极准备干部。将冀东的干部分批抽送到晋察冀中央分局、区党委、抗日军政大学分校轮训，然后再派回冀东开展工作；其次，加强党的组织领导。根据晋察冀中央分局和军区的指示，成立冀东军分区和冀热察区党委冀东分委，分别由李运昌和李楚离任军分区司令员和分委书记。最后，加强军事加强。将撤到平西的冀东起义部队进行整训后又派回冀东，成立冀东抗日政权办事处，负责领导冀东抗日民主政权工作，并将冀东的游击武装整编为挺进军第十三支队。1939年9月中旬，撤往平西受训的队伍按上级指示组成蓟平三支队、蓟遵兴支队和蓟遵兴地方工作团，返抵蓟县盘山，并与坚持在盘山的抗日武装会师。

1940年元旦，冀东区党分委在遵化县葛老湾召开会议。会议决定，要肃清土匪，开辟新区，建立根据地；将冀东所属抗日武装统编为九个总队，分赴各地开辟新区，其中包森、李子光、王少奇带一、二、五总队开辟盘山根据地，并以盘山为依托，开辟蓟、平、密地区。葛老湾会议后，包森、李子光、王少奇即回到盘山，着手创建根据地的各项准备工作。1940年4月15日，冀东西部根据地的第一个抗日民主政权——蓟平密联合县诞生。李子光任县委书记，张耀东任县长。蓟平密联合县的成立，标志着盘山抗日根据地的初步形成。从此，根据地党政军三位一体，开始了有计划地巩固老区、开辟新区的斗争。

在艰苦卓绝中巩固盘山抗日根据地

盘山抗日根据地的创建，引起日、伪军的震惊，为此，日军不间断地对盘山根据地进行疯狂扫荡。为巩固和扩大盘山抗日根据地，蓟州军民展开了艰苦卓绝的反扫荡斗争。1940年5月，日军在冀东西部从平绥、北宁铁路沿线调集日、伪军2000余人，到密云、平谷、三河等地驻防，合围盘山抗日根据地。蓟县汉奸政权也配合敌伪军加紧行动，修公路，设据点，建立电话网，对根据地实行分割、封锁，妄图困死根据地。1941年后，冀东抗日根据地的迅猛发展引起日军注意，日军抽调精锐部队对冀东发动多次大规模扫荡。1942年1月，日军第二十七师团在对盘山抗日根据地为期两个月的大扫荡中，实行了残酷的烧光、杀光、抢光的"三光"政策，不仅出动飞机狂轰滥炸，而且出动步兵反复烧杀抢掠。日军还在盘山和蓟州等地制造了一系列惨案。为彻底破坏抗日根据地军民的生存条件，日军第二十七师团在独立混成第十五旅团和关东军第九独立守备队的配合下，建立了东起迁安建昌营，经遵化、蓟州、三河、平谷到昌平桃峪口，长约600公里、宽约8至10公里的"无人区"（其中蓟州北部最宽处达30公里），面积总计约5万平方公里。日军第二十七师团还在蓟州黄崖关内一大片地区和盘山周围30多个村庄建立了"无人区"。在日本侵略者的残暴统治下，加上华北连年的自然灾害，天津及周边农村抗日根据地、抗日游击区进入异常艰苦的斗争阶段。

为打破日军对盘山抗日根据地的蚕食与扫荡，盘山抗日根据地军民在党的领导下进行了艰苦卓绝的斗争。1940年，上级决定在盘山根据地正式组建八路军第十三团，将包森领导的四纵二支队从冀东中部调到盘山。八路军二总队和一总队一部、单德贵支队一部整编为第十三团第一营，盘山地区的六总队和一总队、单德贵支队其余各部整编为第二营，四总队整编为第三营。全团共辖10个连，计1600余人。冀东军分区副司令员包森兼第十三团团长，洪涛任政治处主任，娄平任党总支书记。第十三团的创建，为坚持盘山抗日斗争增添了新的力量。

1940年7月，包森率军分区第十三团及第十二团，在广大人民群众配合下，在白草洼伏击日本关东军一骑兵中队，全歼日军70余人，缴获轻机枪3挺，步枪50余支，战马70余匹。这次歼灭战在冀东西部战场首创了整建制地歼灭日军的光辉战例，打击了日军的骄横气焰。此后，日、伪军在半年多的时间里不敢进犯盘山。1942年初，包森率第十三团主力在蓟州果河沿迎战治安军精锐第二集团，经16个小时激战，全歼其第四团，击溃其第三集团司令部和第三团，缴获大批武器装备。果河沿战斗，首创冀东战场整团歼灭敌人的战例。通过艰苦斗争，盘山抗日根据地在根据地军民浴血奋战中终于得到了巩固。

在推动盘山抗日根据地发展中迎接抗战胜利

1943年，世界反法西斯战争的形势开始发生根本性变化。在中国战场，中国共产党领导的敌后解放区战场经过长期的艰苦奋战，从1943年起开始逐步扭转困难局面。1943年1月，中共冀东地委作出恢复被敌人"蚕食"的基本区（指抗日根据地和抗日游击区）及相机开辟新区的决定。1月和7月，八路军第十三团先后两次突破日伪军的防线，深入蓟州境内打击敌人。年底，冀热边特委书记、军分区司令员李运昌指示恢复蓟县根据地，并提出以玉田、遵化南部为基地，由蓟东、蓟南向北发展的战略方针。盘山抗日根据地进入扩大发展和迎接抗战胜利的新阶段。

在蓟州，按照中共冀热边特委 1944 年 9 月 17 日《关于秋季反扫荡准备工作的指示》和"打击敌人，保存自己，保卫根据地"的部署，部队与民兵积极配合作战，广大军民在根据地内与敌人进行了全面斗争。各地抗日军民坚决贯彻坚壁清野的方针，避开敌人主力，采用机动灵活的游击战术打击日军，使敌人顾此失彼，不知所措。9 月底，日军的秋季扫荡以彻底失败而告终。1945 年 1 月，日军又从东北调入关内两万余兵力，从 2 月起实施春季扫荡。此时，八路军冀东西部主力部队已由原来的 3 个团扩充为 9 个团，其中第十三团与平三蓟民兵武装据守盘山一带，第十六团活动在蓟县南部的玉蓟宝一带。反扫荡开始后，当地军民协力配合，以麻雀战、地雷战等多种形式打击敌人，先后在宋家营、燕各庄、杨家楼等地重创敌军。到 5 月底，日军的"扫荡"被彻底粉碎，蓟州基本区仍掌握在抗日军民手中。盘山抗日根据地迎来了抗战胜利的曙光。

1940 年，在党的领导下，八路军和游击队依靠广大抗日群众的支援，坚持游击战争，创建了盘山抗日根据地。

作者：马兆亭

一腔热血洒冀东——抗日名将包森

包森，我国著名的抗日民族英雄，威震敌胆的杰出军事指挥员，叶剑英元帅称他为"中国的夏伯阳"。他生前在冀东抗日战场三年多的战斗中，创造了活捉日本天皇表弟宪兵大佐赤本、全歼号称"常胜军"的日本关东军武岛骑兵中队等一系列光辉战例，为中华民族独立和人民解放事业作出了重大贡献。

胸怀报国志　加入党组织

包森，原名赵宝森，又名赵寒，1911 年 7 月 21 日出生于陕西省蒲城县一个贫苦农民家庭。虽然家庭生活困难，但父兄仍倾力供他读书。1927 年，在蒲城县第一高小读书期间，他开始阅读进步书刊，逐步懂得了一些革命道理。1931 年九一八事变时，包森在三原县省立第三中学读书，因反对蒋介石的不抵抗政策，他联合爱国青年组成宣传队，在三原、泾阳等地举行示威游行，被校方开除，后又遭通缉。他激情难遏，立誓"不达最后胜利决不罢休"。

包森（1911—1942）

1932 年 2 月，包森加入中国共产党。入党后不久到西安高中读书，在那里继续从事抗日救亡活动。1933 年春，党组织调他到新字区开辟工作。当时新字区属于白区，环境非常恶劣，党的组织遭到严重破坏。包森深入群众，艰苦细致地开展工作，经过短时期努力，恢复和发展了党组织，建起新的区委，成立了游击队，展开对敌斗争，扩大了渭北革命根据地。

1933 年 7 月，王泰吉骑兵团在耀县起义，党组织派包森到起义军政治部工作，从政治上改造这支旧军队。同年秋，包森奉调去西安开展工作，不久被捕入狱，在狱中受尽酷刑，仍坚持斗争，直到西安事变和平解决后才得获释。出狱后，包森被派到西北军任职，开展党的统一战线工作。抗日战争爆发后，党组织派他到延安抗日军政大学学习。

奔赴抗日前线　　活捉赤本大佐

包森从延安抗大毕业后，被派往晋察冀抗日根据地，被分配到八路军独立一师地方工作队。1938 年 6 月，中央决定邓华支队与宋时轮支队合编为八路军第四纵队挺进冀东，配合正在准备发动的冀东抗日大暴动。冀东抗日大暴动爆发后，敌人疯狂反扑。为保存有生力量，八路军第四纵队转移到平西根据地整训，留下少数部队组成三个支队，其中，包森部队被编为第二支队。仅用半年时间，包森指挥的第二支队就由 200 多人迅速发展到七八百人。

第二支队战果中以活捉赤本最富传奇色彩。1939 年初，日军派天皇表弟宪兵大佐赤本坐镇遵化。赤本异想天开，妄图亲手活捉包森。4 月 26 日，他率领一股日军守备队出城，本人只带一名翻译和一名被俘者，前出守备队数里，进入遵化东北的孟子院村时恰与第二支队侦察员相遇。被俘者与他们相识，就给出暗示，侦察员立即扑上去，将赤本捉住带走。后面的日军赶到时，赤本早已不见踪影。赤本被捉使日本国内及驻华北日军大为震惊。

开辟盘山抗日根据地　　全歼日本"常胜军"

1940 年元旦，冀东区党分委在遵化县阁老湾村召开会议，决定让包森到盘山去，主持冀东西部的军事工作，开辟盘山抗日根据地。1940 年 2 月包森率部到盘山后，在地方党组织负责人李子光等人的配合下，整顿原有游击队，剿灭盘山一带土匪，稳定了盘山一带的社会局面。与此同时，包森还主持建党建政工作，成立盘山地区八路军政治处和随营学校。4 月，中共蓟（县）平

（谷）密（云）联合县委员会组建，蓟平密联合县政府成立，盘山根据地得到巩固发展。

　　1940年7月，晋察冀军区组建冀东军分区，李运昌任司令员，包森任副司令员，下辖第12团、第13团，包森兼任第13团团长。7月28日，包森率部在盘山西麓的白草洼，伏击并全歼号称"常胜军"的日本关东军武岛骑兵中队。该骑兵中队有70多人，训练有素，装备精良，连续几个月在遵化、玉田、蓟县一带疯狂扫荡，多次突袭八路军驻地。包森对这支骑兵队的动向非常留意，加强对其侦察，努力寻机歼敌。八路军侦察员发现日本骑兵队出城后，立即赶回司令部汇报。接到情报后，包森与分区参谋长曾克林果断决定利用我军在地形和人数上的优势，配合密集火力，在白草洼打一场伏击战，力求全歼日军骑兵队。包森亲自指挥特务连的一个排、1营3连的一个排和司令部警卫班、通信班首先占领白草洼正北的山头，正面阻击敌人。曾克林指挥第一总队的一个连和特务连的两个排，由西向白草洼西南面的山头，从西侧打击敌人。敌人完全进入伏击圈后，包森指挥部队开火，日军受到突袭伤亡惨重。我军两翼部队快速迂回，将日军退路死死堵住，形成关门打狗之势。经10余个小时激战，全歼日军70余人，缴获轻机枪3挺，步枪50余支，战马70余匹。这次歼灭战在冀东西部战场首创了整建制地歼灭日军的光辉战例，打击了日军的骄横气焰。此后，日、伪军在半年多的时间里不敢进犯盘山。这就为盘山抗日根据地各项事业的发展创造了极为有利的条件。

沉着指挥反扫荡　血染冀东志不悔

　　由于敌后抗日军民不断取得胜利，日军遂将进攻重点转向中共领导下的敌后战场。1941年3月，日本华北方面军开始实施极端残酷的"治安强化运动"，其中，冀东游击区是日军重点扫荡的地区之一。1941年6月，3000余日军扫荡蓟、玉边界的杨家套、杨家板桥地区。在蓟县十棵树（村），包森率第13团主力与进犯的日军展开激战。日军凭借火力优势，并大量施放燃烧弹和毒气弹，妄图围歼八路军。面对危险局面，包森沉着指挥应战，最后在毙伤敌军500余人后，带领部队冲出重围。

日军遭到八路军接连打击后，在华北地区集中3万伪治安军进驻冀东，并开始了第三次"治安强化运动"，企图彻底消灭八路军和摧毁抗日根据地。针对敌人的行动，冀东区党分委决定发起"打治安军战役"。1942年1月12日，经侦察获悉伪治安军第二集团军第3团、第4团将从玉田县进入燕山口扫荡，包森率第13团7个连连夜赶至果河沿一带布防，准备歼灭敌人。13日拂晓，伪治安军3000人进入包围圈，其右后方遭八路军突袭，伪军队形大乱。第13团7连、4连和特务连立即与之激战，瞬间歼敌200余人。伪军一股四五百人向燕各庄狂逃，被八路军在村头截击投降；另一股约300人奔上西南侧山头的别古寺，在日籍教官监督下固守待援。包森决定速战速决，亲临山下指挥，命3营一部于燕各庄警戒并阻击东面之敌。另一部在特务连配合下，主攻别古寺。在3营强攻下，伪军残部举白旗投降。下午4时，伪集团军司令部率第3团增援，第13团3营抢占沟南制高点，居高临下攻击。特务连以新缴来的重机枪向伪军猛扫。伪军溃不成军，逃离战场。

此战，第13团全歼号称"模范治安军"的伪治安军第二集团军第4团，击溃增援的第3团，击毙日本教官4人、伪军百余人，俘千余人，缴获大批武器装备。果沿河战斗，首创冀东战场整团歼灭敌人的战例。从此，伪治安军不敢轻举妄动。

1942年2月17日，包森率特务连及一营一部在遵化县野瓠山与日军和伪"满洲队"遭遇，双方展开激战。在观察敌情时，被日军狙击手冷枪击中，不幸壮烈牺牲，年仅31岁。包森的壮烈牺牲，是冀东抗日游击战争和盘山抗日根据地的重大损失。1942年3月17日，延安《解放日报》头版为纪念包森烈士发表社论写道："他的赫赫战功与英雄精神将永远留在人民的记忆中。"蓟州人民在他曾经战斗过的盘山脚下，建立起包森革命烈士墓碑，以示永久纪念。

作者：崔玉田

战斗在沦陷区的平津唐点线工作委员会

抗日战争爆发后，党在开展敌后游击战争的同时，十分重视开展沦陷区的抗日斗争，特别是被日军占领的北平、天津等重要城市和交通要道的工作。1938 年，党成立了平津唐点线工作委员会及其所属的北平、天津、唐山城委和以北宁铁路沿线为主的铁路线党组织，从而有力地加强了对天津等沦陷区城市工作的领导。

隐蔽力量——在沦陷区建立地下党组织

1938 年 3 月 21 日，中共中央在《关于目前时局与党的任务给刘晓 [①] 的指示》中明确指出："在敌人占领的中心城市中，应以长期积蓄力量保存力量隐蔽力量、准备将来的决战为主。"5 月，马辉之奉命到延安，向洛甫（张闻天）、刘少奇等汇报冀东抗日武装起义的准备工作。刘少奇除对冀东武装起义作出具体部署，指示成立平津唐点线工作委员会，由吴德负责，归中共中央长江局领导。冀东抗日大暴动后，中共河北省委撤销，城市工作由点线委员会领导。

马辉之在回津途中，到武汉向博古 [②] 传达了中央关于平津唐点线工作委员会归长江局领导的决定。博古指示点线委可与武汉、香港建立电台联系，并由马辉之将电台呼号、密码带至香港和廖承志取得联系，研究确定电台通讯具体办法。7 月 13 日，马辉之回到天津，此时吴德已离开天津。8 月，葛琛到津。经中共河北省委研究决定，点线委改由葛琛负责。9 月，平津唐点线工作委员会正式成立。

---

① 时任中共江苏省委书记。

② 时任中共中央长江局委员兼组织部部长。

精选人员——明确点线委成员及任务

平津唐点线工作委员会下辖北平、天津、唐山三个城市工作委员会（简称城委）和铁路线党组织。葛琛（原名俞荪，化名刘景庭、葛玉蘅）任书记，赵耕田（又名赵观民）任委员，顾磊（严子涛）任干事。葛琛除领导平津唐点线工作委员会之外，还兼管特科工作，分管北平城委和唐山城委，赵耕田分管天津城委和铁路党组织，顾磊负责天津和铁路线党的关系。

平津唐点线工作委员会机关设在天津法租界寿德大楼（今和平区和平路322号狗不理饭店）4楼68号房间，对外以耕石刻字社为名，住机关掩护并工作的人员有刘耕石（刻字社老板）、刘锦纯（老板娘）、周英等。秘密电台是中共河北省委留下的，设在英租界62号路伊甸园，直接受葛琛领导。负责人为王士光，工作和掩护人员有王新等。开会和研究工作经常是在张士侠（朱其文爱人）家里。平津唐点线工作委员会就是在这样的险恶环境下联系、带领少数党员坚持开展敌后城市工作的。

中共平津唐点线工作委员会旧址

1939年1月，中共中央决定平津唐点线工作委员会由长江局划归晋察冀中央分局（北方分局）领导。当时由于分局机构尚未健全，聂荣臻即指示冀热察区党委书记马辉之暂时代管。之后，区党委不仅通过电台与平津唐点线工作委员会保持着密切联系，还建立了四条交通线：第一条由田家台经妙峰山到北平；第二条由镇边城到北平；第三条由北平经松林店、张坊到平西；第四条由北平经三家店到平西。四条交通线，打通了抗日根据地与北平等敌占城市之间的联系，为进一步开展城市工作打下了基础。

5月，冀热察区党委决定把葛琛调回根据地，派赵普宣到天津任点线委书记。赵普宣曾长期在天津做过《火线》出版工作，熟知天津情况，而且在地下秘密斗争中接触过的人不多，从未暴露过，便于隐蔽。赵普宣到任后立即与顾磊取得联系，传达了区党委的指示，并做了明确分工：赵普宣负责北平、唐山工作和电台，保持与上级联系；顾磊仍负责天津和铁路党的工作。

1939年秋，日伪势力渗透到租界，抗日斗争环境极其险恶。国民党设在英、法租界内的秘密电台迭遭破坏。因此，冀热察区党委电令点线委电台停止使用。

暗夜潜行——出色完成党之重任

平津唐点线工作委员会及其所属党的组织，自1938年9月至1942年2月，在敌占城市共坚持了3年零5个月，出色地完成了党交给的重任。一是恢复和重建了党的组织，发展了党员，为党组织的进一步发展奠定了基础；二是为抗日根据地输送了大批干部和党员，特别是1939年初到1940年夏，点线委通过北平、天津、唐山三个城委和铁路线党组织，不断向根据地输送党员和抗日群众，支援和充实了根据地党政军干部力量；三是通过多种渠道为根据地采购和运送物资，支援了根据地的军需民用和抗日战争；四是搜集了一些重要的军事情报，并通过秘密交通线护送一些国际友人到晋察冀根据地参加抗日工作；五是多途径多方式向城市各界人民宣传党的抗战政策和统一战线方针，团结爱国力量和广大群众。

天津城委成立后，在平津唐点线工作委员会领导下，坚持秘密工作，领导和发展党的组织，在城市中宣传党的抗战政策，利用各种渠道了解敌情，有力地配合了根据地的抗日游击战争。从1938年9月到1942年2月，顾磊一直担任天津城委书记。为便于掩护机关、开展工作和互相照顾，葛琛为顾磊组建了一个假家庭。成员包括两个老人、儿媳和小孙女。为此，顾磊还随老人姓李，化名李子元。另外，又由杨思宗（又名梁波）协助顾磊管理党的关系。当时，天津城委领导着王兰庄党支部、小站党支部、公大纱厂和北洋纱厂联合党支部以及天津民先队队部的党员。城委联系了民先队地方队部的一些党员，恢复和发展了民先队队员。到 1939 年 8 月，民先队队员已有 200 余人，主要分布在耀华、圣功、中西、省女中、法汉、志达、省一中、广东、工商附中及工商学院等大、中学校。1941 年春，在顾磊的领导下，"青抗先"（即中国青年抗日先锋队的简称）也建立了党支部。

此外，天津城委努力推动抗日斗争的开展。一是输送培训党员、民先队队员和大批青年知识分子到冀东、冀南、冀中、平西等抗日根据地，有的还去了大后方或延安。二是为抗日根据地收集、提供天津乃至华北的社会政治和军事情报、地图，并通过各种途径及时送往各根据地，为党的决策和八路军的作战行动提供依据。三是通过周围联系的群众关系，开展多次募捐活动。募集的内容除钱财之外，主要是可供御寒的衣物（如衣服、鞋帽、手套等）、文化生活用品（如铅笔、自来水笔、日记本、毛巾及口琴等），特别是适合游击战争需要的药品，如防治痢疾的金鸡钠霜、供包扎医治外伤使用的急救药包等。四是利用多种形式，深入周围群众，开展经常性的和以口头宣传为主的抗日宣传工作等。

遭受重创——被迫撤离

1941 年 7 月 25 日，平津唐点线工作委员会地下党员王继祯（公开职业是站务员）在唐山车站被捕，供出了赵普宣和两个通信地址。为防止平津党组织遭受更大的破坏，1942 年 2 月，中共晋察冀分局通知顾磊撤回根据地。3 月初，顾磊到达晋察冀中央分局，向城委刘仁和刘慎之汇报工作，并将所管的天津和铁路线党组织关系全部交给刘慎之。分局决定顾磊留根据地工作，不再回天津。至此，平津唐点线工作委员会的领导工作暂时停止。

日本侵略者占领天津后，不断镇压租界内的抗日活动。1941 年太平洋战争爆发后，日军二十七师团第二联队立即开进英、法租界。进入租界的日军在日本宪兵队和伪警察配合下，对设在英、法租界内的中共地下组织和其他抗日团体加紧镇压，使平津唐点线工作委员会天津城委遭到严重破坏，领导机关和工作人员被迫撤离天津。

虽然，随着革命斗争形势愈加严峻，平津唐点线工作委员会及天津城委不得不进行紧急撤离，但是其在沦陷区开展的城市地下工作，出色地完成了党之重任，积蓄保存隐蔽发展了党的力量，为天津地下斗争的开展，以及天津党组织的发展壮大创造了有利条件。

作者：崔玉田

发向延安的红色电波

1984 年的一天，一对老夫妇走进天津市和平区昆明路福寿别墅 4 号院。这里同和平区沙市道 45 号，是中共河北省委秘密电台旧址，也是他们曾经携手战斗过的地方。望着面前这个熟悉的地方，他们激动不已，40 多年前他们从这里向延安发出红色电波的工作场景仍记忆犹新。

筹建秘密电台

1937 年 7 月，七七事变爆发，全民族抗日战争开始。同月，天津沦陷。沦陷后的天津被残暴的日本侵略者统治，到处弥漫着恐怖的气息。在异常艰苦的斗争环境下，天津党组织坚持地下工作，继续领导天津人民进行顽强的斗争。

为配合八路军开展敌后游击战争，根据中共中央北方局指示，1937 年 8 月，中共河北省委在天津建立。1938 年，中共河北省委为了及时与上级党组织保持联络，决定在市内建立一个秘密电台。时任河北省委宣传部部长、秘书长兼天津市委书记的姚依林负责筹建并领导电台工作。姚依林从外地调来地下党员王士光负责中共河北省委秘密电台的组建和运行。

王士光，原名王光杰，刘少奇夫人王光美的四哥，1915 年出生，在一二·九运动中表现积极，1936 年参加中华民族解放先锋队，1938 年入党，在清华大学电机系学习无线电专业。考虑到一名单身男子租房居住容易引起怀疑，组织上决定派王新假扮王士光的妻子，协助他开展电台工作。王新，原名王兰芬，1921 年出生在东北一个颇有名望的官绅家庭。当时，她是河北女师附中的一名学生，也是一名中共地下党员。

成立"四口之家"

经过慎重考虑，姚依林将秘密电台安置在英租界 62 号路临街一座三层楼房的顶楼（现已拆除，即现在的和平区沙市道 45 号）。这座楼房地处多条道路交叉口，交通便利，靠近当时在津的英国兵营，不仅用水用电有保障，还可以借英国兵营频繁的电台信号提供掩护；房东家住一楼，人口不多，不过问政治；二楼有两间大房子和一个晒台，居高临下，可以看清周围发生的一切。这些都是保证秘密电台安全的有利条件。

考虑到王新年龄太小容易引起敌人怀疑，河北省委找来烈属潘老太太

中共河北省委秘密电台旧址

和她的孩子，分别扮成王士光的母亲和弟弟。王士光化名吴厚和，为掩护开展地下工作，便找了一份公开的职业，在天祥市场一家电料行做技师。这样不仅可以掩人耳目，而且方便购买所需的电讯器材。王新化名黄蕙，负责在"家"操持"家务"，向"丈夫"传送安全信号。每天王士光下班，看到"妻子"在晒台上跳绳或者晒台上立着一根竹竿，就会明白"家"中安全。

电台被伪装成收音机的样子藏于屋内。起初使用的美式收发报机噪音太大，喜欢研究无线电设备的王士光拿来了自己组装的电台和电源。就这样，在这个"四口之家"的掩护下，中共河北省委秘密电台顺利运行。

开展电台工作

为安全起见，收发报工作一般安排在晚上。王士光和王新共同收发电报，收抄苏联伯力远东军司令部通信电台的广播，接听来自党中央和根据地的消

息。姚依林几乎每天都会到这里阅发电报。王新在王士光帮助下，很快掌握了全套收发电报技术。从此，每当夜幕降临，嘀嘀嗒嗒……一连串红色信号即冲破黑暗夜空，不断传送着坚持在白区工作的党组织向上级组织汇报的情况，也传递着党中央的声音，给战斗在白区的党组织和人民群众带来希望和曙光。

1938 年初，根据中共中央北方局指示精神，河北省委和天津市委在领导市内地下斗争的同时，将抗日斗争的重点放在敌人军事力量相对薄弱的冀东农村。在党的领导下，冀东地区 20 多个县（包括今蓟州区、宝坻区、宁河区、武清区）的爱国民众投入了抗日武装斗争。同年 7 月，在八路军第四纵队的配合下，党领导的冀东抗日武装大暴动爆发，给日本侵略者以沉重打击。

王士光的第一个收发报对象就是八路军第四纵队。这支部队由八路军宋时轮支队和邓华支队合并组成，当时的任务是挺进冀东地区，开辟抗日根据地。按照事先约定的呼号和密码，王士光很快与第四纵队司令部建立了电波联系。在冀东抗日武装大暴动中，这部电台发挥了重要作用。

结成革命伴侣

共同的革命理想和奋斗目标，使朝夕战斗生活在一起的假夫妻产生了真感情。一次，王士光持续高烧不能起床。王新除了代替他完成收发报工作外，还日夜守护，精心照顾。渐渐地，爱情之花在两个人心里悄悄绽放。

两个人的感情得到升华，还是在一次遇险中。一天晚上，侦察到周围有"情况"，两个人离开"家"，找了一家旅馆躲起来。他们思考着可能出现的各种情况，研究脱险的办法。两个人都想，要牺牲自己保护电台，掩护对方脱险，但谁也无法说服对方。经历了这件事后，两个人都明白了对方的心意。1938 年 12 月 26 日，经上级党组织批准，这对假夫妻结为真正的革命伴侣，成就了一段革命加爱情的佳话。

1938 年 9 月，遵照中共中央和北方局指示精神，中共平津唐点线工作委员会在天津成立，负责领导北平、天津、唐山三个城市和北宁铁路沿线党的工作。1939 年 5 月，为了保证电台的安全，平津唐点线工作委员会决定将其迁往英租界康伯兰道福寿别墅 4 号院。直至同年 8 月，日伪势力渗入英租界，形势日益严峻，上级党组织决定停止电台工作，王士光、王新夫妇被调往平西抗日根据地接受新的任务。

作者：曹冬梅

进步青年的抗日斗争
——青抗先与天津抗联的抗日活动

卢沟桥事变后，全面抗战爆发，广大爱国青年纷纷响应中国共产党的号召，走上抗日救国战场。天津进步青年救国救民的斗争在全民族抗日历史中也留下了光辉灿烂的一页。

沦陷后的第一个地下党支部

青年是抗日战争的生力军。天津沦陷后，津沽大地上的爱国青年以救国救民为己任，纷纷投身抗日斗争洪流，在中国共产党的领导下，成立了中国青年抗日先锋队党支部。这是天津沦陷后地下党组织发展建立的第一个地下党支部，为党在天津开展城市工作发挥了重要作用。

青抗先党支部是在省一中（今市三中）斯巴达俱乐部秘密读书会的基础上产生的。抗日战争进入战略相持阶段后，省一中的一批进步学生为寻求救国救民之路，相继组建了各种秘密读书会，搜集并阅读大量进步书刊，收听延安和国外的广播，传播战斗胜利的消息。其中，以省一中三年级进步学生穆增勤（秦良）和高一学生居均（赵琪）组建的秘密读书会最为突出。1939年秋，原民先队骨干李秉文（王文源）从冀东根据地回到天津，对读书会的活动给予具体指导，并推荐卢良辅（刘文）和郭金铎（贾萱）参加读书会。1939年冬，由李秉文牵头，以卢良辅、郭金铎、穆增勤、毕仁济（廖夫）、居均为核心的读书会正式成立，并命名为斯巴达俱乐部。

斯巴达俱乐部开展了一系列工作，例如组织成员学习马列主义著作，研究组织发展，巩固扩大队伍，开展批评与自我批评，分析战争情况和国内外形势，演唱革命歌曲，进行体育锻炼，并经常搞远足旅行和练习游泳，以适应艰苦的环境和战争的需要，为参加八路军和游击队做准备，特别是与平津唐点线工作委员会建立了联系。经天津城委书记顾磊介绍和批准，卢良辅参加了党的外围组织—青年抗日先锋队，并受顾磊单线领导。不久，李秉文、郭金铎、穆增勤、居均等也被吸收为青抗先的成员。此后，斯巴达俱乐部读书会解散，建立青抗先，明确提出青抗先是党直接领导下的外围组织，以党的最低纲领为政治目标。青抗先规定了严格的组织纪律和秘密工作纪律，其成员采取单线联系，不发生横的关系。

1941年3月，刘文、贾萱、赵琪、王文源加入中国共产党，在青抗先组织内建立了党支部。由于当时的9名党员都是省一中的学生，因此后来亦称之为"省一中党支部"。这个党支部受顾磊直接领导。1942年顾磊奉命回解放区后，该党支部转由晋察冀中央分局城委直接领导。分局城委刘仁亲自听取这个支部的工作汇报，给予指示并布置任务。此后，省一中党支部又发展了一批党员，并把一批进步青年送到晋察冀分局城工部学习。不仅如此，党支部还与天津工商界发展了关系。根据晋察冀分局城委刘仁的指示，省一中党支部在天津市内建立了三处党的秘密机关，一处在西北角清真巷复兴源杂货庄，一处在西门里，另一处在今昆明路新宜里。省一中党支部按照中共晋察冀分局关于工作重点要转向工厂、铁路等部门的指示，党支部和读书会成员想方设法深入砖瓦厂、仁立毛纺厂、裕丰纱厂、中山制铁所等工厂及日伪广播电台等要害部门，开展党的工作，并取得了一定成效。

在党的领导和教育下，省一中党支部队伍和骨干力量不断壮大，分布在全市许多工厂、学校和一些要害部门，在工人、学生、知识青年中扩大了影响，在农村中开辟了阵地，与上层爱国人士建立了联系。到抗战胜利前夕，省一中党支部已有党员20余名，积极分子100余人，成为党在城市中强有力的队伍。

团结一切抗日力量——青救会到天津抗联

1940年，美国教会学校——究真中学的几位进步青年学生王洋（李奇）、康力（刘树桐）、楚云（李家辉）、高飞等组建了一个秘密读书会，传阅进步书刊，秘密宣传抗救国思想，并创办了壁报《平凡周刊》。因此，这个读书会取名叫平凡读书会。

1941年，日伪当局加强了对天津的殖民统治。在这种形势下，平凡读书会的青年们认识到抗日救国必须依靠共产党的道理，决定到抗日根据地寻找党组织。为此，楚云、康力、王洋等读书会重要成员先后以探亲名义，赴冀中抗日根据地。在根据地，他们受到热情接待，并根据党组织的安排参加了学习。不久，为加强天津工作，冀中军区政治部决定派他们回天津继续开展斗争。1942年7月，回到天津的楚云、康力、王洋等在原读书会的基础上成立了天津市青年抗日救国会（简称青救会）。青救会的主要任务是团结群众，宣传抗日，发展会员。楚云、康力、王洋为本会负责人。青救会建立后，经过不到一年的工作，会员发展到16人。他们还多次印制传单，广为散发。1942年10月，印发了《给伪军组织同胞的一封信》《胜利在望，同胞们团结向前！》等传单，宣传群众，打击日、伪军的嚣张气焰。

1943年夏，康力两次从天津到冀中十分区司令部驻地——文安韩家地大苇塘汇报工作，受到中共冀中十地委书记兼十分区政委旷伏兆的接见。旷伏兆在听取汇报后，经请示冀中军区，决定：为了扩大抗日活动范围，对象不限制在青年中，青救会更名为天津市各界抗日救国联合会；主要任务除继续组织进步青年和散发抗日传单外，要团结各个阶层进步人士共同抗日，深入敌伪组织内部；天津抗联直接受十分区政委旷伏兆和政治部领导。

根据这一指示，1943年8月1日，青救会改名为天津抗联，确立了组织机构、组织纪律、工作任务及工作方式和方法等。

小传单　大影响

1944年4月28日，天津抗联以"迎接五月，准备反攻"八个醒目大红字为题，印发了1600份传单，并从中原公司楼顶向下抛撒。6月11日散发的《握紧拳头，奋起杀敌，挺起胸膛，准备反攻》的传单更引起日伪当局的震惊。当时，日伪当局正在天津召开华北七大城市运动会，运动员集中住在国民饭店。天津抗联成员左建等化装成运动员，携带传单进入饭店散发，令敌人十分恐慌。日伪当局派日本宪兵包围了国民饭店，运动会也被迫推迟。此后，天津抗联又印发了《告天津市居留民同胞及士兵书》，号召大家共同行动起来，反抗日本侵略。署名为日人解放联盟天津支部。传单虽然只散发了100多份，但在日本侨民中产生了很大影响。

在对敌斗争中，天津抗联不断发展壮大。到1944年8月，已有会员30多人，联系进步群众30多人。同年秋，组织关系改由晋察冀中央分局城工部领导。按照城工部部长刘仁指示，天津抗联成立了党总支，下设四个党支部。在工作方面，执行"荫蔽精干、长期埋伏、积蓄力量、以待时机"的方针，停止散发传单，所有成员均找公开职业作掩护。到抗日战争胜利前，天津抗联已积蓄了相当的力量。天津133所大中学校中，20多所有天津抗联成员。另外，在伪军、伪警察中也有抗联成员和地下党员。此时，抗联成员已达100余人，其中党员有五六十人。

青抗先和天津抗联是在抗日战争最艰苦的岁月创建起来的，这些武装不仅直接参加打击日伪军的战斗，而且在扩大主力部队、协助主力部队、支援前线等方面发挥了重要作用。

天津抗联于1944年元旦在市内散发的传单《胜利年到了》

作者：崔玉田

军民鱼水情

——天津党组织和各界民众对抗日根据地的支持

抗日战争时期，日军在大肆进行经济掠夺和统治的同时，对抗日根据地和游击区实行严密的经济封锁。为了帮助抗日根据地解决军用物资、生活用品匮乏等困难，中共天津地下组织在异常艰苦的斗争环境中，秘密组织工人、市民群众千方百计为根据地提供所需物资，与敌人展开了封锁与反封锁的斗争，为支援抗日前线和抗日战争最后胜利作出了贡献。

开辟物资供应渠道

早在 1938 年 4 月，冀中军区司令员吕正操就委派第二军分区参谋长张珍负责从天津购买物资。当时在天津的清华大学理学院院长叶企荪教授和光学教师熊大正，为帮助根据地解决弹药紧缺的困难，自费在英租界一家小药铺里研制 TNT 黄色炸药，然后浇铸成条形肥皂形状，同真条皂一起运往冀中，同时运去的还有无线电台、医药用品和炮弹图纸。此后，熊大正多次往返于根据地和天津之间，成功地组织了军区的供应工作，使大部分军需物资顺子牙河运到冀中。同时，中共冀中十地委还通过争取白洋淀一带较有影响的士绅高氏三兄弟，为经常出入天津的地下工作者提供条件，以便为根据地采购物资。此外，抗日根据地不少急需的短缺物资还得到了国际友人的积极支援或帮助解决。1940 年，燕京大学英籍教授林迈可将第二十九军留在天津的一批军用物资辗转送交八路军，他还组装了 5 部收发报机送到根据地。

购置机械、印刷设备

机械设备是根据地军工生产的急需物资。冀东军区采购人员为采购一些机械设备、五金工具、化工、电料等，找到了天津德利兴工厂工人张俊杰。张俊杰立即联系其他工人，以为本厂购货为名，派人分别到郭天祥、德利兴、华林、全聚兴、天昌等工厂采购，买到了车床、洗床、钻床、大小捣机和钳、锉、刀、锯等设备工具，以及火硝、硫磺等化工原料。塘沽新河材料厂工人多次向渤海区游击队提供成吨的铁管、钢丝盘条等五金器材。1942年到1945年，新港工人从仓库中共"拿出"约200多吨钢材，从海上运到渤海根据地。印刷设备器材，是抗日根据地开展宣传工作的需要。天津全聚兴工厂是天津较大的一家生产印刷机的工厂。工人们在地下党员的引导下，甘冒风险，全力相助，几经周折，终于将印刷机顺利运出天津。在工人们的大力支援下，工厂先后为冀东、冀南、晋察冀边区、冀鲁边区提供了20台不同型号的印刷机，代买了大批纸张、油墨、铅字等印刷材料。此外，河北大胡同的益顺兴文具厂也通过各种途径为根据地提供了油墨、纸张、文具、印刷等各种物资。

采购无线电设备

无线电通讯是战争的"千里眼，顺风耳"。为搞到这类物资，根据地曾派出许多人员，有的同志还为此献出了生命。为尽快给冀中根据地搞到这类物资，庆昌工厂地下党支部书记杜亦平亲自挑选了7名政治可靠的工人担当重任。他们在厂内秘密挑选最好的炭精棒、石墨、二氧化锰、氯化亚铅、锌皮等制造干电池的原料。杜亦平负责在厂外利用与五金店的业务联系，购置制造步枪枪栓的弹簧、美国进口的小僧帽白钢丝和锋钢、钻石钢等特种钢材，以及水银和天津产各种型号的干电池，然后再由冀中军区采购人员运回根据地。天津友成电器商行技师魏国良，在党组织的帮助教育下，承担了为冀中军区采购电讯器材的任务。他以伪沧县公署技术员的合法身份和县公署的采购证明进出天津，名义是为伪公署采购物资，实际是为冀中军区采购电讯器材。在他的巧妙安排下，冀中军区曾经多次购买到电讯器材，并通过党组织设在沧县的地下交通站把物资安全运到根据地。

提供药品和医疗器械

根据地环境艰苦，作战频繁，伤病员很多，致使医药特别是西药、药械奇缺。这些物资根据地又不能生产，只能依靠大城市供应。为此，冀中区党委第九地委天津工作委员会在药材行业集中的大红桥一带，建立了4个进步组织，组织各方面人员采购和运送医药物资。这对保证根据地药品供应发挥了重要作用。同时，在冀中区党委第九地委城工人员的领导下，中西大药房、中央大药房、上池馆大药房、共和大药房、环球药房、华美药房等许多药店的职工，不顾个人安危，秘密帮助根据地采购人员，运送了大量用于外伤及治疟、治痢、止痛、消炎的药品，以及酒精、甘油、水银等数百种化学药品。为了把药品等物资安全地运往根据地，地下党员通过统战工作，团结争取了把持大红桥码头的天津青帮"双龙头"姜般若，使他在为根据地运送药品等物资方面发挥了重要作用。此外，不少工人还以回乡捎带等方式，将违禁药品改装成滋补药品，把水银灌入自行车车胎，为根据地送去盘尼西林、磺胺、汞粉、奎宁粉等药品。当时的天津成为周围根据地药品的主要来源地。

解决物资运输问题

早在抗战中期，地下党组织就将大红桥码头作为运送物资和人员的转运站。1945年初，为进一步开展天津工作，冀中区党委第九地委在大红桥码头建立了党支部，加强对输送物资的统一领导。为把大批物资顺子牙河运到根据地，在党组织领导下，码头工人们开动脑筋，群策群力，采用了许多隐蔽而行之有效的办法，如把物资装在特制的双层底船里，埋压在笨重散装货物下面，用绳索固定在船底在水里拖着走，等等。同时，冀中区党委第九地委还开辟了从独流下圈经水高庄、杨柳青进市的陆路交通线，为保证根据地物资供应创造了可靠的条件。

天津大红桥码头

为抗日根据地输送各类建设人才

早在抗战爆发之初，天津的一些青年学生、知识分子和机械、铸铁、玻璃、酿造、化工、皮革、医药、造纸、电池、印刷等行业的工人与工程技术人员，就怀着拯救民族危亡、报效祖国之情，自觉奔赴冀中、冀东、冀南等抗日根据地，以自己的才智和力量，支援根据地的抗日工作。随着根据地的不断扩大，在天津市内与党的地下组织相联系的一批青年学生与工人被陆续派到根据地学习培训，有的被留下参加根据地的建设。他们积极参加军用、民用生产，为根据地的抗日斗争作出了重要贡献。抗战时期，仅三条石街的21个小型工厂就有57名职工参军和参加根据地建设。在晋察冀边区工矿管理局技术研究室工作的技术人员，有5人来自天津，其中有永利碱厂工程师、天津河北省工业试验所技师和天津河北工学院制革科主任。边区工矿管理局和军区工业部所属各厂中，有许多生产骨干是天津的老工人。他们帮助根据地发展生产，培养技术力量，特别是在突破军工生产的难题上发挥了重大作用。天津郭天成铁工厂钳工参加冀中军区修械所工作后，用民兵"破交"得到的钢轨，打制成无缝钢管，改造了原来不够精密的拉槽机、打扎钻、来复线机等设备，克服重重困难，终于制造出第一支仿捷克式步枪，并投入批量生产。

"战争的伟力之最深厚的根源，存在于民众之中。"人民群众的热情支援和密切配合，是抗日武装在艰苦环境下坚持斗争的根基和力量源泉。天津党组织与天津人民紧密配合、互相支持、团结对敌、协同作战，为根据地的巩固作出了重要的贡献。

作者：孟罡

反对国民党独裁统治的第二条战线的
建立和发展

全面内战爆发后，国民党在天津的反动统治，致使津沽大地民不聊生。冀中区党委城工部根据中央指示，从群众生存的迫切要求出发，把经济斗争和政治斗争结合起来，将天津各界的群众斗争汇集成反美反蒋斗争的强大洪流。

抗议美军暴行

由于国民党的内战卖国政策，驻华美军在中国土地横行霸道。北平驻华美军强奸北京大学一女学生的事件，引发了天津学生抗议美军暴行的斗争。

1947年元旦清晨，天津26所大中学校学生3000余人冲破重重障碍，举行抗议美军暴行大游行。游行队伍分两路：一路于7时半自西沽北洋大学出发，水产专科学校、河北工学院、女师学院等三校约好在中途加入；一路于8时自八里台从南开大学出发。游行队伍包围了美国海军陆战队司令部、河东美国兵营，并向美国海军陆战队递交了抗议书。中午12时，游行队伍会合在国民党天津市政府门前，推举代表入市政府请愿，向副市长张子奇递交了请愿书。在返校途经老西开教堂附近时，不料适遇一辆美军吉普撞伤一个6岁儿童后扬长而去。愤怒的学生掉转队伍，直奔市政府，向市长杜建时提出抗议，要求惩办凶手。2月初，平津学生团体抗议驻华美军联合会开展了"敦促美国政府改变对华政策"的全国同学签名运动。抗暴斗争后，美国被迫宣布陆续撤退其驻北平、天津、青岛各地美军，减少甚至一度中断对国民党政府的军事援助。抗议美军暴行运动取得重大胜利。

反饥饿、反内战大游行

随着国统区教育危机日趋严重，靠工资收入的教师朝不保夕，靠助学金和贷金维持生活的学生受到失学、失业的严重威胁。为此，5月20日，天津举行了反饥饿、反内战大游行，抗议国民党发动内战的倒行逆施。

学生游行队伍与前来镇压的警察展开英勇斗争

游行队伍分为南、北两路。南路队伍由南开大学带领，高举"华北学生反饥饿反内战（天津区）大游行"等横幅。当队伍行进到迪化道（今鞍山道）时，突然遭到预伏的200多名特务暴徒的袭击。暴徒特务们用砖头、石块、木棒打向游行队伍，随后又对学生进行驱赶和殴打。警察借口维护秩序，也追打学生。受伤学生12人，6位学生代表与警察交涉之时，在纷乱中被警察带走，军警还乘机包围了南开大学。北路游行队伍由北洋大学带领。游行队伍冲破警察阻拦，抵达罗斯福路美琪影院（今和平路人民剧场）附近时，遭到流氓特务殴打，警察也追赶逮捕学生，致使学生7人受重伤，

42 人轻伤，另有 17 人被逮捕。

被冲散的游行队伍，一面抢救受伤学生，一面重新集结赴市政府抗议。经过学生们激烈的说理斗争，杜建时被迫答应学生提出的"撤除南开封锁""立即释放被捕同学""赔偿损失""治疗受伤的学生"等要求，游行活动取得了初步胜利。

反迫害争生存大斗争

随着国民党统治区反饥饿、反迫害运动的不断高涨，1947 年下半年至 1948 年，天津工人斗争在地下党组织领导下，也此起彼伏，接连不断，并成为爱国民主运动的重要力量。

天津东站东货场六号门搬运工人多年来一直受脚行把头马文元的残酷压迫与剥削，生活苦不堪言，于 1947 年 11 月，酝酿爆发了一次较大规模的罢工斗争。受内战的影响，东货场整列货车日渐减少，单帮客商运的货物占了主要地位。马文元对这类货物按当时天天上涨的物价计收搬运费，但是与工人仍按原价分成。如此盘剥，工人们忍无可忍。共产党员魏鹤林、张玉山、王守珍等人经过秘密研究，准备发动工人罢工，并商量了铁路方面配合的方法。地下党员曹广发、马大吉、麻庆海、王山秋等积极在工人中宣传鼓动。经过多次酝酿，最后工人们决定开展罢工斗争，罢工的经济目标是改变劈成比例，将"二八分账制"改为"对半分账制"，并选举黄玉春、杜文林、彭竹田、唐春瑞等 5 人为工人代表。当工人代表向马文元提出将"二八分账制"改为"对半分账制"、小件零担运费自理等两项要求时，马文元蛮横无理，拒不答应，于是工人们决定罢工。罢工当天，工人们用车把六号门堵死，致使货场里的货物运不出去，火车上的货物卸不下来、出不了站，到站的火车进不了站，场内外一片混乱。马文元忙向国民党天津警备司令部求救。警备司令部派出大批军警，包围了货场，路口架起了机枪。马文元及其豢养、雇用的 200 余打手也逼迫工人复工。面对荷枪实弹的反动军警和亡命徒的威胁恐吓，工人们毫不畏惧，紧紧地站在一起，誓不让步。铁路运输陷入瘫痪，不仅影响客货运输，而且也影响了国民党的军运。在这种情况下，各方都给铁路局施加压力，要他们马上找马文元立即解决。马文元无奈，纠集一群打手抽死签，要和工人拼命打架。六号门工人按照地下党组织的指示，采取不和他们硬碰的办法，既不上工，也不见面。打手们干着急没办法。罢工坚持到第三天，马文元不得不和工人讲和，完全答应了工人们的要求。

在反饥饿、反迫害运动高涨期间，天津纺织、化工、机械、制盐、火柴、卷烟、印刷、地毯、电汽车、邮政、公用、港务、旅店、澡堂、饭店、理发、香业、牛奶业等各行各业的工人，为要求增加工资、提高待遇不断进行斗争，并多次取得胜利。所有这些斗争，都有力地打击了国民党在天津的统治，动摇了国民党在天津的统治基础。

津郊各县土地改革深入发展

为了贯彻全国土地工作会议精神，天津周围农村各县于1947年底至1948年初，先后召开土地工作会议，迅速开展土地改革运动。县、区党政机关组成土改工作队，深入农村发动群众，组织贫农团和农会，控诉地主、惩治恶霸，没收地主土地，从而形成土地改革热潮。蓟县、宝坻、宁河、路北武清县依据各县在土改复查时已没收地主土地，并大体已按人口进行平均分配的具体情况，不再作大的变动，只对少数村的土地进行适当调剂，即在土地数量上抽多补少，土地质量上抽肥补瘦；对于没收地主富农浮财的处理，采取自报公议的办法，通过比穷、比苦、比生活的方式，确定分配等级，按等级分配浮财。路南武清县、津武县、静海县和津南县，从其所处的解放区、近敌区和敌占区的实际出发，采取了不同的政策。在解放区开展土地平分，平分的原则是抽多补少，抽肥补瘦；在近敌区以武装斗争为主，结合武装斗争的开展，号召和发动群众分配没收地主的部分土地和浮财，使贫苦群众在斗争中获得实际利益；在敌占区以宣传党的方针政策为主，启发贫苦群众的阶级觉悟，暂不进行土改工作。1948年5月，冀东、冀中两个区党委分别发出指示，要求所属各区、县暂停土地平分工作，集中全力支持全国解放战争。通过土地改革，广大贫苦农民分到土地和浮财，政治地位和经济生活都得到了不同程度的提高。土地改革激发了农民群众的生产积极性，保证了耕种生产任务的完成。

为了推翻国民党在天津的反动统治，天津地下党组织除组织领导学生、工人、农民运动外，还积极通过各种渠道向民族资产阶级和其他爱国民主人士宣传党的政策，十分重视开展知识界和医务界的团结、教育和争取工作，人民民主统一战线不断扩大，促进了解放战争的胜利进程。

天津各界群众的斗争在政治上孤立了国民党政府，动摇了其统治基础，为解放天津创造了有利条件。天津第二条战线的斗争，是全国解放战争时期人民民主统一战线成功实践的一个缩影，对中国革命的胜利起到了重要的配合作用。

作者：崔玉田

暗夜潜行者

——天津战役隐蔽战线的斗争

1949 年 1 月 15 日，天津战役结束，天津迎来了曙光。这是平津战役中的关键一役，对华北问题的解决具有重要的推动和指导意义。这一战，既彰显了人民解放军英勇无畏一往无前的战斗精神，又凸显了隐蔽战线上共产党人智谋无双不怕牺牲的光辉形象。

藏在相框里的城防图

天津战役中，地下党组织获取的敌人城防图起到了至关重要的作用。天津国民党守军自 1947 年 4 月起，历时一年多，在市郊修筑了南北 12.5 公里、东西宽 5 公里的一道峰腰形防御工事。这个时期，隐蔽在市工务局第一区第八段的工程员麦璇琨，接受其上级领导王文源关于绘制出一份全市城防工程图的指示，他利用自己负责监督工程的方便条件，巧妙地搜集了各个工段的施工图纸，并对每一个碉堡进行了一个点一个点的放线测量。在他随后绘制的城防图上，不仅有完备的城防线，还有碉堡的坐标和准确的位置；他还以不同符号

大众照相馆旧址

标明碉堡的大、中、小等不同类型。这份图纸，将城防、街道、桥梁等设施展现得一览无余，清清楚楚，军事价值极高。图纸完成后，麦璇琨直接将其送交了天津市地下党市政工委负责人王文源。

随后，王文源找到了经营大众照相馆的地下党员康俊山。康俊山决定将图纸分片拍成 8 张 8 寸的照片，到解放区后，再将 8 张照片拼在一起，便能清楚地看出图纸的原貌。照片做成后，为便于伪装，康俊山急中生智，将八张漂过的城防图照片，分别裱装在两张老人照片的背后，然后再装上镜框。之后，由地下党员赵炎于 1948 年 8 月送到了华北局城工部所在地——泊镇。这一任务的圆满完成，为解放天津提供了非常重要的军事情报，受到华北局城工委负责人杨英的高度赞扬。

1949 年元旦，正当人民解放军团团围困天津城时，国民党守军突然把市内的兵力部署作了调换。华北局城工委书记刘仁要求地下党立即摸清情况。隐蔽在《大公报》社的地下工作者李广诒接受了这一任务。他通过在国民党守军后勤部工作的李贻亮弄清了敌军调整后的兵力部署和火力配备情况，并及时向城工委作了报告。该情报对天津战役的胜利发挥了重要作用。隐蔽在陈长捷身边的警卫连长王亚川也按照党的要求，提供了天津警备旅的布防、天津守备和武力配备、防区范围和重要人员名单等。正是有了这些绝密情报，才做到了"解放军炮弹有眼睛，只打国民党，不打老百姓"。

粉碎国民党"南迁"阴谋

辽沈战役胜利后，国民党政府下令天津高等学校、重要工厂和高级知识分子、工程技术人员一律南迁。党的地下工作者首先争取资本家留下来。经过劝说，中纺天津分公司经理杨亦周立即指示属下以"正在装运""正在接洽"等托辞，设法拖延，直到天津解放。李烛尘代表天津工商界表达了南迁有许多实际困难，拖延着不采取行动。恒源纱厂经理边洁清、东亚毛纺厂经理宋棐卿也取消了南迁计划。地下工作者的努力，使国民党当局南迁企业的企图落空。

天津地下党组织还发动和领导了高等院校反南迁的斗争。北洋大学校方背着校学生自治会，利用一部分学生愿意避战、安心读书的心理制造舆论，迫使 11 月 5 日的学生大会形成"有条件南迁"的决议。会后，地下党组织领导进步学生展开了壁报大论战，揭穿国民党的南迁阴谋，扭转了舆论。在条件成熟的情况下，校学生自治会于 12 月 5 日再次召开全校学生大会。大会以绝对优势通过了北洋大学绝不南迁的决议。地下党组织还通过校学生自治会在师生中间召开反南迁座谈会，引导大家明确认识跟着国民党迁校到后方是一条黑暗的迷途。迎接天津解放行动委员会负责人黎智、李之楠、魏克还以党员身份，秘密会见肖采瑜、吴大任等几位教授，讲明党的政策，请他们保护南开大学不要南迁。12 月 10 日、11 日，南开大学教授会、南开大学教务会分别作出"不南迁"的决议。河北女子师范学院也作出反对南迁的决议。河北工学院、津沽大学负责人则公开向报界发表谈话，声明"坚决留津，绝不外迁"。他们以实际行动挫败了国民党南迁学校的图谋。

面对国民党当局在南逃时破坏或炸毁重要企业的计划，天津地下党组织领导工人开展了护厂运动。中纺公司天津分公司直属总仓库工作的地下党员刘树森，积极发动和依靠群众保护仓库。天津解放后，他们将整个仓库及库存的棉纱、棉布、原棉，60 余部运输汽车和一些机器设备、武器弹药等完整地交给了接管的人民解放军。永利碱厂党支部的史振江、史振河、杨廷焕等组织永利碱厂工人保护工厂，防止敌人破坏和搬迁设备，并在天津解放后把工厂完整地交给了接管人员。

巧夺警察局

解放天津战役前夕，天津地下党领导的行业工人纠察队 20 余人，赤手空拳夺取了国民党警察六分局，并缴获全部枪支，其英雄事迹广为传颂。

1948 年 12 月下旬的一天，天津地下党民运工作负责人刘亚向工人纠察队三中队政委何其浩，传达了上级关于夺取国民党天津警察六分局的全部枪支的指示。何其浩听后当即表态："上级的所有指示，我全部无条件地照办！"随后，他找到下瓦房志和永地毯厂的张鹤年传达指示，并进行周密部署。同时，他还联系地下党员何济广，让其配合工作，并确定六分局行政组长张鑫如可以利用。

1月15日天刚亮，何济广就按照事前的部署，戴着红袖标，骑车来到六分局门口。他看到周围很平静，就以为何其浩他们已经冲进去了，自己来迟了。正在这时，刘亚骑着自行车也赶来了，问他："情况怎么样？"何济广回答："我也是刚到这儿，情况不清楚。干脆，我自己闯进去，如果何政委他们在里面，我听从指挥；如果他们还没来，我就去找行政组长张鑫如，见机行事。"就这样，何济广孤身一人闯进了六分局。他见院子里没动静，才明白何其浩他们还没来，就决定去找张鑫如。他大摇大摆地推开门，问值班的几个警察："你们行政组长张鑫如在不在？我是从警备司令部稽查处来的，有要事找他。"警察被这位不速之客的突然发问弄得不知所措，忙说："在，在隔壁屋里！"何济广进屋见只有张鑫如一个人，便把门掩上，开门见山地说："你就是张鑫如，我是中国共产党华北局城工部在天津的地下工作人员，跟你的同学王良才、王威扬是好朋友。他们都向我推荐你，希望你认清大局，弃暗投明，为共产党办事，你要完全听我的指挥！"张鑫如听后连连点头说："是！我愿立功赎罪，听从你的指挥，现在你让我干什么？"何济广说："你要办好两件事：第一，你把你们分局局长叫出来见我；第二，把分局的所有武器全部收齐，集中在大厅里。"

警察六分局局长孟昭培见到何济广厉声问："你是哪部分的，找我有什么事？"何济广听了气愤地说："我是共产党员，天津解放大局已定，你们赶快缴枪投降，等大部队来了再缴枪，账就不好算了！"孟昭培知道大势已去，只好下了缴枪命令。张鑫如立即传达了局长的命令，指挥警察们把所有的武器都集中到大厅里。何济广趁势从中挑选了两支盒子枪，顶上子弹握在双手，向分局警察宣传中国共产党的政策。正在这时，何其浩、张鹤年带领的队伍冲了进来，震撼了所有在场的人员。随后，一面较大的三角形红旗升到分局旁省立女中操场的旗杆上，国民党警察六分局被赤手空拳的纠察队员完全占领。

天津地下党组织出色地完成了各项指示任务，为配合人民解放军取得天津战役的胜利作出了重要贡献。也正如天津战役总指挥刘亚楼司令员所讲，天津是解放军同地下党共同打下来的。

作者：崔玉田

人民群众踊跃支前

解放战争是一场伟大的人民战争，人民群众是夺取解放战争胜利的重要力量。华东野战军司令陈毅曾说："淮海战役的胜利，是人民群众用小车推出来的。"在平津战役和天津战役中，在党的领导下，人民群众同样积极投入支前工作，有力地保证了战略决战的胜利，充分显示了人民战争的巨大威力。

建立各级支前机构

平津战役的支前工作，是在中共中央、中央军委的领导下，在中共平津前线总前委，中共东北、华北两个中央局及其所辖各级党和政府的具体组织下实施的。平津战役发起前，1948年10月31日，中央军委在给林彪、罗荣桓、刘亚楼并告程子华、黄克诚、东北局、华北局的电报中指出，为协同华北力量歼灭傅作义主力，夺取平津及北宁、平绥、平承、平保各线，完成东北与华北的统一，要争取一月内外修通沈锦、彰武、义县、承德线铁路，整理热河及冀东境内各主要公路，以利军运，并迅速屯运粮弹。平津战役前和战役进行期间，东北局和华北局根据中央军委和总前委的指示，都及时地作出了自己支前的供应计划。1948年10月，中共中央华北局发出指示：为了全部解放华北，为了迅速解放全中国，对于解放平津的战争，必须踊跃输将，积极支前，以争取迅速胜利；要求从军区到农村，在各级党委领导下成立统一的后勤组织，加强对支前工作的领导。东北局和华北局为保障平津战役战勤和物资供应，先后指示所辖行署（省）、专署、县、区、村逐级建立由党、政、军（人民武装）干部联合组成的支前组织机构，要求二级军区以上（含二级）以部队干部为主，二级军区以下以地方干部为主。根据中央军委和总前委指示，东北、华北各级支前后勤组织机构，统一由东北野战军后勤部指挥。东北、华北各级后勤支前组织机构建立之后，立即召开各级干部会议，发出有关支援平津战役的各种指示、动员令、布告、命令、通知等。轰轰烈烈的支前工作开展起来了。地处北平、天津周围的冀中、冀东解放区，包括现属天津的静海、宝坻、宁河、武清、蓟州等地，相继成立支前指挥部，加强对支前工作的领导，掀起了声势浩大的支前运动。12月29日，华北局抽调大批干部成立支前指挥部，并根据战争的进展，适时在平南（固安）、津西（王庆坨）、津南（独流）建立3个后勤指挥部，由冀中九、十、十一3个分区负责支援平南和津西，冀中八分区负责支援津南。

发动人民群众广泛参与

迅速开展抢修铁路工作。东北、华北境内通往平、津的铁路，主要有北宁线、平西线、平绥线、平汉线（北段），战役前大多被破坏，修复工作甚为艰巨。但沿线群众在各级支前领导机构的精心组织下，夜以继日，积极抢修。截至1948年11月底，东北境内50余条铁路全部修复，由沈阳至平津前线1700余华里铁路线也修复畅通。为抢修这段铁路，当地人民踊跃应征枕木，沿线铁路工人积极赶制铁路器材，不分日夜抢修，终于提前完成了这些铁路的修复工程。

动员群众投入浩大的公路修建工程。为迎接东北大军入关，抓紧修筑运粮公路。冀中八分区动员民工3万余人，修建了沧定、津保、津沧等11条公路，全长1300余华里。在中共宁河县委领导的带领下，1000余名民工在蓟运河面上连夜赶搭江洼口浮桥，确保解放军顺利通过。蓟县5万民工从1948年11月8日起，突击两天一夜抢修公路300公里，4昼夜修桥18座。中共宝坻县委发出《迎接大军进关把工作中心转移到战勤工作上来的指示》，宝坻县人民立即修复交通要道，拓宽加高了宝坻至林亭口、大口屯、黑狼口、黄庄的几条公路。沿途，人民群众烧茶送水亲切慰问修路民工。武清县发动2万多民工，抢修通往天津的几条主要公路共315公里，架桥4座。

克服严寒抢修水运。为了将大批支前物资从冀中根据地尽快运往天津，上级决定增加水运。而隆冬时节，大清河结着厚厚的冰层。武清、静海等县发动10余万民工，冒雪砸开坚冰。许多人虎口被震裂，手被冻伤，仍全然不顾。水上航道的畅通，使冀中根据地满载支前物资的50只大漕船浩浩荡荡地向天津驶来。

后勤保障工作全面展开。11月中旬，东北野战军先遣兵团（即程子华、黄志勇兵团）入关到达蓟县。平津战役前线指挥所设在蓟县城南的孟家楼村。为了迎接东北解放军进关，中共蓟县县委发出紧急指示，要求全县各区全力做好欢迎慰问、安排食宿、押护军需物资和修桥筑路以及设置路标等具体工作。全县12个区，有11个区相继驻有部队，群众腾房子、糊窗户、烧热炕、杀猪宰羊、缝洗衣服，对子弟兵表现出无限的热情。

津郊各县群众储备军粮的场景

为了保证部队粮草供应，津郊各县设立了数十处供应站，主要是接收和转运粮食、柴草、副食品等。支前任务以杨柳青为中心，成立了指挥部。成千上万运送粮食的大车，车车相连，场面十分壮观。津郊各县也大量筹集粮食等军需物资。筹粮队员四处奔波，动员群众，筹借粮草。广大人民群众热情支持人民解放军，不少群众只留下几天的口粮，把其余粮食全部拿出来供应部队。宝坻县在12月19日到27日的9天中，共运送粮食175万公斤，军草10多万公斤，猪肉2万多公斤，全县还为部队磨面粉50多万公斤。静海县筹集粮食233万公斤，猪牛羊肉3万多公斤，筹集军马草112万公斤，烧柴485万公斤，菜蔬1.6万公斤。这些物资确保了解放军的军需供应。

为了及时抢救和运送伤员，各地纷纷组成担架队。津郊各县为支援东北解放战争，组织了远征担架队。淮海、辽沈战役刚刚胜利，他们即迅速班师回津。在解放天津的战役中，仅宁河、武清、静海等县就组织担架7000余副。蓟州、宝坻、武清、宁河四县抬担架的民工达7.6万余人。宝坻救护运送伤员1176名，宁河护理伤员万余人，静海县运送伤员3000人、护理轻伤员1.2万余人。

津郊人民的大力支前为天津战役的胜利提供了重要保证，为天津解放作出了重要贡献。

作者：马兆亭

29 小时决胜津门

天津战役是平津战役的重要组成部分，是平津战役中具有决定性意义的一场城市攻坚战役，实现了天津城市与人民的光荣解放。天津战役，创造了解决残存国民党军队三种方式之一的"天津方式"，即使用战争的方法，在短时间内彻底消灭国民党反动军队，完整地解放大城市，对国民党反动统治产生了强烈的震慑与冲击，加速了全国解放的进程。

赢取战略决战的恢宏背景

平津战役战略背景。1948 年秋，中国的军事、政治和经济形势向着有利于人民的方向快速发展。9 月，中共中央在西柏坡召开政治局扩大会议，为人民解放军与国民党军队进行战略决战，最后打倒蒋介石和有计划有步骤地夺取新民主主义革命在全国的胜利，从思想上、政治上、组织上做重要准备。9 月 12 日至 11 月 2 日，东北野战军发起了辽沈战役，歼灭国民党军东北"剿总"所部 47 万余人，解放东北全境；华东野战军继攻克济南后，又于 11 月 6 日会同中原野战军联合发起淮海战役。此时的华北，除北平、天津、张家口、保定、太原等少数城市外，大部分已经解放。华北国民党军傅作义集团把 50 余万人分布在山海关至平绥线 500 公里的狭长地带上，并以北平为中心，布兵于平、津、张、唐等军事重镇和塘沽海口。中央军委决定，集中东北、华北百万大军，提前发起平津战役，抑留傅作义集团于华北地区就地歼灭。

平津战役战役部署。中央军委对平津战役作了精心部署，根据中央军委指示，1948 年 11 月 29 日平津战役拉开序幕。在平津前线委员会和平津前线司令部的统一领导和指挥下，在东起滦县西至张家口，人民解放军迅速切断平绥、平津铁路，实现了在北平、天津、张家口一线对华北国民党军分割包围。按照中央军委制定的先打两头、后取中间原则，人民解放军于12月22日攻占新保安，24日解放张家口。随后，东北野战军主力在东线发起了多兵种协同的、平津战役中规模最大的城市攻坚战——天津战役。

天津战役战役部署。针对驻守天津的国民党军的军事部署和天津市区地形情况，中共中央军委制定了天津战役的作战方针："东西对进、拦腰斩断、先南后北、先分割后围歼"。人民解放军投入天津战役后，1949年1月3日至12日，发起了扫清外围的战斗，扫除了天津外围万新庄、东局子、李七庄等18个据点，歼灭守军近5000人，形成了对天津市区的紧紧包围，为总攻天津做好了准备。

决胜天津城市攻坚战

根据平津战役总的进程安排，天津战役总攻时间为1月14日。1月14日上午10时，天津前线指挥部总指挥刘亚楼发布总攻命令。首先由炮兵集中火力向敌城防工事实施破坏性射击，摧毁国民党守军的前沿工事，打开城墙缺口。然后炮兵实施压制性射击，掩护突击部队向前推进。突击部队冲进突破口后，炮兵实施延伸射击，掩护部队向纵深发展。

在津西方向，第三十八军、第三十九军率先突破敌人防线。1月14日上午11时半，津西方向两支攻城部队突破城防4个缺口，向市区纵深进军。其中，第三十八军的任务是从和平门南侧和和平门北侧的小西营门突破城防。以第一一三师、第一一二师为左、右两翼主攻师。第一一三师突破前沿后目标是攻占金汤桥；第一一二师突破目标是攻占守军核心区及警备司令部。11时15分，第三十八军第一一三师第三三七团一营的战士将红旗插上城头。15日2时半，第三三八团七连和第三三七团七连，抵达金汤桥。第三十九军第一一七师确定第三四九团、第三五〇团为主攻团，第三五一团为助攻团。第三四九团一营三连为从和平门南侧突破城防的主力。14日上午11时许突破前沿后向东发展。第三五一团后来协同第三十八军往南进攻华安大街国民党天津广播电台、警备司令部和耀华学校守军据点。

在津东方向，解放军以第四十四军、第四十五军两个军为主攻部队。1月14日12时半，第四十五军突破民权门后向纵深进击。第四十五军的任务是从民权门突破城防，直插金汤桥。第四十五军第三十五师确定第四〇三团为主攻师。第四〇三团一营一连一排从民权门突破，于14日上午11时58分，将红旗插上城头。

在津南方向，解放军以第四十六军第一五九师和第四十九师为左翼主攻师，第一三七师为右翼主攻师，第一三六师为助攻师，第一三八师为第二梯队。任务是从尖山、八里台及其附近地段突破，直插耀华学校，与东西方向主攻部队会师，歼灭津南方向国民党守军。第四十六军第一五九师部署于新城、南开一带，阻击大沽国民党守军西援。另以第一三六师、第一三八师两个师，扼守拦截国民党守军从津南突围到塘沽海上逃跑。解放军两个营的突击队随着7辆坦克强行冲击，于14日13时，将"登城先锋"的大旗插在津南城头。

在津北方向，为了钳制国民党守军第六十二军第一五一师，解放军4个师由津北方向实施佯攻。第三十九军第一五二师、第四十五军第一五八师于宜兴淳向丁字沽、民生门方向佯攻；第三十八军第一五一师向侯家屯佯攻，第四十四军第一五七师向崔家码头方向佯攻。第四十三军第一二八师在完成吸住守军第一五一师任务后，从津北方向直插市区向纵深挺进。

攻城部队从敌防线东、西、南3个方向用16个小时打开了10个突破口，穿插进击。突破城防后，解放军实施多路穿插，分割包围国民党守军。第三十八军经西马路沿鼓楼大街向金汤桥、海光寺、中原公司奋进。第三十九军沿如意庵、鼓楼西大街、双庙大街向金汤桥攻击前进。第四十四军向北站、东站攻击前进。战役进行中，市内的地下工作人员主动上街为解放军当向导，一起搜捕守军和特务，并组织纠察队，占领机关、工厂、学校、医院、码头和仓库，进行看守和配合接管。

国民党守军在金汤桥附近设有碉堡工事，夺取金汤桥的战斗非常激烈。14日夜间11时，解放军第三十八军第一一二师第三三五团三营七、八两连攻占金汤桥。此后，国民党守军又夺回金汤桥头。15日凌晨5时半，大桥被解放军再度夺回，桥东侧的第三十八军、第三十九军与桥西侧的第四十五军

（含第四十四军）胜利大会师，打通了东西走廊。国民党守军南北分离，且被分割成数块，陷入极度混乱之中。解放军趁势穿插，继续展开巷战，逐块消灭敌人。

金汤桥胜利会师后，解放军各路大军迅速席卷海河两岸国民党守军。特别是解放军攻克敌人最坚固的支撑点海光寺，构成了对国民党守军核心区的合围。第三十八军第一一二师从南面进攻到海光寺一带，经几次冲锋和使用炸药炸开大门，打进警备司令部大院内。在攻打国民党天津警备司令部的战斗中，战士们在中共党员、隐蔽在陈长捷身边的警卫连长王亚川的指引下，冲进敌司令部院内地下室，活捉陈长捷等人。15 日中午，解放军第四十六军第一三七师、第一三八师攻占了国民党天津市政府。下午 3 时许，解放军东、南、西三路夺城部队在耀华学校会师。随后，在敌南北防区俘获林伟俦、刘云翰。国民党守军完全瓦解，纷纷缴械投降。被陈长捷布防在北面的守军第六十二军第一五一师，当发现解放军主攻方向在东、西两面后，已陷入绝境。第一五一师放下武器向解放军第三十九军第一六五师投降。至此，天津战役胜利结束。天津宣告解放。

"天津方式"彪炳史册

天津战役历经 29 个小时。解放军伤亡 2.3 万人，其中牺牲 4100 余人，全歼国民党守军 13 万人，缴获各种火炮 1648 门，轻重机枪 3553 挺，步枪、短枪 8192 支，汽车 879 辆和其他各种弹药物资，并击落敌机两架。近 200 万天津人民实现光荣解放。

天津战役是平津战役的重要组成部分，不仅创造了解决残存国民党军队的三种方式之一的"天津方式"，即用战争的方法，在短时间内彻底消灭国民党军队，完整地解放大城市，而且对傅作义集团的最后解决具有决定性的作用。天津战役胜利后，90 万人民解放军兵临北平城下，促使傅作义最终接受解放军提出的起义条件，加快了北平的和平解放。中共中央在致平津解放的贺电中说："华北人民解放战争的伟大胜利，连同东北、华东、中原、西北人民解放战争的伟大胜利，……已经奠定了人民解放战争在全国胜利的巩固基础。"在之后夺取全国解放的进程中，对于胆敢负隅顽抗的国民党残余势力，人民解放军坚决按照"天津方式"坚决彻底地消灭敌人，加快推进了全国的解放。

天津市军事管制委员会办公地点（现天津市和平区承德道 12 号）

作者：马兆亭

社会主义
革命和建设时期

全面完整接管天津

　　新民主主义革命时期，党的工作重心在农村，城市工作经验相对缺少。解放战争开始后，如何顺利接收和管理城市成为党面临的崭新课题。20世纪40年代后期的天津拥有近200万人口，是北方最大的工商业城市，地理位置优越，距离当时中共中央拟定都的北平很近，其接管工作的顺利进行对北平的顺利接管意义重大。

接管前的缜密筹备

　　1948年11月29日，平津战役打响。中共中央高度重视天津的城市接管工作，借鉴石家庄、济南、沈阳等城市接管经验，为迎接天津解放和接管提前做好准备工作。首先组建天津市军事接管机构及党政领导机构。1948年12月13日，中共中央任命黄克诚为天津市委书记兼天津市军事管制委员会主任，黄敬为天津市市长。军管会和党政领导机构的建立为完整接管天津提供了坚实的组织保障。根据中共中央指示，黄克诚、黄敬等立即率干部，由河北省平山县奔赴临近天津市区的河北省霸县胜芳镇，着手接管天津的各项准备工作。与此同时，中共中央华北局选派7400余名干部到胜芳镇培训，为接管天津提供了坚强的干部队伍保障。

　　为配合解放、接管天津，华北局安排天津市内的地下党组织搜集市情资料和接管对象的有关信息，并设法送至在胜芳待命的军管会。同时，军管会建立调查研究机构，配备专门干部，将接管对象分门别类，分户记载，还制订工作日记，记录主要问题、经验和办法。军管会在此基础上，多次开会研究，明确接管策略。调查研究工作为完整有序接管天津打下了坚实基础。

全面完整接收

1949年1月14日上午10时解放天津战役开始，接管干部冒着炮火和弥漫的硝烟到达杨柳青镇附近。随着攻城战斗的节节胜利，接管干部与攻城部队向市区步步深入，并在天津地下党带引下直奔所接管的地区和部门。15日中午12时，公安接管干部首先进入市内。军管会主要领导和各机关主要干部于下午4时进城，其他干部和纠察部队连夜赶赴市内。

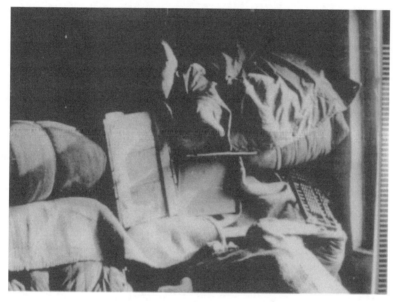

解放军入城后，将缴获物资堆放一起等待接收。

天津的接收工作，坚决贯彻落实党中央各项决策部署，坚持"原封原样，整套接收"，"慎重考虑，要稳、要准，多调查研究"，以及原薪原职原制度"三原"等原则，紧紧依靠工人群众，团结一切可以团结的力量。原国民党各机关人员，除政权、党部、特务机关留少数人看守办公地点，其余人员大都遣散回家；企业人员，除战斗激烈、遭受炮火威胁的单位分散回家外，其他均在各单位未动。各机关均有移交的思想准备，有些单位曾进行移交演习。接管干部到达接管岗位后，在地下党员的积极配合下，立即召集接管单位原有人员开会，讲明中国共产党接管的方针政策，宣布清点移交方法，并限全体人员3天内报到上班，责令原主管人员负责办理移交手续。在接管中严格执行接收管理一切公共机关、产业物资财产，没收官僚资本，保护民族工商业的政策，对不同性质的接收对象采取不同的接收方法。对国民党的反动政权机构及党、团、特组织，所有各级政府、军队、警察、宪兵、法院、监狱、各级国民党党部、三青团团队及特务组织、保甲组织等，都予以彻底摧毁，宣布解散，责令交代。对技术性部门一面接收，一面继续开展业务。对被没收的官僚资本的工厂企业要求接管与复工并进，先行接管。学校接管方针是暂维旧制，迅速复课，废除反动课程及反动训导制度。当日下午在攻城部队配合下，接管干部已分别接管了国民党天津市政府、警察局、电台、报社、电厂、水厂、银行等要害部门。军管会以军字第一号布告向全市宣布："奉中国人民解放军平津前线司令部政治部电令，成立在中国人民解放军平津前线司令部指挥之下的天津区军事管制委员会，天津市人民政府也宣告成立。

接管干部接管国民党广播电台后，天津新华广播电台立即建立。1月15日18时，广播电台即投入使用，通过广播向全市人民庄严宣告天津解放，播放宣传党的政策和文告，号召全市人民严格遵守军管会各项规定，各安生业。天津借鉴沈阳、济南利用党报宣传接管成功经验，在1月17日迅速推出第一期《天津日报》，大力宣传解放战争大好形势和党的政策。同时，各单位组织通讯小组，及时向报社报送工作动态及单位的工作计划、汇报和总结，使群众更加全面地了解党的接管政策和方法。宣传工作的展开营造了良好的接管环境。

由于正确执行各项接管政策，接管工作进展非常顺利。警务、交通、水电等公用事业及一部分工厂，迅速恢复日常工作，冀北电力公司15日当天完成接收。经过3到7天的紧张工作，所有机构除个别未发现敌人破坏和遭受战争毁坏机构，如中纺七厂、正中书局等，已全部接收完毕。其所接收机构的物资、档案、用具等，除敌人事先疏散、埋藏及烧毁的之外，其他文件、物资均完整无损，按系统接收工作迅速完成。截至2月底，共计接收工厂115处，仓库165处，机关及医院316处，各种武器弹药、军需粮、被服、机器、原料、成品、货物、资产、现金等大批物资，迅速实现了通车、通邮、通航、送电、通话，大部分公营工厂开工，其他工厂因原材料不足及厂房或机器破坏，也在修复、整补、采购原料，积极筹备复工。

迅速恢复城市功能

天津军管会完成了完整接收工作后，更为艰巨的任务就是恢复城市功能。对于刚刚经历过战争炮火的天津来说，以最快速度恢复城市功能，建立新的社会秩序，让天津市民的生活步入正轨是头等要事。

接管天津后，天津军管会迅速组织发动群众打扫战场，收容国民党军队散兵游勇；短时间内恢复交通、水、电、邮政业务；拨粮、修屋，救济灾民和失业人员；成立收容处理乞丐委员会，肃清流浪乞丐现象；及时颁布《天津市临时交通管理规则》，严格交通秩序，整顿摊贩市场；成立中国第一家证券交易所，有效地平抑物价和打击投机市场。在天津军管会领导下，短期内破获多个特务重要组织，逮捕上百名首要特务分子，狠狠打击了反革命分子嚣张气焰，惩治已有200多年历史的"脚行把头"，彻底消灭天津搬运行业中的封建把头制度。

天津军管会遵照中共中央关于恢复和发展生产问题的指示精神，采取没收官僚资本、建立国营经济，组织复工复业，建立新金融秩序，沟通城乡贸易，平抑物价，保护私营工商业，建立独立自主经济，进行市郊农业土改等八项措施，迅速恢复天津经济建设。到1949年底，天津工业生产产量为国民党统治时期最高年产量的132.35%，对支援正在进行的解放战争、巩固新生政权和探索党的城市工作经验，具有十分特殊的意义。

作者：赵凤俊

解放初期天津经济的恢复和发展

新民主主义革命时期，天津是我国北方最大的工商业城市，随着天津的解放，没收官僚资本，建立社会主义性质的国营经济，并以之为基础实现经济的恢复和发展，具有重大的政治意义和现实意义。

没收官僚资本与组建国营经济

没收官僚资本归新民主主义国家所有，进而组建社会主义性质的国营经济，使之成为国民经济的领导成分，是党的新民主主义经济纲领的重要内容之一，也是从半殖民地半封建经济转变为新民主主义经济的重要步骤和关键所在。天津解放后，市军管会和人民政府立即开始没收官僚资本控制的银行、工厂和商业机构等。

党中央对天津接收官僚资本企业的方针、政策和措施作了具体、明确的规定。1949年1月15日即天津解放当日，中共中央就天津接收官僚资本企业问题作出专门指示。按照中共中央指示，市军管会、市委、市政府立即组织力量没收所有官僚资本企业。对官僚资本企业的接管采取了先完整接收再逐步改造的方针。

重点没收官僚资本银行等金融机构。市军管会金融接管处顺利接管了官僚资本银行和金融机构36个，并利用原中央、农民、省、市各行及合作金库等机构，建立了中国人民银行天津分行，直属中国人民银行总行领导，把中国银行、交通银行改为专营外汇及工矿信贷的专业性银行，从而组建起新的国家银行和金融机构。

完整接管官僚资本工业企业，是建立国营工业的基础。全市共没收和接管了原国民党官僚资本工业企业 100 多个，接管干部在没收官僚资本工业企业时，严格做到不打乱企业原有组织机构，并在此基础上建立国营企业，迅速恢复生产。

国营商业体系在没收官僚资本商业的基础上迅速建立起来。军管会接管部贸易接管处接管了长芦盐务局、山西实业公司、天津粮食调配处等 39 个商业机构和企业，并将这些机构和企业与由晋察冀边区迁来的原边区人民政府所属商业机构合并，成立了天津市贸易公司。按照中央制定的政策，收回海关管理的自主权，实行对外贸易的管制，取消了帝国主义在津特权，使天津经济彻底摆脱了外国资本的操纵和控制。

通过没收官僚资本和取消帝国主义的特权，天津国民经济重要部门大都掌握在国家手中。1949 年，天津国有和集体工业企业总数为 120 个，仅占全市工业企业总数的 2.5%，但工业总产值比重达到 39%，至 1952 年，工业总产值比重达到 59.5%，国营商业营业总额占全市的 60.24%。社会主义性质的国营经济成为天津城市经济发展的主要物质技术基础和社会经济的领导力量，在恢复生产、发展经济中发挥了无可替代的重要作用。

依靠工人阶级恢复生产

按照党的新民主主义经济纲领的要求，迅速恢复与发展生产是天津解放后的中心任务，也是最紧迫的任务。随着接收工作的展开和完成，迅速实现复工复业、恢复与发展生产成为全市首要的工作任务。没收官僚资本任务的完成，使官僚资本企业开始变成共产党领导下的社会主义全民所有制企业。企业性质的根本变化，提高了工人的政治觉悟和社会地位，提高了工人的主人翁意识和恢复发展生产的积极性。随着生产的恢复和工厂秩序的稳定，1949 年 3 月，国营工厂企业的民主改革逐步展开，促进了管理民主化，推动了生产的恢复和发展。到 1949 年 6 月底，许多国营工厂恢复了原有产量，有的还超过国民党时期生产水平的 20% 至 30%，这为国营工业的进一步发展创造了有利条件。

恢复私营工商业。天津是我国解放较早的仅次于上海的第二大工商业城市，资本主义工商业比较集中，在全国具有举足轻重的地位。恢复私营工商业，对于天津的复工复业、安定人民生活具有重要意义。1949 年初，天津私营工商户约 36725 户，职工总数 11 万多人。为使民族工商业迅速复工复业，华北总工会筹委会天津办事处向较大的私营工厂派出工作组，各区也派出干部深入中、小型私营工厂，重点宣传讲解党的保护与发展私营工商业、繁荣经济的政策，号召职工报到上班，动员资本家复工生产。工作组坚持"劳资两利"方针，调解劳资纠纷，说服工人在工资待遇上不提过高要求，以协助企业尽早复工生产。至 3 月底，复工工厂更多，商业不仅全部复业，而且增加新开业者 140 多户。

稳定经济秩序

天津解放时，城市经济处于极不稳定的状态。市委依靠新建立的国营经济和广大人民群众的支持，采取各种措施打击不法投机资本，平抑物价，使经济秩序迅速稳定下来。

解放初，人民掌握了政权，结束了帝国主义和官僚资本主义操纵金融的局面，人民政权大力加强了金融市场管理，确立和巩固单一的人民币信用和地位，对私营银行钱庄进行了整顿，打击了地下钱庄及金融黑市，确立了人民币作为统一货币在天津市场的地位。随着党的金融政策的贯彻执行，银行信贷、储蓄等业务迅速开展起来，新的金融秩序很快形成，对天津新的经济秩序的建立和国民经济恢复发展起到了重要的保障作用。

平抑物价，稳定市场。1949 年 3 月，天津市粮食公司成立，其主要职能就是疏通粮源，稳定物价。从 1949 年 4 月至 1950 年 2 月，天津先后出现四次物价波动。针对每次物价上涨的原因和特点，天津市采取政治和经济两种手段稳定物价，有力地打击了投机资本。到 1950 年底，天津和各地物价基本趋于稳定。

初步建立集中统一的财政经济管理体制。按照中央统一部署，天津市采取了统一财政收支、物资调度和现金管理的措施。1950 年 4 月，天津市人民政府发布《关于贯彻执行〈政务院关于统一国家财政经济工作的决定〉的决定》，要求坚决做到在全市范围内财政收支和调度统一，消除浪费，整顿收入，保证本年度收支概算的全部实现。4月26日，天津市人民政府批准公布《1950年财政工作方案》，制定了统一财政经济工作的具体实施措施。要求实行全年总预决算和预算分配制度，委托中央金库天津分库代理市金库，基本做到"一切收入归财政，一切支出通过财政"。将粮食、棉花、纱布等国营贸易专业公司改组为全国性贸易公司在天津的分支机构，使其掌握足以影响市场的物资力量，在中央的统一计划下，对涉及国计民生的主要物资进行调度，调节供求。统一现金管理，要求公营企业、机关、部队和团体以及供销合作社的现金必须存入银行，各单位之间的交易往来，除零星小额外，一律通过银行转账支付，不用现金。实现全国财经工作统一后，天津向中央上缴了大量税收节余，提供了大量存款供中央统一调度。同时，中央通过国营贸易公司向天津调拨了大量物资。这些对遏制通货膨胀、制止物价上涨起到了积极作用。

由于稳定物价和统一财经各种措施的实行，自1950年3月起天津物价开始下降，并逐步趋于稳定。市场物价的稳定，为新经济秩序的建立打下了基础，使人民生活和经济发展得到保障。解放初期党在天津经济战线上战胜困难，取得重大胜利，对于巩固人民政权和恢复发展经济具有重要意义。

　　解放初期，天津市积极贯彻中央方针政策，依靠工人阶级恢复和发展生产。图为1949年5月，中华全国总工会在天津召开华北第一届职工代表会议。

作者：马兆亭

建立人民政权

解放天津战役打响前，中共中央就对天津解放后的政权建设作出了积极准备，提前组建了天津市人民政府。战争打响后，工作人员冒着炮火相继到位，展开接管工作。天津市人民政府宣告成立后，各级人民政权也逐步建立起来，实现了人民当家作主，为党领导天津经济恢复发展和稳定社会秩序提供了坚强组织保证。

解放前政权建立的准备工作

1948年11月29日，平津战役打响。为了顺利完成天津接管工作，迎接解放，中共中央提前为接管天津做了准备。12月15日，中共中央致电华北局，同意黄敬、张友渔为天津市正、副市长。根据中央指示，黄敬等人迅速赶往紧邻天津的河北省霸县胜芳镇一带，开始着手接管天津的准备工作。市级人民政府机构在胜芳镇初步组成，设立秘书处、人事处、行政处、外侨事务处，并下设公安局、民政局、工商局、财税局、教育局、卫生局、工务局、公用局、公产清理局等部门，还设立了市人民法院、合作社、地政处、物资供应处。同时开始了区级政权和基层政权建立的准备工作，市内11个区均设立区政府，并对各区人民政府区长进行了任命。天津市人民政府公安局在胜芳成立后，由许建国任局长，万晓塘任副局长，并拟定入城后治安工作的计划草案。至此，迎接天津解放的各项准备工作基本完成。

建立市级政权

1949 年 1 月 14 日，天津发起总攻，人民解放军攻城开始，各部门、各单位的接管干部集结于天津杨柳青镇附近待命。部队进城后，接管干部随即到达指定岗位开展接管工作。1 月 15 日，市人民政府正式开始接管国民党天津市政府。

天津市人民政府于 1 月 16 日黎明，发出政府第 1 号布告："奉华北人民政府令：委任黄敬为天津市市长，张友渔为副市长，遵即就职。"随即宣布对国民党政权机构及反动党、团、特组织，包括各级政府、部队、警察、宪兵、法院、监狱，各级国民党党部、三青团队及保甲组织等予以彻底摧毁、一律解散，继续保留一般行政机关。天津市人民政府的建立，给灾难深重的天津人民带来了曙光。1 月 16 日，南开大学、北洋大学、河北工学院等院校教职员工和学生 4000 余人联合举行盛大游行，各界人民也相继举行游行集会，庆祝天津解放，拥护新生政权。

1949 年 1 月 15 日，天津市军管会和天津市人民政府宣告成立。

天津市人民政府宣布成立后，即着手组建和完善一系列职能部门，先后成立天津市公安局、民政局、工务局、公用局、财政局、教育局、工商行政管理局、外侨事务处、人民法院、中国人民银行天津分行。随后又相继建立税务局、交际处、供销合作社、华北对外贸易管理局、公产清管局、卫生局、地政处、财政贸易委员会、都市建设委员会、劳动局、办公厅、研究室、工业局、供应局等职能部门。

建立区街政权

天津解放后，为迅速建立起各级人民政权，天津市人民政府根据当时情况和开展工作的需要，拟定了《天津市区街人民政府暂行编制规程草案》，成立了市、区、街人民政府三级政权组织，将区、街人民政府作为市人民政府的助佐机关，提出区、街人民政府纯为执行机关，均不是一级政权，不设代表会，不能单独决定问题。天津市人民政府在摧毁国民党保甲制度的同时，行政区划保留了国民党政府时期划定的管辖区域，沿用了原有11个区的格局，设置各区人民政府，各区区长根据准备阶段的安排到位工作。区人民政府设区长1人，下设办公室、民政股、调解股、户政股和文教股。

根据《天津市区街人民政府暂行编制规程草案》，天津市人民政府废除旧区公所和保甲制度，保留原来的11个区行政区划，单独设1个水上街，合并3（或2）保为1街，以原保划为闾，以原甲划为邻。每个街政府设工作人员18名，设街长、秘书、收发、办事员、工役等职，并设民政委员会、调解委员会、户政委员会、文教委员会、合作委员会。街政府下设闾公所，但不是一级政府，仅为街政府的助佐机关，设闾长1人，行政干事、户籍干事、事务员各1人。闾下设乡，设正、副乡长各1人，由街政府遴选报区批准，负责转达政令和执行区街政府指示，反映本乡群众的意见和要求，这种政权形式对迅速建立革命秩序，恢复和发展生产发挥了重要作用。

在区街人民政府的领导下，打扫战场、救济灾难民、清查户口等战后紧急工作顺利完成，同时推动了工商业迅速复工复业。为了加强区政权的建设、更广泛地联系市民，各股室多采取召开市民座谈会的办法，其中包括各项专业会议，从而起到了交流作用。同时，有的区还单独设立了人民接待室，既可以听取市民反映的意见和建议，也可以回答市民的各种询问，还可以进行党的政策方针和政府各项规定的宣传教育，成为联系群众的重要桥梁。

1949年6月，按照中共七届二中全会精神和刘少奇来津视察工作时的指示，为加强市一级的机构和领导，适应城市政治经济情况比较集中的特点，决定将各区人民政府改为区公所。区公所只作为市人民政府的派出机关和执行工作的助手，受市人民政府直接领导。同时取消街公所、间，各街公所分别并入各派出所，水上街并入水上公安局建制。通过调整，政策决定与领导执行均统一集中到市人民政府，由其直接掌握，从而强化了市一级的行政权力，弱化、虚化了区一级的政权。区街组织变更后，天津市人民政府在掌握政策、便利群众、加强公安工作与密切联系群众上，都取得了一定的成效。

作者：赵风俊

天津市首届党代表会议

举行党的地方代表大会，产生党的地方委员会，是加强党的建设、实现党的地方领导机关职能的重要途径。1948 年 9 月，中共中央作出《关于召开党的各级代表大会和代表会议的决议》，要求在一切巩固的解放区，必须定期召开党的各级代表大会及代表会议，建立和扩大党内正常的民主生活。天津解放后，全市各级党组织和广大党员围绕恢复和发展生产这一中心任务，做了大量工作。经过三年多的积极努力，各项工作步入正常轨道，天津已经具备召开党的代表会议的条件。按照中央关于召开党的代表会议的规定，报经党中央批准同意，天津适时地召开了天津市首届党代表会议。

三年奋斗为首届党代表会议创造了条件

天津解放后，在市委的领导下，贯彻党的七届二中、三中全会精神，围绕继续完成民主革命尚未完成的工作：迅速稳定市场，控制物价，争取国家财政经济迅速好转；加强党的自身建设等任务目标大力开展各项工作，顺利实现了完整接管，建立人民政权，恢复发展经济，进行土地改革，肃清一切危害人民的反动势力，建立了新的政治、经济、文化和社会新秩序。一个人民当家作主的新天津日益发展起来。党的自身建设也得到加强。天津市委坚决执行中央关于巩固和发展党的组织的指示，关于加强和人民群众联系的指示，关于开展批评和自我批评的指示，关于整党整风的指示，在执政的实践中，积累总结经验教训，不断增强党组织的凝聚力和战斗力，不断提高党员干部的政治素质和工作水平，为人民掌好权，用好权，不断提高执政能力和执政水平。经过三年多的努力，天津市已经具备了召开党的代表会议的条件。同时，国家即将开始大规模的经济建设，必须及时总结经验，在充分发扬民主的基础上对全市工作作出全面部署。按照中央关于召开党的代表会议的规定，经党中央批准同意，天津市首届党代表会议于1952年8月18日至30日召开。

1952年8月18日至30日，天津市首届党代表会议召开。市委书记黄敬代表市委在会上作了《关于三年来工作总结与今后工作任务》的报告。图为会场。

会议盛况

这次大会盛况空前，来自全市各条战线的党员正式代表502人，列席代表208人，代表全市2.2万多名党员出席会议。这些代表都是经过层层组织选举产生的，具有广泛的代表性。大会一致通过了市委书记黄敬代表市委所作的《关于三年来工作总结与今后工作任务》的报告。报告对1949年1月天津解放至1952年8月的工作做了系统梳理，对在工作中的几个具体问题进行了认真的检查，对今后的工作任务进行了部署。

报告指出：三年以来，我们基本上执行党中央和华北局所确定的关于城市工作的方针和政策，完成了中央所给予的任务。天津解放以后，党对于天津市的任务是要接管、改造和发展这个城市。三年来，天津市按照党的七届二中全会和刘少奇在天津讲话等精神，认真贯彻全心全意依靠工人阶级、争取与改造知识分子、团结和改造资本家的各项政策，肃清了反革命力量，恢复和发展了生产，繁荣了经济，人民生活有了很大改善。在发展文化、教育、卫生和市政建设等事业上做了大量工作，并取得成绩。

报告指出过去工作存在的缺点：工作中，很不平衡，抓住了大的，放了小的；改造企业工作中自觉性不高；党的力量还不够大，组织建设、思想建设还要加强；市委领导上有弱点，在掌握大的方向上没有偏差，但在组织工作上比较弱，计划性不强。报告还对资产阶级、国营企业改造、区街工作和党的建设等四个问题进行了具体的阐述。

报告提出今后的任务：1952年下半年的中心工作是要争取完成增产节约5亿元和国家税收4亿元的任务，就是要为完成9亿元而斗争，一切工作都应以1953年开始大规模生产建设为出发点。对今后的财经工作，建立街道组织、加强区街政权问题，完成整党和发展党的计划等工作提出了具体任务和要求。

会议还听取了市委副书记吴德《关于提案审查的报告》；市委委员黄松龄、吴砚农、李耕涛、杨英、于致远、张逢时等作了专题发言；市委副书记黄火青作大会总结报告。会议一致通过上报中共中央的天津市"三反""五反"运动总结和整党建党计划，审查并初步处理了有关宣传教育、组织领导、整党建党、财政经济、政权建设等8000余件提案。

在十几天的会期中，与会代表按照会议程序和要求，充分行使党员代表的权力，结合讨论市委工作报告，对天津解放三年来的工作进行了认真总结和全面客观分析，实事求是地作出评价，对今后工作提出了希望和要求。全体与会代表畅所欲言，各抒己见，充分表达了党员代表的心愿，体现了党内民主，呈现了生动活泼的政治局面和良好的精神状态，使党的民主集中制原则得以贯彻，体现了集体领导的正确性和召开党的代表会议的必要性和重要性。

召开党的代表会议是加强党的建设的组成内容，对于加强党的领导、贯彻执行民主集中制具有重要意义。这次会议是天津解放后的首次党代表会议，它的成功召开，为进一步开创天津党的建设和各项工作新局面创造了条件，为动员全市广大党员干部和各界群众，迎接国家大规模的经济建设做了充分的政治思想准备。

作者：赵风俊

天津市第一届人民代表大会

　　在向社会主义过渡时期，天津市委及各级党组织围绕社会主义工业化建设和社会主义改造的总任务，领导开展了政治建设，顺利完成了新中国成立以来第一次基层民主选举，胜利召开了天津市第一届人民代表大会，真正实现了人民当家作主，标志着天津市民主法治建设向前迈出重要一步。

第一次基层普选

　　1953 年 1 月，中央人民政府委员会通过决议，决定于 1953 年召开由人民普选产生的地方各级人民代表大会，并在此基础上召开全国人民代表大会。根据该决议和《中华人民共和国全国人民代表大会及地方各级人民代表大会选举法》的有关规定及中央选举委员会《关于基层选举工作的指示》，经中央人民政府政务院任命，1953 年 5 月 12 日正式成立天津市选举委员会作为普选工作领导机构，黄火青任主席，吴德等 20 人为委员。天津市人大代表普选工作由此全面展开。

　　市委对普选工作高度重视，加强了统一领导。6 月，市委成立了各区选举委员会，抽调训练党员干部 5379 人，组成工作组。为开展好选举工作，人口普查工作与普选工作同时进行。市选举委员会制定了《天津市选举工作计划大纲》和《天津市选举委员会关于选民登记工作的几项指示》，具体指导人口普查和普选工作。在人口普查的基础上，市选举委员会先行选举区人民代表，再由各区人民代表大会选举产生市人民代表大会代表。

　　天津市区的普选工作分两个阶段进行。第一阶段从 1953 年 5 月开始至 9

月结束，主要任务是进行人口调查和选民登记；第二阶段从9月开始至11月下旬基本结束，主要任务是正式进行选举。郊区普选工作开始时间相对较晚，至1954年3月基本结束。鉴于城市情况复杂，市委确定了"典型试办，由点到面，分批分期，稳步前进"的工作方针，即采取在一两个街道先行试点，取得经验后逐步推开的方法。1953年5月26日，市选举委员会及六区选举委员会派出工作组，在南华里、马场两个重点街，开展人口调查和选民登记的试点工作。在做好人口普查登记、审查选民资格、划分选区工作的基础上，经过区委与各民主党派、人民团体协商提出代表候选人，然后再进行人民代表的正式选举。试点工作顺利展开并取得成功经验后，全市逐步开展并全面完成。在全市131.35万选民中，125.14万人参加了选举，约占登记选民总数的95.26%。全市各区共选出区人民代表1426人。

6月28日至7月7日，全市13个区分别举行区人民代表大会，选出市人民代表大会代表509名，驻津人民武装部队选出市人民代表大会代表10名，共选出市第一届人民代表大会代表519名。这519名代表包括：工人130人，机关工作人员106人，农民30人，手工业劳动者及其他个体劳动者13人，文教卫生工作人员100人，科学技术人员26人，工商业资本家69人，其他爱国人士16人，城市居民2人，学生17人，驻津人民武装部队代表10人。其中妇女109人，少数民族25人，青年59人。

普选工作是一次大规模的人民民主运动，当选的代表广泛代表了各界人民，真正实现了人民当家作主。经过普选工作和各区人民代表大会的胜利召开，为召开天津市人民代表大会和选举本市出席第一届全国人民代表大会代表创造了条件。

天津市第一届人民代表大会召开

在普选工作顺利进行、各区召开人民代表大会、推选出天津市第一届人民代表大会代表的基础上，1954年7月17日，天津市第三届人民政府委员会举行第十一次会议，听取了关于召开天津市第一届人民代表大会第一次会议的报告，并作出决定，大会召开的时间在7月底或8月初。会议决定成立提案征集委员会，在大会前向全市人民征集提案，成立筹备处着手进行大会的筹备工作。到 8 月 5 日，天津市人民代表大会征集提案工作结束，共征集提案 10502 件。

1954 年 8 月 9 日至 13 日，天津市第一届人民代表大会第一次会议在市民政局礼堂举行。会议应到代表 519 人，实到代表 492 人，列席代表 91 人。这近 500 名市人大代表，带着全市人民的嘱托，以主人翁的身份，集体决定着津城大事。会议首先通过了本次会议主席团名单，主席团由吴德、周叔弢等 31 人组成。会议通过了代表资格审查委员会名单、提案审查委员会名单。随后，副市长周叔弢致开幕词。

会议听取并审查了市人民政府委员会委员李耕涛代表市长吴德作的《天津市人民政府关于解放以来的工作和今后工作任务的报告》。报告总结了解放以来天津市人民政府在各方面工作所取得的成绩，并指出，天津解放后彻底粉碎了反动统治的机构与制度，建立并巩固了人民民主制度；完成了国民经济的恢复工作，顺利地进入有计划的经济建设时期，彻底改变了旧天津市的半殖民地半封建的面貌；随着政治经济的发展，人民的生活水平显著提高，人民群众的文化生活也有所改善；加强了全市人民的团结，扩大与巩固了中国共产党领导的各民主阶级、各民主党派、各人民团体和各民族的广泛的人民民主统一战线。报告提出过渡时期内天津市的工作方针：根据国家计划，保证完成并争取超额完成工业生产和基本建设计划，积极稳步地对资本主义工商业和手工业、农业进行社会主义改造；大力支援国家重点建设工程，积极供给农民生产资料和生活资料，进一步巩固工农联盟；在发展生产的基础上，逐步地提高人民物质生活和文化生活水平。具体任务是：充分发挥现有国营工业的作用，加强国营商业工作，发挥社会主义经济的领导作用；进一步健全人民民主制度，巩固人民民主专政，有力地保障本市经济建设任务和社会主义改造事业的顺利进行，同时要深入贯彻遵守宪法的教育；改进对文化教育工作的领导，发展教育，适当发展和改进普通教育，加强工农干部和工农群众的文化教育，整顿和有重点地发展卫生事业，开展体育运动，增进人民健康；有重点有步骤地进行城市建设工作；加强计划工作。

会议听取并审查了《天津市人民政府关于天津市 1953 年度财政决算和 1954 年度财政预算草案的报告》。报告认为，1953 年天津经济建设取得巨大成就，国民经济各部门计划已超额完成，社会主义经济成分进一步增长，资本主义经济的社会主义改造进一步发展，人民的物质生活和文化生活也有了相应改善。根据中央人民政府 1954 年的国家预算任务，确定天津市 1954 年预算应坚持收支平衡，争取收多于支，积累资金，在保证完成国家任务的前提下，相应地发展各项建设事业，逐渐积累后备力量。

会议听取了《天津市普选工作完成情况的报告》《关于宪法草案的宣传讨论工作的报告》及关于提案的审查报告，以及天津市出席全国人民代表大会的代表候选人名单。会议通过了市政府工作报告、财政报告、关于代表资格审查的报告、提案审查报告、《拥护中华人民共和国宪法草案的决议》。以无记名投票方式选举薄一波、黄火青等 28 人为天津市出席第一届全国人民代表大会的代表。

天津市人民代表大会的召开和人民代表大会制度的正式实行，标志着社会主义政治制度的建立，使人民民主政权进一步巩固，党的执政基础进一步加强，是社会主义民主政治发展的重要里程碑，对于团结动员全市人民在党的领导下加快推进工业化和对农业、手工业和资本主义工商业的社会主义改造，进一步发展人民民主和健全社会主义法制，具有十分重大的意义。

1954 年 8 月 9 日，出席天津市第一届人民代表大会的代表鼓掌通过拥护宪法草案的决议。

作者：崔玉田

贯彻"天津讲话"

1949 年 1 月 15 日天津解放后，在百废待兴、百业待举的形势下，实现恢复和发展生产的中心任务面临着诸多困难。四五月间，中共中央书记处书记刘少奇到天津视察指导工作。在津期间，刘少奇与天津市领导干部、工人及资本家座谈，宣传党的七届二中全会精神，全面阐述了党的城市工作路线、方针和政策，形成了著名的"天津讲话"。

"必须用极大的努力去学会管理城市和建设城市"

新中国成立前夕，由于帝国主义、封建主义、官僚资本主义的压迫，国民党反动统治及多年战争的破坏，使本来就落后的经济濒于崩溃的边缘，中国共产党十分清醒地认识到必须将恢复经济、发展生产作为最迫切的中心任务。为此，党的七届二中全会做出将党的工作重点由乡村转移到城市的战略决策，强调"从我们接管的第一天起，我们的眼睛就要向着这个城市的生产事业的恢复和发展"。

天津解放后，受战争影响和很多私营工商业者对党的政策不够了解，当时私营企业开工不足 30%。时任华北局书记在给中共中央的《平津财经情况报告》中指出，由于工厂不开工，天津有上百万人口生活无着落，并指出"城市的中心问题，就是如何有步骤地、有计划地妥善地复工，这一问题得到解决，则万事皆通"。

正是在这样的情况下，刘少奇受中央和毛泽东的委托，来到天津视察指导城市接管和恢复发展生产等工作。4 月 10 日晚 9 时许，刘少奇一行乘火车抵达天津车站，下榻小刘庄附近靠近海河的两幢小洋楼。刘少奇在天津的行程当晚便确定下来。

"天津谈话"主要内容

将工作重心转移到城市。以党的七届二中全会精神作为指导城市工作的总遵循，刘少奇强调要管理城市，恢复生产，发展经济，正确分清团结和斗争的对象。在天津指导工作期间，刘少奇明确指出七届二中全会提出的指导思想及制定的方针政策"是城市工作的总路线、总方针"。在调查研究的基础上，他指出："只有将城市的生产恢复起来发展起来，把消费城市变为生产城市，人民政权才能巩固。"

要保证党的七届二中全会精神在天津得到正确的贯彻实施，关键是要提高干部的思想觉悟。他针对干部中存在的把民族资产阶级当作斗争对象，而对工人的过高要求不加制止、不加教育引导的错误做法提出批评。为了使广大干部党员明确党的方针政策，在天津市委扩大干部会议上讲话，他强调要依靠工人阶级、团结其他劳动人民，争取知识分子，争取尽可能多的能够跟我们合作的自由资产阶级及其代表人物站在我们方面，以便和帝国主义、国民党、官僚资产阶级作坚决的斗争，同时开始我们的建设事业，一步步地学会管理城市，恢复发展城市中的生产事业。

为了使天津私营企业尽快复工复业，刘少奇在团结争取民族资产阶级方面做了大量工作，他分别与天津市一些有名的资本家和中小工商业者座谈，"政府要发展国营生产，也要发展私营生产，这就是公私兼顾"。针对公私营企业结合方面刘少奇指出："我们有所谓的国家资本主义，是私人和公家的长期合作，你有困难我帮助解决，我有困难你帮助解决，互相照顾，使公私两利。"

关于指导城市工作的具体措施。要照顾城市工作中的"四面八方"，这一思想是对党的新民主主义经济政策的高度概括，为天津的经济建设提出了明确的指导方针。对外贸易方面，刘少奇认为搞好天津的对外贸易对于整个华北经济都将产生影响，他清楚地认识到对外贸易对于国计民生"会引起决定性影响"，只有建立独立自主的关税与对外贸易政策，才能免除帝国主义的经济侵略。与此同时，必须畅通城乡物资交换渠道，农业和工业，城市和乡村才都会获得利益。

在天津考察期间，刘少奇利用大量的时间深入到工厂企业，实地考察，向群众阐释了党的城市政策，并提出依靠工人阶级的重要性及职员也是工人阶级一部分的道理，同时深刻指出了资本主义剥削在一定历史条件下也有其进步性的观点。刘少奇的讲话深深地教育了职员和工人，许多公司职员把这短短一小时的讲话称作"胜读十年书"，真正明白了为了发展城市生产肩上所担负的历史重担。经此，一些开工的企业继续扩大生产，一些尚未开工的企业加快开工生产的准备，天津经济发展出现崭新局面。

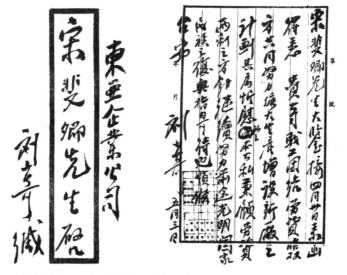

1949 年 5 月 3 日，刘少奇给天津东亚企业公司总经理宋棐卿的复信。

关心天津教育事业，尤其是知识分子的问题。在听取汇报的过程中，刘少奇了解到学校接管后，师生员工思想和学校本身存在的问题，主要表现在高校中出现"学术自由""教授治校"两种口号，私立学校存在着无政府主义倾向，另外在教职员工待遇、学校经费、学校建设及高校教育方针等方面也存在不少问题。刘少奇站在马克思主义立场上，辩证地分析了所谓"学术自由""思想自由"的概念与实质。座谈中，他以自身经历讲述了自己革命道路的选择。刘少奇坦诚、朴实的话语，使在场的教授真正感到共产党对他们的重视。这次座谈会后，专家教授都非常重视天津的恢复发展，积极推动天津教育事业的发展。

市委贯彻刘少奇讲话采取的措施及成效

针对刘少奇"天津讲话",中共天津市委先后进行两次认真讨论,一致认为它切中天津市工作的要害,并于6月间作出了《市委会讨论少奇同志指示的决定》。决定着重检讨了市委进城以来在城市工作中的路线、方针、政策方面的模糊认识及工作偏向,分析了产生这些偏向的原因,并研究制定了改进措施。

确立执行独立自主的关税与对外贸易政策,保障国营企业和民族工商业独立自主地发展。成立外汇交易所,至6月,天津市进出口总值已相当于解放前最高的1936年同期的144%;通过向私营企业发放购销证、公私联合收购、发展供销合作社等办法,沟通与各解放区及城乡间的物资交流。为进一步恢复市场秩序,先后成立财政经济委员会、城乡贸易指导委员会;贯彻公私兼顾政策。帮助私营工业解决原料、资金、销路问题,使工业资本家专心致力于生产;贯彻劳资两利政策,一面解决干部和工人的认识问题,一面解决资本家的顾虑,劳资关系渐趋正常。

由于采取了上述一系列措施,市委在接管天津工作中出现的"左"的倾向得到及时纠正,天津市在国营企业生产和贸易蒸蒸日上的同时,私营工商业也出现了迅速恢复和蓬勃发展的新气象。据天津市工商局《1949年上半年工商综合报告》和《1949年工商工作总结》记载:"从4月至10月底为工商业向上恢复阶段",之后,即"由恢复转入发展阶段"。全市主要工业生产行业,六七月以后即恢复到解放前水平,到1950年1月超过了解放前水平。

"天津讲话"使党的政策得到正确的贯彻,使天津市私营工商业生产顺利恢复发展、经营改善,在为国家供给产品、积累资金、培养干部和维持就业方面发挥了重要的作用,不仅符合并顺应了当时社会历史发展的需要,而且有效地指导了天津等城市的接管工作,促进了城市生产事业的恢复与发展。

作者:孟罡

天津抗美援朝运动

1950 年 6 月，朝鲜内战爆发。美国随即派兵干涉，发动对朝鲜的全面战争，并入侵台湾海峡。为援助朝鲜人民抵抗外来侵略，维护中国国家安全，中共中央作出"抗美援朝、保家卫国"的决策，毅然派遣中国人民志愿军赴朝作战。与此同时，党和人民政府发动了一场声势浩大的全国人民抗美援朝运动。天津人民在市委、市政府领导下，积极投身这一伟大运动，为支援志愿军作战作出重要贡献。

充分宣传教育　廓清思想迷雾

朝鲜内战爆发时，新中国刚刚成立不久，天津人民正积极投身经济建设，对朝鲜半岛战争存在着不同程度的模糊认识，在客观上为反动谣言的滋生泛滥提供了空间。市委、市政府动员全市宣传力量，开展了多种形式的爱国宣传教育活动，澄清认识，统一思想，解决干部群众的思想问题。

针对群众中存在的错误论调和模糊认识，1950 年 10 月 25 日，市政府专门召开市政府委员会及政协委员会联席会议，座谈时事。10 月 26 日，中共中央发出《关于在全国进行时事宣传的指示》，要求全国各地开展大规模的宣传教育工作，坚决消灭亲美的反动思想和恐美的错误心理。根据指示要求，天津迅速开展了抗美援朝、保家卫国的时事宣传教育活动。11 月 1 日，天津市召开各界代表及干部会议，听取市委书记、市长黄敬传达周恩来总理的《时事报告》，并决定在全市开展时事宣传和抗美援朝运动，要求全市人民加紧生产、工作、学习，积极支援朝鲜人民，保卫祖国和平建设。大规模的抗美援朝宣传教育运动随即在全市迅速展开。为扩大时事学习宣传成果，进一步激发天津人民抗美援朝、保家卫国的热情，市委从市级各机关抽调 700 余名干部组成宣传队，深入市内各街道、工厂企业等单位开展宣传，提高广大干部群众的政治觉悟，驳斥反动谣言。各界干部群众纷纷以游行、签名等方式，表达热爱和平、反对侵略的正义呼声，在全社会大力弘扬了爱国主义和国际主义精神。

11 月 30 日，天津工商界 4 万余人举行抗美援朝、保家卫国示威大游行。大会致电毛泽东，表达天津市工商界抗美援朝、保家卫国的决心。12 月 2 日，毛泽东复电天津市工商联主席李烛尘等，对天津工商界举行的抗美援朝、保家卫国大游行表示支持，并希望全国一切爱国的工商业家和人民大众一道，结成巩固的反对帝国主义侵略的统一战线。这次大游行推动天津抗美援朝运动达到高潮。

天津市工商界举行抗美援朝示威大游行

随着时事宣传教育活动的深入开展，天津人民思想觉悟不断提高，支持抗美援朝逐步转化为天津人民的自主意志和行动。

踊跃参军捐献　支援前线作战

天津人民除了在精神和道义上支持抗美援朝，还通过积极参军参战、踊跃捐款捐物等实际行动支援伟大的抗美援朝战争。

朝鲜战争爆发时，我国西南部一些地区和沿海一些岛屿尚未解放，加上美国企图侵占台湾和武装干涉朝鲜，我国更需要加强国防建设和补充兵源。1950年12月1日，中央人民政府、中国人民革命军事委员会和政务院联合发出关于招收青年学生、青年工人参加各种军事干部学校的决定后，市委积极部署和领导了这项工作。截至1951年1月2日，全市青年工人和学生共6300余人报名。同时，大批青年应征入伍，奔赴朝鲜前线。1951年下半年，仅天津铁路局就有3000名青年职工报名参军，其中有百余人在前线立功。

天津医护界提出"国家的安危就是我们个人的安危"，并组织志愿医疗队开赴朝鲜前线。自1950年11月20日开始，不到3天时间，报名者就达到600人。第一支医疗队迅速组建后，26日即开赴前线。1951年5月，超4000人报名参加医疗队。全市先后组成15支医疗队和防疫大队赶赴朝鲜战场。医疗队员发扬不怕牺牲、不怕艰苦的精神，废寝忘食、夜以继日地救护伤员。天津医疗队出色的工作受到周恩来总理的高度赞扬。周恩来说："天津医疗队有三好：医疗技术好、医患关系好、内外团结好，称得上全国模范医疗队。"

为补充志愿军的军需物资、改善武器装备，天津人民积极开展支援前线的捐献活动。1951年1月6日，天津市各界发起"千元劳军运动"，成立天津市慰劳中国人民志愿军募捐委员会。至2月3日，共捐款23万余元，还募集了大量救济朝鲜难民的物资。6月1日，中国人民保卫世界和平反对美国侵略委员会发出关于捐献飞机大炮、推行爱国公约、做好优抚工作三项号召。天津人民积极响应，掀起了捐献飞机大炮的热潮。天津"仁立实业股份有限公司"捐献了全国首架喷气式战斗机"仁立"号，随后，其他企业也纷纷捐献飞机、大炮、坦克、汽车等物资支援前线。

从1951年1月至12月，天津各行各业和人民群众共捐款2001万元，可购买战斗机133架，极大改善了前线志愿军的作战条件。

投身生产节约　建设稳固后方

抗美援朝期间，新中国正值国民经济恢复时期，百业待举，百废待兴。中共中央向全国发出"增加生产，厉行节约，以支援中国人民志愿军"的号召。天津人民群众奋力响应，迅速掀起爱国增产节约运动，把爱国热情转化为建设天津、稳固后方的实际行动。

当英勇的志愿军战士在朝鲜战场上勇猛作战时，以"增加生产，繁荣经济，保证供给，支援前线"为内容的劳动竞赛运动也在全国工农业生产战线上蓬勃兴起。1950年11月，天津工人普遍提出"工厂是战场，机器变刀枪"的口号，广泛开展劳动竞赛。据13个大型国营企业统计，1951年1月至8月生产率平均超过计划的21.9%，有的超过92.9%，生产总值比1949年同期提高97.8%。私营企业生产效率平均提高20%至200%。

在工人群众带动下，从1951年4月下旬开始，全市各行业普遍开展了订立爱国公约活动。公约内容包括积极参加抗美援朝运动，搞好增产节约，努力捐赠，防奸防特，不传信谣言等。公约最初以全厂、全校、全机关等整个单位名义订立，后来逐步深入到车间、生产小组或居民院落，直至以个人名义订立。订立爱国公约等活动，使爱国主义教育更加具体深入，进一步激发和凝聚了广大群众的爱国热情。

在抗美援朝前线，许多天津籍志愿军指战员及有关人员，血洒疆场，为国捐躯。天津籍志愿军、登高英雄杨连弟1950年赴朝，担任抢修铁路和桥梁工作，多次立功受奖，1952年5月壮烈牺牲。中国人民志愿军领导机关为他追记特等功，并追授"一级英雄"称号。曲艺表演艺术家常宝堃（艺名"小蘑菇"），1951年3月至4月参加中国人民赴朝慰问团慰问演出，遭美军飞机疯狂轰炸扫射，不幸牺牲。天津市人民政府授予他"人民艺术家"称号，并追认为革命烈士。

1953年7月27日，美国在《朝鲜停战协定》上签字。历时两年零九个月的抗美援朝战争胜利结束。天津人民开展的抗美援朝运动既支持了志愿军作战，又推动了天津经济建设和各项事业发展，也使全市人民受到了一次深刻的爱国主义和国际主义教育，党和政府的凝聚力和号召力进一步提高，各界群众的民族自尊心和自信心进一步增强，精神面貌发生了深刻变化。

作者：曹冬梅

开展土地改革运动

开展土地改革运动，废除封建土地制度，解放农村生产力，发展农业生产，是新民主主义革命的一项重要任务，也是党领导人民彻底解决土地问题的一场深刻革命。天津解放后，为完成民主革命时期遗留下来的历史任务，党领导天津人民深入开展了农村土地改革运动。

解放初期天津土地占有状况

解放初期，天津市所辖农村主要分布在市郊（此时天津县等地尚未划归天津市，天津县于 1952 年 4 月划归天津市，1953 年 5 月建制撤销，原所属区域建立津东、津西、津南和津北四个郊区，后又改名为东郊区、西郊区、南郊区和北郊区），郊区农村土地状况与一般农村不同，土地所有权更为集中，与城市发展关系密切。市郊农村有 67 个自然村，农业总人口仅 14.32 万人，其中纯农业人口不足 5 万，共有土地 15.63 万亩。这些土地大部分集中在地主、富农和宗教社团手中。地主、富农占市郊农村人口的 6%，却占有54.15% 的土地，而人口占 94% 的贫农、雇农、中农和贫民，只占有 18.46%的土地。其余土地分别为公共社团、教会、工商业资本家等占有。当时，天津郊区农村已经随着城市规模的逐步扩大而发生变化，有些土地被工厂占用，有些土地已计划变为工商业用地。市郊农村与城市民族工商业者和小手工业者联系紧密，约三分之二的地主、富农兼营工商业。阶级成分复杂，富农、中农和贫农都不占多数，占多数的是贫民、商贩和手工业者。城市的土地政策的执行，与城市工商业及其他各行各业有密切的关系。这些情况决定了市郊农村土改工作的特殊性与复杂性。

市郊农村初次土地改革

　　天津解放后，市郊贫苦农民迫切要求平分土地，摆脱地主剥削，而地主、富农则消极观望，导致春耕生产停滞不前，因此土地问题亟待解决。鉴于当时郊区土地问题的复杂性，天津市确定了郊区土改的指导思想，即以稳定社会秩序为重，在充分发动和依靠群众、满足农民获得土地要求的同时，维护工商业，恢复与发展城市经济，不搞大规模的群众斗争。1949 年 3 月 28 日，军管会公布了《关于市郊农田土地问题暂行解决办法的决定》，明确了土地改革的方针政策。主要内容是：没收地主所有土地，废除二地主（租入土地并转租他人而收取地租的人）中间剥削；富农自营的土地不动，出租土地征收；凡用机器耕种的农田不动，但要改善雇工待遇；没收征收土地归政府所有，连同原有公地，继续由农民耕种，一律维持原佃不动。4 月 10 日，针对执行过程中的问题，市政府发布《各区土地问题解决办法》，将原规定的没收地主所有土地，改为没收出租土地，雇工耕种部分不动，补充了工商业用地等问题的处理措施。此后，津郊地区土地改革运动迅速开展起来。市政府派出工作团，直接领导这场运动，相关街道成立农民土地委员会，下设农民小组，通过召开农村片会、组织群众诉苦、宣讲政策法令等方法，提高群众政治觉悟，启发群众自己起来斗争。郊区土地改革分为调查、评议、征收和分租四个步骤进行。4 月初，三区宜兴埠、九区杨柳青十九街等率先启动土改工作，至 6 月底，全市土改运动结束。这次初步土地改革，共计没收土地 62767 亩，占郊区土地总数的 40% 以上，基本消灭了封建剥削。市政府还通过发放农业贷款，有重点地扶助新租到土地的农民发展生产。1950 年 1 月 31 日政务院第 15 次会议通过《政务院关于处理老解放区市郊农业土地问题的指示》，对天津市的土改工作予以肯定。

市郊农村第二次土地改革

　　市郊初步土地改革虽然取得一些成效，但也遗留下一些问题：一些地主、富农土地被遗漏；一些土地占有者成分不好确定，经营地主雇工部分土地未没收；外侨、教堂、公共社团、寺庙、族田等占地未得解决；没收和征收土地原佃户未动，有待公平分配与合理调整。为彻底解决遗留问题，市军管会于1949年12月7日公布了《关于解决市郊农田土地遗留问题的决定》，要求组织工作团逐村检查，解决土地遗留问题。1950年1月市政府组建新的土改工作团，深入农村进行第二次土改。这次土地改革，经历了与第一次大致相同的步骤，进一步深入发动群众，充实农民土地委员会，再次进行划定阶级成分工作，没收了地主、经营地主、宗教组织和公共社团的土地，征收地主多余房屋充作公用或分配给无房少房的农民。5月底，市郊土地改革结束，共没收和征收土地44414亩，征收房屋2036间。

天津近郊农村经过以上两次土改，取得了显著的成绩，共没收、征收土地107157亩，其中地主397户，71015亩；富农92户，3221亩；经营工商业的地主73户，3999亩；公共社团24家，28922亩。被没收、征收土地的地主、富农、工商业资本家共462户，占市郊总户数的1.2%。两次土改所没收、征收的土地加上原有的公地共112127亩，占土地总数的71.1%。

天津县土地改革

天津县于1952年4月从河北省天津专区划归天津市管辖。此前，在中共冀中八地委和河北省天津专区领导下，已经开展了土地改革运动。1949年3月，天津县委按照中共冀中八地委指示，对地主、富农的土地进行清查、没收，建立人民民主政权和农会组织，为开展土地改革运动准备了条件。根据中共河北省天津地委《关于全面进行土改与结束土改的意见》，1951年10月天津县委决定在当年冬季进行土改和结束土改运动。从11月起，县委分批派203名干部深入农村开展土改工作，至1952年2月下旬，土改任务顺利完成。这次土地改革，对1337户地主、73户富农、51户兼有土地的工商业者、217户小土地出租者及1717户收租较多的富农分别采取没收、征收等方法，调剂出土地11万多亩，分配给9613户贫困农民，把没收地主的5997间房屋和120多万公斤粮食分配给贫困农民。天津县划归天津市后，于1954年冬至1955年春与市郊农村一起进行了"土改补课"，即"改造落后村运动"，解决土地改革等运动遗留问题，没收和征收了漏划地主、富农和农业资本家多余的土地及房屋、牲畜、农具等物资，分配给贫苦农民。

天津在土地改革过程中，认真贯彻党的土地改革方针政策，坚持从实际出发，根据郊区农村特点，积极稳妥地推进，彻底消灭了封建剥削的土地制度，从根本上改变了广大农民的政治和经济地位，保护和发展了农村生产力，为城市经济恢复发展创造了良好的社会条件。

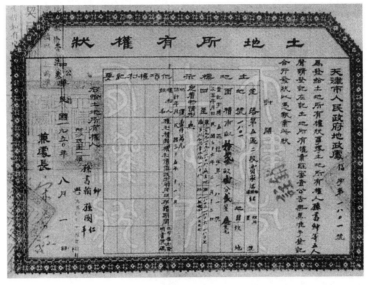

1950年天津市人民政府颁发的土地所有权状

作者：曹冬梅

荡涤旧社会的污泥浊水

1949 年 1 月 15 日，天津解放。解放前的天津饱受帝国主义列强和国民党反动派长期践踏和蹂躏，各种旧社会痼疾交错并存，社会治安极其混乱。党和政府在完成接管后，采取一系列措施，有力扫除了旧社会的污泥浊水，使天津的社会面貌发生显著改变。

收容安置散兵游勇和游民乞丐

游民乞丐遍地，是天津解放前长期存在的社会问题。大部分乞丐穷困潦倒，也有一部分乞丐以乞讨为职业，强乞恶讨，为害一方。随着人民解放战争的节节胜利，大批国民党军队的散兵游勇涌入天津，形成新的游民乞丐群。这些人成帮结伙，四处流荡，严重影响市容市貌，危害社会治安。天津解放后，有些乞丐曲解党的政策，强讨活动更为猖獗，一些特务分子也混入乞丐队伍中隐藏身份。入城之初，市公安局及时指示各分局配合收容散兵游勇，采取调查登记、收容改造和遣送流亡人员的方针。1949 年 3 月 21 日，天津市成立"国民党散兵处理委员会"。经过半年多的紧密工作，截至 1949 年底，散兵游勇问题基本得到解决。

1949 年 5 月 7 日，根据华北人民政府的部署，市政府组织成立收容处理乞丐委员会，作为清理乞丐的专门领导机关，并在全市设立 5 个临时收容所。5 月 21 日，华北人民政府正式颁布《华北城市处理乞丐暂行办法》，确定了"一面收容，一面处理，逐步肃清"的方针。至 7 月 31 日，全市共收容乞丐 1594 名，流动在市面上的乞丐基本肃清。收容处理委员会对乞丐进行分类管理和教育，帮助他们树立劳动观念，改变生活恶习，培养他们自食其力，依靠诚实劳动生存的习惯。大部分乞丐改造好后返回原籍，少数无家可归的老弱病残乞丐被送到救济院安置，一些有历史罪恶的被送到相应的机构进行审判和处罚，一些有劳动能力的青壮年则在自愿的基础上编成劳动组，参加开荒和治理黄河。

1949年8月10日，全市集中收容处理乞丐任务胜利完成，市收容处理乞丐委员会撤销。此后的收容处理工作由集中突击处理转入了经常性的收容处理，由生产教养院负责。1952年，市公安局会同民政局等单位对新产生的游民乞丐再次进行了收容处理。至此，天津的游民乞丐基本肃清，大大净化了社会治安环境。

废除脚行把头制度

天津解放前，脚行一直为封建把头所垄断。这些脚行把头与各种反动势力勾结，对工人进行残酷的剥削和压迫，对商人和市民任意勒索。有些大的脚行把头还与国民党特务组织勾结。

1949年1月下旬，市军管会接管原国民党政府公用局运输事务所后，在市公安局的配合下，发动工人群众，组织搬运工人着手承办公私营货物运输，建立工人自己的组织，以摆脱封建把头控制。1949年3月12日，天津市第一个搬运工人服务站在饭市脚行成立，其业务承揽和收入分配完全由工人自行组织。4月，市政府明令废除封建把头制度。到5月5日，全市相继成立了18个服务站。为防止脚行头子的破坏活动，市公安局多次召集脚行头子训话，向他们宣布党的政策，要求他们遵守政府法令，参加劳动，改恶从善，重新做人。

为了把更多的搬运工人组织起来，6月，根据刘少奇按行业组织工会的指示，天津市分别成立码头运输工人工作委员会、搬运工人工作委员会，确定了搬运工会的工作方法和斗争策略。7月4日，天津市运输公司正式成立。随后，在全市搬运行业中开展了以民主编队为主要内容的民主改革，各搬运单位建立了班、组、队的劳动组织，并实行同工同酬、按劳分配的劳动制度，清除了混入工会组织的大小脚行头子和车主。

劳动组织和分配制度的改革，使封建把头被完全孤立起来，但仍有一些顽固分子暗中利用封建帮派势力散布谣言，扰乱破坏。1950 年 5 月，根据中央人民政府政务院《关于废除各地搬运事业中封建把持制度暂行处理办法》，市公安局对各脚行把头进行全面登记和监督管理，坚决镇压了首恶分子。在此基础上，经过深入调查取证，公安局掌握了反动脚行头子的大量犯罪事实，先后逮捕有严重罪行的脚行头子 70 名，并处决了其中的罪大恶极者。1951 年 3 月，封建脚行把头制度彻底废除，全市群众性反封建把头的斗争胜利结束。

禁绝鸦片烟毒

自近代天津被西方列强强行辟为通商口岸后，鸦片烟毒不断蔓延。解放后，贩毒吸毒活动仍很猖獗，很多毒贩与邮局、铁路员工甚至公安人员勾结，严重影响社会治安和人民身心健康。

接管后，市军管所立即采取禁止鸦片烟毒行动，着手进行烟民登记、施戒，以及对烟贩、烟毒的缉查工作。1949 年 7 月 16 日，华北人民政府颁布了《禁烟禁毒暂行办法》，这是党首次在较大区域实施禁烟禁毒政策。天津市认真贯彻执行，并根据群众举报迅速逮捕一批贩毒惯犯。至 1949 年底，共查获贩毒案件 1668 起，捕获罪犯 2305 名，缴获大量毒品，在一定程度上掐断了毒品来源，促进了禁烟禁毒工作的深入开展。

1950 年 2 月 24 日，中央人民政府政务院发布《严禁鸦片烟毒的通令》。5 月 27 日，市人民政府颁布了《天津市烟毒检查登记办法》，成立了市禁烟禁毒委员会。禁烟禁毒委员会在市内设立戒烟所，并委托部分医院、卫生事务所作为帮助吸毒人员施戒的专门机构，引导他们主动登记施戒。同时，对拒不登记的吸毒人员实行强制检验并予以严惩。至 1951 年底，全市登记戒除的共 1039 人，破获大量贩毒案件，吸毒贩毒现象大为减少。

1952 年 4 月，中共中央发出《关于肃清毒品流行的指示》。8 月 8 日，市委、市政府再次成立禁毒委员会，并把重点放在侦查准备工作上。在侦查的基础上，市公安局对在天津活动的毒贩分别于 8 月和 9 月进行了两次集中抓捕。9 月 8 日，全市公审毒犯大会当场宣判，在社会上产生了强大的震慑作用。此次禁毒运动，基本肃清了毒源，社会环境得到净化，巩固了新生人民政权。

取缔妓院

妓院娼馆是旧社会遗留的痼疾之一。解放初期，考虑到妓院的存在是一个复杂的社会问题，同时涉及 2 万多人的出路，市人民政府没有立即封闭取缔妓院，而是实行严格限制、促使其逐步消灭的方针。

1949 年 9 月，市人民政府在对全市妓院和妓女进行全面调查的基础上批准实施《管理乐户妓女暂行办法》。市公安局对乐户营业时间等做了严格限制，与民政、妇联等部门密切配合，积极引导妓女转业，动员窑主、领家转营其他行业。至 11 月，全市 114 家妓院停业，570 名妓女脱离妓院。

天津解放不久，关闭了全部妓院。图为受害妇女在教养院学跳秧歌舞。

1950 年 1 月 15 日，天津市第二届各界人民代表会议召开，对处理妓院、妓女问题进一步提出要求。会后，全市开展了逐步取缔妓院的政策宣传活动，对一批恶霸窑主实行了逮捕并没收他们压榨妓女所得的财产。市妇联还组织妓女参加识字班和生产劳动，帮助她们提高思想觉悟。经过广泛深入的宣传教育，大部分妓女、窑主不同程度地提高了觉悟，大部分妓院歇业或转业，尚未脱离妓院的妓女也逐渐消除了对窑主领家的恐惧心理，纷纷要求政府给予安置，彻底废除娼妓制度的障碍已经消除。

1951 年 11 月，市政府对残存的妓院进行封闭。窑主、领家在妓院内的财产一律没收，有罪恶的窑主、领家送法院依法审判。由公安局、民政局、法院、妇联等单位组成妓女审查处理委员会，集中收容妓女，对她们进行思想改造，组织学习劳动技能，安置就业。至 1951 年底，转业、出嫁、回原籍的妓女达 1706 人。至 1952 年底，全市公开的妓院被全部取缔，妓女全部转业或回乡参加生产。

取缔"一贯道"等反动会道门

天津的反动会道门基础深厚，组织庞杂，名目繁多。他们以封建迷信为掩护进行违法犯罪活动。其中"一贯道"流传最广，毒害最深。天津解放后，"一贯道"继续欺骗群众，制造反动谣言，攻击、污蔑新生的人民政权。

1949 年底，根据华北人民政府取缔反动会道门的指示，天津市委发出《关于取缔一切封建迷信会道门组织的决定》。首先是逮捕首恶分子，造成取缔"一贯道"的强大声势。市公安局在 1949 年 12 月 13 日至 14 日、1950 年 2 月至 3 月中旬，先后进行了四次搜捕，逮捕点传师、讲道师、坛主、三才等道首共 460 余名。其次是开展宣传教育，揭露"一贯道"的罪恶活动及骗人伎俩，然后开展道首登记，搞清道门组织。最后是解散组织、冻结道产。这次取缔工作，给"一贯道"以沉重打击，但还未从根本上摧毁其组织。

1951 年 4 月 6 日，市政府、市协商委员会第五次联席会议作出彻底取缔"一贯道"等反动会道门的决定。市委成立联络组，对全市取缔斗争实行统一指挥，采取"孤立打击少数反动道首，分化瓦解组织，争取教育道首群众"的政策，敦促道首登记、动员道徒退道、开展追骗财斗争和镇压反动道首。截至 5 月底，登记工作基本结束，共登记道首 3875 人，基本上掌握了"一贯道"在天津的组织状况，全市退出"一贯道"的人数超过 13 万，近万名道徒全部或部分追回了被骗财物。在取缔"一贯道"等会道门斗争中，天津市对那些查有实据、怙恶不悛的"一贯道"反动头子采取了严厉镇压的措施，判处罪大恶极的反动道首王义等25人死刑。经过两次集中打击，"一贯道"在天津的组织彻底覆灭，一些组织较小的反动会道门也受到沉重打击，全市反动会道门基本肃清。

扫除旧社会痼疾的民主改革运动，清除了旧城市的社会垃圾和丑恶现象，社会风气明显改善，社会环境得到净化，人民政权得以巩固，党和人民政府在群众中的威信进一步提高，为动员和组织群众恢复国民经济，推进天津各项事业的发展打下了良好基础。

作者：赵风俊

解放初期天津肃清敌特
和镇压反革命运动

肃清敌特和镇压反革命是巩固人民政权的重大问题。在党中央的领导下，天津积极贯彻党中央关于镇压反革命的方针政策，广泛发动群众，顺利打赢了这场巩固新生人民政权的尖锐的对敌斗争。

解放初期的敌特形势与肃清敌特、镇压反革命工作

解放初期潜伏下来的国民党派遣特务等各种反革命分子及其以爆炸、暗杀、窃取国家机密等各种形式进行的破坏活动，是巩固新生的人民政权面临的一个严重问题。据统计，解放前夕散布在天津的国民党军统、中统特务就达 2600 人，反动党团分子约 2 万人，还有从已解放城市如沈阳、长春、济南、唐山等地逃到天津的一批反动党团、特务分子。天津解放后，大部分反动党团分子和一般特务分子都进行了自首登记，但仍残留一批反革命分子。这些反革命分子与国内外反动势力互相勾结，进行破坏和捣乱活动，企图颠覆新生的人民政权。

市军管会和市人民政府十分重视镇压反革命的工作，把打击反革命分子的破坏活动作为一项重要工作。各级公安机关集中力量对敌特分子进行了搜捕和公开登记，开展了对反革命案件的侦破工作，摧毁瓦解了一部分敌特组织，惩处了一批首恶分子，至 1949 年底，共破获特务、反革命案件 194 起。1950 年，各级公安机关又先后摧毁国民党"国防部第四工作队""中国国民党华北战区司令部铁血青年工作团""冀热绥青年反共救国军平津指

挥部""中国国民党华北特工队""中央军统反共抗苏救国军"等重大特务组织以及"世界新佛教会"等重大反动会道门组织。这些行动有力地震慑了敌人，打击了反革命分子的嚣张气焰，对捍卫新生的人民政权和维护社会治安稳定起到了重要作用。

镇压反革命运动的开展

朝鲜战争爆发后，少数顽固分子与各种反革命残余分子认为反攻复辟时机到了，于是更加疯狂地进行各种破坏活动。1950 年，全市工厂企业部门共发生 88 起政治破坏事件，其中进行反动宣传、破坏机器设备的占 75%。为了坚决镇压一切反革命活动，严厉制裁一切危害人民的反革命分子，1950 年 10 月 10 日，中共中央发出《关于镇压反革命活动的指示》，一场全国性的镇压反革命运动大张旗鼓地开展起来。党中央决定在全国范围内开展大规模镇压反革命运动，天津市各级党组织和各界群众迅速动员起来，开展了一场党员群众广泛参与的镇压反革命运动。

在市委、市政府统一领导下，全市党政机关的党员干部进行了相关学习教育活动，传达中央有关精神，特别是着重在公安干警中解决麻痹大意、求稳怕乱等思想问题，端正对开展镇压反革命运动的认识。1950 年 12 月 7 日，天津市召开公安工作会议，对全市开展镇压反革命运动作出具体安排。按照市委的部署，全市公安干警积极投入对各种反革命分子的敌情调研、追查线索、侦查破案等工作，通过审查被管制的反革命分子，核实犯人的坦白交代材料，查找仍在隐瞒身份的特务分子和反动党团骨干分子。在开展调查摸底的基础上，逮捕大汉奸、安青帮头子袁文会等反动分子并进行坚决镇压。截至 1951 年 2 月，共发现各类反革命线索 2400 余件，逮捕反革命分子 521 人。

1951 年 2 月 21 日，中央人民政府颁布《中华人民共和国惩治反革命条例》，为推进天津和各地镇反斗争提供了法律武器和统一的量刑标准。在市委统一领导下，由市委宣传部牵头，组织公安、司法、新闻等单位成立镇反宣传委员会，指导推动全市镇反运动的宣传工作。各区、街也相应建立宣传机构，机关、工厂、学校、街道建立了宣传员网，普遍进行了《惩治反革命条例》和镇压反革命有关文件的学习宣传。市委、市政府领导还通过召开会议和电台广播多次发表讲话，阐明中央关于镇压反革命的方针、政策，反复宣传镇压反革命的重大意义，要求全体党员和干部群众排除顾虑、统一认识，积极、勇敢地投入到这场运动中来。

全市性大规模宣传发动工作的开展，使广大群众认识到镇压反革命是保卫新生的人民政权的一场严重斗争，提高了广大人民群众同各类反革命分子斗争的积极性，一个群众性的大控诉、大检举、大揭发活动形成高潮。工厂企业、各区街道相继开展控诉、声讨反革命分子的活动。青联、妇联、工会等群众团体，民革、民建等民党派以及工商界、民族宗教界等，也先后集会，声讨、控诉反革命分子的罪行。各级人民政府和政法公安机关收到大量的检举信、控告信，同反革命分子面对面进行斗争的事迹也不断出现。许多工厂、机关、学校自觉订立爱国公约、防奸防特公约。工人、市民、学生、干部自动地组织起来，成立巡逻队、联防组，监视反革命分子的活动，协助政府抓捕罪犯。据 1951 年 3 月至 5 月底的不完全统计，政府共收到群众检举信 2167 封，群众协助捕捉特务和破获写反动标语、造谣、阴谋破坏、抢劫等案件 307 起。

在宣传发动群众的同时，根据市委要求，市公安机关通过排查、确定对象、搜集罪证，在掌握应捕对象底数后实施了两次大的搜捕行动，逮捕反革命分子 2007 名，其中特务 1043 名，反动会道门头子 305 名，惯匪、匪首 38 名，恶霸 190 名，反动党团骨干和杀人犯 431 名。按广大人民群众的控诉和要求，市军管会依照《中华人民共和国惩治反革命条例》，对这些反动分子进行审判和处罚。解放前压榨欺凌群众、独霸一方的大恶霸、脚行头子巴延庆、刘德山，谋害抗日将领吉鸿昌将军的凶手吕一民，伪天津市市长温世珍，王顶堤村大恶霸徐茂林，小淀村的"杨家将"，双街村的"活阎王"，吴家咀村的"七狼八虎"等反动分子都受到了应有的制裁。

镇压反革命运动的胜利完成

1951 年 5 月，针对一些地区和干部群众中出现多捕多杀的"左"倾情绪，中央向各地提出收缩休整、清理积案的要求。6 月 7 日，天津市召开公安工作会议，对全市清理积案工作进行部署。会议制定了《天津市清理积案方案》，明确了清理积案工作的任务、步骤和方法，规定了对案犯处理的量刑标准和政策。为加强对清案工作的领导，经市委批准，天津市清理积案委员会和反革命案件审查委员会成立。全市案件清理分三个步骤进行：第一步，先清理两头，即应判处死刑的和可以释放的；第二步，判处徒刑及少数罪轻不予判处的案件；第三步，组织罪犯投入劳动改造。在清理积案中，通过审讯、查证，公安机关还发现大量案件线索，破获了一批案件，进一步扩大了镇压反革命运动的成果。1952 年 6 月开始，结合正在进行的"三反""五反"运动，天津市加强了重点区域积案清理和扫尾补课工作，着重解决镇压反革命不彻底的问题。至 1953 年 5 月，全市镇压反革命工作基本结束。

天津市的镇压反革命运动全面贯彻执行中央的方针政策，坚持依靠群众和依法办案的精神，基本肃清了国民党反革命残余势力，粉碎了敌人的破坏活动和反革命阴谋，安定了社会秩序和人民生活，巩固了人民民主专政和新生的人民政权，为国民经济的恢复和发展创造了良好的社会环境。

群众参加镇压反革命运动场景和有关新闻报道

作者：马兆亭

公开党的组织

新民主主义革命时期，在白色恐怖笼罩的险恶条件下，根据革命斗争的需要，中国共产党在城市的党组织采取地下斗争和秘密建党的工作方式，党的组织发展不平衡，许多行业没有党员和党的组织。天津解放之初，为避免敌特破坏，党的组织并没有急于公开。但此时的中国共产党已是一个全国范围的群众性的大党，是一个全国人民敬重仰望的党，即将在全国范围内掌握政权。在这种情况下，党的主要任务是完全公开地、更加广泛地与广大人民群众取得密切联系，以便于普遍宣传党的政策和主张，继续扩大党的政治影响，带领人民顺利开展建设事业。天津市委于1949年8月开始有计划、有步骤地公开党组织和党员。

公开党的组织和党员的前期准备工作

鉴于全国的很多城市和大部分地区已经建立了人民政权，新中国即将诞生，党即将成为执政党，公开党组织的条件业已成熟。中国共产党接管天津后，人民政权日益巩固，生产建设迅速恢复，城市管理日趋正常，取得了革命和建设的显著成绩，中国共产党深受广大人民的爱戴和拥护。1949年8月，根据中共中央公开建党的指示，天津市委作出《关于公开党的决定》（以下简称《决定》），该决定指出：天津市党的支部，应有计划有步骤地全部公开，没有再保守秘密的必要。我党的利益与中国人民的利益是完全一致的，党所要求于每个党员的，是全心全意为人民服务，只有党公开后，党员才能更好地在群众监督下，求得更快与更大的进步，党也能得到进一步的巩固。

《决定》公布后，各级党组织首先着手公开党组织的准备工作。各级党组织按照《决定》精神，消除党员干部中公开党的思想障碍，对党员进行形势教育；提高一般党员的政治水平，对其进行基本理论和政策教育；转变党的作风，扩大党的影响。刚开始，一些党员对公开党有顾虑，产生了怕特务暗害打黑枪、怕群众提问题解答不了、怕在群众中受孤立、怕被所在工厂的资本家限制和开除的思想。个别犯过错误和与群众关系不好的党员，怕公开以后面子上不好看，借口对党影响不好，不愿公开自己。有些党的领导干部，则顾虑公开党以后工作不好做了，调查事情不方便了。针对上述情况，各单位召开全体党员大会，说明公开党的意义，清除党员干部思想顾虑，号召党员认真检查自己，开展自我批评，虚心倾听群众意见，把公开党组织作为密切党与群众的联系，促进党员在学习工作和生产中发挥模范作用的重要活动，使党的组织增强凝聚力和战斗力。根据党员存在的思想顾虑，各单位还进行了整顿、鉴定和学习。如市政府分党委上了十几次党课，着重讲党员修养及党群关系。中纺四厂在公开党组织前一个多月，为加强党的教育，每星期上三次党课，提高党员对党的认识，指出这些顾虑都是从个人利益出发的，强调公开党以后群众会更靠近党的组织。

为了保证党的顺利公开，各级党组织还预先在群众中酝酿，做好群众工作。例如，召开群众会议，反复说明党和群众的关系，向群众说明公开党的目的，党不仅代表工人阶级利益，而且代表全国人民利益，群众有监督党的责任，可以给党员提出批评意见，帮助党员进步，以便党和群众一起发展生产，建设新天津。同时注意揭穿反动分子在党公开前后的一切阴谋和欺骗宣传。

公开党的组织

准备工作完成后，公开党组织的条件已经成熟。在市委领导下，通过召开公开党组织大会的形式，分期分批公布党组织和党员名单。第一批公开机关、学校和工厂中支部力量较强、党员人数较多的支部。第二批公开一切工厂、学校、街道、行业中党员人数少的支部。第三批尚未建立起支部的待建立起支部时再公开。在公开党组织大会上，群众踊跃发言，表示拥护党的领导，团结在党组织周围，以党员为榜样，努力学习，积极工作。

征求群众意见。在公开党组织大会后，召开党员和群众座谈会，听取对党组织的意见，进一步发挥党组织和党员的作用，改进党的工作。事实证明：对党组织的公开，很多群众表现了真心爱护共产党员的态度，提出了很多善意的批评，对支部工作和党员教育帮助很大。然而一些地方也发生了破坏分子的恶意活动，有的挑拨党群关系，对群众中的积极分子和党员进行攻击，甚至造谣威胁。对此，有关党支部及时对党员和群众进行教育，孤立坏分子，树立党的威信。

党组织公开后，党员身份明确了，更有利于发挥作用。广大党员也在公开党组织的过程中打消了以往的思想顾虑，提高了对党的纲领、性质、宗旨和党员义务的认识，增强了党性，普遍感到做一名共产党员是无上的光荣，自觉地在人民群众的监督之下，在各项工作中发挥先锋模范作用。党组织和党员在群众中的威信逐渐确立起来，党的政治影响进一步扩大，党的方针政策更加深入人心。无论是在机关学校，还是在企事业单位，一些群众主动找党组织、找党员反映问题，党群关系进一步密切起来。群众的积极表现，对党员也是一个实际教育。党员看到群众对党的积极拥护和信赖，更促使自身要求进步，思想和行动更加积极。公开党组织还为发展新党员创造了有利条件，许多积极分子要求入党，如全市工厂企业从 1949 年 9 月 15 日至 10 月 20 日，申请入党的有 1600 多人。

天津钢厂党员举行公开大会

作者：赵凤俊

新中国成立初期的整风整党

　　新中国成立后，中国共产党成为全面执掌国家政权的党。在党的地位发生根本变化的情况下，如何在政治上、思想上和组织上加强自身建设，始终保持党的先进性、纯洁性，不断提高党的领导水平和执政能力，增强党的凝聚力和战斗力，成为执政党建设的历史性课题，亦是党中央关注的重大问题。天津解放初期，面对生疏复杂的城市工作，天津市委积极稳妥地建立健全党的各级组织，培养党员、干部，同时积极贯彻中央整风整党政策，着力解决党的建设中存在的突出问题。

解放初期天津党员干部队伍的基本情况

　　天津解放后，党的工作面临的一个突出问题是党员、干部人数少和党的组织不健全。解放时，全市地下党员 1564 人，进城接管干部党员 5389 人，党员仅占全市人口总数的 0.39%。全市很多机关、学校、工厂企业都没有党员和党的组织。天津市委对建立健全党的组织和发展壮大党员队伍、培养选拔干部十分重视。1949 年 6 月天津市委作出《关于组织工作中几个问题的决定》，对进城以来的党建工作进行总结，批评了在发展党员问题上存在的关门主义错误倾向，提出组织发展工作的方针，即"采取慎重发展的方针，反对关门主义的倾向，也要反对拉夫，提高警惕，严防奸特和投机分子混入党内。同时要做到发展与巩固相结合"。全市党的组织公开后，各级党组织更加重视党员发展工作。至 1950 年 6 月，共发展党员 12446 人，其中工人成分占 75%，成为党领导城市工作的重要力量。由于缺乏城市工作经验，对城市复杂环境认识不足，党组织在工人和广大群众中的工作基础还不够广泛，工人和劳动群众的思想觉悟还需要逐步提高，发展新党员工作不可避免地出现了一些偏差。

同时，革命的胜利，由农村进入城市带来的环境变化，也使一些党员的思想状况出现了新的问题，即官僚主义、主观主义、教条主义与廉政建设问题开始滋长。一些党员干部在思想和工作上不求进步，居功自傲，争地位，争待遇；特权思想严重，自认为高人一等，不遵守生产制度，甚至接受礼品等；不顾大局，一切从局部利益、本单位利益出发；缺乏原则性和斗争性，对损害党和群众利益的问题不揭发、不斗争；工作中，不是根据事实，而是从个人感情或完成上级的任务要求出发，主观主义和教条主义严重。个别领导干部甚至贪污、腐化，参与投机、土地买卖和出租等活动。中共中央注意到党的各级组织和党员中出现的这些问题，提出了在执政条件下加强党的建设的新任务。

以整风密切党群关系

针对党员和党组织中出现的问题，党中央决定在 1950 年夏、秋、冬三季，结合各项工作任务，在全党全军开展一次整风运动。6 月，天津市委根据中共中央和华北局的指示精神，成立了市委整风委员会，各基层党委成立分会。在市委整风委员会的直接领导下，整风运动在全市各个部门迅速展开。9 月 19 日，天津市委召开全市党员干部大会，传达了市委关于整风工作的计划，号召全市党员干部做好检查工作，开展批评和自我批评，改进工作，进一步密切党与群众的关系。整风运动的主要内容是反对官僚主义、命令主义和骄傲自满情绪，重点对象是各级担负领导工作的党员干部。全市党员干部响应号召，积极参加整风。

整风工作分期分批开展。从 10 月 4 日开始第一批，主要对象为市委委员、各党委委员、市级局处长、地级干部、各区委委员、各分局长及其他单位的主要领导干部。10 月 11 日起进行科级以上党员干部的整风。之后进入各级机关一般党员干部整风，最后转入各工厂、学校、街道、行业等支部一般党员的整风。整风运动中，各级机关本着以思想教育为主的精神，逐级召开干部整风会议或成立整风训练班，组织大家认真学习文件，总结进城接管以来的思想和工作，通过个人总结，找出存在问题，明确努力方向，在党内民主生活会上积极开展批评与自我批评。1950 年底，全市整风运动结束。整风纠正了工作中官僚主义和命令主义作风，提高了党员、干部的思想觉悟和政治水平，纠正了部分党员、干部居功自傲和"革命到头"的思想，密切了党同人民群众的联系，为恢复国民经济中各项工作的进一步开展作了组织上和干部上的准备。

以整党纯洁党的组织

通过整风初步解决工作作风方面的问题后，中央于1951年2月发出《中共中央政治局扩大会议决议要点》，要求从1951年下半年开始，用三年时间进行一次整党，以进一步解决党内思想不纯和组织不纯的问题。全国组织工作准备会议对党员队伍情况进行了分析，认为党员大体分为四类：第一类，具备共产党员条件，够共产党员标准者；第二类，不完全具备共产党员条件，或有较严重毛病、必须加以提高改造者；第三类，不够共产党员条件，对党的作用不大，或不起作用的消极落后分子；第四类，各种混入党内的坏分子、阶级异己分子、投机分子、蜕化分子、叛变分子等。会议提出，整党的方针是，依靠和教育第一类，提高和改造第二类，淘汰第三类，清洗开除第四类。

根据中央精神，1951年2月下旬，市委召开全市组织工作会议。会议作出《组织工作会议关于整党工作的结论》，提出要经过反复不断的教育，提高第一类党员，将第二、三类的党员加以区分，并严肃认真地发现和清洗第四类党员，使党达到在政治上、思想上和组织上的巩固。

全市整党工作全面开展之前，天津市委先后在49个支部进行了整党试点。其中，公营工厂支部20个，党员634人；私营工厂支部17个，党员222人；学校支部12个，党员323人。经过整顿，共有108人被清洗出党。在充分准备的基础上，天津市委作出1951年下半年至1952年上半年的整党工作计划，对整党工作进一步作出部署。天津市委要求各级党委加强对整党工作的领导，特别是主要负责干部要把整党工作作为这一阶段的中心工作之一。12月4日，天津市委成立整党办公室，进一步加强对整党工作的组织领导。在天津市委直接领导下，全市基层党组织整党工作普遍开展起来。

全市整党的过程分为四个阶段。一是学习阶段，主要采取党校集中培训和区委集中办班的方法，组织党员学习共产党员八项标准。在学习的基础上，进行个人总结，对照党员标准找差距，在小组或支部开展批评与自我批评。二是登记阶段。要求每个党员在规定的时间内检查自己能否按照党员标准继续做一个共产党员。凡愿意继续做党员者，即进行登记，逾期不登记者，即认为自愿退党。三是审查鉴定阶段。党员登记后，由支部大会对党员进行审查和鉴定。四是组织处理阶段。根据对党员的审查和鉴定，发动党员集体讨论，本着"惩前毖后，治病救人"和"思想检查从严，组织处理从宽"的原则，依据党员的不同情况，分别作出不同处理，并报请上级党委批准。对于不完全符合党员条件，或者有较严重问题的人，只要他们愿意改正自己的错误，仍保留其党籍，并帮助他们提高觉悟，达到党员标准；对于不够党员条件，或者有严重缺点错误又拒绝教育改造的人，则劝其退党；对混入党内的各种不纯分子，坚决清洗出党。

党员在整党中进行入党登记

　　天津的整党运动于 1952 年底结束，全市共清除不合格党员 2710 名，调整了少数不称职的支部委员，整顿了软弱涣散的支部，建立了支部工作制度。整党运动中还发展了一批新党员。整党对广大党员普遍进行了做合格党员的教育，提高了党员的政治思想素质，纯洁了党的组织。特别是与"三反"运动结合进行，使整党更加深入，进一步纠正了党内不良倾向，使全市党员受到了深刻的教育。

作者：马兆亭

"三反"运动

——反对贪污反对浪费反对官僚资本主义的斗争

在抗美援朝战争期间，为了保证国民经济的恢复发展和前线物资供应的需要，国内工业和农业战线上广泛开展了增产节约运动。在增产节约运动开展过程中，各级党政机关内部存在的贪污、浪费和官僚主义问题暴露出来。华北局向中央报告了河北省揭发出的刘青山、张子善二人在任中共天津地委书记、天津行署专员期间堕落成为大贪污犯的严重情况，引起党中央和毛泽东的高度重视。1951年12月1日，中共中央作出《关于实行精兵简政、增产节约、反对贪污、反对浪费和反对官僚主义的决定》，大规模的"三反"运动由此开始。

序幕拉开——津城决定开展"三反"运动

天津开展"三反"运动以前，在少数干部中一定程度存在着贪污、浪费和官僚主义倾向。在一些单位，贪污现象相当严重。仅中国人民银行天津分行有贪污舞弊行为的员工就达238人，贪污金额达10.09亿元。官僚主义倾向也发展得比较严重。私营华阳烟草厂女工杨月辉及该厂青年团支部书记孙树青检举反革命分子，竟遭到官僚主义者的重重阻难，他们先后奔走过14个机关，费时长达一年零三个月，最后一直告到黄敬市长那里，问题才获得解决。根据中共中央决定和天津的实际情况，1951年12月14日，天津市人民政府委员会、天津市各界人民协商委员会举行联席会议，黄敬在会上作关于反贪污、反浪费、反官僚主义的报告，通过了《关于反贪污、反浪费、反官僚主义运动的决议》。会议决定，立即在全市开展"三反"运动，并成立天津市节约检查委员会。一场大规模的"三反"运动在天津拉开了序幕。

广泛动员——"三反"运动全面展开

1952 年 1 月 5 日，天津市委召开党员干部大会，动员全党开展反贪污、反浪费、反官僚主义运动。天津市委号召共产党员站在斗争最前列，要勇于坦白，勇于检举，同一切错误倾向作无情斗争。同日，天津市节约检查委员会召开会议，决定广泛开展坦白检举运动，号召领导干部亲自"上前线"加强领导。随后，"三反"运动在全市各级党组织内部和国家机关、公营企事业单位和人民团体内迅速展开。运动中采取放手发动群众，大张旗鼓，雷厉风行，抓住典型，严肃处理等方式，形成了有力的社会舆论和群众威力。为了广泛组织队伍，天津及时采取措施，对有不同问题的人区别对待，对那些没有贪污、没有浪费行为的积极分子，首先把他们组织起来，作为运动的骨干，对那些基本好，但偶然犯有轻微错误的人，在主动坦白之后，尽快作出结论，使他们去掉包袱。

惩教结合——"三反"运动成果显著

"三反"运动分阶段，逐步深入开展，取得了显著成效。整个运动分为五个阶段。第一阶段，组织党员干部积极投入运动，普遍检查贪污、浪费、官僚主义问题。第二阶段，"三反"运动从机关内部扩展到全社会，与工商界中开展的"五反"运动同时进行，搜捕大贪污犯。第三阶段，甄审定案，追赃处理。对大多数情节较轻或彻底坦白、立功赎罪的有贪污行为的人，进行从宽处理；对少数情节严重恶劣而又拒不坦白的贪污分子，予以严惩；对浪费及官僚主义问题的处理，也分别情况，适当解决。第四阶段，要求各级干部交代社会关系、经济关系，组织上进一步了解干部。同时组织党员干部批判资产阶级剥削思想。第五阶段，开展民主作风补课，批判官僚主义。建立健全各项制度，巩固"三反"运动的胜利成果。各级党组织放手发动群众，抓住典型，严肃处理，形成强大的社会舆论和群众威慑，把运动推向高潮。

1952 年 6 月，天津市"三反"运动基本结束。全市参加"三反"的干部和工作人员 20.5 万余人，共查出有贪污行为的干部 26329 人，占参加"三反"运动干部总数的 26.2%。其中，解放前参加工作的干部 3572 人，留用人员 10333 人，包括党员 2897 人，团员 1038 人。各级党组织对有贪污行为的人员的处理，贯彻了中央"惩治与改造教育相结合""严肃与宽大相结合"，以及"少数从严，多数从宽，该严者严之，该宽者宽之"的政策，根据案情和个人态度，分别进行了处理。在全市查出的有贪污行为的人中，受到行政处分的不足 20%，只有极少数情节严重、拒不坦白的受到刑事处分。对大部分有问题的干部只进行了教育，没有给予处分，这种处理方式使犯错误的干部受到了极其深刻的思想教育，达到了挽救大多数干部的目的。

在"三反"运动过程中，全市"机关生产"问题得到清理，有效杜绝了由此造成的以权谋利、侵蚀干部队伍等弊病，并取得了显著成果，主要表现在以下五个方面。在政治上，通过这场运动，清除了一批贪污腐化分子，有效地抵制了旧社会遗留的恶习和资产阶级的腐蚀，教育了干部，提高了执政党的威望，巩固了中国共产党和人民政府的领导。在经济上，不仅表现在追回赃款赃物上，更重要的是给国家带来了蓬勃的新气象，在社会经济生活的各个方面，产生了许多积极因素，从而产生了巨大的经济效益。在思想上，通过这场运动，教育许多党员明确了剥削与劳动的界限，树立了坚强的劳动观念、爱护国家财产的思想与廉洁、朴素、奉公守法的作风。在组织上，"三反"运动全面有力地整顿了党组织，使党员划清了无产阶级和资产阶级的思想界限，提高了共产主义觉悟，使中国共产党和国家的肌体更加强壮。同时，在这场运动中，还涌现了大批优秀干部，去腐生肌，进一步提高了中国共产党的战斗力。"三反"运动对每个共产党员来说都是一个很大的锻炼，它严重打击了资产阶级思想在党内的影响，大大提高了党员的思想水平。"三反"斗争的胜利，把党内各种形式的个人主义打下去了，党内思想有了很大的进步，党员的共产主义觉悟提高了，立场更加稳定了，党内充满了新气象。党员工作与学习的热情非常高涨，特别是高级干部中出现的学习高潮，是解放三年来所没有的。在学习的基础上，党员干部提高了思想水平和工作能力，可以更好地为党多做工作。

以史为镜——持之以恒开展党的思想建设

虽然"三反"中受处分的贪污分子在全市干部中所占比例很小,但发现的贪污情节、浪费的款数以及若干官僚主义的严重事实却很惊人。其中,多数是受旧社会反动统治的恶习污染,经久未改;少数是新参加工作或入城老干部,经不起诱惑被腐蚀拉下水去。"三反"像一面镜子,深刻地暴露了资阶级思想在党内的影响是很严重的。因此,在"三反"运动胜利的基础上,党的建设的中心问题,主要是反对资产阶级思想对中国共产党的腐蚀和危害。这就启示我们,今后中国共产党要加强自身建设,思想建设是中心环节,是党的基础性建设,必须注重思想建党、理论强党,主要是肃清党内存在的资本主义思想残余,用马克思主义思想占领阵地,不断提高思想政治水平,使全党始终保持统一的思想、坚定的意志、强大的战斗力。

1952 年 2 月 10 日,中共天津地委原书记刘青山和中共天津地委原副书记兼专员张子善被处决。

作者:崔玉田

"五反"运动
——一场工商界的守法经营教育

"问钟点，就送表；吸烟找洋火，就送打火机；身子弱，送元鱼；好打牌，赢了钱带走，输了给下账；爱面子，暗地里送；送结婚戒指、送小孩衣服、送满月鸡蛋，直到送干部父母棺材料子"，等等。这是许多不法资本家为了获取不当利益，拉拢腐蚀干部的各种手段。事实证明，党政机关内部的贪腐现象与不良商人的腐蚀紧密相连。为保证国民经济的恢复发展，就必须在开展"三反"运动的同时，在工商界开展一场守法经营教育，彻底清除"五毒"行为。

"五毒"行为危害巨大

何谓"五毒"？即资本家行贿、偷税漏税、盗骗国家财产、偷工减料、盗窃国家经济情报五种不法行为。不法资本家对国民经济的五种危害行为，骇人听闻。从盗窃国家财产上看，1949 年有 3000 户，盗窃 1500 万元；1950 年增加到 4400 户，盗窃 3100 万元；1951 年增加到 6400 户，盗窃 5200 万元。偷工减料也是如此，1949 年有 1000 户，偷工减料总值 292 万元；1950 年增加到 2300 户，偷工减料 850 万元；到 1951 年增加到 6000 户，偷工减料 1470 万元。三年来私营工商业累计倒卖黄金 37 万两，白银 18 万两，银元 168 万枚，美金 3 万元。另外，逃汇、套汇美金 210 万元，英镑 88 万元，港币 6035 万元。偷税漏税问题更加严重，虽经政府健全税法，堵塞漏洞，但占私营企业总户数 80% 左右的私营企业都有偷税漏税行为，计 1949 年有 34800 户，1950 年有 46200 户，1951 年有 56800 户，从 1949 年至 1951 年的三年间，天津市私营工商业者共偷漏国家税款 8300 万元。此外，行贿与盗窃国家经济情报两项活动相联系，也是逐年发展，1949 年行贿户数 4000 户，行贿款 140 万元；1950 年有 7000 户，行贿款 190 万元；1951 年有 6700 户，行贿款增到 371 万元。个别资本家"五毒"手段恶劣，如福星面粉厂资本家，三年内在为国家加工时以虚报成本、用以次换好等手段共盗窃国家资财价值 30 万元；营造业中 5 家营造厂搞成一个盗窃集团，仅在一项工程中就窃取 58 多万元，且工程完工不到一年即需重新修理；还有的用坏肉做罐头，用有菌的棉花做救急包，严重危害了正在进行的抗美援朝运动。

一副强效解药——"五反"运动

党政机关内部的贪污往往是与非法商人的外部勾结相关的。"三反"运动开展起来后，各地各部门清查出一些机关内部人员同社会上的不法资本家内外勾结，侵吞国家资产的案例。据国家税务局调查，天津市 1807 家纳税户中，有偷税漏税行为的占 82%。不法资本家为了拉拢干部不择手段，仅不法商人马玉恒 1 人，就腐蚀了干部 170 人，其中团、师、军级干部即达 25 人。他们企图利用干部掌握的权力达到自己获取不法利润的目的。这些行为，不仅给国家造成经济上的巨大损失，而且影响了党和政府的威信，疏远了党同人民群众之间的关系。

鉴于这种严重情况，中央决定，在党政机关工作人员中开展"三反"斗争的同时，在工商界开展一场反对行贿、偷税漏税、盗骗国家财产、偷工减料、盗窃国家经济情报的"五反"运动。1952 年 1 月 26 日，中共中央向各级党委发出《关于首先在大中城市开展"五反"斗争的指示》，要求在全国一切城市，首先在大城市和中等城市中，依靠工人阶级，团结守法的资产阶级及其他市民，向着违法的资产阶级开展一个大规模的坚决的彻底的反对行贿、反对偷税漏税、反对盗骗国家财产、反对偷工减料和反对盗窃国家经济情报的斗争，以配合党政军民内部的反对贪污、反对浪费、反对官僚主义的斗争。

天津"五反"运动得到毛泽东批示肯定

根据中央指示精神，天津市于 1952 年 1 月至 6 月开展了声势浩大的"五反"运动。天津的"五反"运动大体经历了三个阶段。

第一阶段，从 1952 年 1 月 5 日到 2 月初。这一阶段主要是通过"普遍号召，重点突破"，使运动迅速地开展起来，广泛发动群众检举揭露资本家的行贿、诈骗等事实。1 月 16 日，天津市在民园体育场召开有 3 万人参加的坦白检举广播大会，黄敬、黄火青等市领导分别作报告，要求全市各级组织和人民群众动员起来，认真、彻底地检举不法资本家的一切罪行，以改造不法资本家。会后，坦白检举运动走向高潮，至 1 月底就收到坦白检举材料 12 万件。为了将运动引向深入，市政府组成市长访问团，分成小组到群众中进行调查访问。同时设立检举箱、接待站，直接受理检举案件和来信来访。根据群众检举材料，选择一批罪行明显的大户和拒绝交代、破坏运动的同业公会负责人予以逮捕，推动群众运动深入开展。

第二阶段，从 2 月初到 3 月中旬，运动全面展开。在明确"五反"政策的基础上，充分发动工人和职员揭露不法资本家的"五毒"行为，同时团结争取高级职员，使不法资本家陷于孤立。较大的厂店组织了检查委员会，检查本厂店资本家的"五毒"罪行。利用资本家的矛盾发动"互评互挤"，检举案件达 40 余万件。第 11 区的人民群众采取"突破一点，控制全盘"的方法，向有"五毒"行为的奸商展开斗争，取得了显著效果。毛泽东就此作出批示，指出这是"天津第 11 区的同志们向奸商进攻获胜的一件好消息。这是天津同志的有益创造"，要求各地加以研究并予仿行。随后，这一经验批转全国。

第三阶段，从 3 月中旬到 6 月中旬，为处理阶段。这一阶段，按照中共中央确定的政策界限，分别给资本家作结论，将资本家划分为守法户、基本守法户、半守法半违法户、严重违法户和完全违法户，并作出相应的退补、罚款、判刑处理。其中，严重违法户和完全违法户由市区人民法庭判决。市人民政府成立专门处理涉及"五反"案件的人民法庭，各区成立分庭。整个运动至 6 月中旬结束，在全市参加"五反"运动的 68046 家私营工商业中，守法户 9525 家，占 13.99%；基本守法户 48974 家，占 71.97%；半守法半违法户占

7491家，占11.01%；严重违法户1772家，占2.6%；完全违法户284家，占0.42%。

1952年2月23日，天津市2000多名店员举行"五反"誓师大会。

"五反"运动取得胜利

1952年6月5日，天津市人民政府委员会、天津市各界协商委员会举行联席会议，宣告"五反"运动胜利结束。"五反"运动的开展，有力地打击了不法资本家的严重"五毒"行为，使中国共产党在同资产阶级的限制和反限制斗争中取得又一个胜利，使私营工商业在国营经济的领导下走上合法发展轨道，使天津整个社会经济生活气象一新，为以后资本主义工商业的社会主义改造和迎接大规模的经济建设，创造了有利条件。

作者：崔玉田

安居乐业

——解放初期天津工人新村建设

工人新村，承载着一个时代人们的记忆，是人们对家的期盼。新中国成立后，保障和改善工人居住条件既是一项刻不容缓的民生工程，也是一项体现工人阶级当家作主地位的政治任务。自1952年开始，国家投入大量资金在北京、天津、上海、沈阳等城市集中建设了一批工人新村。其中，天津市于1952—1953年间建成了7个工人新村，建设规模居全国之首，在一定程度上缓解了工人住房紧张的状况。

"要解决工人的住宅问题"

新中国成立后，在变消费城市为生产城市方针的指导下，天津的工业生产迅速恢复，工人规模不断扩大。而与此同时，城市住房严重短缺，工人居住环境恶劣，建设工人宿舍成为当时一项紧迫的任务。

近代以来天津工业得到了快速发展，在全国居于前列。根据1947年的调查，天津工厂数约占全国总数的9%，工人数占全国总数的8%，仅次于上海。解放后，全市各国营工厂在很短的时间内便恢复了生产的任务，而且超过了国民党统治时期的生产水平，产量平均超过20%—30%。在工业恢复和发展的同时，工业企业和工人数量也快速增长。

工人数量的快速增长使得住房短缺成为新中国成立初期天津面临的一个重要问题。根据1952年的两项调查，在工厂居住的工人分别仅占工人总数的20%和28%。一些工厂虽然有工人宿舍，但普遍拥挤不堪，条件较差。天津解放后，仅有几个国营大工厂建设了一些工人宿舍，且数量较少。此外，个别国营工厂在建设工人宿舍过程中出现了标准过高、浪费严重的现象。

从这一时期工人宿舍紧缺、居住环境较差等情况来看，如何用好有限的资金建造更多的满足基本生活需要的房屋，无疑是各级政府首先要考虑的问题。

天津"段儿平房"时代

从 1951 年开始，改善工人居住环境逐渐成为党和政府在大城市开展的一项紧迫工作。1951 年 2 月，毛泽东向各中央局转发中共北京市委解决房荒计划的批语中指出："必须有计划地建筑新房，修理旧房，满足人民的需要。"

在中共中央的号召下，天津市于 1951 年下半年对各大工厂进行了走访和调查，最终确定了 1952 年建设 5 万间工人宿舍的计划，主要分为国营工厂和天津市属单位、工厂两大部分。按照中财委的建房政策，天津邮电系统、新港工程局、汽车制配厂等成为首批建房单位，国营棉纺各厂、天津钢厂等当时天津规模较大的工厂也是优先解决的对象。对于完成这一建设任务的困难，市政府是非常清楚的，坦言"修建五万间工人宿舍，在天津甚至全国来说，是历史上所没有的事情，我们今年进行这一巨大工程准备是很不足的，无论材料如木材、砖、土地以及人力等条件都是有一定困难的"。

建房困难主要体现在资金、材料和土地三个方面。在资金及材料方面，中央政府给予了大力支持，拨付了国营工厂的建房经费，并调来了部分建筑材料。市政府最终筹集到 1400 亿元的建房资金，除支付市属行政单位建房费用外，还向公、私营企业发放贷款。在土地方面，由于市郊地势低洼，根本没有足够的空间用来建设工厂和宿舍。因此，1952 年工人宿舍的建设分成两种情况：一为各单位、企业根据自身土地情况在市区零散建设的，计划建设 1 万间左右；二为在郊区集中建设的 4 万多间，最终选定中山门、唐家口、王串场、吴家窑、西南楼、佟楼、丁字沽 7 处工人新村用地，主要集中在四区和六区（今属河北区、河东区和河西区），这些地区是新中国成立初期天津的工业区，工厂较多，便于集中管理。

1952 年兴建的中山门工人新村

建设自己的家

为了便于统筹资金、材料，并在建设中不断积累经验，市建管会采取了分批建设的方法。第一批建设的 12000 多间工人宿舍，分别为中山门外 3000 多间，王串场 2000 多间，南楼、北楼之间 2000 多间，市区内分散建筑 5000 多间。在第一批建设的 12000 多间中，又被分为 4 批先后开工，首批开工的是中山门外，为天津钢厂总厂及第一分厂、自行车厂、棉纺一厂、棉纺五厂、搬运公司等单位的宿舍，共计 2968 间。

1952 年 3 月 27 日，市建管会召集首批开工的各厂代表开会，划定了各厂的工人宿舍用地，说明了领取建筑材料的具体办法，并发动各厂工人和家属参加义务劳动，平垫地基。为了协调各方事宜，参与建房的各厂都成立了建筑委员会。棉纺一厂建筑委员会成立了工地办公室，抽调 47 名干部及工人组成了工程、材料等 8 个小组，分工负责。同时，各厂积极组织工人参加义务劳动，自行车厂组织了 344 人的义务劳动队伍，在周末进行劳动。棉纺一厂职工积极参加义务劳动，瓦木及机动部工人主动提出在该厂建筑地段内平垫地基时多做工作。很多职工家属也被发动起来，棉纺五厂职工家属数百人集体到工地拔草、拾柴火。

4月19日，首批工人宿舍工程在中山门外正式开工。为了加快工程进度，节省建房经费，各建房单位组织工人和家属参与了平垫地基、运送材料、照顾工人饮食等工作。截至5月初，在中山门外工地参加义务劳动的工人及家属达到11900多人。中山门外工区的平垫土地、运送材料等工作主要由参加义务劳动的工人完成，减少了雇工数量，节省了资金。此外，各施工队还开展竞赛，运用新的施工方法。在砌墙和做门窗口料方面，推行了傅鸿宾的循环砌砖法和谢万福的木工流水作业法。5月9日，为全面推广傅鸿宾循环砌砖法，市建管会在中山门新村工地举行了动员大会。这一新式砌砖法用铺灰器代替了传统的瓦刀，不仅提高了工作效率，还将每间房屋的造价降低了40多万元。首批工人宿舍工程于5月完成，第二批工程于6月24日在王串场开工，共建设1万余间工人宿舍。随后，各工人新村的建设工程均先后开工，建筑公司成为主要建设力量。

到1952年底（部分完工于1953年），全市共建成工人宿舍51226间，建在工人新村的宿舍有36506间，占总数的71.3%。除宿舍工程外，市政府于1952年拨款150余亿元为各新村修建了小学校、幼儿园、卫生医疗站、合作社、清洁队、街公所、派出所、邮局、人民银行办事单位、养护队等公共建筑，1953年又拨款180余亿元修筑了干路、公园等公共设施。

1952年天津的工人宿舍建设取得了很大成绩，共建成90余万平方米，约占全国的1/4，解决了17万工人及家属的住房问题，在当时物资极其有限的情况下，能完成如此大规模的工人宿舍建设是难能可贵的，而且在全国也是首屈一指的。经过1952—1953年的工人新村建设，天津市的建筑力量得到了整合，在规划设计、工程管理、建筑材料及劳动力调配等方面也得到了初步规范，这为此后展开的大规模城市住房建设积累了宝贵的经验。

作者：孟罡

完成三大改造

从中华人民共和国成立到 1952 年，国家经济得以全面恢复，社会的经济运行体制也发生了很大变化，国营经济占据了市场的主动权。6 月，中共中央公布了过渡时期总路线：一是逐步实现社会主义工业化，这是总路线的主体；二是逐步实现对农业、手工业和资本主义工商业的社会主义改造，这是总路线的两翼。在过渡时期总路线的指引下，天津对农业、手工业、资本主义工商业进行全面的社会主义改造，成为继北京之后第二个完成社会主义改造的城市，实现了生产资料公有制，为全面进行社会主义建设奠定了基础。

对农业的社会主义改造

解放后，天津市郊和天津县开展了土地改革运动，在党和政府的引导和扶持下，郊区农村逐步兴起以"互助换工、集体劳动"为主要特征的劳动互助组。到 1952 年底，天津已经出现了 28 个初级农业生产合作社和 141 个合作组，实行统一生产计划和统一经营。合作生产形式的出现，推动了农村互助运动的深入发展。

天津市对农业的社会主义改造，主要经历了初级农业合作社普遍发展、农业合作化高潮两个阶段。1953 年至 1955 年是初级农业生产合作社普遍建立和发展的阶段，为推动农业合作化的发展，天津先后举办多期郊区农业生产互助合作化训练班，对郊区的区、乡干部进行培训，同时对合作社典型进行广泛的宣传推广，极大地鼓舞了广大农民坚持互助合作道路、支援国家工业化的信心。1954 年 2 月 11 日，天津市委发布《关于郊区互助合作运动的几点指示》，指出农业合作社由试办转为大力发展阶段。各郊区区委相继成立互助合作办公室，及时召开各乡党支部书记会议，抽调干部组成工作组，深入各乡检查指导建社工作，天津郊区农业互助合作运动呈现出较快发展的局面。以互助组的发展为基础，初级农业社得到较快发展，在降低生产成本、推广新技术、共同抵御自然灾害、开展劳动竞赛、扫除文盲等方面取得了一系列的成效。从 1953 年至 1955 年上半年，农业合作化进步基本上是稳定的、健康的。

1955 年下半年到 1956 年初，我国加快了对农业社会主义改造的步伐，天津农业社会主义改造掀起高潮，互助合作运动由初级社进入高级生产合作社阶段。按照中央的部署要求，天津市委先后两次召开扩大会议和郊区、乡与农业生产合作社三级干部会议，要求加快农业合作化进程，作好郊区农业合作社大发展的各项准备。随后各郊区抽调干部深入基层具体指导。到 1955 年 12 月 28 日，郊区入社农户已达 71994 户，占总农户的 82.71%。1956 年初，天津在全市基本实现初级农业合作化的基础上，农村很快进入了转入高级社的高潮。南郊区会馆乡、东郊区白塘口乡率先建成一乡一社高级社。1 月 18 日，天津市四个郊区同时宣布完成社会主义改造，实现农业合作化，进入社会主义。

农业社会主义改造的完成，农业合作经济制度建立起来，农村社会主义生产关系的基本确立，对农业农村的发展产生了深远的历史影响。尽管农业合作化在急剧发展的高潮中存在过急、过粗、过快等问题，但经过对农业的社会主义改造，广大农民迈入了建设社会主义农村的历史时期。

对手工业的社会主义改造

新中国成立后，手工业得到迅速恢复和发展。在天津市委和市政府的领导下，遵循自愿互利的原则，通过说服示范的办法，市供销合作总社从 1949 年 3 月起开始进行组织手工业合作社的工作，首先选择了与人民生活密切相关的行业组建合作社。到 1953 年 4 月底，天津市手工业合作社已达到 38 个，极大地调动了生产者的积极性。

从 1953 年秋至 1955 年上半年，根据"积极领导，稳步前进"的工作方针，天津市进一步加强对手工业社会主义改造的领导，坚持由小到大、由低级到高级，通过手工业生产小组、手工业生产供销社、手工业生产合作社三种形式，组织和引导手工业走向合作道路，引导手工业合作化运动从典型示范走向普遍发展的新阶段。成立手工业管理局进一步加强对全市手工业社会主义改造工作的领导，同时各区通过召开手工业者代表会议、改选和加强手工业联合会、试办手工业者协会等方式，加强了对手工业者的团结教育。

1955 年下半年开始，天津的手工业社会主义改造加速进行，尤其是 1955 年底到 1956 年初，掀起了全市手工业合作化高潮。根据中央"加速加快，迎接高潮，全面规划，计划平衡"的精神，天津市采取按行业实现合作化的新形式。各区先后成立手工业改造办公室或工作队，共抽调 400 多名干部专门开展组社工作。全市手工业者备受鼓舞，积极投入建社准备工作。1956 年 1 月底，全市手工业社会主义改造的任务基本完成。5 月，天津市召开手工业生产合作社第一次社员代表大会，制定了《天津市手工业合作社联合总社章程》，指出要"依据手工业中各种自然行业的情况，妥善解决集中生产与分散生产的问题的原则，继续稳妥地进行生产改组"，进一步整顿手工业生产合作社。

经过对手工业的社会主义改造，手工业生产得到发展，手工业者的收入得到提高，逐步体现出集体经济的优越性。

对资本主义工商业的社会主义改造

天津解放后，政府一边接管天津，一边积极组织私营工商业复工复产，积极向资本家宣传"公私兼顾""劳资两利"政策，私营工商业得到较快发展。在中央的统一部署下，天津积极开展大规模的"三反""五反"运动，打退了不法资本家的进攻，在私营企业中建立起工人监督，实行民主改革，对工商业者普遍进行守法经营教育，创造了对私营工商业实行社会主义改造的有利条件。

天津对资本主义工商业的社会主义改造，从总体上历经扩大初级形式的国家资本主义、扩展个别企业的公私合营，实现全行业公私合营两个阶段。对资本主义工商业进行社会主义改造，是过渡时期总路线的重要内容。市委统战部以培养骨干分子、召开工商联代表会议等方式，传达贯彻总路线和中华全国工商联合会会议代表大会的决议精神，帮助工商业者树立正确的认识。至1953年12月，天津已有1200多家私营工业企业接受国家加工订货，走上国家资本主义道路。从1954年到1955年下半年，天津市对资本主义工商业进行了有计划、有步骤的社会主义改造，由初级形式的国家资本主义过渡到半社会主义性质的高级形式的国家资本主义，重点是扩展个别企业的公私合营，在具体执行时，采取"先少后多，先大后小，先慢后快"的做法，积极慎重，稳步前进。企业的公私合营按照对申请合营的工厂进行调查，成立筹备委员会，清产定股，确定公私股比重，企业利润按"四马分肥"原则进行分配，建立健全管理制度等6项方法步骤依次进行。由于政策明确，方法得当，步骤稳妥，这一阶段公私合营工作进展比较顺利。与此同时，按照中央统一部署，天津积极开展对私营商业的改造。1954年5月底，私商处理委员会成立，坚持"排挤批发、改造零售、发展经销代销"的改造方针，重点加强对私营批发商的改造。

1955年，受农业和手工业社会主义改造迅猛发展浪潮的影响，资本主义工商业改造的步伐进一步加快，改造向高级形式为主的国家资本主义发展，从个别企业公私合营向全行业公私合营发展。天津先后在纺织、面粉等8个行业进行全行业公私合营试点工作，进一步明确对全市资本主义工商业实行全行业公私合营的要求和规划，成立专门机构，在全市开展宣传教育工作。1956年1月15日，全市资本主义工商业的社会主义改造基本完成。

天津对资本主义工商业的改造工作是迅速的，步骤是比较稳健的。资本主义工商业社会主义改造工作的顺利完成，解决了部分行业过去在生产经营上的困难，提升了企业生产潜力，为开始全面建设社会主义奠定了良好的经济基础和社会基础。

1956年1月15日，天津各行业举行庆祝社会主义改造胜利游行。

　　随着社会主义改造的顺利完成，天津国民经济结构发生了根本性变化，实现了从新民主主义到社会主义的深刻变革，为全面进行社会主义经济建设和实现社会主义现代化奠定了基础，党领导天津人民开始了社会主义建设新的历史征程。

作者：孟罡

天津市"一五"计划的编制与特点

编制国民经济五年规划，是有计划地进行国民经济建设，实现国家社会主义工业化、现代化的重要战略举措。编制"一五"计划是完成过渡时期总路线规定的工业化主体任务的重要步骤。天津市发展国民经济第一个五年计划的编制与实施是在中央领导下进行的，是全国第一个五年计划的重要组成部分。

天津市"一五"计划的编制

从 1953 年开始，我国开始执行发展国民经济的第一个五年计划。按照中央统一部署，天津市进行了第一个五年计划的编制工作。"一五"计划编制时间较长，采取边实施、边修改、边补充的方式进行。1952 年 8 月，天津市委决定从编制工业生产计划着手，由市财委牵头，按工业部门分别组织有关单位进行研究，开始编制五年国民经济计划轮廓。12 月 22 日，中共中央发出《关于编制一九五三年计划及五年建设计划纲要的指示》，为地方开展长期经济计划的编制提供了指导。该指示强调按照中央的"边打、边稳、边建"的方针来从事国家经济建设，将其作为制订计划的出发点，来考虑国家工业建设的投资、速度、重点、分布和比例；以发展重工业为建设的重点，集中有限的资金和建设力量首先保证重工业和国防工业的基本建设；合理利用现有工业基础和现有设备，充分发挥现有企业潜在力量；以科学的态度从事计划工作，使计划能够正确反映客观经济发展规律。根据中央指示及天津工业的特点，1953 年 3 月《天津市工业五年计划草案》形成，初步提出了天津工业五年发展的基本目标。

党在过渡时期的总路线和总任务公布后，按照国家计委、华北财委对天津五年计划的有关指示意见，在深入开展调查研究的基础上，天津市五年计划于1954年2月形成新的草案。7月，天津市人民政府计划委员会正式成立。由市委副书记、市长吴德兼任主任，冯文彬、李华生、杨黎原等任副主任。市计委的首要任务就是逐步接手天津"一五"计划的编制和组织实施工作。8月，华北行政委员会下发有关天津"一五"计划主要指标的意见。9月，全国第一次计划会议提出经济发展的平衡要求，明确了发展地方工业的方针。根据这次会议精神及国家计委下发天津的指标，《天津市第一个五年经济计划纲要草案》进一步修改完善，内容上体现了国家关于工业布局的指导方针。

1954年底，根据中共中央关于进一步编制地方经济五年计划纲要的有关指示，天津市加紧了第一个五年计划的编制工作。市委常委会议对《关于天津市第一个五年计划草案的报告》进行反复讨论，进一步明确了天津工业发展方针、发展速度、如何充分发挥现有工业基地的作用等重要问题。经过反复研究修改，1955年3月，《天津市第一个五年计划（1953—1957）草案》基本定稿。6月27日至7月4日，中共天津市代表会议讨论并通过市委副书记、副市长白坚作的《关于天津市发展国民经济的第一个五年计划报告》。9月22日，天津市第一届人民代表大会第三次会议讨论并通过《天津市第一个五年经济计划纲要》。至此，天津"一五"计划正式编制完成。

天津市"一五"计划的特点

党的过渡时期总路线和国家"一五"计划确定了集中主要力量发展重工业，建立国家工业化和国防现代化的初步基础的重要指导方针。在工业布局上，强调在全国各地区适当地分布工业项目，使之接近原料、燃料的产区和消费地区，逐步地改变过分集中于沿海城市的分布不合理状态，提高落后地区的经济水平。同时，鉴于朝鲜战争结束后国际形势仍然紧张，工业布局上也考虑了国防安全的需要。中央在编制"一五"计划时，提出"应该逐步地把沿海城市的某些可能迁移的工业企业向内地迁移"，一些重大建设项目，如国家156项重点项目，没有放在天津等一些沿海城市。中央对于天津这类原有工业基础较好的城市的要求是：控制发展，充分利用，增加工业设备生产和建设人才培养输出，支援国家重点项目建设。

在坚决贯彻执行中央要求的前提下，市委、市政府对天津自身发展情况进行了深入分析。天津处于沿海地区，是当时我国工业的重要基地之一，具有较好的工业基础和较大的生产潜力。拥有相对发达的轻工业、食品工业和相当数量的机器制造业、橡胶工业和化学工业，主要工业产品的产量在全国占较大比重；在设备、生产技术、交通运输及市政建设等方面具有一定基础和便利条件，生产潜力较大。根据党的过渡时期总路线和国家"一五"计划要求，结合天津的实际，天津市确定了第一个五年计划的方针，即在全国平衡的基础上，贯彻过渡时期总路线和开始有计划的经济建设，尽量利用现有设备能力，积极稳步地对资本主义工商业、手工业和农业进行社会主义改造，以支援国家建设，供应人民日益增长的对生产资料和生活资料的需要，并在提高劳动生产率的基础上，相应地提高人民的物质生活和文化生活水平。天津市"一五"计划提出发展国民经济的主要指标是：五年内，地方工业产值增长 1.17 倍，平均每年递增 16.8%；扩大耕地面积 17.7 万亩，粮食总产量增加 1.6 亿斤；社会商品零售总额增长 20.16%；地方基本建设投资 2.32 亿元，完成建筑面积 96.6 万平方米。对文教卫生、群众文化事业、城市公用事业、交通运输事业等都提出了发展指标。

天津"一五"计划确定的主要任务，既贯彻了党的经济发展战略的根本要求，又体现了天津自身发展的特点。

一是把利用现有设备、发挥现有工业的作用，支援国家建设作为主要任务，充分体现了贯彻党的经济发展战略的根本要求。根据中央对经济建设布局的部署，天津"一五"计划明确要求，对现有工业设备和基础加以充分利用，适当增加必要的技术措施，以提高产品技术水平和质量，在有限的资金条件下，充分挖掘原有工业潜力支援国家建设。

二是立足天津市基本经济情况，发挥潜力，面向全国。天津市的工业生产具有全国性，供产销必须依靠全国平衡。地方工业中轻工业占的比重较大，具有一定优势。天津"一五"计划要求，在国家集中力量发展重工业的情况下，发挥现有工业设备潜力，用较少的成本生产出物美价廉的产品，满足全国人民日益增长的对生产生活资料的需要。同时，要求商业部门扩大商品流转，加强批发业务，改进调拨工作，改善对工业原料的供应，积极推销工业产品，活跃城乡内外交流。

三是把开展经济建设与实现社会主义改造紧密结合起来。社会主义改造是党在过渡时期总路线的重要组成部分。天津市"一五"计划编制过程中，私营资本主义工商业和手工业在国民经济中仍占较大比重，郊区许多农民还没有组织起来。天津市"一五"计划根据积极领导、稳步前进的精神，把有计划有步骤地进行资本主义工商业、手工业及农业的社会主义改造，作为"一五"计划的重要任务，为实现工业化和开展大规模建设创造条件。

天津市第一个五年计划的编制，从经济发展实际出发，根据中央、华北局的指示精神不断进行调整和修订，边制定边执行。应当说，这是符合天津经济发展要求的，体现了发展经济与提高人民生活水平的统一，注重经济发展规模与经济结构、质量的统一，为全市人民奋发图强、投入大规模的经济建设确定了方向和目标。在"一五"计划的鼓舞下，一个以工业为重点的建设热潮在全市迅速兴起。

第一个五年计划期间建成的白庙工业区

作者：马兆亭

支援国家工业化发展

新中国成立后，经过最初三年国民经济恢复期，形成了社会稳定、人民安居乐业的局面。为把我国从落后的农业国转变为先进工业国，追赶世界先进步伐，在党中央领导下，国家制定和实施了发展国民经济的第一个五年计划。天津市依靠自身力量，在实现自身工业发展的同时，较好地支援了国家工业建设。

为国家经济建设提供大批技术设备和工业原料

新中国成立初期，天津作为中国第二大工业城市，工业产业体系完备。"一五"期间，天津工业发展贯彻"充分利用，合理发展"的方针，利用自身原有基础推进天津经济快速发展。1954年天津市委召开第二次工业会议后，工业部门进一步明确了增加新产品、支援社会主义工业化建设的方向。机械工业迅速发展成为具有相当规模、能够制造一些成套设备和少量仪器仪表的工业部门，包括动力机械、建筑机械、矿山和通用机械、纺织机械、汽车配件以及农业、水利方面的各种机械设备等。同时，开始改变以往主要为本市服务的情况，逐渐以较多的机械产品供应全国各地，有些产品还直接支援了国家重点建设。仅据1954年1月至5月统计，天津国营、地方国营工业就和国家基本建设单位签订了5600多项机器设备的订货合同；地方国营14个机器厂和电工器材厂为国家156项重点建设工程生产了137种产品。1954年1月至7月，国营和地方国营工业为重点建设单位生产动力机器、建筑机械、矿山和通用机械3000多台。如国营天津汽车制配厂为长春第一汽车制造厂生产了大量专用工具，这些工具精密度很高，种类和规格也很复杂。该厂的工人和工程技术人员积极学习苏联专家帮助设计的图纸，研究制造方法，在不到一年的时间里，完成了试制和生产任务。地方国营和公私合营各机器厂也为长春第一汽车制造厂生产了车床、电动吊车、皮带运输机等27种产品。据不完全统计，在我国第一个五年计划的前两年半中，天津市仅为支援鞍山钢铁公司、长春第一汽车制造厂、包头钢铁公司、本溪钢铁公司、太原钢铁厂等100多个单位生产的新产品就达300多种。天津市纺织机械厂生产的粗纱机、细纱机、并条机，供应了河北、河南、陕西、江西等地新建的纺织厂。天津市起重机械厂生产的电动单轨桥式起重机、悬挂起重机，供应了武汉、沈阳、洛阳、西安、兰州、大连等地28个工厂的需要。天津生产的各种机械还在鞍钢、武钢、包钢、武汉长江大桥、黄河三门峡水库等全国重点项目建设工地投入使用。冶金工业生产的石墨坩埚供应量，占全国冶金工业需要的一半。化学工业支援国家建设所起的作用也很大。地方国营第二橡胶厂仅1954年就为鞍山钢铁公司生产了104种橡胶制品。据统计，天津生产的烧碱、纯碱和各种油脂化学工业产品，供应了全国20多个省、市的270多家工矿企业。天津工业还大力支援农业生产，所生产的化学肥料、杀虫药具和农业机械等产品，为发展农业生产、提高农民生活水平起到了重要作用，仅1955年，就生产了1.9万吨农药，以及大量排灌设备、动力设备和其他农具。

为人民群众生产大量生活必需品

新中国成立初期，天津的工业生产以轻工业为主，在地方工业中，纺织业、食品工业的产值占地方工业总产值的一半。在国家大力发展重工业的情况下，发挥天津原有工业设备的作用，生产更多更好的日用工业品供全国人民使用，是天津轻纺工业义不容辞的责任。"一五"期间，天津作为国家原有的工业基地，承担了生产大量日用工业品的繁重任务。天津纺织、轻工产品，如毛巾、胶鞋、精纺毛织品、棉布、棉纱、手表、自行车等，大量供应全国各地，特别是广大农村。仅1953年至1955年，天津市就为全国市场提供棉纱18.9万吨，棉布11.7亿米，针织品41万吨，胶鞋2025万双，纸及纸板16万吨。

1953年，天津针织厂修理工人检修设备、提高效率，迎接1954年的生产任务。

为国家经济建设积累大量资金

解放后至1956年这7年间，天津国民经济各部门共积累利润23亿元，相当于1955年天津国民经济各部门固定资产总值的2.67倍。这些资金大部分上缴中央，用于全国各地的重点建设与各项经济建设。同时，天津向国外出口了大量工业产品，推动了我国对外贸易的发展，创收了大量外汇，为国家建设提供了资金。另外，天津还多次成功发行了国家公债。1954年1月，全市发行国家经济建设公债4381.6万元，超过计划总数的36.92%。1955年4月，又超额14%完成当年国家经济建设公债的发行任务。

为国家重点建设和兄弟省市新建工矿单位输送大批人才

在天津调往全国各地的工人和干部中，有工程技术人员、企业管理人员，还有五金、机电、铁路、纺织、建筑等工人。在长春第一汽车制造厂，洛阳第一拖拉机制造厂，邯郸、石家庄、北京新建的纺织厂，以及康藏公路和新疆等建设工地，都有他们劳动建设的身影。根据市劳动局、市铁路管理局等单位不完全统计，1953 年至 1955 年两年多时间，天津向国家重点建设和其他工矿单位输送各种人才近两万名。支援重点建设和其他新建工矿企业的职工们，以饱满的劳动热情，在新的工作岗位发挥了重要作用。纺织管理局输送 1000 多名技术工人到邯郸和石家庄的新建纺织厂，帮助安装机器，培训工人，保证新厂按时移交生产。许多单位还成立了训练班，为兄弟省市工矿企业培训人才。仅天津市自来水公司从 1953 年至 1955 年两年间，就为全国 19 个城市的相关单位培养了 230 多名技术工人和管理干部。

"一五"时期，广大工人阶级和各界群众在天津市委、市政府的领导下，积极投身大规模经济建设，为国家新建企业承制机器设备，生产和提供了人民生活所需的大量日用工业品，培训和输送了大批人才，有力地支援了我国社会主义工业化建设。

作者：孟罡

一场难忘的报告

一个民族没有优秀的文化支柱，就无法屹立在世界先进民族；一个国家，没有海纳百川的艺术文化和与时俱进的科学，就不会在历史的洪流中屹立不倒、挺立潮头。

1956 年 4 月 28 日，毛主席在中共中央政治局扩大会议上提出："百花齐放、百家争鸣，应该成为我国发展科学、繁荣文学艺术的方针。""百花齐放、百家争鸣"不仅是中国共产党领导文学艺术的基本方针，还是党领导科学研究工作的基本方针。它是 20 世纪 50 年代，党在指导文艺工作和科学研究的实践中逐步提出来的，至今仍具有深远的指导意义。

"双百"方针的提出

1956 年，面对国际国内出现一些新的复杂的动向，在开始探索中国自己的社会主义建设道路的时候，能否正确区分和处理敌我矛盾和人民内部矛盾，能否教育党员干部从习惯于搞阶级斗争转变到学会搞经济建设和正确处理人民内部矛盾上来，能否调动一切积极因素、团结一切可以团结的力量建设社会主义，是党在执政条件下面临的一个至关重要的问题。

1957 年 2 月 27 日，毛泽东在扩大的最高国务会议上以《如何处理人民内部的矛盾》为题发表讲话，系统地阐明了关于严格区分社会主义社会的两类矛盾及正确处理人民内部矛盾的问题。毛泽东指出，社会主义社会的矛盾在政治上可以划分为敌我矛盾和人民内部矛盾两类，必须严格区分和正确处理敌我矛盾和人民内部矛盾，解决人民内部矛盾要采用民主的方法，即"团结—批评—团结"的方针。3 月 12 日，毛泽东在全国宣传工作会议上发表讲话，对《关于正确处理人民内部矛盾的问题》在宣传和思想方面进一步加以展开，强调要继续贯彻执行"百花齐放、百家争鸣"的方针。

按照中央精神，天津市委立即在各级党组织和党内外干部群众中进行传达。结合《关于正确处理人民内部矛盾的问题》的学习宣传，市委还在全市3000多名领导干部中，进行了以反对官僚主义为中心的思想和工作检查，要求各级领导干部"要经常深入下层，联系群众，了解群众的意见和要求"，积极研究解决工人、农民、学生和知识分子等各界群众关心的突出问题，随时纠正工作中的错误，向群众进行解释教育工作。

"双百"方针在天津

在全市性的学习宣传《关于正确处理人民内部矛盾的问题》的活动逐步形成热潮之际，毛泽东于1957年3月17日视察天津，并在全市党员干部会议上发表重要讲话。这篇讲话以"百花齐放、百家争鸣"为主题，生动阐述了关于正确处理人民内部矛盾的思想，使天津党员干部受到直接的教育和鼓舞。

毛泽东首先阐述了社会主义改造基本完成后社会基本矛盾和党的根本任务的转变，要求党员干部站在党和国家全局的高度正确认识面临的形势和任务。他说，过去几十年我们党的主要工作是搞阶级斗争，就是推翻帝国主义、官僚资本主义、封建主义的统治。现在阶级斗争这件工作基本上结束，全党要来搞建设、学科学，率领整个社会跟自然界作斗争，改变中国贫穷落后的面貌。

接着，毛泽东指出党员干部队伍中存在着跟不上形势发展和任务要求的问题，教育党员干部要敢于承认存在的问题。他说：现在有些人说共产党搞科学不行，共产党大学里头教书不行，医院里头当医生不行，工厂里头搞工程、当工程师、当技术员不行。这个话怎么样呢？我说这样的话讲得对，讲得合乎事实。毛泽东随即向台下的天津干部问道：在座的有没有大学教授？当看到只有两人举手时，毛泽东说：少得可怜呀！应该承认这是我们不行的方面。他认为解决这些问题的关键，是提高党员干部的能力，加强党员干部队伍的自身建设。

　　毛泽东提出党员干部要加强学习，转变作风，学会搞建设。他对党员干部中存在的不重视学习的现象提出批评，要求党员干部养成读书学习的习惯，抓紧时间好好学习。他尖锐地指出：你完全不懂，又要在那里做领导工作，无怪乎人家说我们不行了。他教导党员干部不要把资历和功劳当包袱，无论资历多老、功劳多大都要改掉不良作风和习惯，否则就不能完成今天的任务。他要求党员干部虚下心来向有知识的人请教，向党外民主人士学习，诚心诚意地学，不要摆官僚架子，这样才能担负起建设社会主义国家的重任。

　　关于如何正确处理人民内部矛盾的问题，毛泽东指出，要坚持"百花齐放、百家争鸣"的方针。毛泽东认为，贯彻"双百"方针，不仅是对科学文化事业而言，也是解决人民内部矛盾的方针。现在党内有一种情绪，就是继续用过去那种简单的方法，或者叫"军法从事"。这是对付阶级敌人的。他教育党员干部对待科学问题、思想和精神方面的问题，不能用简单粗暴的方法。毛泽东在讲"双百"方针时，特别提出要用实事求是的思想来解决中国的实际问题，也就是把马克思主义的原则和中国的具体实践结合起来。马克思主义原则在中国实行，就要有中国色彩，就要按具体情况来具体解决。他的这一提法，无论是从概念上，还是从这一时期探索的内容上来看，已经产生了建设有中国特色的社会主义思想的萌芽。

　　针对党员干部中对实行"双百方针"存在的疑虑，毛泽东指出要正确对待不同意见甚至是错误意见。他说："'百花齐放、百家争鸣'，放出坏事来怎么办？我说不要紧，有些怪议论批评它就是了。"毛泽东指出批评意见中存在着两种片面性：教条主义，肯定一切，别人说不得坏话，本来是我们的缺点，不允许人家说；也有另外一种人，什么都是坏的，否定一切。这都是形而上学。毛泽东接着说，对待不同意见和错误意见，有两种方法，一是压服，一是说服，要学会做说服工作，要学会说理，学会写理论文章，学会作说理的报告。毛泽东把批评比作洗脸和种牛痘，认为只要我们正确，谁也批评不倒，反而使我们去掉不好的东西，增强免疫力。最后，毛泽东就即将在全党开展整风运动向与会党员干部进行了通报，要求天津各级党组织和党员领导干部做好准备。

1957 年 3 月 17 日，毛泽东在天津人民礼堂给全市领导干部作报告。图为天津人民礼堂外景。

"双百"方针的贯彻

会后，天津市委立即在全市各级党员干部中对毛泽东的讲话进行了传达，要求结合学习贯彻《关于正确处理人民内部矛盾的问题》和《在全国宣传工作会议上的讲话》，开展学习讨论。3 月下旬，市委召开全市宣传工作会议，吸收党外知识分子 408 人参加，进一步学习贯彻关于正确处理人民内部矛盾的方针。宣传工作会议结束后，市委统战部举行各民主党派负责人座谈会，就如何进一步改善党与民主党派关系问题交换意见。会议采取"充分放开，防止形式主义，认真和党外人士一起商量问题、解决问题"的方针，开得生动活泼，调动了民主党派和党外人士的热情。通过学习讨论，各级党组织及广大党员、干部澄清了许多在认识和处理社会矛盾方面的思想困惑。民主党派、知识分子普遍认为毛泽东关于社会主义社会矛盾问题的讲话，意义深邃、丰富多彩，揭示了中国社会矛盾的基本规律；党提出"百花齐放、百家争鸣"方针和关于知识分子的政策，表明了共产党具有宽广的政治眼光和开阔的政治胸襟。

在市委领导下，全市各级党组织还对单位和社会上存在的人民内部矛盾进行了认真检查。市委分别召开了工厂宣传工作会议，中、小学政治工作会议和各界青年代表会议，广泛了解天津各界群众的意见要求和存在人民内部矛盾的实际情况。在此基础上，市委提出全党负责，大力加强对干部群众的思想政治工作的要求。市委领导同志身体力行，1957 年第一季度市委委员 30人深入工人、学生、知识分子、街道居民中作报告 100 多次，收到较好效果。

通过学习贯彻党的关于正确处理人民内部矛盾问题的方针政策，党的威信进一步得到提高，党内外干部群众思想更加活跃，民主气氛进一步增强，为即将开展的整风运动提供了有利条件。

作者：孟罡

解放初期天津文艺工作

1949年1月天津解放后，党的文艺工作者队伍在市军管会文教部文艺处率领下，随解放军入城部队一起进入天津。解放初期，天津市高度重视文艺工作，成立文艺工作领导机构，遵循《共同纲领》建设新民主主义文化的方向，大力提倡"文艺为人民服务"，开展了声势浩大的文艺宣传活动。在党的领导下，广大文艺工作者深入工厂学校组织开展群众业余文艺创作活动，旧文艺得到改造，旧艺人通过接受教育提高了政治觉悟，文艺创作取得丰硕成果。

加强党对文艺工作的领导

天津市军管会和天津市委把天津解放初期城市文艺工作的主要任务确定为，肃清旧有半殖民地半封建文化影响，对旧文艺进行彻底的改造，积极创建人民大众的新文艺。1950年9月出台的《天津市文学艺术工作者代表大会宣言》明确提出文艺工作为人民服务、为生产建设服务的方向。在此方针指导下，天津市对旧的半殖民地半封建文化艺术进行了大刀阔斧的革新与改造，建立了新民主主义和社会主义的文化，开创了文化艺术工作的新局面。

天津解放初期的文艺工作由市军管会文教部文艺处负责领导。市军管会文教部文艺处于1948年12月在河北省霸县胜芳镇组建。同时，由解放区的文艺工作者组成5个文艺宣传队和一个美术工作队。天津解放后，随军入城的军管会文教部文艺处负责管理文化事业。1950年3月，天津市文化事业管理局在市军管会文教部文艺处的基础上建立，实施对全市文化艺术事业的管理，有力地指导、推进全市文化事业的发展和建设。在市军管会文教部文艺处组织下，1949 年 11 月，天津文学工作者协会、天津音乐工作者协会、天津美术工作者协会和天津戏剧曲艺工作者协会陆续建立。为进一步领导和团结全市文艺工作者，1950 年 9 月 14 日至 17 日，天津市举行第一届文学艺术工作者代表大会，成立天津市文学艺术界联合会（简称天津市文联）。天津市文联作为中共天津市委领导的由市级文艺家协会、区县文联和行业文联组成的人民团体，是党和政府联系文艺家的桥梁和纽带，是繁荣社会主义文艺、发展先进文化的重要力量。自此，全市文艺工作者形成了一支党领导下的文艺工作队伍。

开展文艺宣传和文艺创作

文艺宣传既是党的宣传工作的重要组成部分，又是文艺工作的重点任务，也是文艺工作为党的政策服务的重要途径。解放初期，天津文艺工作者围绕政治活动开展文艺宣传和文艺创作，为宣传党的政策服务有效地发挥了文艺工作的政治动员作用。

入城前，市军管会文教部文艺处与各个宣传队创作、排练了一批文艺节目，包括话剧、歌剧、活报剧、秧歌舞和 20 余首歌曲；美术队准备了宣传画和洋片，以便进城后向群众进行宣传演出。进入天津后，文艺宣传活动随即全面展开，很快形成巨大声势。根据开展文艺宣传工作的需要，市军管会文教部文艺处入城后半个月内又创作了剧本《我们是主人》、歌曲《革命要进行到底》《歌唱新中国》等一批作品。这些反映工人护厂、复工，解放军英勇战斗的剧本和庆祝解放、歌颂工人、宣传将革命进行到底的歌曲以及宣传画、招贴画等，在剧场、街头或深入工厂、学校进行宣传演出展示，连同广播电台播出的歌咏、曲艺说唱节目，为广泛宣传解放军的胜利进军和党的城市政策，发挥了重要作用。新中国成立后，在党的领导下，广大文艺工作者深入工厂，深入群众，体验生活，创作了一大批反映工人生产生活的优秀作品，如 1950 年剧作家王雪波等创作的描写天津工人反对封建把头斗争的话剧《六号门》，应全国总工会邀请进京演出 27 场。作曲家王莘创作的《歌唱祖国》，作为 1951 年国庆中央人民政府与文化部向全国人民推荐的两首歌曲之一，风靡全国，久唱不衰。

在文艺处、文化局领导下，天津文艺界有组织、有计划、有规模的各种演出不断举办。其中，除专业性的会演、调演和观摩、汇报等演出以外，还有重大节日的庆祝演出，配合社会主义建设等中心任务的专题演出，具有特殊意义的纪念演出，等等。在抗美援朝运动中，天津曲艺界举行座谈会，声讨美帝国主义侵朝罪行，积极创作演出文艺节目，开展多种形式的宣传活动，还特别为抗美援朝举行捐献飞机大炮义演，并先后4次组织著名演员参加赴朝慰问团。天津著名曲艺表演艺术家常宝堃（艺名"小蘑菇"）和程树棠参加中国人民赴朝慰问团，在朝鲜前线为中国人民志愿军进行慰问演出，归途中遭美军飞机扫射，光荣牺牲。天津市各界为常宝堃、程树棠烈士组成治丧委员会，举行公祭和送殡大游行。烈士的光荣事迹和隆重的公祭活动，极大地激发了广大文艺工作者的政治觉悟和爱国热情。天津文艺界响应全国文联发起的为支援抗美援朝捐献"鲁迅号"飞机的号召，联合举行义演，开展捐献活动。20世纪50年代初，天津文艺界配合"三反""五反"运动，取缔"一贯道"组织，宣传《婚姻法》等，创作了一批文艺节目，在宣传动员群众方面发挥了重要作用。

发展群众文艺工作

群众文艺是新民主主义文艺的重要内容，是在群众中进行文艺普及的重要途径。为了推进群众文艺的发展，天津解放后，市军管会文教部文艺处专设群众文艺工作组，组织专业文艺团体和大批文艺工作者深入工厂、学校，辅导和推动工人、学生开展业余文艺创作活动。

1949年三四月间，市军管会文教部文艺处与华北工会天津办事处宣传部联合召开3次文艺工作座谈会，研究群众文艺工作，确定了以"工人为主、兼顾学生"的工作方针，强调开展工厂文艺活动的重要性，布置文艺工作者到工厂与工人结合的任务。会后，市军管会文教部文艺处组织宣传队、文工团以及陈荒煤、周巍峙、方纪等专业文艺工作者，深入工厂、学校，进行演出与创作活动，辅导和推动群众业余文艺活动的开展。

在文艺处群众文艺工作组的推动下，大批文艺工作者深入工厂和学校，一面创作演出，一面组织辅导工人、学生开展业余文艺活动。仅三四个月的时间，全市就有40多个企业和近60个学校建立起业余文艺组织，广泛开展壁报、歌咏、秧歌、腰鼓、小型戏剧及文学等创作及表演活动，先后排演了《兄妹开荒》《夫妻识字》《王大娘赶集》《四姐妹顶嘴》等十几部表现解放区人民生活的小戏。工人和学生的文艺创作十分踊跃。《天津日报》发动与指导职工的创作，并在副刊上发表工人通讯员的作品。1951年举办的抗美援朝学生戏剧大赛，有17个学校自编自演了15个短剧。20世纪50年代起，天津几乎每年举办一届群众业余文艺汇演和美术展览，为群众业余文艺创作提供了展示的舞台。一些文艺新人，特别是来自工厂的工人作者，在文艺创作活动中崭露头角。

改造旧剧编创新剧

市文化事业管理局与市文艺工会联合建立戏曲改进委员会，采取了一系列"改戏、改人、改制"的措施，对小型剧团和演出场所进行整顿改造，清理了封建把头，对从业人员进行教育，对演出活动进行整顿，使演艺界的面貌发生了变化，涌现出"正风评剧社""红风京剧团"等改革先锋，受到中央文化部的嘉奖。

1949年4月至1952年5月，天津市先后成立旧剧改革委员会、戏剧工作者协会、戏剧改进工作委员会等组织机构，改革旧剧，创作新剧，改造演员思想，提高技艺水平，倡导为人民服务。南开大学、津沽大学（后改为河北大学）一些戏曲知识丰富的教授、讲师也投入戏改工作，他们参加观摩、研究、评论、创作活动，对天津戏曲事业的发展起到促进作用。此后，宣扬新中国主旋律的剧目数量不断增加，逐渐获得广大观众欢迎，特别是一些从革命战争中成长起来的，以表演话剧、新歌剧、舞蹈、音乐为主的革命剧，例如《白毛女》《王贵与李香香》《王秀鸾》《刘胡兰》《红旗歌》等，广受人民群众欢迎。这些新的歌剧和话剧，发挥了对新中国广大人民的教育和动员的作用，其中一些修改和新创的剧目在艺术上达到了较高的水平。在1952年10

月至 11 月文化部举办的第一届全国戏曲观摩演出大会上，天津秦腔剧团的《秦香莲》获演出三等奖，天津曲艺团的《新事新办》获演出三等奖、音乐一等奖。

解放初期，在党的文艺工作领导机构和群众性文化团体的组织推动下，天津市文艺工作蓬勃开展，以新民主主义文艺来提高人民政治、文化觉悟水平，激发了人民热爱祖国和建设国家的热忱。

解放初期，工人合唱团在天津人民广播电台演播革命歌曲。

作者：周巍

"铁姑娘"邢燕子

20世纪五六十年代，邢燕子这个名字在全国家喻户晓。这个放弃城市生活，初中毕业回乡务农的姑娘，为改变家乡落后面貌作出重要贡献，成为新中国成立后最早树立的知识青年建设社会主义新农村的典型之一。邢燕子（1941—2022），女，中共党员，原名邢秀英，天津人，曾当选全国人大代表、全国党代表、中央委员等，先后任天津市委书记、天津市政协副主席等职。2009年入选"100位新中国成立以来感动中国人物""感动天津人物海河骄子"，2019年荣获全国"最美奋斗者"称号。

明确人生方向

1941年1月，邢燕子出生于北京。当时，她的父亲邢春台带着全家在北京谋生。1942年，邢春台所在的裕丰祥粮庄因粮食被日寇掠夺而倒闭。邢燕子一家回到司家庄。不久，邢春台（后化名邢雨饰）走上革命道路。父亲的革命经历让邢燕子从小就对中国共产党产生了热爱。

1949年新中国成立后，邢雨饰到天津铁路局印刷所任副所长。邢燕子随父亲进城，进入铁路局职工子弟小学读书。邢雨饰为她正式取名：邢秀英。

1950年10月，抗美援朝战争开始。邢燕子加入学校组织的抗美援朝运动中。1953秋她回司家庄陪爷爷，便在家乡继续学业。

邢燕子（1941—2022）

1956年，邢燕子以优异成绩考入离家三十里路的巴庄子中学。她经常以革命英雄的事迹鞭策自己，要努力学习，报效祖国。1957年4月8日的《人民日报》社论《关于中小学毕业生参加农业生产问题》指出："中、小学毕业生还不能全部或多数升学，要有很大一部分转入农业生产战线""青年要克服下乡种地'丢人''没出息'等思想问题，从党和人民利益大局出发，积极投入到生产劳动中。"巴庄子中学响应党的号召改为农业中学，开设理论与实践相结合的农业课程为国家培养农业人才。一直以来，农业、农村深深植根于邢燕子心中。学习了《人民日报》社论后，邢燕子感到人生有了明确的方向。她在学校勤学苦练，急切盼望着回乡大展身手。

回乡崭露头角

1958年7月，邢燕子从巴庄子中学毕业。她积极响应毛主席发出的"知识青年到农村去"号召，返回司家庄，决心用知识改变家乡面貌。

在经历炊事员、幼儿园老师等岗位的磨炼后，1959年夏邢燕子被充实到生产第一线。当时恰逢暴雨侵袭，蓟运河水位上涨。为做好防汛工作，邢燕子带领司家庄姑娘，从离堤100米外的地方取土，每两人抬着一百多斤重的土兜，将土运到堤顶，胜利完成堆"土牛"（长2米、宽1米，高0.5米的土堆）任务。司家庄姑娘因此在所属的大钟庄公社叫响。尽管邢燕子等人付出了努力，当年收成还是受到洪水的影响。邢燕子与司家庄姑娘克服重重困难，通过水坑淘鱼、冰上治鱼等自救措施，最终让村民们吃上鱼肉，村里实现增收，顺利度过灾荒。司家庄姑娘的事迹被《中国青年报》报道，引起社会各界关注。1959年秋，邢燕子受到时任共青团中央第一书记胡耀邦接见。带着胡耀邦的嘱托，邢燕子回到司家庄，扑下身子参加农业劳动，不断磨砺自己。

为赶在汛期前收获小麦，1960年春司家庄党支部决定抢种"六九"麦。当时正值立春，寒气袭人。由于土地还没有开化，邢燕子和司家庄姑娘硬是用人力将430多亩地耪了两遍，才达到播种的沟深要求。为保险起见，她们又按照老农建议，先顺沟施肥，再覆土、碾压，历经9天，终于完成播种任务。1960年夏至一过，司家庄小麦获得大丰收。

"使石头长出粮"

1960 年 7 月，邢秀英更名邢燕子，"司家庄姑娘"也改为"燕子突击队"。更名"燕子"寓意为邢燕子是一只翱翔在农村广阔天地间的燕子，在党的号召下，应声起飞，飞在最前面，飞在最高处。

1960 年 8 月，中共中央发出《全党动手，大办农业，大办粮食的指示》。邢燕子和突击队不向自然灾害低头，下狠心拼全力向荒地要粮食。同年冬，邢燕子等人一鼓作气，开垦了 560 亩荒地，打算来年开春种麦，不承想呼啸而至的北风把荒地的土坷垃刮成"硬石头"。邢燕子带领突击队用绳子拉起砘子将土坷垃一点一点轧碎。肩膀被绳子勒肿了，就把围巾解下来垫上。仅用了 10 天，560 亩荒地就被轧了 8 遍。时任全国人大常委会副委员长郭沫若，专门创作了《邢燕子歌》，以手书形式发表在《中国青年报》上。其中一句称颂她："要使石头长出粮"。据报道，因新开垦了荒地，司家庄第二年增收了 8 万多斤粮食。1960 年 9 月，邢燕子加入中国共产党。同年 9 月 20 日的《人民日报》以《邢燕子发愤图强建设新农村》为题，用大半个版面报道邢燕子扎根农村大干农业的先进事迹。邢燕子手握镰刀、身背箩筐、向着朝阳微笑的照片，被刊登在 1960 年第 20 期《人民画报》封面上。全国各大媒体纷纷对邢燕子事迹进行报道。一时间，全国掀起以邢燕子为榜样，响应党的号召，立志扎根农村，建设农村的高潮。

发挥榜样作用

1961 年，邢燕子与王学芝结为夫妻。婚后，邢燕子没有停止劳动的脚步，由于劳累过度，还一度晕倒在报告席上。1964 年农业学大寨运动兴起，邢燕子积极带领司家庄群众学习大寨的革命精神。6 月，她作为河北省青年代表，参加中国共青团第九次全国代表大会。不久，作为全国人大代表和大会主席团执行主席，她出席第三届全国人民代表大会，受到毛泽东、刘少奇、周恩来等党和国家领导人接见。其间，她还应邀出席毛泽东 71 岁生日聚会。邢燕子将毛主席对大家的叮嘱——"不翘尾巴""力戒骄傲"铭记在心，并将其作为人生座右铭。

虽然身兼数职，工作繁忙，但邢燕子一有时间就回司家庄参加农业生产。在她带领下，1970 年司家庄提前 6 天完成 600 亩冬小麦播种任务，改造条田150 亩，动土方 2400 立方米。1973 年，周恩来亲自提名邢燕子作为中国第一代新型农民代表，出访日本。回国后，她出席党的第十次全国代表大会并当选为中央委员（连续担任三届中央委员），并担任天津市委书记（在市委书记中排第七位）。尽管是中央委员、天津市委书记，邢燕子始终保持农民本色。

1980 年，邢燕子当选天津市政协副主席。1981 年，她被调往北辰区永新知青综合农场担任党支部副书记，1984 年当选北辰区人大常委会副主任，负责城乡建设、环境保护工作，后增加财政经济工作。她通过实地考察、查阅文献、拜访专家和群众，用时两年，完成《天津市北运河水污染问题的报告》《保护丰产河水免受污染的报告》两个调研课题，亲自草拟议案，提出铺设自来水管道，废弃马庄自来水厂的意见。两份调研报告和议案，引起市、区政府的高度重视。1994 年，天津市政府为北辰区投资铺设自来水管道，北辰区居民喝上了干净的自来水。1996 年，国务院批准北运河综合治理项目。2001年 9 月，北运河改造工程竣工，并获得中国人居环境范例奖。

2022 年 4 月，邢燕子病逝。她生前常说："我是党和人民培养起来的，一辈子永远跟党走。哪有困难就去哪里，哪有硬仗就到哪里打。"简单、朴实的话语背后是她对党和国家的深沉热爱，也是她一生的真实写照。

作者：曹冬梅

党领导天津人民战胜 1963 年洪涝灾害

　　1963 年 8 月上旬，受河北省中南部地区连降大暴雨影响，天津遭遇了一场历史罕见的特大洪水。天津市委、市人民委员会（相当于现在的市人民政府，以下简称市人委）带领全市人民展开了一场规模宏大的抗洪斗争，并取得最终胜利。

特大洪灾突袭天津

　　1963 年 8 月 1 日，《天津日报》刊登了一则气象消息："天津气象服务台发布 8 月上旬天气预报如下：本旬有两次较大的降雨，第一次在 1 日到 3 日，第二次在 8 日到 10 日，局部地区可能有暴雨。另外，在 6 日左右，有一次局部地区的雷阵雨天气……"这则不起眼的气象预报成为关于 1963 年海河洪水灾害最早的预告。当天，河北省召开了全省抗旱工作电话会议，但是会议刚刚结束，河北省的一些地区就开始下雨，在接下来的几天，一场罕见的特大暴雨在 8 月上旬沿太行山东侧而至，伴随着暴雨而引发的洪水惊天动地。据《20 世纪中国水旱灾害警世录》记载：海河流域的这场大暴雨，强度之大、范围之广、持续时间之长、总降水量之大，均达到海河流域有文字记载以来的顶峰。降雨从 8 月 1 日开始，10 日终止，绝大部分暴雨集中在 2 日到 8 日。7 天累计降雨量大于 1000 毫米的面积达 15.3 万平方公里，相应总降水量约 600 亿平方米，洪水径流量也达到了 300 亿立方米。当时海河南部的暴雨中心，7 天降雨量高达 2050 毫米，创中国内地 7 天累计实测雨量最大纪录。暴雨造成海河上游 40 多条支流相继暴发山洪，大小支流频频漫决，一批中小型水库纷纷垮坝失事，洪水通过京广铁路进入平原地区，直逼天津。

万众一心击退洪峰

8月7日，面对河北省南部大暴雨连降的形势，天津市委发出《关于做好防汛工作的紧急通知》。8日召开的防汛工作会议作出紧急部署。12日，在海河水系上游洪水涌向天津的严重形势下，天津市委发出《给全市共产党员的一封信》，号召全市党员投入抗洪斗争。14日，《天津日报》头版刊登市委、市人委发出的防汛抗洪紧急指示，号召全市人民动员起来，向洪水展开顽强斗争。"万众一心，英勇顽强，战胜洪水"成为鼓舞人们防汛抗洪的响亮口号。党和政府发出号召后，天津广大党员干部和各界群众争相报名参加抗洪抢险，很快以民兵建制组织起几十万防汛大军。从8月10日开始，由各系统职工群众和解放军驻津部队组成的抗洪大军相继开赴独流减河、子牙河、南运河、北运河和金钟河岸边，投入抢修堤埝的战斗。

8月14日，第一次洪峰咆哮而来，独流减河北堤遭到严重威胁。市委主要领导亲赴抗洪第一线。市防汛指挥部一面组织突击加高各主要河流堤岸，一面扒开独流减河南堤，向文安洼、贾口洼和团泊洼分洪。分洪过程中，从东淀洼往独流减河泄水的进洪闸堵塞，十几名抗洪战士在急流中坚持战斗7个小时，直到清除全部杂物使闸孔畅通。为保证洪水安全下泄，巡逻队、抢险队等在独流减河北堤等堤埝昼夜巡视，及时排查和消除险情。8月15日，东淀洼和独流减河水位开始下降，第一次洪峰对天津的威胁解除。

迎难而上再战洪峰

8月19日，天津市委再次发出给全体党员的第二封信，题为"迎接更艰巨的斗争，坚决战胜洪水"。广大党员干部和各界群众积极响应党和政府的号召，奔赴抗洪前线。全市先后近100万人参加了抗洪斗争，其中50万人开赴抗洪前线，守卫着长达300公里的堤防。

8月20日，第二次洪峰到达，各洼淀及海河水势再涨，贾口洼水位一度高达8.94米，天津市区再次遭到严重威胁。在这种紧急情况下，党中央立即作出确保天津市，确保津浦铁路线，力争缩小灾害的抗洪方针，果断采取牺牲局部、以保大局的分洪和蓄洪措施。天津市委、市人委迅速采取了三项措施：一是在独流减河北岸全线和子牙河部分地段抢修加固堤防；二是四路分洪，使贾口洼的洪水向东淀洼、文安洼、独流减河和团泊洼分洪；三是导洪入海，在马厂减河、北大港进行泄洪与导洪入海工程，将流经团泊洼的洪水，经北大港引向渤海。在贾家洼泄洪工程施工中，7昼夜遭遇3次暴风雨，道路泥泞，取土困难，但是抗洪战士在"团结就是力量"的高昂歌声中，坚持战斗，出色完成任务。8月31日，七级阵风掀起的浪头猛烈拍打子牙河堤岸，几百名抗洪战士跳入水中筑起人墙，保护堤坝。在此期间，抗洪大军修复险工险段300多处，抢堵沟口100多处，修筑了长达225公里的防风防浪工程。

1963年8月，为了抵御迅猛洪水对堤岸的冲击，解放军战士筑成人堤。

在抗洪抢险战斗中，天津市委高度重视思想政治工作，编发《关于防汛斗争形势与任务的宣传提纲》；各级防汛组织建立党组织和共青团组织，充分发挥战斗堡垒作用；抗洪大军中的共产党员充分发挥了先锋模范作用。同时，天津抗洪抢险斗争，得到党中央、国务院及各方面领导的高度重视和亲切关怀，得到人民解放军和全国各地的有力支援。

1963年9月26日，经过50多天惊心动魄的抗洪抢险斗争，天津人民终于战胜了这场有水文记录以来从未有过的特大洪水。随后，天津人民在毛泽东"一定要根治海河"的号召下，展开了一场轰轰烈烈的根治海河运动，使天津彻底摆脱了水患灾害的威胁。

距离那场罕见的洪水已过去了60多年，如今海河早已安澜，但天津人民万众一心，英勇顽强，战胜洪水的精神却永远不会被忘怀，那场大水虽冲破了坚固的堤坝，却冲不破党与人民始终站在一起，共同面对灾难战胜灾难的决心和勇气。

作者：曹冬梅

千军万马战海河

——天津人民根治海河伟大壮举

"九河下梢天津卫，三道浮桥两道关。"描述的就是天津的"母亲河"——海河。历史上的海河曾是一条桀骜难驯的"蛟龙"。海河流域洪涝灾害频发，给人民带来不少苦难。新中国成立后，尽管天津人民多次建设防洪抗洪工程，但海河水患并未得到根治。1963年11月，毛泽东发出"一定要根治海河"号召。随后，天津人民在党的领导下，以改造自然、建设家园的热情，积极投身这场轰轰烈烈的治水运动中。

根治海河迫在眉睫

1963年8月，海河南系降下有水文记录以来最大暴雨，洪水泛滥成灾，河堤相继溃决，数百里一片汪洋，流域人民群众的生命和财产遭受了巨大损失。海河上游支流繁多，但入海口狭小，无法满足泄洪需要。为了保证天津市和津浦铁路的安全，分洪牺牲了大量良田。当时，泄水尾闾少而不畅，积水迟迟不能排除。这次大水灾带来了惨痛教训——海河不治，农业生产无法保证，城市、工业、交通运输业面临严重威胁。

与救治水灾同步，全面、彻底治理海河成为党和国家领导人的共识。毛泽东先后多次视察灾情并指导救灾工作。1963年11月17日，毛泽东为河北省在天津举行的抗洪斗争展览亲笔题词"一定要根治海河"；刘少奇、周恩来、朱德、陈云、邓小平等党和国家领导人也纷纷为展览题词，充分表达了党中央对根治海河水患的高度重视和治理水患为民造福的强烈愿望。党中央、国务院对海河等水系全面治理作出部署，列入国民经济建设长期计划，成立

专门委员会，实行统一领导。河北省及天津市也提出"一定要根治海河，对
人民无限负责"的口号。1965年，河北省根治海河指挥部经国务院批准正式
成立。随后，天津、保定、石家庄、邯郸、邢台、衡水、沧州、唐山等地区
和有关区县也相继成立根治海河指挥部。由此，一场群众性的大规模的根治
海河运动拉开序幕。

规划治理同步推进

1963年洪水过后，天津在恢复重建原有水利设施的同时，迅速组织力量
投入大规模海河治理工程，按照"排灌蓄滞"综合治理的构想，在海河流域
南系实施独流减河扩宽改造工程和开挖献县减河、子牙新河等工程，兴建几
十座大、中、小型水库。

改造海河工地的忙碌场面

1964年，为加强对海河治理工程的总体规划和统一部署，中央水电部
在北京成立了海河勘测设计院，并于同年9月提出《海河流域轮廓规划意见
（讨论稿）》和《海河流域防洪规划（草案）》，对海河流域山区水土保持和治
理各行洪河道的骨干工程作了详细的安排。其中，对中下游防洪河道的治理

规划设计了新挖子牙河、潮白新河、北运河、永定新河等 14 条骨干行洪河等项目。海河流域各大河流避开天津市区，分流入海，同时增强海河干流行洪能力，这就从根本上改变海河流域洪水汇集天津，泄洪不畅的状况。在此基础上，1965 年海河勘测设计院又拟定出《子牙河防洪规划》和《海河流域防洪规划（草案）》。其间，河北、山东等省市也结合海河流域总体治理规划，贯彻上蓄（山区修建水库）、中疏（整治扩挖疏浚河道）、下排（开拓新的入海通道）、适当滞洪（利用旧有洼淀滞洪）的防洪方针，相继制定出具体的治理规划。

从 1965 年开始，海河流域中下游的大规模治理工程全面开工。河北省有关地区及天津市几十万治河大军奋战在工程第一线。这年春天，疏浚黑龙港河工程开工。黑龙港河位于静海县（今静海区，下同）中部偏西、南运河与子牙河之间。静海县干部群众积极投身工程建设，承担和完成土方 89.74 万立方米，使河道加深 0.8 米。同年，还开挖了子牙新河，截走黑龙港河洪水，使 1963 年抗洪抢险的险要地段贾口洼的滞沥状况得到明显改善。

海河流域治理工程巨大。从 1965 年冬至 1973 年，历时八个冬春，天津在根治海河中相继承担和参与了南大排水河疏浚扩建、新辟子牙新河、兴建马棚口防潮闸、独流减河扩建、兴建工农兵防潮闸和新进洪闸、开挖永定新河、扩挖疏浚潮白新河等一系列工程，共挖河 934 公里，筑堤 644 公里，完成挖河筑堤土方 1.06 亿立方米，石方 45 万立方米，混凝土 18 万立方米，建成大、中型闸桥建筑物 73 座，为整个海河治理工程作出重要贡献。

治河大军斗志昂扬

20 世纪 60 至 70 年代，我国经济和科技实力还比较薄弱，水利施工机械化程度较低。广大干部群众在根治海河工程中充分发扬艰苦奋斗、无私奉献的精神，克服重重困难，付出艰辛劳动。市根治海河指挥部及各级指挥机构，一切因陋就简，办公用具都从当地机关借用，办公桌不够用就架起铺板代替，设计人员住在柳条笆搭建的工棚中，把土墩子作为设计画图的工作台面。工程管理中，严格财务制度，事事处处注意勤俭节约。治河大军不计报酬，不辞劳苦，长期奋战在治河工地。根治海河是远途施工，生活艰苦，劳动强度大。参与治河的干部群众坚持冬春两季农闲时出工，顶风雪冒严寒，用小车推着行李、工具，徒步到工地，完工后再徒步返乡。他们住在用竹片、柳笆、苇席搭建的工棚里，取暖用有限的煤炭，工具损坏了自己动手修理。

治河大军在工具落后、生活艰苦的条件下，群策群力，迎难而上，凭着独轮车、土筐和铁锹，疏浚河道，开挖新河，修堤筑坝，建路搭桥，使根治海河工程得以不断推进和胜利完成。根治海河期间，妻送夫、母送子、父子兄弟同上阵的动人故事比比皆是。海河儿女用实际行动，驯服海河、兴利除害，展现了不畏艰难、不怕牺牲、党民同心、团结协作的昂扬斗志。

1980年根治海河大规模工程结束，海河"分区防守、分流入海"的防洪格局形成。这场声势浩大的群众性根治海河运动，使天津彻底摆脱了水患灾害的威胁，成为中国治水历史上的伟大壮举。同年4月，水利部海河水利委员会正式成立，机关设在天津市，开启了以流域为单元的科学治水历程。

作者：曹冬梅

新中国成立初期天津工业的恢复与发展

　　天津因水而生，因工业而开埠。自洋务运动开始，天津就成为近代工业文明在中国北方的传播中心。100多年的工业发展为天津留下了丰厚的工业遗产，形成了工业门类较为齐全的工业体系，特别是解放后的迅速发展，使天津成为中国重要的轻工业基地之一。

国营工业的奠基

　　天津解放后，市军管会和人民政府立即开始没收官僚资本控制的银行、工厂和商业机构等。对官僚资本企业的接管采取了先完整接收再逐步改造的方针，即先实行"原封不动，原职原薪（除特务破坏分子外），整个系统的完整接收"，而后在建立国营经济体制和恢复生产的基础上，组织工人职员进行企业民主改革，对企业管理方式进行改造。

　　完整接管官僚资本工业企业，是建立国营工业的基础，不仅对搞好天津城市接管工作，而且对建立人民民主政权的经济基础都具有重要意义。在解放天津的过程中，官僚资本工业企业和企业管理技术人员得到较好的保留。在接管中，各接管组的军代表向职工群众宣布了军管会关于没收所有官僚资本企业的决定，讲明党的接管政策，除了个别坚持反动立场的人员外，一律实行原职原薪；责令企业原有负责人造具所有资产、档案清册，依靠工人组成资产清点委员会，搞清企业资产"家底"，大大激发了职工的主人翁责任感；对职工进行组织和教育，成立职工代表会等组织，启发工人政治觉悟，对在战争中英勇护厂和复工中有功人员进行奖励；普遍开展民主改革运动，通过说理会、控诉会以及废除封建脚行制度等民主改革，极大地调动了职工的积极性。全市共没收和接管了原国民党官僚资本工业企业 100 多个，其中较大的有：天津钢厂、天津机器厂、天津机械厂、天津橡胶厂、大沽化工厂、天津化工厂、天津耐火器材厂、东亚烟草厂、中国纺织公司所属 7 个工厂、冀北电力公司所属 3 个发电所、中国盐业公司等。接管干部在没收官僚资本工业企业时，严格做到不打乱企业原有组织机构，并在此基础上建立国营企业，迅速恢复生产。全市工业总产值 1949 年为 7.29 亿元，1952 年达到 19.71亿元，相当于解放前最高年份 1947 年的 3.5 倍，位居全国第四。工业生产的迅速恢复对于国家生产建设、市场繁荣及保障城乡人民生活都发挥了重要作用。

"天津讲话"为城市经济发展引领航向

天津解放后，在安定社会秩序、巩固人民政权的基础上，如何发展城市经济，把城市建设好，成为党面临的迫切问题。1949 年四五月间，中共中央书记处书记刘少奇到天津视察指导工作。在津期间，刘少奇与天津市的领导干部、工人及资本家座谈，宣传党的七届二中全会精神，全面阐述了党的城市工作路线、方针和政策，形成了著名的"天津讲话"。以"天津讲话"为指导，天津市委、市政府及时纠正在实际工作中存在的"左"的倾向，作出《市委会讨论少奇同志指示的决定》的贯彻实施意见，并研究制定改进措施。一是执行独立自主的关税与对外贸易政策，以免除帝国主义的经济侵略，保障国营企业和民族工商业独立自主地发展。二是扫除障碍，沟通城乡贸易。通过向私营企业发放购销证、公私联合收购、发展供销合作社等办法，沟通与各解放区及城乡间的物资交流，以促进生产；成立财政经济委员会，统一领导市外贸局、财政局、税务局、工商局、公用局、合作社及人民银行的工作；成立城乡贸易指导委员会沟通城乡交流和扶植生产。三是抽调干部加强工会工作，先后建立棉纺、五金、化学、市政等 13 个工作委员会，并筹备建立正式产业工会，加强对职工群众的革命理论和革命政策教育。四是颁布《关于劳资关系暂行处理办法（草案）》，成为处理劳资纠纷的法律依据。五是积极开展对私营工业资本家的工作，采取实际措施，帮助私营工业企业解决困难。由于采取了上述一系列措施，天津市委在接管天津工作中出现的"左"的倾向得到及时纠正，调动了各方面的积极性。天津市在国营企业生产和贸易蒸蒸日上的同时，私营工商业也出现了迅速恢复和蓬勃发展的新气象。全市主要工业生产行业，1949 年六七月以后即恢复到解放前水平，到 1950 年 1 月超过了解放前水平。

社会主义工业的确立和发展

"一五"计划时期，是天津工业发展最好的时期之一。在过渡时期总路线的指引下，1956 年 1 月 14 日，天津全部私营工业实现了全行业的公私合营。全市国营、公私合营、合作社工业企业共有 2710 家，其中全民所有制工业 1600 家，集体所有制工业 1006 家，两项合计的工业总产值占全市工业总产值的比重达到 99.6%，社会主义公有制经济的主体地位已在全市范围内确立。在此期间，国家对天津工业采取"充分利用、合理发展"方针，天津利用原有的基础，基本建设投资主要用于老企业的技术改造，涉及天津拖拉机厂、天津市锻压机床厂等 430 多个企业，全国最大的针织企业天津针织厂也开始投资兴建。这一期间，天津工业结构从以轻纺工业为主，开始向综合性工业发展，轻、重工业比例发生明显变化。在工业生产和流通环节方面，天津市加强对经济工作的领导，将市委工业部中主管地方国营工业的部门划出，成立市委地方工业部，管理地方国营工业、公私合营、私营工业及手工业工作。同时，市委工业部改称市委国营工业部。这些措施从领导机构设置和干部配备上为"一五"计划的实施提供了保证。通过开展爱国劳动竞赛、加强劳动管理和推行厂长负责制等方式，进一步加强工业企业管理，提高工人群众的组织性和纪律性。开展技术革新运动，提高企业技术水平。通过建立健全各项操作规程，加强对新工人的教育培训等，很多企业技术管理水平得到提升，产品产量质量得到提高。这一时期，天津工业发展取得了瞩目的成绩：1950 年，天津市电车公司自行试制成功 401 型无轨电车，这是新中国第一辆无轨电车；1951 年 10 月，天津机器厂试制成功 4146 型柴油机，这是新中国第一台中马力柴油机；1952 年，天津制造出中国第一部电梯，安装在天安门城楼上，显示了天津机械工业的实力。由范旭东和侯德榜等创办的天津碱厂，奠定了天津近代化学工业的第一块基石，1953 年，天津碱厂的"侯氏制碱法"注册专利，这是新中国第一号发明专利，天津碱厂也成为申请专利和建立专利代理最早的国内企业。1955 年天津手表厂自行试制出一只 15 钻的机械表，定名为"五星"牌，这是新中国第一只国产手表。

1950 年 12 月 12 日，天津市电车公司试制的全国第一辆无轨电车举行试车典礼。

社会主义改造的胜利完成和"一五"计划的顺利实施，使天津工业发展有了一个良好的开端，为天津工业的繁盛积蓄了厚积薄发的力量。

作者：孟罡

改革开放和社会主义

现代化建设新时期

推动时代变革的思想先声：
真理标准大讨论

"真理标准大讨论"拉开了思想解放与改革开放的历史帷幕，其中蕴含的坚持真理、实事求是、人民至上等精神，至今仍然散发出耀眼的光芒，显示出超越历史时空的价值。天津人民在市委、市政府的带领下，冲破长期以来僵化教条的思想束缚，投入到真理标准大讨论中，为天津全面拨乱反正和实现工作重点转移奠定了思想基础。

拉开思想解放的序幕

"文化大革命"结束后，揭发批判"四人帮"运动的开展，使党和国家的正常秩序得以恢复。但"两个凡是"（凡是毛主席作出的决策，我们都坚决拥护；凡是毛主席的指示，我们都始终不渝地遵循）的提出，阻碍了思想解放的进程。要彻底澄清思想认识问题，纠正"文化大革命"中的错误，必须首先解决判定真理的标准到底是什么等根本问题。解决这些问题的努力，不可避免地引发了实事求是与"两个凡是"两条思想路线的争论。

邓小平等老一辈革命家反复强调必须准确完整地理解毛泽东思想，恢复和发扬党的实事求是的优良传统。在他们的推动下，理论联系实际的学风开始恢复，人们开始讨论究竟以什么作为认识和判定是非正误的标准。但是由于"两个凡是"的束缚和"左"倾错误的长期影响，对这个问题还存在大量模糊、错误的认识。为了冲破"两个凡是"的禁锢，澄清在检验真理标准问题上的模糊认识，1977 年底到 1978 年初，一些理论工作者开始就这一问题撰写文章在报刊上发表。1978 年 5 月 11 日，《光明日报》发表《实践是检验真理的唯一标准》一文，文章指出：检验真理的标准只能是社会实践，任何理论都要不断接受实践的检验。社会实践不仅是检验真理的标准，而且是唯一的标准。这篇文章从理论上否定了"两个凡是"和盛行多年的思想僵化与个人崇拜，在全国引起强烈反响。文章发表后，多家报纸全文转载，一场关于真理标准问题的大讨论逐步在全国展开。

真理标准问题讨论的开展

1978 年 9 月间，邓小平访问朝鲜归来并视察天津。他指出："思想僵化，就不可能实现四个现代化。"我们要解放思想，开动脑筋，独立思考，大胆改革，来一场思想革命。他与天津市委负责人的谈话主题仍是解放思想，"我走了几个地方，一再讲就是要解放思想，开动机器，不要当懒汉，要从实际出发"。邓小平视察天津作出的 系列重要指示作为"北方谈话"的重要内容，贯穿着解放思想、实事求是的马克思主义思想路线，进一步促进了天津人民思想解放，为实现全面拨乱反正，工作重点向现代化建设转移奠定了思想基础。

10 月中旬，市委常委会召开学习讨论会，专题讨论检验真理标准问题。市委主要领导同志在发言中指出，坚持以实践作为检验真理的唯一标准，对于澄清理论上的混乱，加速实现四个现代化，具有十分重要的意义，公开表明支持实践是检验真理的唯一标准的立场。11 月下旬，市委宣传部用 3 天时间组织全市宣传干部 150 余人召开真理标准讨论会，推动了这场讨论的开展。这场关于真理标准问题的讨论，为冲破"两个凡是"的严重束缚，重新确立马克思主义的思想路线、政治路线和组织路线奠定了基础，成为实现党和国家历史性伟大转折的先导。

真理标准问题讨论的补课

1978 年 12 月召开的党的十一届三中全会高度评价关于实践是检验真理的唯一标准的讨论，进一步推动了天津市真理标准问题讨论的深入开展。1979 年 1 月召开的市委工作会议实现了天津工作重点的战略转移，此后，各个领域的拨乱反正全面展开。但在党内外还有一些同志认为这场讨论搞得"过头"，把社会中存在的思想解放新气象理解为社会乱象，继续坚持"左"的教条主义，不支持开展真理标准讨论。1979 年 5 月，《解放军报》《人民日报》相继发表评论员文章，强调重新学习三中全会文件，补上真理标准问题一课，明确提出"补课"的要求。邓小平对海军党委提出真理标准问题"补课"给予肯定，强调"真理标准问题的讨论是基本建设，不解决思想路线问题，不解放思想，正确的政治路线就制定不出来，制定了也贯彻不下去"。7 月，《天津日报》相继发表社论《深入开展真理标准问题的讨论》和评论员文章《基层也应把真理标准问题讨论清楚》，拉开了指导思想上拨乱反正的序幕，提出要求紧密联系社会主义建设中的具体实践，深入开展真理标准问题的讨论。

1979 年 1 月，中共天津市委召开工作会议，学习贯彻党的十一届三中全会精神。

1979 年 8 月 7 日至 11 日，邓小平到天津视察工作，就贯彻党的十一届三中全会的战略方针，加深理解党在新时期的政治路线、思想路线和组织路线，把天津市的工作搞上去等问题作了重要指示。他指出："我要讲的还是要解放思想。解放思想就是坚持辩证唯物主义。中央各部门需要解放思想，地方也要解放思想，解放思想能量可大了。发展生产力，不解放思想是不行的。"邓小平还特别提到了关于真理标准问题的讨论，说这个问题意义太大了，只有解决了这个问题，实现四个现代化，才有真正的思想基础。

在党的十一届三中全会和邓小平重要讲话精神指引下，全市深入开展真理标准问题讨论的"补课"，市委强调："当前，摆在我们面前的工作千头万绪，最根本的一条是继续解放思想，深入开展党在新时期的政治路线和思想路线的教育，把全党的认识统一到一心一意搞四化，同心同德搞四化上来。"全市理论宣传工作会议强调，要补好真理标准问题讨论这一课，就要在扫除思想障碍和加强领导两方面下功夫。会议对干部、群众补好真理标准问题讨论这一课分别提出了要求，强调干部尤其是领导干部，要把思想统一到十一届三中全会的精神上来，树立辩证唯物主义的认识路线。广大工农群众要搞清楚什么是党的正确思想路线、我国现阶段的主要矛盾和全国人民现阶段的中心任务是什么，要懂得检验真理的标准只有一个，就是实践。此后，关于真理标准问题讨论的补课在全市广泛开展起来。

在真理标准问题讨论补课深入开展的基础上，9月21日至22日，市委召开真理标准问题理论讨论会。会上，市委各部委及各区局的主要领导同志介绍了所在单位关于开展真理标准问题讨论补课的做法、经验和体会。讨论会坚持理论联系实际，紧紧抓住端正思想路线这个根本问题，把开展真理标准问题的讨论同总结实际工作结合起来，摆事实、讲道理，以实践效果考察理论和政策的真理与谬误、正确与错误，提高了坚持实践是检验真理的唯一标准的自觉性。

全市范围内开展的关于真理标准问题的讨论及补课，是对全市党员干部进行的辩证唯物主义思想路线教育。它打破了长期禁锢人们头脑的精神枷锁，排除了"左"的错误思想干扰，使实践是检验真理的唯一标准的观点深入人心，解放思想、实事求是的马克思主义思想路线在天津得到恢复和贯彻，有力地推动了天津工作重点的转移和各方面的拨乱反正。

作者：孟罡

平反冤假错案与落实各项政策

粉碎"四人帮"后，平反冤假错案、落实各项政策是消除"文化大革命"期间积累的各种严重政治和社会问题的重要措施，是推动实现党和国家历史性转折的重要工作。在党中央的领导下，天津冤假错案的平反与各项政策的落实工作迅速展开。

大力推动全市平反冤假错案

党的十一届三中全会前，因为个别领导"捂盖子"，天津市平反冤假错案工作受到不利影响。党的十一届三中全会以后，我们党开始从组织路线上系统清理重大历史是非，大规模平反冤假错案工作全面展开。市委成立了落实干部政策和摘帽领导小组，根据实事求是、有错必纠的原则，在全市范围内大规模开展平反冤假错案工作。1979 年 1 月，在传达学习十一届三中全会精神的工作会议上，市委宣布，林彪、"四人帮"制造的所谓"万张反党集团""深泽叛徒集团""献县叛徒集团""五·一六在天津的黑班底""黑会""黑戏"等冤假错案，以及"文化大革命"初期受到点名批判的同志，还有一些被打成所谓"御用工具""反革命"的群众组织等，一律彻底平反，一切诬蔑不实之词统统推倒。对于在"文化大革命"中无辜受迫害的工人、农民、干部、知识分子和街道居民及其亲属，一律恢复名誉，彻底清理和销毁有关档案材料。

为搞好平反冤假错案、落实干部政策工作，市委要求对"文化大革命"期间的案件逐个分析研究，并确定了五条工作标准。这些标准是：①过去受审查需要做结论而没有结论的，是否已做出正确结论。②已做结论但处理不正确的，要改正过来，一切诬蔑不实之词应予推倒。③可以工作而没有分配工作的，要尽快分配适当工作；已分配工作但不适当的，要进行调整；年老体弱不能工作的，要妥善安排，在政治上、生活上给予关怀和照顾。④对受审查期间死亡的同志，要实事求是地作出结论，并把善后工作做好。⑤无辜受牵连的家属、子女、亲友、身边工作人员中应予解决问题的，要妥善解决。为推动干部政策的落实，4月下旬，市委抽调500多名干部，组成落实政策检查验收工作团，对全市落实干部政策的情况进行全面检查。在市委领导下，各级党组织遵照中央关于拨乱反正、平反冤假错案的指导精神，对"文化大革命"中遭受迫害和审查的274837人（其中干部57992人，包括曾任市委书记、常委、市长、副市长职务的15人）的问题，逐个进行了复查，重新作出实事求是的结论，为受迫害的干部、工人、农民、知识分子、爱国人士和街道居民恢复了名誉，清整了40多万名干部的档案，撤出了含有污蔑之词的材料。与此同时，对1957年反右派斗争中错划的"右派分子"5200多人给予了摘帽（1978年前已给大部分"右派分子"摘掉帽子），对"四清"运动期间处理的930多件案件逐件进行了复查，其中错案得到纠正。对得到改造的地主、富农分子也摘掉了帽子。

1979年5月25日，《天津日报》发表特约评论员文章《坚定不移地贯彻执行三中全会精神》。

恢复和发展统一战线

1978 年后，市委恢复了被"文化大革命"中断的民主党派负责人座谈会，使中共天津市委与各民主党派协商活动步入正常化、规范化。遭到严重破坏的党的各项统战政策，包括知识分子政策、劳模政策、民族政策、宗教政策、侨务政策、台胞台属政策、对原工商业者的政策、对原国民党起义投诚人员的政策等，陆续得到落实。落实知识分子政策方面，在有代表性的非党知识分子中平反了 748 人的冤假错案，为 52 人补发了"文化大革命"期间扣发的薪金，为 67 位专家、学者配备了助手，将 20 位专家、学者的子女调入市内工作，并为 2500 多人恢复或授予了技术职称。特别是有 23 位在社会主义现代化建设中作出贡献或有较大影响的非党知识分子被提拔，担任了区县局以上领导职务。一些专家、学者还当选为全国或本市的人大代表、政协委员。

整顿、调整和充实各级领导班子

1979 年 8 月，邓小平视察天津时提出，党的思想路线和政治路线确定后，还必须解决好组织路线问题。从那时起，市委就不断地整顿、调整和充实各级领导班子。一方面揭露和清理混入领导班子中的"三种人"和有严重问题的人；一方面落实党的政策，让一批老干部重新回到工作岗位，并依靠老干部考察和挑选在实际工作中坚定地贯彻执行十一届三中全会路线、富有才干的优秀中青年干部，结合市区县人民代表大会的召开，让他们担任各级政府的领导职务。1979 年，在调整和充实各级领导班子中，区县局以上的领导班子调整充实了 64 个。区县局以下的各级领导班子也进行了不同程度的调整和充实。经济、科技、教育等部门选拔 1012 名科技人员进入各级领导班子，使领导班子尽量做到由各方面的专业人才组成。工交系统有 53 个公司、505 个企业配备了 920 名懂技术的干部，任命了 283 名正副总工程师；先后提拔 973 名年富力强的中青年干部。在调整和充实各级领导班子的同时，市委加强了对在职干部的培训。全市参加各种技术、业务和管理知识分子学习班的干部累计 41900 多人。整顿、调整和充实各级领导班子，既保证了十一届三中全会以来路线、方针、政策的贯彻执行，又使党的优良传统和作风得到恢复和发扬。

恢复高考　发展科教

由于"文化大革命"的破坏，我国教育，特别是高等教育处于几乎瘫痪的状态，人才培养出现严重断层。"文化大革命"结束后，加快人才培养，事关实现社会主义现代化的大局。1977 年 8 月，邓小平主持召开了科学和教育工作座谈会，重新确立高考为高校选拔人才的基本制度。恢复高考的第一年，来自天津各条战线和应届高中毕业生共 6 万余人参加了高考。他们中年龄最大的 35 岁，最小的 17 岁。为确保高考的顺利进行，天津市组建了招生考试工作队伍，建立和完善了各项规章制度及工作程序，并为大龄考生创造升学机会，鼓励考生报考外地院校和农林师等艰苦行业学校。

为适应高等教育的发展，市政府于 1979 年底提出了《关于天津市高等教育调整意见》，根据国民经济和社会发展需要调整门类和专业设置，新建高等院校。在 1978 年新建天津中医学院、天津城市建设学院、天津师范专科学校的基础上，1981 年又新建了理工学院、商学院、外贸学院、技工师范学院、职业大学 5 所院校，增设 40 个新的急需的专业。同时，大力发展中等职业技术教育和职工中等专业教育，举办职工中专、干部中专、电视中专和中等专业自学考试等。到 1982 年，全市高等院校达到 27 所，在校学生 3 万人，比 1978 年分别增加了 5 所和 1 万人。高考的恢复和教育事业的发展，极大地调动了广大青年、干部学习科学文化知识的积极性，为社会生活注入了强大活力。通过高考而选拔到高校深造的一代学子健康成长，很快成为国家和天津市社会主义现代化建设事业的中坚力量。

1978 年 3 月，天津代表团出席了中共中央、国务院在北京隆重召开的具有深远历史意义的全国科学大会。4 月 12 日，天津市委召开 5000 人大会，传达贯彻全国科学大会精神。会议强调要认真整顿科研机构；进一步落实党的知识分子政策；切实保证科研人员工作时间；加强科技队伍建设，搞好科学普及；切实加强后勤工作。随后，市科委、市科协及停办多年的科技进修学院和市区各分院、市科学普及创作协会、市 21 个自然科学学会相继恢复或创办。自 1979 年开始，天津市建立了科技成果奖励制度。1981 年，全市共有 7 项科技成果获国家发明创造奖，81 项获国务院各部奖励，335 项获市优秀成果奖，1270 项获各级技术改进奖。科学的春天已经到来。

天津市冤假错案的平反与各项政策的落实推动安定团结的新政治局面、新社会局面重新树立，人们心情空前舒畅，全身心地投入到全市改革开放和经济建设中去。

作者：马兆亭

农村改革的起步

党的十一届三中全会后，首先在中国农村大地掀起了波澜壮阔的改革大潮。以家庭联产承包责任制为起点的农村改革揭开序幕，开启了中国改革开放的伟大历程。从 1979 年开始的天津农村经济体制改革，既理顺了土地承包关系，又改革农村产权制度，为农业农村经济的快速发展打下了良好的基础。

家庭联产承包责任制的确立

党的十一届三中全会制定了《关于加快农业发展若干问题的决定（草案）》和《农村人民公社工作条例（试行草案）》两个文件。1980 年、1982 年中共中央又相继发出《关于进一步加强和完善农业生产责任制的几个问题的通知》和《全国农村工作会议纪要》。以这些文件精神为指导，1979 年至 1981 年，在不改变人民公社经济体制和组织结构的情况下，天津市针对种植业推行了多种形式的生产责任制，为即将展开的天津农村改革奠定了基础。

1979 年 2 月，在市委的直接领导下，天津市各区县召开四级干部会议，传达贯彻中共中央和市委的决定，研究落实粮田生产责任制的问题，9 月中旬进行具体研究部署工作，落实粮田生产责任制工作在部分社队开始推广，其中宁河县岳龙公社岳龙大队的 6 个生产队，将社员划分成 18 个作业组，生产队包工到作业组，联系产量计算报酬，调动了干部和社员的积极性，全大队夏粮夺得增产 5 万公斤的好收成。同时，在少数边远山区和贫穷地区试行了包产到户或包干到户责任制，在低产缺粮队试行分口粮到户的责任制。在这一过程中，出现了多种形式的生产责任制，主要形式有作业组、专业承包、联产计酬、定额管理、田间管理责任到劳等。从实践效果看，这几种责任制各有千秋，但以专业承包，联产计酬责任制最为优越，代表了农村合作经济发展的方向。

为了总结联产承包责任制的经验，解决一部分社队按兵不动的问题，引导改革深入发展，1980年11月下旬，市委召开农村工作会议，确定了加强和完善生产责任制，改善经营管理，大力发展多种经营的工作思路。会议通过了放宽经济政策的十项规定①。会后，各区、队把推行生产责任制作为贯彻十项经济政策、巩固和发展合作经济的中心环节来抓，党政主要领导同志亲自抓。在试点过程中，各区、队坚持从实际出发，尊重生产队自主权，发扬民主。到1981年6月底，十项经济政策基本得到落实。17197个基本核算单位中，实行不同形式责任制的15412个，占89.6%。其中，专业承包、联产计酬的占7.6%；统一经营、联产到劳的占11.9%；综合承包、联产到组的占5.3%；包产、包工到户和分口粮田的占6.5%；仅包工、不联产的占68.7%。这些不同形式的生产责任制，对调动社员的积极性，打破劳动计酬的平均主义起到了积极的作用。与1978年相比，1981年农村生产总值增长了64.9%，平均每年增长18.14%。然而，由于在政策上对"双包"有明确的限制，加之一部分群众思想认识上存在误区，导致在农村家庭联产承包责任制推行得并不充分，只有极少数穷队实行包产到户。

党的十一届三中全会以后，《人民日报》陆续报道了安徽、四川、云南、广东等省实行生产责任制的情况和经验。党中央尊重人民群众的愿望，积极支持试验，突出强调重视保护家庭经营的积极性。1981年5月7日至11日，市农委召开郊区、县委书记和农口各局负责人会议，认真解决思想认识问题。

---

① （1）因地制宜，发挥优势，农林牧副渔全面发展；（2）尊重生产队自主权；（3）粮食征购基数从1981年起，一定5年不变；（4）根据自己的条件，积极兴办一些地方企业，利润归自己使用；（5）进一步办好集体养猪、养鸡等畜禽场，可以包到组、户、人；（6）鼓励社员大力发展家庭副业；（7）自留地由社员自己经营；（8）生产队规模一般要稳定；（9）社队企业产品可以自己运输，任何部门不得从中提取管理费和手续费；（10）能工巧匠和小商贩，可以参加社队企业和各种副业生产，也可以经社队同意，工商部门批准发给执照，外出劳动合同经营。

8月26日至9月7日，市委在武清县①召开全市农村工作会议，各郊区、县、公社、市级农口各局及有关部委负责同志500余人参加，会议主要研究普及和落实家庭联产承包、建立合作经济双层经营。会议的前一阶段统一组织与会人员前往河北省吴桥、青县、沧县等地参观，学习这些地区包产到户、包干到户的经验。之后，武清县城关公社、宁河县岳龙公社、宝坻县方家庄公社、北郊区天穆公社、静海县子牙公社等7个单位汇报交流了落实包产（干）到户生产责任制的情况和做法。会议后一阶段着重讨论了进一步完善联产承包责任制问题并统一了认识，总结出在各地实行的生产责任制中，以专业承包、联产计酬和坚持几统一下的包产到户、到劳两种方式为最优。9月22日，市农委发出《实行统一经营联产到劳和双包责任制中一些具体问题的处理意见》的通知，对耕地承包、确定承包指标、机具和耕畜的管理使用、剩余劳力和剩余劳动时间的安排等问题，提出了具体的解决办法，天津市掀起普及家庭联产承包责任制的高潮。

农村工作会议后，以家庭联产承包为主要形式的生产责任制在我市农村普遍建立起来。到1983年5月，全市17900个基本核算单位中，有17107个试行了不同类型的联产承包责任制，其中包干到户的占85.6%。到1984年底，实行联产承包责任制的村有3849个，占总数的99.9%，其中包干到户的有3606个，占93.6%。家庭联产承包已成为全市农村最普遍、最主要的责任制形式。群众高兴地说："大包干、大包干，直来直去不拐弯"，"政策顺心天帮忙，汗水换来丰收粮"。

家庭联产承包责任制在粮田生产上取得成果，最先被推广到园田多种经营，接着又推广到养殖业、渔业、乡镇企业等领域，使农村经济出现了新的景象。与1981年相比，1984年农村各业总产值平均每年增长45.61%，农副产品收购值平均每年增长16.8%，全市粮食总产量由1978年的11.7亿千克增加到1984年的13.1亿千克；粮食亩产由1978年的203千克增加到1984年的265千克。全市农村农业总产值由1978年的6.7亿元增加到1984年的16.7亿元，社会总产值从15.7亿元增加到50.5亿元。

---

① 2000年，撤销武清县，设立武清区。

实行家庭联产承包制后的农家小院

人民公社行政体制的改革

家庭联产承包责任制的推行和完善，使人民公社集体经济由统一经营一个层次变为两个层次。第一个层次主体是公社和生产大队，行使对主要生产资料的所有权；第二个层次是以家庭和集体承包为代表，在承包合同规定的范围内，充分行使生产资料的使用权和经营自主权。两个层次彼此独立又相互依存。

双层经营体制的出现，客观上要求对以"一大二公"为基本特征的政社合一的人民公社行政体制进行改革。1982 年 8 月 4 日，市农委召开郊区、县委负责人会议，部署改变人民公社政社合一的试点工作。会议确定东丽区万新庄公社、西郊区木厂公社、南郊区南羊公社等 9 个试点单位，后又增加塘沽区河头公社、大港区小王庄公社、汉沽区大田公社 3 个试点单位。

试点工作按照党政企分设原则进行，把公社改为乡，管辖区域不变。会后，各区县立即组织专门班子，负责试点工作。根据中央"政社合一的体制要有准备、有步骤地改为政社分设，准备好一批改变一批"的精神，市委农委及时总结试点经验，于 2 月 22 日向市委汇报；原定试点方案基本实现。3

月 25 日，市委召开区县党政领导碰头会，全面部署人民公社体制改革的工作，到 10 月 12 日中央和国务院正式发布关于实行政社分设、建立乡政府通知时，天津市人民公社体制改革已基本结束。全市 209 个公社全部实现党政企分设，建立乡镇政府 201 个；3875 个村中，有 3733 个建立了村民委员会。至此人民公社行政体制改革工作结束，为新时期农村改革与发展创造了有利条件。

以包产到户、包干到户为主要形式的农村家庭联产承包责任制，破除了农村分配制度的平均主义，改变了人民公社"吃大锅饭"的制度弊端。农村改革的探索特别是家庭联产承包责任制的推行，谱写了农村充满生命活力的第一乐章，成为党和国家农村政策的重要基石。

作者：孟罡

大潮涌动
——迈出城市经济体制改革步伐

城市经济体制的改革，是伴随着农村经济体制改革开始的。从 1984 年开始，中国经济体制改革的重心开始转向城市。在天津，城市的改革使社会面貌发生了很大变化，人们感受到了新思想和旧思想的碰撞，也感受到了社会焕发出来的新活力和新生机。

扩大企业自主权

党的十一届三中全会在总结我国经济发展经验的基础上，提出了"应该有领导地大胆下放，让地方和工农业企业在国家统一计划的指导下有更多的经营管理自主权"。1979 年 4 月召开的中共中央工作会议，对我国经济体制改革的方向、步骤作了原则规定，并进一步提出，改革要扩大企业自主权，增强企业活力，把企业经营的好坏同职工的物质利益挂起钩来，要划分中央和地方的管理权限，在中央统一领导下，调动地方的积极性。

按照中央部署，天津市的工业改革首先从改革分配制度入手，调整国家和企业的经济关系，改变国家对企业统收统支的分配制度，从试行各种形式的利润留成或者盈亏包干等方面扩大企业自主权。按照这一要求，天津漆包线厂和衬衣厂作为企业改革试点，分别采取利润增长分成、全额利润留成的方法进行改革，拉开了天津工业企业改革的序幕。

为进一步扩大试点企业的范围，1979 年 5 月 25 日，国家经委、财政部、对外贸易部等 6 个单位联合发出《关于在京、津、沪三市的八个企业进行企业管理改革试点的通知》，并转发《关于企业管理改革试点座谈会纪要》，其中天津自行车厂、天津动力机厂被列为全国最早的扩权试点单位，试行企业利润留成、折旧基金70%留给企业等改革措施。到年底，天津市工业企业扩权改革试点单位增加到496个，占全市地方全民所有制企业的60%。改革初步改变了企业只按照国家指令性计划生产的情况，增强了企业的经营和市场意识。为了进一步推进天津的试点工作，11月，天津市政府批准市手表厂、自行车厂、第一毛纺织厂、锻压机床厂4个国营大厂，进行独立核算、国家征税、自负盈亏试点。截至1982年底，国营工业企业大都实行了全额利润留成。

天津手表厂

随着扩权试点的深入，正确解决国家和企业之间的责、权、利关系，企业与职工，以及职工与职工之间的经济关系，成为企业改革面临的紧迫问题。天津市在改革过程中依据中央精神，逐步在企业中试行经济责任制管理形式。从1982年开始，天津市大多数工业企业建立以"包、保、核"为主要内容的经济责任制，并向承包多样化方向发展。根据天津实际，制定扩大国营工业企业自主权"三十条"规定，在计划、物资、销售及内部奖金分配等方面进一步扩大企业自主权，在搞活企业方面取得一定成效。越来越多的企业逐步由单纯生产型向生产经营型转变，同时，在改革计划体制、扩大市场调节范围、搞活商品流通、开展横向联合、发展多种经济形式、改革劳动制度、实行合同制等方面迈出了新的步伐，开始走上以提高经济效益为中心的轨道。

以建立"三多一少"[①] 为主要内容的商业体制改革

1978年以来，与国营工业企业改革相伴随，天津商业系统改革也在积极推进。在坚持国营商业占主导地位的基础上，大力扶持和发展各种形式的集体商业。1979年，首先在河东区零售商业和饮食业、服务业进行按资金利润率分解指标，实行经济责任制改革的试点；第二年，又在全市选定24个商业零售企业进行扩大试点，并在其中5个单位进行了利改税试点。1982年全市商业企业普遍实行经营承包责任制的改革，恢复了提成工资制和超定额计件工资制等做法，到1984年底，此项改革全面铺开。1984年，根据《关于搞活国营零售业、服务业经营的几项改革意见》的要求，从7月开始，全市一商局、二商局和粮食局所属的零售业实行按自然门店独立核算。随后市政府相继颁发《关于巩固和发展我市新办集体商业企业的意见》《加速发展第三产业的决定》等文件，进一步明确了发展集体商业的政策。据统计，从1983年到1984年，天津市新建集体商业网点2500多个，截至1985年，全市新兴集体商业从业人员44671人。其中，社会各部门办的集体商业从业人员34799人，均比1980年增长15倍多。通过对税收、信贷等方面的政策调整，个体商业也重新得到恢复和发展，1985年全市个体商业零售额达3.8亿元，比1980年增长142倍。

财税金融体制的初步改革

改革开放初期，财税体制改革的主要目的是调整国家和企业之间的利润

---

① "三多一少"即：多种经济形式、多种流通渠道、多种经营方式、减少流通环节。

分配关系，增强企业活力。根据国务院《关于扩大企业经营管理自主权的若干规定》，在企业财务管理体制改革方面，天津市先后试行了企业基金、基数利润留成和增长利润分成、全额利润留成、以税代利等方法，打破了国家统收统支的分配格局，调动了企业和职工的积极性。

从 1983 年开始，按照国家的统一规定，天津市工业企业开始利改税第一步，以保证国家财政收入的稳定增长为目标，同时加大对企业进行专业化改组，先后组建了 86 个公司，其中色织公司、地毯公司、无线电联合公司等陆续实行了企业化。到 1983 年 6 月完成了利改税第一步，实现利润和上缴税利分别比上年增长 10.1% 和 10.9%，企业留利 34293 万元，比上年增长 12.7%。1984 年，天津市国营工业企业推行利改税第二步改革，改革的中心任务是把国家与企业的分配关系以税法的形式固定下来，做到独立经营，自负盈亏，这是国家与企业分配体制的一项重大改革，在一定程度上解决了企业吃国家"大锅饭"的问题，较好地处理了国家、企业和职工三者之间的利益关系，使天津市的税收工作进入新的发展阶段。在税收制度改革方面，为适应对外开放，天津市从 1980 年起开征涉外税收，同时为适应工业改组需要，保持财政收入的稳定增长，从 1982 年起实行增值税的试点工作，到 1983 年，先后在机器机械和农业机具两个行业的三个产品（自行车、缝纫机、电风扇）中全面推行。与此同时，加强财政管理体制改革，1984 年，对市区（包括塘沽区、汉沽区、大港区）实行"固定比例留成、增长分成、支出按指标包干"办法，扩大了市区财力。

金融体制改革方面，首先改变银行"大一统"的局面，完成分设专业银行。恢复中国农业银行天津市分行、中国人民建设银行天津市分行和中国银行天津分行的专业性银行业务。信贷资金管理体制改革方面，从 1979 年开始，银行系统开始试行信贷收支差额管理办法，适当扩大了基层银行的自主权。同时，试办商业票据贴现，举办委托存、贷款、租赁、咨询等业务。成立中国人民银行天津市分行信托投资公司，先后试办了 22 种信托业务。国内保险业务方面，成立中国人民保险公司天津市分公司，1984 年 6 月，市保险公司从人民银行分离出来，升级为局级经济实体，各级保险公司也实现独立，由此形成了较完善的保险机构。

　　改革开放是决定当代中国命运的关键一招。以城市为重点的天津经济体制改革的全面展开，极大地调动了人民群众的积极性和创造性，给津沽大地带来了蓬勃生机和活力，有力地推动了经济社会的高质量发展。

作者：孟罡

乡镇企业异军突起

　　1978 年党的十一届三中全会之后，我国乡镇企业异军突起，取得了世人瞩目的伟大成就。邓小平曾经评价乡镇企业说："农村改革中，我们完全没有预料到的最大的收获，就是乡镇企业发展起来了，突然冒出搞多种行业，搞商品经济，搞各种小型企业，异军突起。"天津市作为沿海城市、工商业发达城市，乡镇企业有着突出的有利条件和发展优势，天津乡镇企业发展迅速，成为我国乡镇企业发展成绩最为突出的省市之一。

积极落实政策　大力促进发展

　　党的十一届三中全会后，天津市委、市政府根据中央指示精神，全面落实支持乡镇企业发展的各项政策，加强乡镇企业的领导，在将乡镇企业发展纳入全市城乡发展战略，以及领导体制、发展方针、政策体系等方面提供总体支持和有力支撑，助推全市乡镇企业大发展、大繁荣。

　　20 世纪 80 年代初，市委决定社队企业划归农委领导，将原社队工业局改为天津市人民公社企业管理局，取消了限制社队企业发展的条条框框，调动了农村发展社队企业的积极性。同时要求各郊区、县利用大城市郊区的有利条件，积极发展建筑、运输等行业，积极推动社队经营承包责任制的落实。

　　1984 年 3 月，中共中央、国务院转发农牧渔业部《关于开创社队企业新局面的报告》并发出通知，同意报告提出的将社队企业名称改为乡镇企业的建议。指出，乡镇企业是多种经营的重要组成部分，是农业生产的重要支持，是广大农民群众走向共同富裕的重要途径，是国家财政收入新的重要来源，是国民经济的重要力量，是国营企业的重要补充，要求大力支持乡镇企业的发展。同月 25 日，市委、市政府召开天津市乡镇企业工作会议，提出并讨论了"七五"期间天津市乡镇企业发展规划，研究制定加快乡镇企业发展的政策、措施。会议决定建立天津市乡镇企业指导小组，负责研究制定发展规划；在市经委、计委设立乡镇企业处，有关委办局根据任务的大小，可以设专门机构和专职人员，负责乡镇企业工作；天津市人民公社企业管理局改为天津市乡镇企业局，负责全市乡镇企业；各郊区、县建立乡镇企业经济委员会，由区县领导同志负总责。会议提出了"统一思想，依托城市，城乡结合，相互协作，相得益彰，比翼齐飞"的发展乡镇企业的方针。这次会议对天津乡镇企业的发展起到了推动作用，同时也标志着天津对发展乡镇企业的认识在逐步加深，指导思想日趋明确。

1986 年中共中央、国务院发出的《关于 1986 年农村工作的部署》，进一步提出了鼓励发展乡镇企业的政策和措施。随后召开的天津市农村工作会议提出并依据城乡一体化的发展战略，从方针政策到领导机构、体制等方面为乡镇企业持续、稳定、健康的发展提供了保证。从 1988 年起，市委、市政府每年召开一次乡镇企业工作会议，确定和完善城乡一体发展乡镇企业的基本思路、指导方针及政策措施。市委、市政府指出，乡镇企业不仅是全市农村经济的重要支柱、农民致富的重要途径，而且是全市国民经济的一个重要组成部分，要把发展乡镇企业提到振兴天津经济的战略地位上来。按照整体推进天津经济的要求，市委、市政府确定了"城乡结合发展乡镇企业，整体推动振兴天津经济"的基本思路，在指导乡镇企业发展的方针上强调要"着眼提高，突出外向，集体为主，多种成分，城乡一体，统筹规划，加快联合，共同开发"，并制定了进一步发展乡镇企业的若干政策，在项目审批权、减免税收、信贷资金上给予优惠。政策的大力支持和有利的外部环境为天津乡镇企业依靠自身优势加快发展提供了重要保证。

在天津城乡发展中异军突起

发展数量实现异军突起。党的十一届三中全会后，适应天津经济发展的需要，市委、市政府采取围绕农业办工业、为城市服务、发展横向经济联合、开拓市场生产门路等措施，促进了乡镇企业发展。1982 年，天津市乡镇企业发展到 4449 个，比 1978 年增加 11%，总收入达到 13.35 亿元，比 1978 年增加 78%。1984 年，随着发展乡镇企业方针的确定，乡镇企业出现了乡办、村办、其他形式合作办、农民联户办、个体办五个层次齐发展的局面。到 1991 年底，天津市乡镇企业已达到 39556 万个，职工 89.3 万人，分别比 1978 年增长 9 倍和 2.6 倍，固定资产原值为 58.4 亿元，增长了 7 倍。乡镇企业从业人员已占全市农村总劳动力的 52.2%；乡镇企业总产值已占全市农村社会总产值的 82.4%，缴纳税金占各郊区、县财政收入的 75% 左右。

南郊区葛沽镇西服厂汽熨车间

作用发挥成为支柱与主体。乡镇企业在全市经济发展中的地位越来越重要。1991 年，乡村集体工业产值占全市完成工业总产值的 30%，增长绝对值 41.4 亿元，占全市工业增长绝对值的 65.5%。乡镇企业出口产品交货额达到 26.7 亿元，占全市外贸部门收购额的近一半。建成一批出口生产基地，出现了一大批出口创汇大户。蓟县有专门从事出口服装制作的企业 30 多家，静海县服装、蔬菜加工出口形成规模。乡镇企业创汇骨干企业，到 1992 年已占全市比重的 54.2%。乡镇企业的规模水平不断提高，出现了一批初具实力的骨干乡镇企业。1991 年底，乡村集体企业中，产值超过 100 万元的骨干企业已有 4541 家，其中产值超过 500 万元和 1000 万元以上的企业分别达到 1066 家和 433 家。典型的有大邱庄企业集团、宏利集团、宏发集团等大中型集团。这些集团实行工贸一体，跨行业、跨地区、跨所有制甚至跨国经营，成为乡镇企业的龙头。乡镇企业已成为天津农村经济发展的支柱和主体。

发展质量效益实现全面提升。乡镇企业的技术和管理水平不断提高。在发展乡镇企业过程中，市委、市政府高度重视引导乡镇企业注重技术进步和各类人才的培养，出台政策、条例，引进先进和适用技术，吸引科技人员到乡镇企业落户，推动乡镇企业积极引进科学的管理方法，学习借鉴城市大工业企业管理经验，抓好生产管理、物资管理、财务管理和安全管理，推行全面质量管理。"七五"期间，天津市乡镇企业共开发新产品 324 项，有 8 项产品获部级科技进步奖，有 5 项产品获市级科技进步奖，有 16 项列入国家新产品开发计划，有 26 项列入国家级星火计划，有 45 项列入市级星火计划，其中 17 项获国家级、市级星火奖。"七五"期间，乡镇企业管理水平显著提高，乡镇企业逐步由粗放管理转移到科学管理的轨道上来。有 8 个企业晋升为国家二级企业，173 个为市级先进企业，408 个局级企业，2116 个区县级企业。1996 年，我国历史上首部保护和规范乡镇企业行为的法律《中华人民共和国乡镇企业法》的出台，标志着乡镇企业的规划和管理从此走上了法制的轨道。此后，天津乡镇企业推动实施企业改制，普遍建立现代企业制度，进行产业升级改造，随着市场经济发展逐步融汇进民营经济的大潮中。

乡镇企业的发展，为农村剩余劳动力从土地上转移出来，为全市实现全面小康和率先实现现代化，为谱写中国式现代化天津篇章和建设社会主义现代化大都市发挥了自己独特的作用。

作者：马兆亭

文明路上砥砺前行

——改革开放以来天津市精神文明建设回顾
（1979—2012 年）

伟大的事业孕育伟大的精神，伟大的精神推动伟大的事业，中华民族迈向伟大复兴的每一个脚步，都伴奏着建设精神文明的高亢旋律。改革开放以来，天津市委、市政府积极贯彻中央关于建设社会主义精神文明的方针政策，始终坚持"两手抓，两手都要硬"的方针，积极开展具有时代特征和天津特色的精神文明创建活动，为天津的改革开放和社会主义现代化建设提供了强大的精神动力和智力支持。

"五讲四美三热爱"助推社会风气实现根本好转（1979—1984 年）

党的十一届三中全会实现了全党工作重心的转移。伴随着物质生活的逐步改善，社会主义精神文明建设进入新的时期。

早在 20 世纪 80 年代初，天津市中小学就在全国率先开展了以"爱学习、守纪律、懂礼貌、讲卫生、关心集体、艰苦朴素"为内容的"人人争戴新风尚小红花"的竞赛活动，其经验被团中央向全国推广。1981 年 10 月，在中国少年先锋队建队 32 周年之际，团中央在全国范围内表彰了 150 个"红花集体"。发端于天津的"新风尚小红花"活动如烂漫的山花，盛开在全国各地。

1981 年 2 月，全国总工会等 9 个单位联合号召全国人民特别是青少年开展"五讲""四美"文明礼貌活动。此后，这项活动又和"三热爱"活动相结合，在全国迅速开展起来。天津市团市委召开了"三热爱、树五风"，争当学雷锋好青年动员大会，为建设社会主义精神文明作出贡献。1982 年天津市被确立为开展"全民文明礼貌月"的重点城市之一。以"五讲四美三热爱"活动为重要内容的天津市精神文明建设活动取得了明显成效。截至 1982 年底，全市共评出"五好家庭"26100 余户、"五好个人"44000 多人。

为使"五讲四美三热爱"活动落实到基层，使之经常化、制度化，天津市提出建设文明单位，在农村主要是继续抓好文明村建设，搞好"五抓五治"①，在城市，要从本地区、本行业、本单位的特点出发，进一步开展好"三优一学"②活动。截至 1984 年 2 月，开展创建文明村（镇）活动的单位已达 1053 个，约占村镇（总数）的三分之一，有 325 个被评为建设文明村（镇）先进单位，人民群众思想道德素质和科学文化素质得到明显提高。

创建文明单位推动社区精神文明创建屡结硕果（1985—1996 年）

党的十二届六中全会把精神文明建设纳入现代化建设的总体布局，在理论上对社会主义精神文明的战略地位有了新的认识。以此为指导，天津市精神文明建设工作有序地推广开来。

根据中央"五讲四美三热爱"活动委员会的要求，1985 年 1 月，《天津市 1985 至 1987 年创建文明单位三年规划》制定完成。规划提出，争取三年内把全市 80% 左右的基层单位建成文明单位，30% 左右的基层单位建成市级文明单位，陆续建成一批市级文明街道、文明乡镇、文明公司和文明区、县、局，使全市文明水平有一个明显的突破。进入 20 世纪 90 年代，市委、市政府把群众性精神文明建设活动归纳为四项系列工程③，命名和建设 125 个市和区县两级爱国主义教育基地，总结和推广了一批爱国主义教育典型，弘扬新时期创业精神。工会、妇联、共青团等也相继组织多项活动，产生了广泛影响。到

---

① 抓思想教育，治旧变新；抓文化科学，治愚变智；抓环境卫生，治脏变净；抓社会秩序，治乱变安；抓生产发展，治穷变富。

② 优质服务、优良秩序、优美环境，学雷锋学先进。

③ 进行爱国主义、集体主义、社会主义教育；弘扬新时期创业精神；"建文明城市，做文明市民"；活跃群众文化生活。

1995 年底，天津市已有 5 个区县 [①] 跨入全国社区文化先进区县的行列，占全市区县总数的 27%。

随着文明单位创建活动的深入开展，以社区为单位的创建活动越来越成为精神文明创建活动的重点。天津市和平区自 1988 年起坚持开展"十佳公仆"评选活动，为人民群众与政府良性互动搭建了有效平台。天津市河西区 1988年把文化设施建设纳入城市建设的总体规划，坚持社会文化社会办的方向，对转变社会风气、稳定社会秩序起到了重要作用。

1996 年 11 月 6 日，天津市和平区精神文明建设先进事迹报告会。

"三大创建活动"引领精神文明建设迈上新的台阶（1997—2002 年）

《中共中央关于加强社会主义精神文明建设若干重要问题的决议》是一个跨世纪精神文明建设的纲领性文件。根据文件精神，天津市"九五"时期精神文明建设规划明确提出开展创建文明城市、文明村镇、文明行

---

① 和平区、河西区、塘沽区、西青区、北辰区。

业三大活动，其经验做法得到中宣部和中央文明办的肯定，并向全国推广。

创建文明城市活动方面，天津市以创建文明小区为基础，创建文明社区为中心，创建文明城区为目标，深入开展"创三区"活动。大力开展"五个一"①竞赛，受到中央领导同志和中宣部、中央文明委的高度评价。从1996年开始，从应届大学毕业生中选拔优秀学生充实到社区，为开创建设和谐社区形成丰富的人才储备起到了积极的推动作用。推社区进体制改革，建立街道党的工作委员会，实行"两级政府、三级管理"，实现城市管理重心下移。在全市范围内广泛深入地开展"天津市民行为道德规范"大讨论，颁布《天津市民行为道德规范》。

以提高农民素质、奔小康和建设社会主义新农村为目标，开展创建文明村镇活动。广泛开展"创两户"②和"十星级文明户"③的活动，深化农村基础创建工作。以创"三村"④和"四乡镇"⑤为目标，全面提高农村精神文明建设的水平。宝坻区被评为全国创建文明村镇工作先进县；后蒲棒村等10个单位被中央文明委授予"全国创建文明村镇工作先进单位"荣誉称号。2001年11月，天津市宝坻区城关镇、武清区杨村镇、西青区张家窝镇和津南区咸水沽镇入选115个全国创建文明小城镇示范点候选单位。

以服务人民、奉献社会为宗旨，开展创建文明行业活动。从1997年开始，在各行各业开展了以"为人民服务、树行业新风"为内容的多种形式的创建文明行业活动。塘沽区城建系统"1001"城管为民服务中心的做法在全市进行了推广，《人民日报》还进行了宣传报道。

---

① 创建社区服务中心、社区市民总校、社区文体活动中心、社区集贸市场、社区花园。

② 创建"精神文明户"和"遵纪守法户"。

③ 爱国征缴星；尊老爱幼星；计划生育星；生产达标星；热心公益星；移风易俗星；议政参政星；治安责任星；文明致富星；爱护耕地星。

④ 小康村（包括明星小康村）、安全村、文明村。

⑤ 文化先进乡镇、体育先进乡镇、小康乡镇、文明建设先进乡镇。

构建和谐天津，大力推进文化强市（2003—2012 年）

党的十六大以来，天津市坚持经济发展高水平、文化发展高品位、人的发展高素质，坚持正确的宣传舆论导向，围绕构建"和谐天津"，深入开展社会主义荣辱观学习实践活动，切实加强社会主义核心价值体系建设。

把提高未成年人思想道德素质，作为促进人的全面发展的基础性工作来抓，创造了以和平区为代表的"三位一体"教育网络，初步形成了和平区教育发展的显著特色，并在全国推广。和平区被授予"全国文明城区"的殊荣，大港区被评为"全国创建文明城市工作先进区"。2006 年 9 月"知荣辱，树新风，感动津城十佳市民评选活动"的开启，社会风气得到不断改善。

切实加强社会主义核心价值体系建设。深入开展"同在一方热土，共建美好家园"活动，以"迎奥运、讲文明、树新风"为切入点，开展优化市容环境活动、学习实践文明礼仪活动、文明出行者活动。积极开展志愿服务活动，开展文明市民、"天津精神"大讨论，颁布《天津市文明公约》《天津市民行为守则》，努力提升市民的道德意识和文明素质。

开展文明城市、文明村镇、文明行业创建活动。2011 年，滨海新区、河西区、东丽区获全国文明城区提名资格，13 个村镇获全国文明城区提名资格，51 个单位获全国文明单位称号。以诚信建设为重点，开展百家食品企业践行道德承诺、百城万店无假货等活动。实施农民素质提升工程，推动农村精神文明建设取得新进展。

思想道德建设成就斐然。积极组织道德模范评选活动，孔祥瑞等 3 人荣获第三届全国道德模范称号，61 人入选中国好人榜，9 人当选全国"双百"人物。大力加强未成年人思想道德建设，健全完善学校、社区、家庭"三结合"教育网络，营造未成年人健康成长的良好社会文化环境。

通过社会主义精神文明创建活动，天津城乡面貌发生了巨大的变化，市民素质和城市文明程度得到提高，社会和谐发展的形象得到生动呈现。

作者：孟罡

完成震后重建

在天津市区南京路、成都道与河北路的交汇处，有一座抗震纪念碑格外引人注意。走近纪念碑，天津人民在党的领导下抗震救灾、恢复重建的历史浮现眼前。

天津遭遇有史以来最大自然灾害

1976年7月28日凌晨3时42分，唐山丰南地区发生7.8级强烈地震，波及天津市。11月15日晚9时52分，复发6.9级强烈余震，震中在天津市宁河县（今宁河区）。两次大地震共造成全市死亡24398人，重伤21874人。其中，宁河县伤亡惨重，死亡16097人，占全市死亡人数的66%；重伤9325人，占全市重伤人数的42.6%。全市各类建筑遭到破坏的共计7052万平方米，占原有面积的68%。其中，城乡住宅震损4300万平方米，占原有面积的66%；工业厂房震损827万平方米，占原有面积的44.9%。办公用房、工业设施、商业网点、学校、医院、文化设施，以及道路、桥梁、水库、上下水道、邮电通讯、农田水利设施等均遭受不同程度的破坏。由于震损住宅中有近60%的倒塌和严重破坏，70余万居民失去住房，无家可归。地震发生后，市区和塘沽、汉沽区居民在马路、里巷、公园、绿地、操场等处先后搭盖了临建棚23万间，有上百万群众住在临建棚里。除此以外，城市和工业基础设施也遭到严重破坏。全市遭严重破坏的工厂企业达289个，占企业总数的33%；大、中、小型水库遭到破坏的6座，北大港水库和于桥水库均受到严重破坏；部分农田喷沙、冒水、盐碱度增高，25万亩耕地受到不同程度的破坏。11月15日的第二次地震，不仅又破坏了1100万平方米的建筑，还使工业系统损失各种金属切削机床150多台，动力及专用设备900多台；城市公共设施和农田水利设施遭到进一步破坏。1976 年全市社会总产值比上年下降 7.2%，其中工业产值比上年下降了 6.1%，农业产值比上年下降了 3.5%。1976 年地震是天津城市有史以来受到的最大一次自然灾害。两次大地震共造成经济损失约人民币 75 亿元。

启动受灾较严重地区的恢复重建工作

面对巨大的灾难，天津市委、市政府和天津人民在党中央领导下，在各省、市、自治区和人民解放军的大力支援下，立即投入抗震救灾斗争。从 1977 年开始，市委提出每年建设住宅 300 万平方米，并先后启动了受灾较为严重的河北区、和平区等区县的恢复重建工作。

1978 年 9 月，邓小平访问朝鲜回国途中视察天津时，了解到全市大街小巷还有许多连成片的临建棚，内心十分不安。为此，他来到震后重建重点工程——河北区黄纬路居民住宅建设工地，先后视察了已经竣工的团结里和军民里住宅楼，以及正在紧张施工的胜天里工地，仔细察看了新建楼房和施工现场，了解居民住宅建设情况。当他看到一幢幢崭新的楼房后非常高兴，连声说好，并指示："一定要把房子建好，注意质量问题，让人民群众住着满意，同时要抓紧在几年内真正解决群众住房问题。"

在党中央、国务院的亲切关怀和天津市委坚强有力的领导下，震灾恢复重建工作取得明显成效。1977 年至 1978 年，全市以恢复生产为重点，完成工厂企业恢复重建投资 3.72 亿元，修复新建工业项目 164 个，竣工面积 73 万平方米。

在震灾恢复重建取得阶段性成果的基础上，加快修复震损住宅，改善和提高人民群众的居住条件，成为全市最重要、最紧迫的任务。1980 年 6 月 25 日，中共中央、国务院批准《关于天津市地震后住宅及配套设施重建的 3 年规划》，决定从 1981 年起新建住宅 650 万平方米，每年新建配套建筑近 40 万平方米，市内道路、给排水、环境保护、绿化等方面都有新的规划。根据规划，为尽快消除震灾创伤，加速城市住宅建设，8 月 11 日，市委、市政府做出《关于消除震灾加速住宅恢复重建的决定》。市委、市政府决定成立天津市城市建设领导小组，设立城市规划委员会，负责编制全市长期和近期的城市规划；成立市、区两级城市建设指挥部，负责安排计划、设计、施工、材料供应和房屋分配工作。11 月 12 日至 15 日，市人大常委会举行第六次会议，讨论通过《2000 年天津市城市建设总体规划纲要》《天津市 1981 年—1983 年震灾恢复重建及配套工程建设规划》。

震后恢复重建工作进入新阶段

从 1981 年开始，天津市进入震灾恢复重建的新阶段。1 月 29 日，市政府发出《关于下达安置临建户用房和拆除临建任务的通知》，对分配新建、重建住宅及安置震灾临建户提出要求。6 月 18 日至 19 日，市政府召开全体会议，讨论加快天津市震灾修复重建步伐、拆除临建棚问题，决定采取坚决措施，在年底前全部拆除临建棚，解决震灾居民住房。6 月 30 日，市政府公布《天津市城市建设拆迁安置办法》《天津市城市建设拆除私有房屋补偿办法》《天津市安置震灾无房居民住房及拆除临建棚实施办法》和《天津市整顿市容暂行规定》等法规，全面加以推动。到年底，全市共有 274 万平方米住宅工程土建竣工，其中完成配套达到居住条件的有 256 万平方米；完成分房拆棚任务，共拆除 4.9 万多间临建，2.3 万多户住临建的居民和 1 万多户住周转房的居民搬入新居。至此，只用 5 个多月的时间就彻底消除了地震灾害遗留下来的临建痕迹。经过 3 年奋战，到 1983 年，全市共修复加固住宅 676.5 万平方米，先后重建了贵阳路、大营门、东南角、大胡同、黄纬路、大直沽后台和崇仁里、小稻地、求是里、南头窑、小西关等居民住宅区，安置震灾户和临建户 11.2 万户，安置各类住房困难户 4.13 万户。

震后恢复重建的同时，体院北、真理道、小海地等 14 个设施齐全、布局合理、建筑新颖、环境优美的新住宅区陆续建成，十几万户居民迁入新居。这些小区的规划建设均达到新中国成立以来天津市住宅建设的最高水平。据 1986 年《天津经济年鉴》统计，1981—1983 年天津市实际共建成住宅 1100 多万平方米，为 299519 户修复住房 448280 间。1983 年建成的西青道一条街，共建成住宅楼面积达 19 万多平方米，仅用 1 年时间就配套竣工，交付使用，创全国群体住宅建设周期的新水平。建设和维修住宅的过程中，全市上下还积极按照"干净、整齐、合理、美化"的原则，大力整顿市容、厂容、店容、校容，拆除违章建筑和"破烂裙子"（围墙），根据规划修整围墙、街道，绿化庭院，兴建天津海河带状公园，市容面貌有很大改观。

震灾恢复重建期间，天津市新增了一批市政公用设施，增强了城市功能。供水系统有较大改善，3 年共铺设供水管道 436 千米，供水范围扩大到 284 平方千米；排水设施有所增加，重点建设了 9 个新辟住宅区的配套，同时完成了市区 6 个区的配套建设；市区共改造和新建道路 183 万平方米。与此同时，公共交通设施、园林绿化、煤气化工程，以及电力、电讯、生活配套设施、农村村镇建设等方面都有新的进展。

天津市震灾重建工作取得的重大成就，得到党中央、国务院的充分肯定，在全国引起很大反响，也为天津市改革开放和现代化建设的全面开展创造了重要条件。为了纪念天津人民抗震救灾、重建家园的功绩，1986 年 7 月 24 日，中共天津市委、市革委建立"抗震纪念碑"。碑高 19.76 米，寓意 1976 年，呈"人"字形，象征着在中国共产党的领导下，人民群众不畏艰险，顽强抗争，终定胜天的壮举。

抗震救灾纪念碑

作者：曹冬梅

构建城市道路交通网络

交通是城市发展的重要条件，是构成城市的主要物质要素之一。城市交通与城市道路对于城市建设和发展有着举足轻重的作用，它对城市人口、工业和经济规模有着重要的影响。它塑造城市面貌，对外交通用地布置关系城市的发展方向与布局。改革开放后，随着经济的发展和人口的增加，天津道路交通问题越来越突出，特别是 1976 年唐山大地震造成的严重破坏，交通拥挤、道路堵塞的现象十分严重，成为制约天津发展的重要因素。1984年，市政府制定天津市道路和交通建设的总体规划，确定了"三环十四射"（三条环城公路，十四条放射干线）道路交通网络的总体布局，为天津城市发展提供重要的道路基础设施支撑。

中环线的修建——建设"津门第一路"

修建中环线——开通市内综合性交通大动脉。1985 年 1 月，中环线建设开工，市民们将它称为"津门第一路"。中环线，是实施"三环十四射"总体布局的第一条环线，是天津城市道路改造的第一个大战役，也是天津市综合治理城市交通的第一步和系统改造旧市区道路的第一项大型工程。中环线自京津公路的勤俭桥起，经勤俭道、红旗路、复康路、吴家窑大街、围堤道、光华桥（原名四新桥）、东兴路、张贵庄路、红星路、育红路、铁东路、普济河道，再接京津公路，全长 34.5 公里，路宽 50 米，设计时速 60公里。整个工程由西半环道路工程和东半环道路工程组成。7 月 1 日，中环线西半环道路工程胜利完成，实现通车。1986 年 1 月，中环线东半环道路工程开工，建设规模比西半环大一倍，成为市区唯一接近快速干道标准的主干线。7月1日，中环线东半环道路工程胜利完成。至此，中环线道路工程全线通车。中环线道路工程，是当时天津市最大的一项市政工程。共修筑道路140.78万平方米，铺设管道69.5公里，建泵站9座、桥梁7座、立交桥8座，沿线拆迁386个企事业单位、3893户居民住房共21万平方米。在大城市中心区，兴建34.5公里长的交通干线，包括两侧上千座建筑物的新建和整修，从设计、拆迁、施工到全线通车，总工期不到一年的时间，实现了速度、质量、效益、管理等7项新水平，创造了天津市建筑史上的一个奇迹。

中环线的建成，使天津市区有了一条综合性交通大动脉，赢得了"三环十四射"第一个战役的胜利，为改善人民生活、促进经济发展发挥了重大作用。它还深刻弘扬了天津人民不畏艰险、顽强拼搏的艰苦创业精神，先人后己、舍小家顾大家的自我牺牲精神，一丝不苟、精益求精的高度负责精神，团结一致、通力协作的共产主义精神。它积累了一整套宝贵的经验，如做好思想政治工作的经验；勇于开拓、善于改革的经验；重视科学、积极采用新技术的经验；精打细算、讲究节约的经验；一手抓生产、一手抓生活，生产生活并重的经验；精心组织、文明施工的经验；大胆培养使用人才的经验以及深入群众，扎根现场，面对面领导的经验等等。这些精神和经验，是一笔巨大的财富，对于推进天津改革开放和现代化建设具有重要意义。

外环线的建设——为天津城区建设塑形

建设外环线——综合治理城市交通的重大举措。外环线是"三环十四射"干道系统的关键性工程，承担着货运交通，截流和疏导过境交通的功能，减少穿越中心市区的车辆，并把市区与郊区连接起来，改变市内南北车辆交通不畅的状况。为加快天津城市道路交通建设，1986年9月，市政府召开外环线道路工程动员大会，倡议全市人民积极参加义务劳动，奋战40天，完成挖河整土任务，为建设外环线作出贡献。1987年3月，外环线道路工程正式开工。经过上万名市政工人6个月的奋战，到8月底，外环线全线贯通。10月1日举行了隆重的外环线道路工程竣工典礼。外环线全长71.44公里，幅宽

100 米，其中路宽 60 米，中间留有将来兴建高架环城轻轨铁路用的 5.5 米宽的分车带。外环线穿经 4 个郊区，跨越 6 条铁路、14 条交通干线、4 条大河和 10 公里的鱼塘苇塘。经过 10 个月的兴建，共征用土地 1 万多亩，挖河取土 539 万立方米，运填废钢渣 50 万吨，改建管道线 239 处，建大型跨河立交桥 10 座，中型桥梁和涵洞、泵站、闸门等配套工程 150 多项，修筑桥梁面积 6.8 万平方米，铺设涵道 5500 米，浇筑混凝土 9 万多立方米。

外环线道路的建成，对天津的现代化建设和发展具有重要意义。外环线道路为实现"一条扁担挑两头"的城市总体发展布局，形成四通八达、流向合理的交通网络发挥了重要作用。它对发展市区，搞活郊区，加强城乡联系，促进天津经济社会协调发展有着十分重要的意义。它还是一个环境保护圈，对治理环境污染有着特殊作用。

整修放射线——优化城区路网

整修放射线——构造通向四面八方的通衢大道。规划并组织实施的十四条放射线，是内环、中环、外环三条环线的主要连接线，是进出市区的骨干通道。整修放射线，面广量多、规模宏大、环境复杂、任务繁重，几乎所有道路都涉及拆迁房屋、动迁单位、征用土地、移物填塘等工作，难度非常大。按照总体设计方案，十四条放射线应形成科学合理、有机结合的交通网络。其中，解放南路与解放北路、外环线、津港公路、大港区相接，大沽路与内环线、中环线、外环线、咸水沽、津南区相连。而打通这两条射线，直接关系整体规划的实现。在广大群众的大力支持下，施工人员连续拆除了 70 多座工程建筑物，排除了一个又一个难点，终于使工程如期竣工。对其他放射道路的整修，采取了拓宽改造、截弯取直、新辟重建等方法，精心组织、合理布局、科学施工。经过几年的奋战，随着丁字沽三号路、京津公路、铁东路、十一经路、新开路、中山北路、解放路、大沽路、卫津路、津淄路、新宜白大道、金钟路、卫国道、津塘公路、复康路、西青道等道路的拓宽、修建和改造，以及大胡同、医院路、广开二纬路、气象台路等卡口路段的打通，十四条骨干道路与三环线形成了"三环十四射"的道路体系。

"三环十四射"道路体系的形成，为天津注入了生机与活力，大力增强了城市载体功能，改善了天津投资环境，对天津经济社会发展产生了重要影响。

1986 年 7 月 1 日，全长 34.5 公里的中环线道路工程全线通车。

作者：马兆亭

引滦入津

——铸就时代精神丰碑

30年前，一项举世瞩目的跨流域、远距离、超大型城市供水工程——引滦入津工程，将水资源严重匮乏、饮用水源近乎枯竭的滨海大城市——天津从危机边缘解救出来，天津由此迈入经济社会全面快速发展的轨道。

决策——人民利益高于一切

天津地处九河下梢，地势平坦，年降水季节变化显著，水量有效利用率及水源保证率均很低，而且水质较差，市民饮水又苦又涩，"自来水能腌咸菜"，被戏称为天津"三大怪"之一。进入20世纪80年代，随着工业的发展和城市人口的增加，天津市用水量成倍增长，使得整个城市供水无保证。

对天津严重缺水问题，党中央、国务院非常重视。1980年8月，水利部在北京召开京、津、冀用水紧急会议，强调加强水资源的统一管理。9月，国务院批转水利部《关于京津冀用水紧急会议的报告》。为解决天津用水问题，1981年曾计划从山东、河南引黄河水接济天津，但仅解燃眉之急。最根本的出路是寻找一条可靠的地面水源，而将位于河北省宽城县境内的潘家口水库的滦河水引入天津，是最为可行的方案。

1981年5月，国务院有关领导同志来到天津，就引滦工程明确表示，潘家口水库主要是保天津。6月，按照国务院指示，天津市组织有关人员对引滦天津工程全线开展勘测、设计工作，形成两套设计方案：一是从大黑汀水库引水到邱庄水库，调蓄后沿还乡河而下至宁河县丰北闸，再开挖明渠至北郊区新引河，全长 200 公里，称为"引滦南线"；二是从大黑汀水库引水至黎河到于桥水库，调蓄后沿州河而下至九王庄，再挖明渠至北郊区新引河，全长 190 公里，称为"引滦北线"。鉴于北线路程短、坡度大、输水速度快、损失小，城市总收水率较高；于桥水库库容大，可以提高城市供水保证率；北线抗震比南线安全，可节省投资和安全输水；全线 2/3 在天津市境内，便于管理等情况，天津市政府向国务院推荐了北线方案。8 月，国务院正式批准引滦入津工程，并将其列为国家重点建设项目，责成天津市按北线方案全权负责设计和组织实施。9 月，天津市委成立天津市引滦工程指挥部。1982 年 5 月11 日，市委、市政府召开万人大会，宣布引滦入津工程正式全面开工。

奋战——引滦精神丰碑永驻

引滦入津工程主要包括开凿饮水隧道，整治黎河，加固于桥水库大坝，州河整修，开挖专用明渠，修建尔王庄水库、输水暗涵、暗渠、水厂、泵站及通讯、电力等配套工程，全长 234 公里，共 215 个工程项目。全部工程具有线路长、项目多、数量大、工期紧、施工难度大等特点。工程量之大，施工任务之艰巨，为当时全国城建项目之首。

天津市委、市政府按照中央提出的"一要保证质量，二要加快速度，三要尽量节约"的原则，贯彻"齐头并进，突出重点，洞成水通，逐步完善"的方针，组成结构合理的领导班子，实行兼职专责，赋予指挥建设的充分权力，组织全市 168 个单位参建，开展声势浩大的义务劳动。为修建 64公里的输水明渠，天津市组织了十几万人的义务劳动大军。在建设者们的共同努力下，原计划工期为 4 个月的明渠工程，仅用 54 天就胜利完成了。1986 年邓小平在视察天津时充分肯定了天津市组织义务劳动的做法，他说："改革，现代化科学技术，加上我们讲政治，威力就大多了。到什么时候都得讲政治，外国人就是不理解后面这一条。你们经常搞义务劳动，这也是讲政治嘛。"

在引滦入津工程建设中，人民解放军对工程的顺利推进起到了重要作用。为确保这项造福天津人民的工程顺利完成，人民解放军驻津部队遵照中央军委命令，承担了最艰巨的隧道施工等任务。整个施工进程中，参建部队始终发扬不怕牺牲、不怕困难的英勇顽强精神，克服了塌方、滑坡等各种难以想象的困难，穿越几百个地质断层，战胜上千次大小塌方，高标准、高质量、高速度地完成了任务。涌现出许多先进单位和英雄模范人物，共有333个单位、1663人次立功，4448人次受奖，100多个单位和个人被树为典型或标兵。中央军委为参建部队颁发嘉奖令和"挥师引滦、为民造福"锦旗；国务院颁发"基本建设银质奖牌"；邓小平等党和国家领导人赞誉参建部队为"开创新局面的一个好榜样"。

引滦入津工程还得到了中央各有关部门的大力支持，北京、河北及各地几十个单位和大专院校给予大力帮助。施工高峰期间，包括义务劳动大军和民工的参建人员达到17万人。1300多台（套、件）设备是由全国19个省市的60多家企业生产的。在物资、设备运输上，全国有12个铁路局组织了近300辆专列，公路投车近12万台班，及时运送货物达380万吨。引滦入津工程谱写了一曲科学运筹、团结协作的凯歌，其中体现出的"为民造福的伟大思想，顽强拼搏的革命斗志，严肃认真的科学态度，勇于创新的进取精神，团结协作的高尚风格，雷厉风行的工作作风"的"引滦精神"，为全市人民留下了宝贵的精神财富。

引滦入津工程纪念碑

竣工——功在当代利在千秋

　　1983 年 7 月 29 日，引滦入津工程全线竣工。9 月 5 日上午 8 时，潘家口水库、大黑汀水库、分水枢纽依次提闸，引滦工程向天津正式送水。滦河水以每秒 40 立方米的流量顺利通过引水隧洞，朝津门奔腾而来。11 日，清甜的滦河水送入天津千家万户。

　　引滦入津工程是当时我国最大的城市输水工程，横跨滦河和海河两个流域，为天津用水提供了一个稳定可靠的水源和完整的输水系统。工程共投资 11.34 亿元，完成土石方 3460 万立方米，浇筑混凝土 63.73 万立方米，使用钢材 11.2 万吨，木材 5.4 万立方米，水泥 36 万吨，设备 1776 台套。工程初步计划 3 年完成，经过奋战，仅用了 1 年零 4 个月就全部建成，比中央要求的时间提前两年，比市委原定的通水时间提前四个月。全线试通水一次成功，工程总投资 11.39 亿元，因缩短建设周期减少国家两次引黄济津投资 4 亿元。按照设计，每年可向天津供水 10 亿立方米，大大缓解了天津市用水的紧张局面。引滦入津工程不仅结束了天津人民长期喝咸水的历史，而且在天津的社会经济发展、人民生活改善与城市建设、港口建设，以及控制地面沉降等方面发挥了巨大的经济效益和社会效益。

　　进入新世纪，引滦入津工程得到进一步完善和提升，先后完成了引滦水源保护和于桥水库周边污染源治理工程；实施库区封闭管理、南岸移民搬迁、种植结构调整、养殖技术改造、建立生态补偿机制、加强预警监测执法六项举措，有效遏制了库区周边污染源，与南水北调工程共同构成天津市双水源保障格局，取得了显著的经济效益、社会效益和生态效益，为天津全面建设社会主义现代化大都市提供坚实保障。

作者：孟罡

开发区大有希望

天津经济技术开发区（TEDA-Tianjin Economic-Technological Development Area），其英文名称缩写是"TEDA"，音译为"泰达"，创立于1984年，位于天津市区以东40千米，是国家综合配套改革试验区的一部分，是中国首批国家级经济技术开发区之一。

决策创建天津经济技术开发区

1984年5月，党中央、国务院决定在进一步办好经济特区的同时，开放天津等14个沿海港口城市，兴办经济技术开发区，加快利用外资、引进先进技术的步伐。根据党中央、国务院关于兴办开发区的精神，天津市委召开常委扩大会议，决定在天津建立经济技术开发区，并抽调有关专家组成"天津经济技术开发区方案组"。经过周密的调查研究和科学论证，方案组起草了《关于天津市贯彻沿海部分城市座谈会精神和进一步实行对外开放的报告》及《天津经济技术开发区方案》两个文件，报市委、市政府审议。在开发区选址方面，在五个备选方案中，塘沽盐场三分厂成为天津开发区的最终区址。该区位于塘沽区东北，距市中心45公里，东起海防路，西至京山铁路，南到计划修建的高速公路，北接塘沽北塘镇，面积33平方公里。

1984年8月6日，天津市委批准成立天津经济技术开发区管理委员会，全面负责开发区的各项筹备工作。在此期间，国务院有关领导同志来津，详细考察开发区选址情况，听取开发区方案汇报，对开发区的选址和建设方案给予肯定，并指出，这里毗邻港口，交通方便，又有天津这个工业基础和科技力量很强的城市为依托。引进的起点要高些，要致力于发展新技术，开发新产品，多安排一些技术密集型和知识密集型的项目，努力向高精尖发展。12月6日，国务院作出《关于天津市进一步实行对外开放的报告的批复》(以下简称《批复》)，批准天津开发区建设方案要点，天津开发区正式设立。根据《批复》，第一期开发京山铁路以东、高速公路规划线路以北的3平方公里，建设综合性的工业区；外籍人员生活区和国内职工生活区及管理机构，分别放在渤海宾馆附近和四号公路与高速公路规划线路之间。《批复》要求"第一期开发的地区要做到开发一片，建成一片，收益一片，争取三四年内基本形成规模"。

开发区大有希望

1984年12月，在没要国家和地方一分钱财政拨款的情况下，开发区主要依靠国家政策，利用国家贷款负债开发起步。开发区根据"开发一片，建成一片，收益一片"的滚动开发原则，科学规划，精心设计，采取"集约投资""负债经营""良性循环"的理财之道，将从国家银行获得的3.7亿元人民币的低息贷款集中用于3平方公里"起步工业区"和1.2平方公里"起步生活区"的基础设施建设，用3年时间完成了"起步工业区"的"六通一平"工程，投资硬环境渐趋完善。这不仅为国内外广大客商前来投资建厂提供了便利条件，而且逐步走出了一条自我积累为主、滚动开发的新路。同时，开发区遵循"以工业为主，以利用外资为主，以出口创汇为主"的建区方针，坚持走外向型工业发展的新路，采取土地换项目的吸引外资方式，大力兴办"三资"企业，发挥"技术的窗口，管理的窗口，知识的窗口，对外政策的窗口"的作用。建区伊始，天津市和开发区管委会十分重视开发区各项法规、规定的制定和完善，努力探索一条依法行政、依法治区的区域管理的新路子。先后制定《天津经济技术开发区管理条例》《天津经济技术开发区企业登记管理规定》《天津经济技术开发区土地管理规定》《天津经济技术开发区劳动管理规定》《天津经济技术开发区中外合资经营企业申请和审批程序的规定》《天津经济技术开发区涉外税收实施办法》《天津经济技术开发区税务管理办法》等法规和规定，涉及区域管理、行政管理、土地开发、项目引进、劳动人事、工商税务、房地产、经济监督、基础设施与基本建设、环境及市政、公安、司法等方面，成为调整开发区社会关系、经济关系、涉外关系的重要规范，成为投资者、企业及政府各管理部门处理有关事务的行为准则，并成为开发区吸引外资的重要措施和手段，有效地促进了开发区社会经济的发展。

1986年8月，邓小平视察天津，一下火车就要求看看开发区。21日，邓小平饶有兴致地参观了开发区首家投产的合资企业丹华自行车企业有限公司的厂区、车间和刚刚生产出来的自行车，向外商细致地询问了生产和经营情况，并到临时布置的俭朴的会议室听取开发区的工作汇报。汇报结束后，受到接见的人员希望邓小平能够为开发区题词。得到肯定的答复后，他们立即找来桌子和笔墨纸砚，然后围在邓小平周围。邓小平提起笔来，蘸满墨汁，悬肘而挥，非常熟练地写下了"开发区大有希望"七个雄浑有力的大字。邓小平对开发区的视察、题词及讲话，对开发区的建设和发展，具有定位领航的作用和重大的历史意义，对全市广大干部群众也是巨大的鼓舞和鞭策。

坐落在天津经济技术开发区的垦荒犁纪念碑

天津经济技术开发区走在全国前列

在继续推进基础设施建设和建立健全适应外向型经济发展的运行机制的过程中，开发区逐步把工作重点放在招揽客商、大规模投资建厂方面，同时摸索扩大外商投资的新路子。经过 5 年的开发与建设，开发区基本实现了建立现代化外向型工业新区的第一期发展规划，为下一步发展奠定了可靠基础。5 年间，开发区在 3 平方公里的工业起步区和 1.2 平方公里的生活区共投入 3.93 亿元开发基础设施，具备了水、电、气昼夜不间断供应的能力，通讯便捷，交通四通八达，货物运输及时方便，建筑开工场地平整，各种服务配套齐全，形成了较为理想和优越的投资环境。截至 1989 年底，共有 16 个国家和地区的外商在天津经济技术开发区投资。开发区共批准"三资"企业 159 家，投资总额 2.83 亿美元；其中 92 家"三资"企业已经投产，成为开发区经济活动的主题。1989 年，开发区实现地区生产总值 1.8 亿元，工业总产值 4.6 亿元，出口总额 0.46 亿美元，财政收入 0.58 亿元。这些均远远超过我国现有企业的经济指标，标志着天津经济技术开发区经济发展逐步走上良性循环的轨道。

从 1990 年开始，开发区进入第二期工业区和生活区建设阶段。在继续完善 3 平方公里工业起步区和 1.2 平方公里生活区，实现银行、海关、行政、培训、商业、饮食、娱乐、公共事业服务等多功能配套的同时，开发区新辟了 3.3 平方公里作为开发建设的规划用地，其中工业区 2 平方公里，面向世界市场并且满足国内经济发展需要，建设以出口创汇为主的技术、资金密集型先进工业区，为以后的经济社会发展奠定基础；生活区 1.3 平方公里，建设功能齐全、配套完善的社会化服务和发达的商业和金融服务体系。在发展方向上，开发区根据"以发展工业为主、以利用外资为主、以出口创汇为主"的发展方针，于 1991 年提出要将开发区建成"以国际贸易为先导，以现代工业为基础，商业、金融、房地产等第三产业协调发展的外向型经济中心"的目标。为此，开发区以继续发展和完善外向型工业项目、提高经济效益为建区方针，以继续强化基础设施和配套服务功能、优化投资环境、完善集团开发模式、提高现有企业管理水平、改善工业生产条件、促进国际贸易发展为重点，调整产业结构，推动开工投产，推动由粗放型开发向集约型开发的转变。在招商引资过程中，开发区逐步建立健全了项目代理制，拓展了项目信息渠道，并且建立健全了项目网络，在国内外热点地区建立办事处，提高了知名度。开发区还组团访问日本、韩国、新加坡、泰国、印度尼西亚等国，与其政府和企业广泛接触。又经过两年的开发与建设，开发区的经济实力明显增强。1991年，开发区利用外资、工业总产值、实现利税和外贸出口全面较大幅度地增长，呈现出快速发展的势头。到1991年底，入区外资企业350家，投资总额6亿美元；内资企业近500家，注册资本近20亿元；实现地区生产总值6.71亿元，工业总产值18.7亿元，出口1.1亿美元，财政收入1.2亿元。根据对国家首批批准的沿海14个开发区的联网统计，天津经济技术开发区在所列15项经济指标中，全区利润、税收、批准项目、项目投资总额等7项指标名列第一。

作者：赵凤俊

敢为天下先的天津港管理体制改革

天津港的历史最早可上溯到汉代，至今已有 2000 多年。自宋、元至明、清，天津已经成为河、海漕运的枢纽，南北贸易的中心，为国民经济物资交流发挥过重要作用。现代的天津新港，始建于 1940 年，是以外贸、杂货运输为主的港口，也是我国最大的人工港。中华人民共和国成立后，天津港被列为国家重点建设港口，连续实施扩建，成为以杂货运输、外贸吞吐为主，客、货运发达的现代化综合性港口。20 世纪 80 年代，面临发展困境和体制弊端，天津港下放管理权限，改革管理体制，港口所创利润、总吞吐量等主要经济指标，实现了历史性突破。

天津港的改革势在必行

自新中国成立后，港口管理体制在长达 30 余年的时间里，基本上是学习苏联的模式，实行政企合一的计划经济管理体制。党的十一届三中全会以后，随着我国经济快速发展，对外贸易急剧增加，进出天津港的船只越来越多，但在计划经济时期港口建设跟不上，工作效率低，天津港压船压港问题越来越严重。

出现这个问题，除了硬件条件跟不上外，当时国家还在实行计划经济，进出口外贸严格按照一年前就制定好的计划实施，可卸到港口的货物有的不是货主急需使用的，很多货物就在港口长期堆放着，而港口存放场地有限，一些急需的货物却又滞留在船上卸不下来，在港口锚地停泊的各类货船都进不了港。最严重时，天津港锚地压船 100 多艘，有的船进港卸货要等上两个多月。每逢压船压港严重时，国务院领导就要求天津市政府协调解决，而当时外贸、铁路、港口均属国家有关部委直接管理，有些事情天津市政府难以协调，最直接的"土办法"就是派出部队官兵支援港口，帮助突击装卸。1983年，天津港又一次面临着大批船舶集中到港的严峻考验，港口压船局面空前严重。尽管天津市政府广泛动员了大批社会力量参加疏港，天津港自身也做出艰苦努力，仍没能从根本上解决压港压船的局面。成千上万吨国家建设急需的物资不能及时接卸，还需向外轮赔偿成千上万元滞遣费，造成巨大经济损失。

面对港口发展明显滞后于国民经济发展的现实，这固然有港口接卸能力问题，但追根溯源，还是旧体制捆住了港口的手脚。多年来权力高度集中的管理模式，致使天津港缺少基本建设和生产经营必要的权力。事无巨细都需级级上报、层层审批，甚至在港区想盖个厕所也要上报批准。港口泊位不足、装卸效率不高。压船压港成为这种体制的突出表现，改革港口管理体制势在必行。

天津港作为试点在全国率先下放地方

对于港口压船压港问题，党中央、国务院一直很重视，多次组织工作组帮助疏港。天津市对港口出现的压船问题，也在努力寻找办法。党的十一届三中全会召开后，为从根本上解决这个问题，借鉴日本神户港实行地方管理的做法，天津市提出将港口下放地方，改革管理体制，扩大港口自主权。

1984年5月7日，党中央和国务院批准了天津市委、市政府的请示，决定以天津港作为改革试点，自6月1日起实行交通部和天津市双重领导、以地方为主的管理体制和"以港养港、以收抵支"的经济政策。"双重领导，地方为主，以收抵支，以港养港"是当时天津港口体制改革的核心思想。改革的目的是解放和发展生产力，其核心问题则在于扩大港口的自主权。天津市政府不仅把中央交给地方的港口管理权原则上全部下放给天津港，而且在三千万元基建和技改项目的确定、港区规划管理、经营指标的考核、基层企业成本和决算的审批、利用外资项目的审定、留成外汇的计划内调整、资产管理、资产的有偿转让及出租购入审批、机构设置和干部任免等十个方面，进一步扩大了天津港的管理权限。

一场深刻的港口内部体制改革序幕由此拉开。1984年7月，天津港第一次向基层企业扩权，给所属企业"松绑"，把下属内部核算单位办成享有法人地位的经济实体，把作业区改为公司，为基层企业注入活力。1985年7月，天津港再一次向基层企业扩权，在生产经营、资金管理、人员调配、劳动奖惩、工资形式、机构设置、干部聘用、经济合同等方面给企业应有的自主权，使基层企业逐步走向自我发展、自我调节、自我完善的轨道。1986年12月，天津港第三次向基层扩权，本着宏观指导、微观搞活的原则，改革靠行政命令手段的管理，并运用经济、法律手段，逐步建立和完善各项管理政策和制度；改革侧重微观管理、忙于具体事务的管理方法，为侧重宏观管理，着眼于全局生产经营，加强调查、指导的方法；改革直接抓生产经营、计划调度的做法，为加强内外关系协调进行间接的管理。

通过三次扩权，基层企业既有了压力，又有了活力和动力，逐步走向自我发展、自我调节、自我完善的轨道，真正形成了责权利统一的经济实体，收到了良好效果。

管理体制改革给天津港带来巨大活力

管理体制改革给天津港发展带来巨大活力，与下放前几年相比，港口吞吐量年平均增长40%，实现利润年平均增长1.5倍，三年建港投资超过前十年投资总和。

天津港在体制改革前的财务管理办法是"港在地方，钱在中央"的统收统支，收入全部上缴，建港项目由国家确定，资金由国家另拨，港口没有自主权。从1973年至1983年，国家投资建港八亿一千万元。实行"以收抵支、以港养港"办法以后，港口收入不上缴，全部作为建设、发展港口资金，这就有利于激励港口提高效益，增加收入。港口有了用财自主权，有权决定三千万元以下基建项目和技改项目，有权购买港口所需机械装备。天津港统筹安排使用资金，基建和生产兼顾，使港口码头建设和基建项目建设快速发展，特别是集装箱码头的建设发展，使港口经济效益和社会效益不断提高。

　　天津港先后三次向下属单位放权，在全局 12 个主要生产单位实行经理（厂长）负责制和干部聘任制，使各个公司成为经济实体，独立核算；在分配制度上打破平均主义，实行岗位责任与工资挂钩，调动了干部职工的积极性，促进了港口生产迅速发展。1981 年至 1983 年，港口吞吐量年平均 1269 万吨；1984 年至 1986 年，年平均吞吐量 1778 万吨。由于加强了管理，不断提高效率，成本降低了，利润实现大幅度增长。1981 年至 1983 年，年平均利润 5377 万元；1984 年至 1986 年，年平均利润 13744 万元。

　　生产和建设迅速发展后，天津港拨款兴建了煤气站、火车站、职工住宅，改善职工生活居住条件，职工的生活福利事业和工资、奖金收入也逐年提高。

管理体制改革后的天津港焕发出新的生机

　　港口实行"双重领导、地方为主，以收抵支、以港养港"的天津港模式得到中央领导和交通部的肯定，为全国港口管理体制的改革提供了十分有益的经验。自 1985 年起，全国沿海港口参照天津港的模式分批进行体制改革，逐步形成了我国新的港口管理体制。1985 年 3 月，国务院在天津召开港口体制改革座谈会，充分肯定天津港管理体制改革以来所取得的成绩和经验，认为天津港的经验是我国沿海港口管理体制改革的方向。体制改革后，天津港取得了很大的发展，当年见效益，为国家节省了一半的投资。会议拟定在大连、青岛、上海、广州四个港口进行第二批港口管理体制改革。1986 年 2 月召开的全国口岸工作会议，再一次肯定天津港管理体制下放试点的经验，认为天津港下放的实践是成功的，港口自主权扩大，活力增强，企业和职工的积极性提高，港口吞吐量大大增加，同时进行了大量技术改造和设备更新工作，港口和城市的关系也更密切了。为此，国务院决定，加快港口下放步伐，除秦皇岛港为保北煤南运暂不下放外，其他港口将分批下放有关地方。

1986 年 8 月 21 日，邓小平同志到天津视察工作，专程来到天津港。当听到天津港下放地方两年来，经济效益提高 40%，吞吐量增长 22%，初步缓解了长期存在的压船问题等改革成果时，小平同志很高兴地说："天津港下放两年来经济效益显著提高。人还是这些人，地还是这块地，一改革，效益就上来了。尤非是给了他们权，其中最重要的是用人权。"

作者：赵风俊

天津市国有企业"嫁改调"

"用 8 年左右时间，以改革为动力，把国有大中型企业嫁接改造调整（简称'嫁改调'）一遍"，是 20 世纪 90 年代天津市推动国企改革的战略性举措，是天津"三五八十"四大阶段性奋斗目标之一。

"嫁改调"的决策背景

天津是我国著名的老工业基地之一，国有大中型企业比较集中。工业门类齐全，产品配套能力强，国家划分的 40 个工业行业中，天津有 36 个。天津工业，特别是国有工业为我国经济发展和改革开放发挥过重要作用，作出过重要贡献。然而随着改革开放的不断深入和社会主义市场经济体制的建立，长期受到计划经济体制影响的国有企业，在管理机制和发展机制方面存在的弊端和矛盾逐渐暴露出来。传统产业多、老企业多、资金少、设备陈旧、技术落后、体制僵化、包袱沉重、产品老化、市场竞争力差，市场占有率逐渐下降。国有工业企业如何面对挑战，全面增强市场竞争力，焕发生机与活力；老工业基地如何跳出低水平竞争的圈子，提高经济运行质量和经济效益，跟上社会主义市场经济发展的步伐，再造现代经济的新优势。这是天津经济发展及其面向新世纪所遇到的重大课题和难题。对此，市委、市政府认为，总结多年来经济发展和国有企业改革的实践经验，坚持两条腿走路，深化改革，扩大开放，一手抓新的经济生长点，加快经济新区的发展，一手抓老城区、老企业改造，加快存量的调整搞活。深化改革，扩大开放，也是天津改革开放与发展新形势的客观要求。基于有利条件是主流的判断，市委、市政府做出了对国有大中型企业进行"嫁改调"的决策，着力解决国有企业工艺落后、设备陈旧、机制不活等问题。

嫁接就是大量利用外资，同时引进先进技术和管理，机制转换一步到位；改造就是利用国内资金进行技术改造，实现产品升级换代；调整就是对那些嫁接、改造都不可能的企业实行调整，搞活资产。实施"嫁改调"，就是要通过改革、改组、利用外资、引进先进技术与管理、跳产业跳行业经营等多种形式和途径，搞活经济存量，搞活企业经营机制，促进企业制度创新，提高企业技术水平和产品竞争力，使国有大中型企业的产品和管理水平上一个新台阶。通过"嫁改调"，增强国有企业的发展后劲和实力，提高天津工业的整体素质，进而实现全市工业结构和产业结构的调整与升级。为此，市委、市政府积极推动产品上档次、生产上规模、管理上水平、效益上台阶，使企业建立起自主经营、自负盈亏、自我发展、自我约束的运行机制，作为"嫁改调"的工作标准。

大力推动第一轮"嫁改调"

为了搞好"嫁改调"，天津市注重与国外大公司、大财团合作，坚持引进资金与引进先进技术和管理同步，运用多种方式嫁接国有企业，提升传统产业；坚持依靠技术创新求发展，大力推进企业技术进步，提高企业的整体素质和竞争力；坚持着眼于从整体上搞活国有经济，本着有进有退、有所为有所不为的原则，在结构优化上下功夫，大力推进国有企业战略性调整和重组，围绕发展重点行业和优势企业推动资本和项目向优势企业集中，资金向优势产品集中，抓大放小。

到1999年底，全市748户国有大中型企业有计划地进行了"嫁改调"，其中，以嫁接改造为主的144户，以技术改造为主的294户，以调整为主的310户。"嫁改调"的阶段性工作目标提前两年完成。通过"嫁改调"，培育了一批新的拳头产品，淘汰了一批落后产品及工艺设备，形成了一批有一定影响和经济实力的企业集团和重点企业；大多数国有大中型骨干企业初步建立了现代企业制度；工业结构和产业结构发生重大变化，汽车、冶金、化工等传统产业得到改造提升，形成以电子信息、生物技术与现代医药、新能源新材料为龙头的高新技术产业群，高新技术产业产值在全市工业中的比重明显提高。

接续实施新一轮"嫁改调"

随着第一轮"嫁改调"阶段性目标的完成，根据进一步实施工业战略性结构调整和走新型工业化道路的部署，天津市委、市政府提出要继续推进"嫁改调"，最终形成第二轮"嫁改调"的构想。

2002年4月召开的市第八次党代会，要求主动适应国内外市场需求的新变化，明确提出要坚持有进有退、有所为有所不为的原则，实施新一轮嫁接改造调整。

实施"嫁改调"增强企业竞争力。图为中环半导体股份有限公司生产车间。

2003年12月，天津市委八届五次全会对新一轮"嫁改调"作出进一步部署，指出要综合运用改造改组改制，变单一企业的调整为整合全行业要素的调整；变单一投资主体为多元投资主体；变企业原地嫁接改造为纳入全市整体布局、采用一流技术的嫁接改造，使产业产品结构、所有制结构、组织结构和布局结构更加优化。加快工业战略东移的步伐。积极推进企业跨行业、跨所有制调整重组。2005年，在制定国民经济和社会发展第十一个五年规划过程中，天津市委又提出，结构调整要瞄准世界先进水平，以高新技术产业为引领，以优势产业为支撑，促进三次产业全面优化升级，调出水平，调出效益，调出后劲，形成与现代化国际港口大都市相适应的产业体系。2006 年12 月的市委八届十一次全会，按照科学发展观的要求，进一步要求新一轮"嫁改调"继续实施东移战略，广泛应用新技术、新工艺、新材料，进一步做大做强已有的优势产业，积极培育新兴产业，改造提升传统产业，延长产业链，发展高端产品，坚决淘汰落后的生产能力，努力形成更多的优势产业集群，更好地体现聚集效应和集约化发展。

通过实施新一轮"嫁改调"，天津经济结构和产业结构进一步优化升级，产业优势进一步明显。扶持壮大和发展形成了国内领先、世界一流的电子信息、汽车、化工、冶金、医药、新能源及环保六大优势产业，脱胎换骨地改造了一批落后工艺和装备，淘汰了一批耗用能源原材料高、污染严重的产品，建成了以摩托罗拉、三星、中环为代表的移动通信，以丰田、夏利为代表的轿车，以钢管公司和新天钢为代表的现代冶金，以锂电、风电、光伏电池为代表的绿色能源等 12 大产品基地。其中，电子信息成为第一大支柱产业。产业聚集度进一步提高。在滨海新区建成了电子、汽车、石化、冶金、纺织等一批标志性的产业聚集区，在中心城区建成了海鸥手表、针织、天动、鑫茂等 20 个各具特色的都市工业小区，在区县建成了家电、中药、电子、汽车零部件、食品、服装、自行车与建材等一批具有较高专业化水平的特色产业基地。大集团战略和重大项目取得明显成效。销售收入过百亿元的企业集团快速增加，一批企业进入中国企业 500 强和全国制造业 500 强；建成了百万辆汽车、千万吨炼油、亿部手机以及天钢东移、纺织整体搬迁改造、现代医药产业园等一批规模效益明显、有重大带动作用的大项目。

作者：马兆亭

危陋平房改造

　　1994 年开始，"危改"（天津市危陋平房改造工程的简称）成为天津市人民家喻户晓的名词。从 1994 年至 2002 年的 8 年时间里，全市累计拆除危陋房屋 1013 万平方米，有 40 多万户、140 万居民住进了水电暖气齐全的单元新居。短短几年时间完成如此大的工程，可谓"国内少有、世界罕见"。2000 年，江泽民同志为天津危改工程题词"牢记党的宗旨，造福人民群众"，深刻揭示了危改工程的实质。2001 年，天津危改工程荣获原建设部首次颁发的中国人居环境范例奖，被誉为中国旧城改造典范。

救群众于"水深火热"

　　天津市是一座拥有悠久历史的老城市。新中国成立后，随着社会主义建设的全面展开，天津也和全国其他城市一样，迅速发展起来。上世纪 50 年代的工人聚居区一住就是 50 年。更早时期的群众住房有的已近百年，还有 70 年代末的防震棚也大片大片地贴在天津城区。凭高鸟瞰，旧院老屋重重叠叠，陋墙毡顶，风雨飘摇。

　　天津"危改"前的一项调查显示，截至 1993 年底，全市有亟待改造的危陋房屋 1100 万平方米，仅面积在 2 公顷以上的就有 738 万平方米。若要进行彻底改造，每年至少要投入 40 多亿元。而"危改"时全国正经受亚洲金融风暴的袭击，经济状况处于三年治理整顿的恢复期，财力非常紧张。

　　由于天津市城区处于四面高中间洼的"锅底"，有些居民街面比院子里高，院子里比屋子里高，这就是天津市民俗称的"三级跳坑"。每年夏天雨季来临，街面的水往院子里灌，院子里的水往屋子里灌，居民们打围堰、堵口子、盆盆罐罐齐上阵往屋外淘水。"蓄水池，靶档道，年年下雨年年泡"的民谣，正是当时这些居民区的真实写照。这些危陋房区除了公用水管、公用厕所之外，基础设施非常落后。当时居民家的窗台下都搭建了简易的蜂窝煤棚，每到三伏盛夏，每家每户顶着烈日在院内生火做饭，苦不堪言。

面对群众期盼和发展要求，1993 年，市委、市政府提出，全市各级政府必须把改造平房作为非常紧迫的任务，抓紧改善群众的居住条件，让广大群众尽快见到实惠，使群众有盼头、有奔头。市委、市政府经过深入调查研究，在 1993 年市第六次党代会和市十二届人大一次会议上提出指导天津发展的"三五八十"四大阶段性奋斗目标。明确提出，用 5 到 7 年时间，把全市成片危陋平房基本改造完毕。危改正式纳入天津市"三五八十"阶段性发展战略之中。1993 年 12 月 1 日，天津召开全市危改动员大会，明确了危改的目标、责任、任务，大规模危陋平房改造工程正式开始。

改造成片危陋平房

天津危房改造工程的第一个阶段，即从 1994 年到 1999 年，历时 6 年，实现 5 至 7 年完成市区成片危陋平房改造奋斗目标。

这一阶段危改工作是整个危改工程的主体部分，涵盖了整个危改工程的重点、难点。1994 年是 5 至 7 年危改目标的起步阶段。在天津市委、市政府领导下，全市上下统一思想，完善领导机制，明确指导方针，坚持"统一领导，以区为主"的工作机制，抓住资金和市场两个关键环节，逐步建立渠道畅、责任明、效率高的工作秩序。同时，通过制定优惠政策、加大招商引资力度，危改的拆迁、开工、竣工、还迁等各方面都取得突破性进展。1994 年，全市拆除危陋平房 120 万平方米，竣工 282 万平方米，还迁居民 3.4 万户，危改工程顺利开局。1995 年至 1998 年，是实现 5 至 7 年危改目标的难点大片重点突破阶段。随着危改工作的推进，条件好的地块已率先改造完毕。这四年里，重点改造了人口密度大、基础条件差的谦德庄、南市、西广开、小关、南头窑、中山门等片区。针对这些危改难点，市委、市政府提出"集中有限的财力，加快危改进度，统一拆迁规划、实行滚动开发"的改造思路。市内六区密切联系本区实际，开拓创新，加快危改进度，相继改造完成难点大片。1999年，是实现5至7年危改目标的决战阶段。红桥区危改任务最重，到1998年底仍有100多万平方米危陋平房拆迁任务。市委、市政府多次到红桥区调研指导危改工作。在各方通力合作下，经过1年攻坚，红桥区最终完成这一阶段危改任务。

截至1999年底，天津全市累计拆除危陋平房836万平方米，竣工1635万平方米，还迁安置居民30.8万户，近百万群众告别简陋平房，改善了居住条件。天津"用5至7年完成市区成片危陋住房改造"的阶段性发展目标提前一年胜利实现。为庆祝这一胜利，2000年6月13日，市委、市政府隆重举行危陋平房改造工程表彰大会，对84个先进单位、387个先进集体和908名先进个人进行表彰。

开展城市基础设施建设

天津危房改造工程的第二个阶段，即从2000年至2002年，景观工程等城市基础设施建设完成危改收尾工作。

市区成片危陋平房改造阶段性目标实现后，市委、市政府决定，继续推进全市危改工作，努力使更多群众受益。自2000年开始，天津市一方面做好前一阶段危改收尾工作，抓好对合同到期、逾期居民还迁安置等工作的落实，另一方面继续以每年拆除百万平方米的速度，将危陋平房改造工作重点转向分散小片。这一阶段，主要把整治沿路、沿桥、沿河、沿铁道两侧建筑作为重点，通过基础设施建设和路桥景观改造工程，带动危陋平房改造。

为推动景观改造工程，市政府出台相关优惠政策，各区加大景观改造拆迁力度。2000年至2001年，整修主干道景观153条，立交桥8座，整饰修复两侧建筑物、围墙400万平方米，部分道路两侧建筑物实施了"平改坡"（即在建筑结构许可条件下，将多层住宅平屋面改建成坡屋顶，并对外立面进行整修粉饰，达到改善住宅性能和建筑物外观的房屋修缮行为）。2002年进一步加大道路拓宽改造和街景建设力度，先后完成五大道风貌区整修，水上公园和海河带状公园改造，土山公园、佟楼公园和儿童乐园拆墙透绿工程。在实施道路拓宽和景观改造工程中，不断实现对分散小片危陋平房的改造。这一阶段的危改工作有力推动了天津城市风貌建设。

百年形成的危房破屋消除，数百座崭新大厦拔地而起，老百姓的世代期盼最终变成了眼前的现实。与此同时，天津危改工程带来了丰厚的经济和社会效益，增强了城市载体功能，拉动了城市经济的整体发展；创造了全新的社区、全新的生活方式和全新的城市文化，凝聚了民心，提升了民气，促进了社会文明的进步；形成了"造福人民，知难而进；万众一心，共创大业"的宝贵危改精神。

市民举杯庆祝乔迁

作者：曹冬梅

崛起的天津滨海新区

从改革开放初期创建天津经济技术开发区到 20 世纪 90 年代确立"十年建成滨海新区"目标，再到天津滨海新区纳入国家发展战略，天津滨海新区历经创业发展的不平凡历程，发生了历史性的巨大变化。党的二十大以来，天津市委、市政府抓住历史性机遇，实施滨海新区高质量发展支撑引领行动，乘势而上，全面建设新时代"四宜"美丽滨城。

纳入国家发展战略

进入新世纪新阶段，天津滨海新区以其独特的连接东北、华北、华东等地区和有利于发展东北亚国际经济合作的地理位置，不仅带动了天津全面快速发展，而且在京津冀和环渤海地区的发展中占有十分重要的地位。推进天津滨海新区开发开放，对于进一步提升京津冀及环渤海地区的国际竞争力，带动整个北方经济的发展都具有十分重要的意义。

2006 年 3 月十届全国人大四次会议通过《中华人民共和国国民经济和社会发展第十一个五年规划纲要》，正式确定推进天津滨海新区开发开放。这是中国继 20 世纪 80 年代开发深圳、90 年代开发上海浦东之后，又一个区域开发的重大战略举措，对于实现天津的城市定位，带动天津长远发展，促进环渤海区域振兴，实现区域协调发展总体战略具有十分重要的意义，标志着天津滨海新区开发开放由区域发展战略纳入国家发展战略。

根据中央对滨海新区发展要求，2005 年 11 月天津市委召开八届八次全会，审议并通过《中共天津市委关于加快推进滨海新区开发开放的意见》，天津滨海新区开发开放稳步有序推进。制定《关于编制天津滨海新区综合配套改革试验区方案有关工作的通知》。2008 年 3 月 13 日国务院印发《关于天津滨海新区综合配套改革试验总体方案的批复》标志着滨海新区将在全国先行试验一些重大改革开放措施，率先基本建立完善的社会主义市场经济体制，为实现滨海新区定位提供强大动力和体制保障，为全国改革提供经验和借鉴。

为迅速启动滨海新区开发开放，实现滨海新区跨越式发展，新区着手编制完成滨海新区"十一五"发展规划、城市总体规划、土地利用规划、八个产业功能区建设规划，以及基础设施、综合交通、新农村建设等 10 个专项规划，加快建设和形成八个产业功能区 ①。

天津滨海新区纳入国家总体发展战略后，经济运行保持快速发展态势，对外开放全面推进，产业结构不断优化，综合配套改革稳步推进，北方对外开放门户作用凸显。2008 年滨海新区主要经济指标保持较快增长，实现生产总值 3102.24 亿元，比上年增长 23.1%，占全市的 48.8%，成为全市经济增长的最大引擎。

改革向纵深推进

滨海新区纳入国家发展战略以来，在天津市委、市政府的高度重视和有力推动下，发展进入由点到面、由局部到整体全面开发建设的新阶段，启动行政管理体制改革，部署实施"十大战役"，启动"十大改革"，助推滨海新区实现新的腾飞。

行政管理体制改革破解发展瓶颈。随着滨海新区的开发开放，现行的行政管理体制对于滨海新区经济发展的制约作用日益显现。2009 年 11 月 6 日，市委、市政府就滨海新区管理体制改革工作提出实施意见，调整行政区划，将天津滨海新区正式升级为一级政府。这是实施国家发展战略、推动滨海新区管理体制改革的重大部署，对于进一步加快滨海新区开发开放有重要意义。2012年，滨海新区行政体制改革"两步走"战略的第二步正式启动：确立行政区统领，功能区支撑，街镇整合提升新的管理体制架构，将现有的 27 个街镇调整

---

① 先进制造业产业区，滨海高新技术产业园区，南港工业区，滨海中心商务商业区，海港物流区，临空产业区，海滨休闲旅游区，临港产业区。

为 19 个，将 12 个功能区整合为 7 个功能区 [①]，对街镇授权扩权，赋予更多的经济社会管理职能。组建行政审批局（行政审批中心），是此次滨海新区新的管理体制改革的亮点。这次行政体制改革的突破，有利于提高滨海新区的行政服务水平，形成高效扁平的管理体制，为新区的产业结构调整提供了制度保障。

"十大战役"引领滨海新区腾飞。为更深入落实国家发展战略，2009 年 12 月市委九届七次全会提出大力实施"一核双港、九区支撑、龙头带动" [②] 的发展策略，全力打好滨海新区开发开放攻坚战。从 2009 年下半年开始，滨海新区全面部署"十大战役" [③]。"十大战役"总投资 1.5 万亿人民币，其中基础

---

① 天津经济技术开发区，含南港工业区，轻纺工业区 58 平方公里，北塘经济区 10 平方公里。中新天津生态城将滨海旅游区和中心渔港经济区并入管理范围。将塘沽海洋高新区划归滨海高新区。中新商务区，将其开发建设范围拓展到新设立的塘沽街全域和新设立的大沽街部分区域。天津港保税区、东疆保税港区，临港经济区保持现状。

② "一核"，指滨海新区商务商业核心区，重点发展金融服务、现代商务、高端商业，以期成为滨海新区的标志区和国际化门户枢纽。"双港"，指天津港的北港区和南港区。"九区"，指滨海新区中心商务区、临空产业区、滨海高新技术产业开发区、先进制造业产业区、中新生态城、海滨旅游区、海港物流区、临港工业区、南港工业区等功能区域。

③ （1）加快南港区域建设，以开发南港工业区、轻纺工业园和港东新城为重点，着力打造世界级重石化工业基地和我国北方重要的轻纺工业基地；（2）加快临港工业区建设，以发展造修船、海上工程设备、高速机车等装备制造业为重点，着力打造我国沿海高水平的重型装备制造业基地；（3）加快核心城区建设，以全面提升核心区载体功能、服务功能和环境面貌为重点，着力打造具有改革开放前沿特点的现代化新城区；（4）加快中心商务区建设，以发展现代金融、现代商务、高端商业为重点，着力打造于家堡金融改革创新基地和响螺湾商务商业聚集区；（5）加快中新天津生态城建设，以创新发展低碳经济、绿色经济、循环经济和生态环保生活方式为重点，着力打造具有国际先进水平，能实施、能复制、能推广的宜居生态新城；（6）加快东疆保税港区建设，以全面提升港口综合服务功能、发展综合航运服务、国际物流服务和保税加工贸易服务为重点，着力打造我国北方对外开放程度最高、功能最齐全的保税港区；（7）加快滨海旅游区建设，以开发独具北方沿海特点的休闲旅游产业、主题公园、企业总部、游艇总汇为重点，着力打造我国北方知名的国内国际旅游目的地和高品位的休闲区；（8）加快北塘区域建设，以发展高端国际会议、商务服务、餐饮娱乐为重点，着力打造具有我国北方传统小镇特色的国内外会议举办地和小企业总部聚集区；（9）加快西部区域建设，以开发航空谷、渤龙湖和开发区西区为重点，着力打造具有强大核心竞争力的高新技术产业基地和高端企业总部经济区；（10）加快中心渔港建设，以发展水产品加工、集散、物流和游艇制造、展示、维修、销售为重点，着力打造我国北方水产品加工物流产业中心和游艇产业发展基地。

设施投资 5600 多亿元。2012 年 "十大战役" 已完成投资超过 4400 亿元，新区整体产业的提升和核心竞争力的增强，形成了功能区开发与优势产业集聚、产业布局优化同步提升良好态势。

综合改革为滨海新区的创新发展助力。市政府制定并发布《天津滨海新区综合配套改革试验第二个三年实施计划（2011—2013 年）》，全面推出包括十大领域 26 项重点内容的 "十大改革"，作为落实实施计划的配套举措，围绕率先建立完善的社会主义市场经济体制这一目标，深入贯彻落实科学发展观并争当科学发展的排头兵，建立率先转变经济发展方式、率先完善社会管理、率先推进行政管理体制改革的体制机制，推动滨海新区在 2015 年建立起完善的社会主义市场经济体制，2020 年实现国家对滨海新区功能定位。

乘势聚能 引领未来

党的十八大以来，滨海新区立足产业发展基础，优化全方位开放格局，发挥天津自贸试验区、港口资源等优势，以全面建设新时代 "四宜" 美丽滨城、加快打造新时代高质量发展示范区为目标，奋力谱写高质量发展的华彩篇章。

志在万里天津港。以习近平总书记 "要志在万里，努力打造世界一流的智慧港口、绿色港口" 的嘱托为发展方向，天津港全力推进世界一流港口、智慧港口建设加码提速，全面加强 5G、大数据、人工智能、区块链等尖端技术与港口各领域深度融合，打造智能管控中心等一批示范性项目工程。向绿色低碳港口 "硬核" 迈进，全力打造低碳发展模式。构建内通外联国际枢纽大港，发起组建中国内贸集装箱港航服务联盟，推出 "海上高速 -FAST" 内贸运输新模式，主动承接北京非首都功能疏解，建成天津港集团雄安新区服务中心，推进津冀港口协同发展。

深化协同合作。京津冀三地海关联合制定外贸物流领域保通保畅措施，开展产业链供应链重点企业三关互认不断推进京津冀跨境货物贸易一体化监管。坚持发展实体经济，构建特色鲜明、优势突出的 "1+3+4" 现代产业体系。已建成 8 个国家新型工业化产业示范基地，形成 4 个千亿级产业集群。产业协同自主创新。2023 年，以滨海新区——中关村科技园为重点，推动北京优质创新资源在新区融合延伸，累计承接服务北京企业 1009 家，注册资本 2100 亿元。

公共服务共建共享。推进交通协同，津秦、津保高铁相继开通，实现滨海——北京 1 小时公交化通达。打通公路"断头路"，绕城高速、塘承高速新区段、津石高速天津东段全线建成贯通。教育方面，滨海职业学院与联想集团（北京）共建"联想人工智能产业学院"，中国核工业大学落户滨海新区。医疗卫生领域，天津市第五中心医院深化和北大医学部合作共建，京冀执业医师在新区实行了多机构备案。生态环境领域，建立环境保护联防联控机制，共同推进区域重污染天气预警、会商及应急联动，强化北大港湿地等国家湿地公园保护。在文化旅游方面，国家海洋博物馆、滨海文化中心等景区已成为京津冀地区游客首选的文化旅游、海洋旅游点位。

国家海洋博物馆

作者：孟罡

来自人民群众的最高奖赏

——天津市和平区开展"十佳公仆"评选活动的实践

"知屋漏者在宇下，知政失者在草野。"政府工作的得失，干部表现的良莠，人民群众最有发言权。天津市和平区自 1988 年起，坚持开展"十佳公仆"评选活动及近年的"民评官、民评事"系列活动，为人民群众与政府良性互动搭建了有效平台。经过 36 年的实践和发展，评选表彰"十佳公仆"活动已经成为和平区工作的特色和品牌，也为推动和平区各项事业发展发挥了积极作用。

始于群众的呼声

天津市和平区位于中心城区的核心区，是全市政治、金融、商贸和文化教育中心。作为一个城区，和平区既有地处现代化大都市中心的优势，又有老城区普遍存在的人口密度大、市政设施陈旧老化、人文环境层次不一等诸多困扰与问题，这些新情况、新变化对政府及时回应市民关切提出了更高要求。

多年来，和平区委、区政府始终坚持"一切为了人民，一切依靠人民"的指导思想，把全心全意为人民服务作为工作最高尺度，了解群众意愿，体察群众疾苦，实实在在为群众排忧解难。从 1983 年开始，每年根据群众的意见和实际需求，集中力量为老百姓办 12 件实事，并在办实事的过程中，喊响了"未雨绸缪，好事办实""电闪雷鸣，公仆到位""雨过天晴，举一反三"三句话，把群众最关心、最迫切解决的问题摆在工作首位，在群众遇到困难需要帮助时，干部们送来"及时雨""雪中炭"，形成了"为民、公道、廉洁、高效"八字政风，受到了全区人民群众的普遍欢迎。区委、区政府数年如一日坚持为群众排忧解难，群众看在眼里、记在心上，逐步酝酿成为日后开展起来的群众自发进行"民评选官，民表扬官"活动。

1988 年秋末冬初，受通货膨胀和当时国家"价格闯关"政策的影响，全国出现了抢购风潮，很多商品被抢购一空。冬季临近，在和平区市民群众中也出现了抢购大白菜、冬煤和炉具现象，一时闹得人心惶惶。为了保证市民有菜吃、有煤烧，稳定群众的恐慌情绪，区委、区政府一方面积极组织货源，一方面带领 6 个与群众生活密切相关的委、局、公司，组织 500 余名机关干部白天上街售菜，晚上给居民家中送煤，保障煤、菜、水、电的充足供应与服务，让全区人民温暖过冬。

其间，广大干部作出承诺："群众家中无煤，我们不买煤；群众家中无菜，我们不买菜。"在短短一个月的时间内，2100 多万公斤大白菜、3.5 万吨煤顺利送进群众家中，却没有一名干部往自家捎一棵菜，买一块煤。干部们朴实无华的言语、奔波忙碌的操劳和一直以来爱民为民的真情感动了广大市民，许多群众纷纷找到区委、区政府，要求表彰为他们办实事的好干部。有的群众提出："以往都是'官儿'表扬'官儿'，这次干脆由咱老百姓来评选好'官儿'吧！"区委、区政府采纳了群众的意见，并同意由区人大代表、政协委员组成区政务工作监督组，具体负责组织群众评选"十佳公仆"活动。

1989 年 2 月 1 日，经过几个月的筹备组织，和平区首届"十佳公仆"表彰大会拉开了帷幕。获得"十佳公仆"称号的每一位公仆没有一分钱的奖金和奖品，得到的只有一朵红花和一条绶带，可就是这红花和绶带，真切地表达出广大群众对好干部的信任。全国政协原主席、时任天津市市长李瑞环同志亲临表彰大会现场，并作了热情洋溢的讲话。他说："群众投票给干部发奖，这是我有生以来经过的第一次。能够得到老百姓的表扬，这是最高的奖赏、最大的光荣，把它推广开来、普及下去，将会有很深刻的意义。"由此，这项活动在和平区这块沃土上生根发芽，茁壮成长。

把权力交给人民

"十佳公仆"的评选是和平区广大人民群众的首创之举，评选活动是在区政务工作监督组主持下进行的民主选举，它的最大特点是经过人民群众评定和认可，由人民群众直选投票产生的。

基层群众通过社区投票站为他们心目中的"十佳公仆"投出神圣的一票

评选活动从每年的年末开始到转年的二三月份，从党政机关和直接与人民生活密切相关的煤建、副食、房管、自来水、煤气、供电、粮食、交通、环卫、公安、税务等单位的全体公职人员中，按照"群众性、广泛性、实践性、先进性、地区性"原则，不分党内外，不分男女，不论职务高低，只看一条，就是比谁为群众流的汗多、出的力多，比谁为群众贡献大。评选采取街区两级自下而上评选产生的顺序，先由各街道办事处评出街一级的"十佳公仆"，街一级的"十佳公仆"从候选人推出到正式确定，要经过三上三下，凡是确定的候选人连同事迹材料一起张榜公布，在全区 261 个居委会中广泛征询居民意见，由居委会填写选票，根据得票多少排出街一级的"十佳公仆"。全区 12 个街道办事处，每个街的第一名"十佳公仆"推举到区里作为区一级"十佳公仆"的候选人。另外，煤气、自来水、供电、交通、税务等部门虽属市管单位，但其工作职能与群众生活密切相关，因而也按行业、系统各自推荐出一名区级"十佳公仆"的候选人。17名候选人确定后，把他们的姓名、职务、事迹、照片连同选票一起刊登在《天津日报》上。每年发出选票2.4万张（回收率都在95%以上，2007年以后每年发出的选票增加到3.8万张），在全区各街道办事处分别设投票箱由群众投票评选，按得票顺序排出前10名，为当届的区级"十佳公仆"。凡连续三届当选（1999年后改为两届）的公仆，由区人民代表大会授予"人民好公仆"荣誉称号，不再参加下届评选。

从1989年开始至今，和平区历届"十佳公仆"表彰都是由人民群众自己召开大会，主持大会，群众代表给最佳公仆披红戴花，没有奖金、没有奖品，也没有奖状，有的只是人民群众的认可和"十佳公仆"这四个字的光荣称号。

主仆合力同频共振

评选"十佳公仆"在和平区产生了巨大影响，振奋了广大公职人员和人民群众的情绪，增进了干群感情，拉近了政府与群众距离。

通过评选"十佳公仆"，和平区走出了一条人民群众教育、激励、监督、培养干部队伍的路子，使干部有了经常对照反思，不断改造人生观、价值观的镜子。35年来，涌现出以为人们所熟悉的"送水观音"韩金华、"温暖使者"王教恭、"爱管闲事的法院院长"翟西林等为代表的"十佳公仆"群体，他们像火种一样传递和播撒了全心全意为人民服务的优良传统，赢得了人民群众的尊敬与拥戴。

在学做"十佳公仆"过程中，和平区建立了400多个处级以上领导干部群众联系点，开展了在群众中"交一个知心朋友，为老百姓办一件实事，为有困难的企业解决一个生产难题"等"五个一"活动、民心工程、"大走访、大接访、大检查"等活动，市民群众看到政府和各级干部尽心竭力为民工作，便自发组织起社区服务志愿者活动，提出"上为政府分忧，下为群众解难"，使一些政府管不过来的老百姓生活难题在社区内得到解决，形成了政府为百姓解难、群众为政府分忧的良好社会风尚。

通过评选"十佳公仆",使全区群众有了客观公正评价公职人员工作、衡量是非曲直的尺子,有利于广大群众真正成为国家和社会的主人。现在的评选活动已由最初单纯的群众为公职人员"评功摆好"上升为群众自觉地对公职人员进行民主监督的一种形式。评选活动使全体公职人员在工作中不仅要对领导负责,还要让群众满意,不敢有丝毫的懈怠。

评选表彰"十佳公仆"活动,有力推动了城区"五位一体"发展,对"美丽和平"建设产生了积极影响。"十佳公仆"评选已名扬全国,享誉海内外,扩大了和平区的知名度和影响力,为投资兴业软环境增添了吸引力。同时也带动和促进社区志愿者服务、社区教育、社区文化、文明小区建设等精神文明活动的共同发展,弘扬了一种新时期"人人为我、我为人人"的奉献精神,人民群众生活的幸福感、爱区建区的凝聚力极大增强,为社会主义现代化大都市的建立提供了有力保证。

36年来,和平区经济社会取得了长足发展,城市面貌发生了巨大变化,人民生活水平显著提高,先后获得并保持了"全国文明城区""国家卫生区""全国社会治安综合治理优秀地市"等多项国家级荣誉,其中凝聚了一代代和平人的艰苦努力,更饱含了一批批"十佳公仆"无私奉献与辛勤汗水,这种精神也将激励我们以更加饱满的热情,为实现经济社会发展的新跃升,为建设"两高三化"① 新和平努力奋斗。

作者:孟罡

---

① 发展高质量、生活高品质、城区国际化、管理精益化、治理现代化。

助人为乐　邻里守望
——天津持续推进社区志愿服务工作

　　喧嚣繁华的城市中，助人为乐、邻里守望的美好传统在天津被无限放大，社区志愿者们也从"赠人玫瑰，手有余香"中感受着善的力量。

全国社区志愿者组织发祥地

　　天津市和平区新兴街朝阳里社区是全国首个社区志愿者组织的发祥地。朝阳里社区是建于 20 世纪 70 年代末的老社区，住户以老年人居多。这些老人的子女不在身边，有困难或紧急的事情，非常需要有人帮助。1989 年，13 位热心服务邻里的老人在朝阳里社区成立了义务包户志愿服务小组，为有需求的居民提供帮助，如星星之火点亮了社区。

　　2009 年，新兴街被民政部确认为"全国第一个社区志愿者组织发祥地"。从送煤、送菜、送炉具的"老三送"，到送岗位、送知识、送健康的"新三送"，30 多年来志愿精神持续传承，社区将志愿服务深度融入社会治理，持续擦亮志愿服务的"招牌"。

　　伴随着志愿服务的发展，朝阳里社区志愿服务逐步丰富、细化，不断发展深度和广度，逐渐形成了以"传、评、帮、乐、建"为路径的新时代文明实践五大路径。社区以志愿者为主体力量，以志愿服务为主体方式，统筹开展各类新时代精神文明创建活动的服务机制，积极传播党的理论思想，不断推动习近平新时代中国特色社会主义思想深入人心。

　　2019 年 1 月 17 日，习近平总书记到朝阳里社区视察，与居民群众亲切交谈、为志愿者点赞，并指出："志愿服务是社会文明进步的重要标志，是广大志愿者奉献爱心的重要渠道。要为志愿服务搭建更多平台，更好发挥志愿服务在社会治理中的积极作用。"以此为指导，朝阳里社区把志愿服务深度融入社会治理。社区党委通过志愿服务品牌化培育、项目化运作、制度化拓展，在坚持推进常规志愿服务活动的基础上，大力孵化志愿服务队伍，丰富志愿服务项目库，以志愿服务团队为依托，实现居民需求与志愿服务资源的精准对接，使党建引领下的社区治理与志愿服务相结合。同时积极搭建资源与需求对接的志愿服务平台，把深度挖掘出的辖区资源优势转变为社区治理效能，使志愿服务人人可为、时时可为、处处可为。

在汇聚区域志愿服务力量方面，朝阳里社区一方面打造"红色网格"，以党员为核心带领楼门内志愿者推动居民自我管理、自我服务。同时将市、区下沉干部、在职党员编入网格，以

和平区社区志愿服务展馆

"和平夜话"实践活动为载体，实现清单化、网格化管理与社区居民相结合、与社区网格员相结合的模式，定期向群众汇报、积极为居民服务，满足社区居民具体化、个性化需求。

30多年志愿精神的传承，让朝阳里社区里的每一个人都自觉为文明"代言"，邻里守望相助蔚然成风，也让社区收获了"全国先进基层党组织""全国退役军人工作模范单位""全国学雷锋活动示范点""全国最美志愿者组织""全国最美志愿服务社区"等荣誉，走出了一条新时代中国特色社会基层治理的新路子。

志愿服务　一直在路上

时代在变，群众的需求在变，志愿服务的项目也在变，但为民服务的本色不变。伴随着志愿服务工作合力的不断增强，志愿服务组织的不断发展，

志愿者队伍的快速壮大，志愿服务规范化的水平不断提升，越来越多的志愿服务组织和志愿者投身抗击新冠疫情、脱贫攻坚、创文创卫等群众急需的社会服务中。

"十三五"以来，天津市制定多项政策法规护航志愿服务蓬勃发展。2017年12月1日，《天津市志愿服务条例》施行，是与国家条例同步出台的地方性法规，2019年又出台了《天津市促进精神文明建设条例》《天津市文明行为促进条例》，为志愿服务制度化、常态化提供法律保障，有力地推动了志愿服务可持续发展。

志愿服务已融入天津人的日常，成为一种新的生活方式。在社区，经常可见志愿者为居民提供理发、测血压、修理小家电等免费服务；在街头，志愿者开展文明交通志愿服务活动。"十三五"期间，天津志愿者、志愿服务团队规模"双翻番"，全市注册志愿者253.9万余人，志愿服务队1.5万支。志愿服务项目涉及理论宣讲、科学普及、文艺演出、防灾减灾、绿色环保、应急救护、文明交通、普法宣传等多领域，基本覆盖百姓日常所需。同时还加强常规化培训，提高志愿服务质量，提升志愿服务专业化水平。2020年，天津市将学习宣传、文化健身、互帮互助、文明风尚"4+N"志愿服务队作为新时代文明实践中心基本标配，组建7000余支志愿服务队，超过50万人次参与志愿服务活动。群众自我服务自我管理能力显著提高，同时组建市志愿服务工作协调小组，志愿服务工作体系日益完善。新冠疫情暴发以后，8431支志愿服务团队的近30万名志愿者，在统一指挥、社区化、组织化、力所能及等原则导引下，结合本市疫情防控实际，开展志愿服务，极大地补充了社区的防控力量。在广大志愿者的带动下，越来越多的普通市民也加入到志愿服务中来。疫情暴发以来，新增注册志愿者7万余人，新增注册志愿服务团队2000余支。涓涓细流汇成大海，点滴善举成就大爱。本市百万志愿者就如同一团团流动的火炬，将温暖播撒到城市的每一个角落。

志愿者是城市一道动人的风景，奉献、友爱、互助、进步的志愿精神已化为城市基因，志愿服务已成为津沽大地上最靓丽的文明底色。

作者：孟罡

"蓝领专家" 孔祥瑞

孔祥瑞，1955 年出生，中共党员，曾任天津港六公司固机队、煤码头公司操作一队队长兼党支部书记。40 余年港口一线岗位工作中，他刻苦学习、潜心钻研、积极进取、创新实践，由一名技术工人成长为高技能人才、蓝领专家，主持开展技术革新 220 多项，16 项取得国家实用新型发明专利，为企业节约增效过亿元，先后荣获全国五一劳动奖章、全国劳动模范、全国优秀共产党员、全国十大高技能人才楷模、全国道德模范等荣誉称号。

"听音断病" 显身手

1955 年 1 月 11 日，孔祥瑞出生在天津市一个普通工人家庭。1972 年底，为了减轻家庭负担，初中毕业的他没有继续求学，而是被分配到天津港一公司门吊队，成为一名门式起重机司机。他苦练技能、踏实工作，仅用一年多时间就熟练掌握了一般人三年才能完成的操作技能。

20 世纪 80 年代，伴随改革开放和经济发展，天津港的货物吞吐量急剧增加，由于设备装卸能力跟不上，造成港口经常压船。孔祥瑞所在的门机队是港口货运生产的核心力量，工人最怕门机发生故障延误货物装卸。孔祥瑞深刻认识到掌握维修技能的重要性，只有初中文化的他开始如饥似渴地钻研技术。他想方设法弄清楚天津港所有门机的工作原理、基本性能和技术参数，同时坚持在生产实践中边干边学。他随身携带的小本子记录了设备出现哪些故障、什么原因、修理过程、注意事项等。就这样，经过多年努力，孔祥瑞不仅会开各种型号的门机，而且还能修理，成为队里第一个操作、维修都过硬的多面手。

1993年的一天，码头上一台门式起重机的旋转大轴承出现异响。这可能是缺少润滑，也可能是重大事故的前兆。如果不拆卸进行彻底检修，门机就有可能瘫痪；如果拆卸下来后发现没有问题，企业会蒙受上百万元的经济损失。当时，孔祥瑞已经是主管技术的副队长。他分析判断是轴承坏了，必须拆卸检修。根据他的提议，公司租来900吨的海上浮吊进行作业，拆下回转大轴承，结果检查发现正面完好，没有异常。但孔祥瑞仍然认定是轴承损坏，他指挥吊车将大轴承翻过来，才发现正面完好的回转大轴承的背面，滚珠已经散落出槽，如果继续使用，后果不堪设想。门机的故障排除了，孔祥瑞"听音断病"的绝活也在港口传播开来，让他成为远近驰名的"门机大王"。

"土方法"治服"洋机器"

进入90年代，天津港迎来一段快速发展时期，先后引进了一批世界一流的先进技术设施。但是在实际生产过程中，这些"洋机器"并非完美无缺。1995年的一天，正当货物装卸最忙碌的时候，6台刚刚引进的新门机忽然集体出现故障。孔祥瑞赶紧带人排查，发现6台门机存在设计缺陷。虽然故障很快被排除，但孔祥瑞因被"洋机器"牵着鼻子走而久久不能释怀。他下决心一定要用自己所学改造机器设备上的缺陷，使他们更好地服务于生产。为

孔祥瑞在指挥作业

此，他自创了"专学专用"学习法，就是所学的东西必须跟设备需要和实际操作联系起来。在实践过程中，他自学了力学、机械原理、液压、电工学等多方面的知识。1998年，他调任六公司固机队队长，掌管公司装卸生产的18台门机。其间，他先后攻克门机中心集电器短路等多个技术难题，并获国家实用新型发明专利。至2000年，所管设备使用率居全国港口第一位，完好率保持在97.8%以上。

2001年，天津港提出冲击亿吨大港的目标。孔祥瑞所在的六公司承担作业量达2500万吨，

在设备几乎满负荷的情况下，任务量增加了近30%。为了完成任务指标，孔祥瑞绞尽脑汁、冥思苦想。经过反复观察和思考，他决定对门机抓斗的"大脑"——主令控制器进行革新改造，把操作杆移动轨迹由"十"字形丰富成"☆"形，将抓斗起升、闭合控制点合二为一。经过改造，门机每钩作业节省时间15.8秒，平均每天多装卸货物480吨。六公司当年完成任务2717万吨，为企业创效1620万元，大大超过预定指标。2002年，这一创新成果被天津市总工会命名为"孔祥瑞操作法"，这个"金点子"也成为同行业关注的新技术，在全国推广。

2003年12月，天津港新成立煤码头公司。孔祥瑞被任命为操作一队党支部书记、队长，掌控着从国外进口的价值8亿元的世界最新自动化传输设备。面对新的挑战，孔祥瑞迎难而上，继续摸索。短短2年光景，就有针对性地建立起《专人专机保养制度》《安全生产十必须》等一套切实可行的"管用养修"制度；同时，还带领队员对设备不尽如人意的地方进行技改技革，完成翻车机摘钩杠杆、耐磨板上加装网格等50多项革新改造，不仅最大限度发挥出自动化生产系统的使用效能，还为天津港创造了巨大的经济效益和显著的社会效益。2006年4月26日，天津市发起向孔祥瑞同志学习的活动。很快，孔祥瑞成为享誉全国的"蓝领专家"。

优秀团队大于完美个人

孔祥瑞总说："没有完美的个人，只有优秀的团队……"他拥有一身技术却从不保守，总是想方设法将自己掌握的技能教授给大家。在遇到问题后，他会与大家及时分享自己的技术心得。他所带的门机队、操作一队，每天下午3点召开碰头会，每周周五下午召开"诸葛亮会"，分析讲解设备出现的问题，对员工进行培训。此外，他还把自己记日志的习惯培养成全队技术骨干的习惯，变为"工作法"。不少队友都随身携带小本本，有问题就随时记录，设备操作水平和维修技能大幅提升。

同时，孔祥瑞非常注重人才培养。他提出"把优秀员工培养成党员，把党员培养成技术骨干"的口号，摸索出一条符合自身特点的人才培养道路，形成了"不断学知识、不断学技能，人人争当技术骨干"的良好氛围。在他的影响带动下，全队学习技术蔚然成风，涌现出许多技术能手。

作为队长，孔祥瑞处处率先垂范、以身作则，在队里倡导"人管人最笨，制度管人二笨，自己管自己最高明"的管理理念，创造性发明了"正、样、新、放、优、严、情、暖、强"九字管理法，激发职工自我约束、自我管理意识，营造和谐向上的工作氛围，打造了一支思想过硬、纪律严明、业务精湛的队伍。2006 年 10 月 22 日，孔祥瑞工作的煤码头公司操作一队被天津港正式命名为"孔祥瑞操作队"，其中不乏工程师、高级技师、高级工。他们各怀绝技、独当一面，承担着港口大型装卸设备的管、用、养、修任务，是天津港煤码头公司装卸生产的主力军。2008 年，孔祥瑞还带领队员共同编写了《系统设备故障维修指南》，成为天津港使用维修人员案头必备的书籍之一。同年，"孔祥瑞操作队"被全国总工会授予"工人先锋号"称号。

2007 年、2012 年，孔祥瑞先后当选中共十七大、十八大代表，并入选2009 年"100 位新中国成立以来感动中国人物"和 2019 年"新中国最美奋斗者"名单。目前，他已经退休，但是在全国各地技能大赛的裁判、点评席上仍能看到他忙碌的身影，依然在用自己的方式为钟爱的事业贡献力量。

作者：曹冬梅

老老实实做人　结结实实盖楼

——记天津市三建建筑工程有限公司
原副总工程师范玉恕

范玉恕，1952年3月出生，河北省沧州市人，中共党员，天津三建建筑工程有限公司原项目经理、副总工程师。他从事施工管理50余年来，视工程质量如生命，先后组织完成了30项、50余万平方米的重大施工任务，工程质量项项优良，其中天津体育中心、电力大厦先后荣获鲁班奖，是全国建设系统的一面旗帜。他是党的十六大代表，先后获得天津市优秀共产党员标兵、特等劳动模范，全国劳动模范，全国建设系统行业标兵，全国优秀项目经理，全国十大杰出职工，"最美奋斗者"等称号，并获全国五一劳动奖章。

学技术　为祖国建高质量高楼大厦

范玉恕，出生在一个普通的家庭，学习非常刻苦，成绩一直名列前茅，品质优秀，被选任学校的少先队大队长。小学毕业前，13岁的范玉恕把为祖国作贡献的想法告诉老师，在老师的建议下，报考了天津建筑工程职业技术学校。入学后，他依然刻苦学习，每个学期都要去工地实习两周。实习期间，他把自己真当成一名建筑工人，踏下身子实干，在实践中验证学到的知识。三年下来，他不但完成了学业，业务能力方面也有了一定的提高。范玉恕技校毕业后，被分配到天津建工集团三建建筑工程有限公司，入职后最初从事木工工作，1978年走上施工管理岗位。

"老老实实做人，结结实实盖房"，是范玉恕做人做事的理念和信条。他承诺：绝不向人民交付一平方米不合格的工程！有一次，一个刚进场的民工队在浇筑一道地梁混凝土时打胀了模，这本来不是太大的质量问题。但是，范玉恕发现后，让他马上拆掉重打，面对那个民工队长的求饶，范玉恕说："干基础活儿你们就这样马虎，后边的活儿还不知怎样对付呢，这活儿推倒重来没商量！"范玉恕不是想为难他们，就是想给他们立下个高质量标准的规矩。这件事很快传到各个民工队，他们都知道范玉恕在质量方面要求非常严格，再也没有人敢马虎大意了。

敢打拼　有闯劲儿才有大成就

在施工现场的范玉恕

范玉恕有一个很响亮的绰号"范铁人"。1995年，第43届世乒赛在中国天津举行。范玉恕带领团队承建了主赛场天津体育中心，这是他施工生涯中最为难忘的一项工程。按照计划，全部工程要在一年零十个月内完成，工期紧、工艺复杂、质量标准要求高，当时被确定为天津市的一号工程。主体施工时，正值三伏天，一动就是一身汗，范玉恕每天都在工地不停地奔波指挥。当他组织浇筑二层看台最后一段混凝土时，突然下起了大雨。范玉恕明白，如果此刻停工，混凝土就要留施工缝，影响整体性。他甩掉上衣，大手一挥，站在雨中带领大家干了起来，边干边指挥。经过近两个小时的冒雨施工，终于完成了二层看台全部混凝土浇筑工作，保证了供万人使用的看台的质量。工程建设中，他仅依靠简陋的工具和自制的测量仪器，靠一丝不苟和过硬技术，把固定屋面网架用的384颗螺栓准确地预埋在96根柱顶上，使预埋螺栓和网架上的螺孔一一对应，一次就安装成功。范玉恕把这项事关天津名声、国家声誉的工程建成了精品，一举获得被誉为全国建筑行业最高奖的鲁班奖。

2004年6月，范玉恕担任北京奥运工程——奥体中心运动员公寓工程项目经理，他向建设单位承诺，"奥运会运动健儿要夺金牌，奥运工程我们更要争第一"。当时正值酷暑，地面温度达到50摄氏度，他一天也没离开过施工现场，做到制订施工方案一盯到底，关键部位一盯到底，工艺难关一盯到底，交叉作业一盯到底，质量验收一盯到底，带领员工从一张图纸、一根钢筋、一块砖、一车混凝土抓起，严严实实地把住了每一道质量关，最终该工程被评为北京市建筑工程质量最高奖——长城杯金奖。

扬正气　有严管更有厚爱

范玉恕的一身正气让认识他的人钦佩万分。他干的大工程需要把一些项目分包出去，有时还要对外采购建筑材料，些外分包、外采购单位，为了争揽分包工程或把建筑产品打进工地，使出各种手段，五花八门。一天晚上，一个外分包队负责人来到范玉恕家，又是钞票，又是礼品。范玉恕一看情形，立马把他推出了门。第二天他告诫项目班子，谁也不准向外单位人透露他家的地址。有一次，一个民工队长想在结算中捞点好处，就偷偷地将200元钱塞进烟盒中，放在他的抽屉里。范玉恕了解后，找到那个民工队长，不仅把钱还给他，还严肃批评了他。像这样被范玉恕拒绝、批评的例子还有很多，时间久了，民工们私下都说："跟老范干，别想来歪的邪的，只有规规矩矩干好活才是正道。"

一次，范玉恕在和一名工长聊天时得知，那个工长住的是三级跳坑的危陋平房，一到下雨，上边漏，下边还进水。范玉恕劝他赶快修修，并帮助他操持备料。就在修房那天晚上，突然下起了大雨，范玉恕马上骑自行车冒雨从工地赶到工长家。当时已经是晚上十点多了，范玉恕一进门就问，家具物品存放好了没，备下的料泡没泡，都处置妥当后，他发现帮忙修房的人都没带雨衣，下着雨没法回家。他又顶着雨骑车赶到分公司一位汽车司机家里，让司机开车把人挨个送回家。第二天雨一停，他又组织人把工长家的房子修完，工长被感动得说不出话来。

精业务　开拓创新带新人

　　范玉恕是一个与时俱进的人，一有时间就看书学习，通过各种渠道求师问教，并在工作中跟同事、工友一起探讨。他总是随身带着一个笔记本，把发现的问题、想到的点子、点滴心得随时记录下来。建筑领域出现什么新技术、新工艺，他都要认真学习、仔细研究，并尽可能快地运用到工程项目中。经过多年的学习、摸索和实践，1994 年，他总结出了保证工程质量的项目管理八字诀、经济管理把五关和施工控制十五个管理点的"8·5·15"工作法。国家建设部有关领导对该工作法给予了充分肯定，在全国研讨会上做了介绍，并且把它作为全国项目经理的培训教材。在此基础上，他又带领有关人员编制了《机电安装工程技术标准》《商品混凝土施工技术标准》，汇编了《三建公司重点工程优秀方案库》。这些都在提高工程技术质量、加强工程质量管理过程中发挥了重要作用。

　　天津电力大厦是百米高的超高层建筑，位于繁华市区，甲方要求的工期相当紧，只有 14 个月。范玉恕带领团队经过周密筹划，按照"8·5·15"工作法，狠抓施工中的关键环节，采取主体和装修同时施工的措施，不仅保质保量地完成了任务，而且荣获鲁班奖。天津金皇大厦造型独特，建筑面积近 10 万平方米，高 188 米，仅保证大厦的垂直度就是个棘手难题。在施工中，范玉恕和大家大胆创新，应用了"爬模工艺及新型脚手架模板体系""大体积混凝土浇筑""建筑防水和节能"等 10 项新技术，不仅保证了质量，拿下了建设部的"国家新技术应用金牌示范工程"大奖，还创出了四个"津门之最"：第一次完成了天津市最深的基础施工，大厦基础深 15.5 米；第一次创出了天津市超高层建筑垂直度最高水平，188 米高的大厦从下到顶误差仅有 16 毫米；攻克了天津市工程量最大的混凝土泵送技术难关，泵送高度达 147 米，输送管道行程 280 米；第一次完成了天津市大体积混凝土连续浇筑任务，基础底板 9200 立方米的混凝土一次浇筑成功。

　　在传帮带方面，范玉恕也为大家作出了榜样。他热心帮助刚参加工作的青年学生，带领他们学业务、长本领，还把小的工程交给他们进行实践，做到一专多能。2000 年，他任三建公司副总工程师后，坚持每年与大学毕业的青年项目经理签订"师徒合同"，实施"导师制"，帮助青年人才树立爱业、敬业、治业和创业的"四业"精神。全公司三分之一的在岗项目经理都得到过范玉恕的亲传，一大批人先后成了优秀项目经理。

守初心　忘我投入无怨悔

范玉恕为了他所爱的事业，不仅奉献了自己的一切，还把应该给家庭、给亲人的那份爱也献给了工程建设。90年代末，范玉恕的母亲已经80多岁了。老人家知道儿子身体不好，又干起活来什么都不顾，因而总是担心他。可是范玉恕一心扑在工程上，别说是陪老娘说说话。就连老娘犯了肺气肿病住院，他也没有时间陪陪老娘，背后抹完眼泪就又去下一个工地了。

范玉恕的爱人身患心脏病、高血压等多种疾病，长期在家病休，家中照料老人、干家务，一切生活重担都落在她的肩上。因为她知道范玉恕肩上的担子有多重，不敢有更多的奢望，就算在一起吃顿饭或一起逛一次商场这样小小的愿望，多年都没有实现。女儿读初中的时候，曾多次提出让父亲带她去看电影、逛公园，可每次范玉恕都满怀歉意地说，等有了时间就去，一等就等到女儿成人。

随着范玉恕同志社会知名度的提高，很多建设单位都想用优厚的待遇挖走范玉恕，可都被他一一谢绝。到了退休年龄，他选择了退休不退岗，成为公司工程质量部顾问。他跟着技术质量部的年轻同事跑现场，带徒弟，还抽出时间编写施工指导用书。范玉恕说："人退休了，但奋斗精神不能退休。这么多年来，我攒下很多好的工程技术、工程施工工艺，要总结出来、传承下去，让更多老百姓住上安全放心的房子。"

作者：赵凤俊

天津工业战略东移的提出与实施

党的十一届三中全会后，天津市委、市政府深入贯彻党中央、国务院关于改革开放的重要精神和重大部署，结合天津市情提出工业战略东移发展战略。天津工业战略东移经过 30 多年的不断推进取得了丰硕的成果，为实现天津城市发展定位提供了有力支撑。

天津工业战略东移的提出

天津工业战略东移是在党和国家推进改革开放的大背景下，在明确城市性质和发展战略的过程中，着眼城市总体发展战略、发展目标，着眼天津资源禀赋和自身优势，提出的一项优化城市工业空间布局，着力提升城市总体功能的发展战略。

至改革开放初，天津工业布局是经济和工业主要聚集在中心城区，滨海地区和远郊区经济与工业相对薄弱。1984 年，全市工业中，市区工业占全市工业的 70% 至 80%，滨海地区工业产值约占全市的 12%。滨海地区大量适合工业建设的土地有待开发，市区工业布局不合理，矛盾突出。

改革开放后较快确定了天津城市定位和外向型经济发展战略。1988 年 4 月，在党的十三大精神的指引下，中共天津市第五次代表大会提出外向型为主导的天津经济发展战略构想。党的十四大后，外向型经济发展战略在天津加快实施。

通过规划引领城市工业空间布局调整，明确提出工业战略东移。发挥天津区位优势、港口优势，加快中心城区产业升级，增强滨海地区经济实力与天津综合实力，优化天津工业空间布局，要求天津必须实施工业战略东移。

1986 年 8 月,《天津市城市总体规划方案》规划获得国务院批复。明确了天津城市布局规划方向,概括起来就是"一条扁担挑两头":整个城市以海河为轴线,改造老市区,作为全市的中心;工业发展重点东移,大力发展滨海地区。工业战略东移正式成为支撑天津城市发展的基本发展战略。

当时确定的工业战略东移的具体规划是:开辟海河下游新工业区及建设发展滨海地区。天津工业战略东移的思路是将增量工业项目优先安排在滨海地区,将中心城区存量工业项目在一定条件下向滨海地区腾挪,以发挥天津区位优势,以更好地实现天津城市定位。

天津工业战略东移的实施

第一阶段:1985 至 1993 年,积极建设海河下游工业区,大力发展天津经济技术开发区,推动增量工业初步东移。

在 1985 年版天津城市总体规划中,海河下游工业区被寄予厚望。1988年,天津市规划部门初步完成对海河下游工业区的规划。海河下游工业区以工业基地为主要功能,主要承接中心城区冶金工业东移和滨海新区工业辐射,作为中心城区与港口联系的纽带,借助海河通航,带动地区经济,规划发展为新兴中等城市。为支持海河下游工业区和滨海地区工业发展,1986 年至1993 年,国家和天津共同投资建设了军粮城电厂三、四期扩建工程。1988 年12 月,国家重点建设工程、海河下游工业区标志性和支柱性工程——天津无缝钢管工程开工建设。

1984 年,天津市决定建立天津经济技术开发区。天津经济开发区建设按照以工业为主,以出口为主综合开发,坚持走外向型工业发展的道路,大力兴办"三资"企业。1992 年,开发区共批准外商及港澳台企业 462 家,项目投资总额 7.03 亿美元,合同外资金额 5.07 亿美元。天津经济技术开发区日益成为天津工业发展的聚集区和引领区。此外,天津港和天津港保税区等功能区服务滨海地区工业和经济发展的作用也不断提高,为推动天津工业战略东移创造了条件。

第二阶段:1994 年至 2000 年,天津提出并实施"三五八十"阶段性奋斗目标，确立滨海新区"一心三点"的建设格局，增量工业东移提速。

1994 年，天津市提出指导全市加快发展的"三五八十"阶段性奋斗目标，提出，到 1997 年全市国民生产总值提前 3 年实现翻两番；用 10 年左右时间基本建成滨海新区。"三五八十"阶段性奋斗目标的提出与实施，推动了天津工业，特别是增量工业在滨海新区加速聚集，呈现出增量工业加速东移的态势。

在"三五八十"框架中，天津市对滨海新区开发建设确定的总体构想是，"以天津港、开发区、保税区为骨架，冶金、化工为基础，商贸、金融、旅游竞相发展，形成一个以新兴产业、外向型经济为主导，以自由港为发展方向，基础设施配套、服务功能齐全的面向 21 世纪的高度开放的现代化经济新区。"这一阶段，天津工业东移集中表现为以"三资"企业为代表的增量工业加速向开发区等功能区聚集。1994 年至 1999 年 6 年间，滨海新区新批三资项目 3981 个，合同外资额 111.96 亿美元，完成外贸出口 115.89 亿美元。2000 年，滨海新区完成国内生产总值 562.40 亿元，占全市生产总值的 34.3%。三资企业—加速布局在开发区为主的滨海新区。

第三阶段：2001 年至 2012 年，工业战略东移目标基本实现。这一阶段，一方面，天津市对中心城区存量工业实施大规模东移；另一方面，滨海新区抓住新区上升为国家发展战略的有利机遇，继续做大增量工业规模，天津工业空间布局总体完成工业东移规划目标。

2000 年前后，中心城区存量工业实施大规模东移的主客观条件逐渐具备。2000 年 1 月，市政府下发通知，要求推动中心城区工业企业按行业布局有计划、有步骤地向滨海新区转移。2001 年，天津市制定了工业布局重点战略东移实施意见，确定东移的范围和重点地区、各行业的调整去向等。根据实施意见，外环线以内东移的工业企业有 640 户，要求 2010 年之前基本实现东移搬迁改造。

为有效保障工业东移计划的顺利实施，天津市委、市政府成立天津市工业战略东移领导小组及办公室，以加强对实施工业战略东移工作的组织领导，市有关综合部门一系列支持扶植东移企业搬迁改造的政策和办法。从 2001 年至 2010 年，累计 354 户中心城区工业企业完成东移，完成投资额 1094 亿，实现产值 2315 亿元。滨海新区形成海河下游钢铁工业基地、电子信息产业基地、汽车及零部件基地、现代中药和生物制药基地、纺织服装基地等一批新的标志性产业聚集区。中心城区工业企业大规模东移的完成，标志着天津工业战略东移的规划目标基本实现。

天津工业战略东移形成阶段性成果。图为 21 世纪初的天津经济技术开发区工业区。

天津工业战略东移的意义

天津工业战略东移优化了全市工业空间布局。全市工业战略东移，尤其是中心城区工业大规模东移，优化了全市工业空间总体布局。以此为基础，2010 年天津市编制《天津市工业布局规划（2008—2020 年）》，确定天津工业发展新布局。天津市形成"两带集聚、多级带动、周边辐射"的工业总体空间结构。通过梯度转移、发展配套、专业协作，形成辐射周边的产业网络，融入京津冀协同发展。

天津工业战略东移有力地支撑和带动了滨海新区的经济发展。天津工业战略东移的长期持续实施，有力推动了滨海新区的发展，为滨海新区开发开放提升为国家战略打下坚实基础，不断提升滨海新区在区域经济发展中的带动作用。2002 年，新区实现国内生产总值 820.52 亿元，是 1993 年的 7.2 倍，占全市比重达到 40.0%，年均增长 20.8%，达到十年左右建成滨海新区确定的奋斗目标；实现外贸出口 72.01 亿美元，占全市的比重达 62.1%，大幅超过了十年左右时间建成滨海新区确定的 50% 以上的奋斗目标，是 1993 年 5.03 亿美元的 14.3 倍。这些发展成绩的取得离不开天津持续推进工业战略东移。

天津工业战略东移为中心城区发展拓展空间。工业战略东移的实施倒逼中心城区转型发展、功能提升，为都市工业和第三产业发展提供了广阔的空间。2001 年至 2004 年，190 户东移企业腾出优质土地资源 765.8 万平方米，为提升中心城区核心功能，推动中心城区现代都市工业发展创造了条件，促进了城市用地结构调整，使城市布局趋于合理，改变了中心城区居住用地与工业用地混杂的局面，实现了天津工业布局的优化调整，促进了中心城区现代服务业快速发展。

作者：马兆亭

京津冀协同发展：瓣瓣同心　共谱绚烂

合则强，孤则弱，共绘"一张图"。2014 年 2 月，以习近平同志为核心的党中央站在国家发展全局的高度，作出了推进京津冀协同发展重大决策，三地深度交织融通的大幕徐徐拉开。十年来，京津冀三地紧密合作，不断打破城市壁垒，以协同谋发展，以发展促共赢。立足渤海湾畔，天津在协同背景下不断完成自我突破，在合作浪潮中迎来华丽转变。

打破"一亩三分地"的思维模式

京津冀山同脉、水同源，地缘相接、人缘相亲。在对三地调研和思考的基础上，2013 年 8 月，习近平总书记提出要推动京津冀协同发展，强调指出，"解决好北京发展问题，必须纳入京津冀和环渤海经济区的战略空间加以考量""天津、河北要实现更好发展也需要连同北京发展一起来考虑"。打破自家"一亩三分地"的思维定式，跳出"一城一地"得失来思考发展路径，成为京津冀协同发展的内在逻辑。

主动承接北京非首都功能疏解。天津市坚持把推进京津冀协同发展作为政治之责、发展之要，以唱响"双城记"为首要任务，紧紧抓住疏解北京非首都功能"牛鼻子"，引导非首都功能有序转移、精准承接、集聚发展。坚持"一盘棋"思想，建立高层互访机制，拓展深化交流合作。全面落实《京津冀协同发展规划纲要》，联合印发《加强京津冀产业转移承接重点平台建设意见的通知》，对优化区域产业布局、促进区域产业升级、引导非首都功能转移等做出具体规划，明确企业总部、教育医疗机构等六大重点承接方向，加快构建以滨海新区为综合承载平台、宝坻京津中关村科技城等专业承载平台为支撑的"1+16"承接格局,滨海-中关村科技园形成示范效应。密集开展招商引资和推介活动,统筹推进京津合作示范区规划建设,加强与大院大所的有效合作,引进中国原子能科学研究院等10家国家级科研院所。京津冀全面创新改革试验扎实推进,"通武廊"小京津冀改革试验不断深化。建立高层次人才服务绿卡制度,营造良好营商环境,承接来自北京在津投资项目累计超过6700个,新一代运载火箭园区等项目加快推进,天津国家会展中心一期投入使用。京津合作示范区体制机制全面理顺。

天津滨海-中关村协同创新展示中心

倾心倾力支持雄安新区建设。着力以雄安新区为支点,迈出服务河北转型发展与支持雄安新区建设的新步伐。积极落实与河北省签署的推进雄安新区建设发展战略合作协议,推动交通、产业、生态、公共服务等方面交流协作全面深化。倾力支持雄安新区规划建设,全面参与城市设计方案国际征集和方案的总结、提升,起步区和启动区规划,参与综合交通、绿色交通等专项规划,为千年大计贡献"天津智慧"。开通津雄铁路,天津港雄安服务中心揭牌设立,加快打造以天津港为核心的环渤海支线运输网络。发挥优势精准服务,参与唐河污水库污染治理和生态修复工作。加速与雄安新区现代职业教育融合发展,深化基础教育交流，天津市第一中学与雄县中学签署对口援助协议，40家医疗卫生机构等优质资源积极为雄安新区提供技能培训、技术帮扶。

筑牢"一基地三区"定位

2015年，国家发布《京津冀协同发展规划纲要》，将"一基地三区"作为天津在京津冀协同发展中的定位。10年来，天津市紧紧围绕"一基地三区"功能定位，全面提升服务协作水平，各项工作扎实推进。

全国先进制造研发基地取得新进展。扎实实施制造业立市战略，以智能科技产业为引领，重点建设信创等12条产业链，不断提升服务京津冀两地产业承载配套能力。出台加快推进智能科技产业发展的政策，成功举办七届世界智能大会，实施人工智能"七链"精准创新行动计划，跻身首批国家新一代人工智能创新发展试验区。高端产业集聚格局初步形成，天津经济技术开发区获批国家级战略性新兴产业集群，紫光云总部等320多个智能科技项目签约落地，信创产业形成全产业体系，聚集形成"新四大"总部，"PK"体系成为国家信创工程主流技术路线。国家级车联网先导区成功获批。加快建设制造业创新中心，国家企业技术中心达到56家，在全国重点城市中位居第2位。

北方国际航运核心区加快推进。成立推进天津北方国际航运枢纽建设领导小组，全力推进世界一流智慧港口、绿色港口建设。研究制定《关于天津港建设世界一流港口的实施方案（2019—2023年）》。全方位推动天津港"公转铁""散改集"和海铁联运发展，海铁联运吞吐量突破80万标准箱。全球首次集装箱传统码头无人自动化改造全流程实船系统测试取得成功，外贸集装箱船舶整船换装功能实现突破。全力打造全国示范绿色港口，实现绿电100%自产自用。2023年天津港集装箱年吞吐量突破2217万标准箱，创历史新高。高质量打造共建"一带一路"开放平台，海向集装箱航线达到138条，陆向布局超120家直营店、加盟店。跨境陆桥运量稳居全国沿海港口首位。天津空港型国家物流枢纽入选"十四五"首批国家物流枢纽建设名单。

金融创新运营示范区建设全面展开。出台《关于进一步加快建设金融创新运营示范区的实施意见》，全面提升金融创新运营能力、增强服务辐射功能、发挥引领示范作用。发挥融资租赁业优势，在全国率先探索出租赁多种业务模式。设立海河产业基金，更好服务优势主导产业和实体经济发展。大力推动制度创新，32 项改革试点经验和 6 个"最佳实践案例"被批准在全国范围内复制推广。持续探索深层次改革试点，制定实施服务京津冀协同发展 8 项措施，发起召开首届京津冀自贸试验区联席会议，推动京津冀自贸政务服务通办。

加快建设改革开放先行区。深入推进区域要素市场一体化、投资贸易便利化等改革，136 项个人服务和企业生产经营高频事项实现"跨省通办"。出台加快推进新时代滨海新区高质量发展的意见，一次性下放市级权力事项 622 项，全面实施各开发区法定机构改革。坚决破除制约要素自由流动的体制机制障碍，京津冀异地住院联网结算实现全覆盖，"通武廊"人才一体化示范区提速建设。《进一步深化中国（天津）自由贸易试验区改革开放方案》获国家批复，天津自贸试验区 38 项试点经验和"最佳实践案例"向全国复制推广。成功举办夏季达沃斯论坛、"一带一路"国际港口城市研讨会等重要会议。

构建新机制"协同红利"

京津冀协同发展十年来，天津市坚持以人民为中心的价值导向，大力推动新机制"协同创新"，为京津冀协同发展赋予新的时代内涵。

交通一体化是京津冀协同发展的骨骼系统和先行领域。"轨道上的京津冀"加快形成，初步形成以津秦客专、津保铁路为横向，京沪高铁、京津城际铁路为纵向的"十字"形高铁网布局，"三主多辅"① 客运枢纽布局。京唐铁路、京滨铁路北段开通，天津铁路总里程达 1468 公里，路网密度全国第一。天津机场区域航空枢纽和国际航空物流中心建设加快推进。区域公路网基本建成，津石、塘承高速等全线贯通，高速公路网密度居全国第二。

生态文明建设是推动京津冀协同发展的重要基础。出台《天津市碳达峰

---

① 天津站、天津西站、天津南站、滨海西站等。

碳中和促进条例》。加强大气污染治理协作，分类整治2.2万家"散乱污"企业。推进京津冀生态"双屏障"建设，初步实现天津北部与北京通州生态公园和湿地公园相呼应、南部同河北雄安新区生态公园和湿地公园的有机串联。编制《天津市"蓝色海湾"整治修复规划（海岸线保护与利用规划）（2019—2035）》，推进陆源污染治理、海域污染治理、生态保护修复和环境风险防范等取得积极进展，生态环境联防联控成效显著。

增进人民福祉、促进共同富裕是推进京津冀协同发展的最终目标。深入开展医疗合作，异地就医医保门诊联网直接结算覆盖数量增至1064家，医学临床检验结果互认项目达到43项。成立京津冀现代制造业职教集团等一批联盟。社会保障协同机制不断深化，推出整建制引进企业职工异地社保"同城化"认定机制。共同印发《京津冀人才一体化发展规划（2017—2030年）》。协同推进文化旅游事业，共同打造"京东休闲旅游示范区""滨海休闲旅游带"，构建京津冀历史文化名城保护体系，印发实施《天津市大运河文化保护传承利用实施规划》等。对口帮扶工作升级加力，与河北省政府签署对口帮扶一揽子合作协议。

作者：孟罡

大力实施制造业立市战略

制造业是国家经济命脉所系，是立国之本、强国之基。制造业的高质量发展是经济高质量发展的重中之重。作为近代中国工业的摇篮，天津制造业底蕴深厚、基础扎实、贡献突出。市第十二次党代会确立天津工业实施制造业立市的战略。坚持制造业立市，毫不动摇壮大实体经济根基，是推进高质量发展的必然要求，是天津的优势所在、责任所系。

近代中国工业文明的摇篮

天津，作为最早开埠的沿海城市，历经百余年发展，天津工业在中国工业史上写下了浓墨重彩的一笔。1915 年，中国第一家大型机器面粉厂在天津建立；1919 年，近代中国最大的制碱厂诞生于天津。新中国成立后，天津市工业迎来了蓬勃发展的春天，诞生了飞鸽自行车、海鸥手表、北京电视机等百余个全国第一品牌。经过几代人的不懈努力，到 20 世纪 90 年代，天津逐渐形成钢铁、石化、轻纺、电子、医药、汽车"六大产业"；21 世纪初，发展形成十大优势产业。目前天津拥有全部 41 个工业大类，是全国工业产业体系最完备的城市之一，在京津冀协同发展国家战略中，被赋予"全国先进制造研发基地"的功能定位。作为 21 世纪海上丝绸之路的重要战略支点、"轨道上的京津冀"的重要枢纽与"一带一路"的重要节点，天津，面向京津冀，辐射东北亚，决定了其具有发展制造业的战略优势。

重振工业辉煌

党的十八大以来，按照党中央对天津的城市定位，天津工业走上了转型升级的道路，围绕建设全国先进制造研发基地，以新发展理念为指引，以供给侧结构性改革为主线，加快调结构、换动能、促转型，工业高质量发展态势加快形成。

产业结构调整成效显著。立足全国先进制造研发基地定位，着力打造"1+3+4"① 现代工业产业体系，加快构建以信创为主攻方向、以生物产业和高端装备为重点的"一主两翼"产业创新格局。产业链攻坚战成效显著，12 条重点产业链带动作用持续显现，自主可控的信创产业链初步形成。制造业增加值占全市地区生产总值的比重达到 23% 左右，工业战略性新兴产业和高技术制造业增加值年均分别增长 4%、6% 左右。累计建成 11 个国家新型工业化产业示范基地，国家新一代人工智能创新发展试验区提速建设，人工智能创新应用和车联网先导区成功获批，成为国内唯一双国家级先导区城市。天津（西青）国家级车联网先导区揭牌。信息安全、动力电池入选全国 20 个先进制造业集群。"中国信创谷""细胞谷""生物制造谷""北方声谷"、市数字经济产业创新中心等新增长点正在形成。

新动能引育步伐不断加快。加快建设国家新一代人工智能创新发展实验区，一大批智能应用场景投入使用。设立百亿智能制造财政专项资金、千亿级智能科技产业基金。聚力打造创新平台，高水平建设信创、合成生物、细胞生态等 5 个海河实验室，汇聚两院院士、国家杰出青年科学基金和长江学者等人才 3000 余名。国家级企业技术中心达到 71 家，位居全国重点城市第三位。打造智慧城市中新天津生态城样板，提出港口智慧化转型"天津港方案"，在智慧交通等领域打造 500 多个应用场景，汽车产业大数据应用服务平台等 11 个项目入选工信部 2022 大数据产业发展试点示范项目名单，位居全国第三。连续成功举办七届世界智能大会，打造了天津城市"新名片"。

自主创新示范区提质增效。示范区通过试水"产业＋双创深度融合"，探索出天津特色的双创模式；加快政府服务体制改革，推出"创新创业通票"等制度创新成果；建设面向天津全市的创新平台，加快研究特色鲜明的原创

---

① 智能科技产业为引领，生物医药、新能源、新材料等新兴产业为重点，装备制造、汽车、石油化工、航空航天等优势产业为支撑。

政策体系；构建"五新"生态链^①，引领高企爆发式增长；加快探索"双自联动"^②，强化体制改革协同攻关。自主创新能力显著增强，全社会研发投入强度达到 3.66%，位居全国第三，新一代超算、飞腾 CPU、银河麒麟操作系统、天津大学大型地震工程模拟研究设施等"国之重器"加快建设，南开大学周其林团队获国家自然科学奖一等奖，6 家海河实验室投入运行，国家高新技术企业和科技型中小企业均突破 1 万家。

天津高新区国家自主创新示范区

迈出"制造业立市"的坚实步伐

"十四五"时期，天津市委、市政府立足新发展阶段、贯彻新发展理念、构建新发展格局，作出"制造业立市"的部署要求，确立形成"空间布局＋五年规划＋行动计划"的完整推进体系，制定实施《天津市制造业高质量发展"十四五"规划》《天津市制造强市建设三年行动计划》《天津市产业链高

---

① 新技术—互联网、新力量—第三方、新事物—市级高企、新平台—综合服务、新制度—透明化。
② 国家自主创新示范区和自由贸易园区联动发展。

质量发展三年行动方案》等，用智能赋能制造业，提升产业链、供应链现代化水平，为天津高质量发展提供有力支撑。

一是建立现代产业体系，打造制造强市"新引擎"。坚持一手抓战略性新兴产业培育，做大新动能底盘；一手抓传统产业升级，加速新一代信息技术与制造业深度融合，提升工业发展能级。加快构建以智能科技产业为引领，以生物医药、新能源、新材料等新兴产业为重点，以装备制造、石油化工、汽车、航空航天等优势产业为支撑的"1+3+4"现代工业产业体系，强化制造业立市的产业支撑。

二是强化创新战略支撑，激发产业发展"新动能"。坚持把创新作为第一动力，完善国家级、市级、区级三级企业技术创新体系，促进各类创新要素向企业聚集，真正让企业成为创新主体。着力突破重点领域"卡脖子"技术，推动更多"0-1""1-N"的创新成果涌现，培育形成更多天津版"独门绝技"。

三是夯实产业链发展基础，塑造区域循环"新优势"。把产业链作为"制造业立市"的主要抓手、新动能引育和结构调整的主要路径、科技创新的重要载体、人才引育的有效实现方式，集中攻坚12条重点产业链。印发"链长制"工作方案和工作机制，建立由市领导挂帅的"链长制"，逐链编制产业链工作方案，把产业链细化落实到龙头企业、重点项目、重点园区，精准推动产业链高质量发展。

四是不断提升企业活力，培育实体经济"新主体"。大力加强优质主体培育，构建以领航企业为引领、以单项冠军企业为支撑、"专精特新"中小企业跟进跃升的梯次发展格局。树牢"突出实体经济、尊重爱护企业家"理念，倾心倾情倾力为企业解难帮困，助力企业在津发展壮大、生根开花。

五是深入贯彻"两山"理念，重绘生态环境"新色调"。坚持把生态文明建设放在重中之重的位置，以"碳达峰""碳中和"战略目标为牵引，大力实施"871"生态工程，立起"生态优先、绿色发展"鲜明导向，加快创建一批绿色工厂、绿色园区、绿色供应链、绿色产品、绿色数据中心，全力推动制造业绿色转型、绿色发展，为子孙后代留下碧水蓝天。

作者：孟罡

加快自贸区建设　打造天津发展新优势

2014 年 12 月 31 日，国务院批复设立中国（天津）自由贸易试验区。2015 年 4 月 21 日天津自贸试验区正式挂牌运行。天津市委、市政府高度重视天津自贸试验区建设，认真贯彻落实习近平总书记重要指示批示精神，坚持以制度创新为核心，大胆先行先试，深入推进重点领域改革，着力培育国际竞争新优势，积极服务和融入京津冀协同发展战略、"一带一路"建设及双循环格局的高水平对外开放平台。

大力推进自贸区制度创新

天津自贸试验区是北方第一个自由贸易试验区，涵盖天津港东疆片区、天津机场片区以及滨海新区中心商务片区 3 个功能区。天津港东疆片区是北方国际航运中心和国际物流中心的核心功能区，重点发展航运物流、国际贸易、融资租赁等现代服务业。区内赋予国际船舶登记制度、国际航运税收政策、航运金融、租赁业务 4 大类 22 项创新试点政策。天津机场片区是天津先进制造业和科技研发转化的重要聚集区，重点发展航空航天、装备制造、新一代信息技术等高端制造业和研发设计、航空物流等生产性服务业，构建优势产业集群。滨海新区中心商务片区是天津金融改革创新聚集区，重点发展以金融创新为主的现代服务业。

中国（天津）自由贸易试验区

　　制度创新是赋予自贸试验区建设的核心任务。2015年4月国务院批准实施《中国（天津）自由贸易试验区总体方案》，赋予天津自贸试验区90项创新任务。2018年5月24日，国务院批复《进一步深化中国（天津）自由贸易试验区改革开放方案》，又赋予天津自贸试验区128项创新任务。按照国务院方案要求，天津自贸试验区积极探索在更广领域和更高层次全面深化改革、扩大开放的新路径、新模式，进一步厘清政府与市场的关系，着力构建与国际接轨的高标准投资贸易规则体系。2019年9月30日，天津市印发《关于支持中国（天津）自由贸易试验区创新发展的措施》《中国（天津）自由贸易试验区创新发展行动方案》，提出并实施一批"突破性""创新性""差异性"改革措施。2021年，在全国率先挂牌建设联动创新示范基地，成功设立滨海高新区、中新生态城部分区域作为自贸试验区联动创新区，积极推动滨海新区实现"全域自贸"。截至2024年5月，自贸试验区累计实施615项制度创新措施，其中有42项引领性、标志性创新成果在全国复制推广，创新活力竞相迸发。

建设营商环境提升先行区

　　"放管服"改革与投资贸易便利化改革协同发力，自贸区率先构建起同国际投资和贸易通行规则相衔接的制度体系，形成法治化、国际化、便利化营商环境。创新行政审批制度改革，在全国率先实现"一个部门、一颗印章"管审批和企业设立一天办结。在全国率先实施企业名称自主申报、经营许可"一址多证"、税务"综合一窗"等创新举措。全面实施"证照分离"改革措施，深化"一制三化"改革，推进"无人审批超市"、承诺制审理、建设项目联合审批，实现环境影响评价"零审批"管理。设立对外投资合作"一站式"服务平台，实现3亿美元以下境外投资项目由核准改备案，探索口岸通关和物流流程综合优化改革，率先试运行"全国电子仓单系统"。法治环境全面提升。制定《中国（天津）自由贸易试验区条例》，成立北方地区首个自贸区法院，设立自贸区仲裁中心，成立自贸区监察室。9年来，天津自贸试验区中心商务区已实有各类经营主体近3.5万家，是成立之初的7.7倍。自贸区成为天津和国家重要的优化营商环境试验区、先行区。

做强高端产业集聚发展

推动投资贸易、金融开放等领域先行先试。加快建设金融创新运营示范区核心区，加速推进要素市场建设，天津租赁资产交易中心挂牌，大宗商品交易中心业务创新取得新进展。国家租赁创新示范区建设成效显著，飞机、船舶、海工平台等跨境租赁业务总量占全国80%以上，成为全球第二大飞机租赁聚集地。高端制造聚集效应凸显。在空客、中航直升机、大火箭等龙头项目带动下，航空航天产业链不断拉长筑厚，航空制造、航空维修、航空租赁等航空产业继续做大做强。跨境电商市场规模不断扩大，京东、菜鸟等龙头企业落户自贸区。自贸区建成天津主要、北方重要的跨境电商聚集区。自贸区引领产业开放发展的作用持续增强。

提升服务国家战略能力

发挥高水平改革开放平台作用，天津自贸试验区围绕增强口岸服务辐射功能，促进区域产业转型升级，推动区域金融市场一体化，构筑服务区域发展的科技创新和人才高地，推进京津冀通关一体化改革，发挥"一带一路"倡议支点作用等重点工作推进改革，发挥作用。实施通关便利化，实施京津冀区域通关一体化和物流流程综合化改革，构建京津冀国际贸易通道，完善中欧班列跨境电商、中转集拼、国际海铁联运功能，开展保税买断出口集拼业务。北京、河北等地企业通过天津港口岸进出口货物通关时间缩短了3天，通关成本大幅降低。打造"一带一路"支点城市服务功能，设立自贸区"一带一路"企业综合服务中心和境外办事机构，加强与共建国家战略合作关系，开展国际产能合作，打造"京津冀＋'一带一路'"海外工程出口基地。制定并实施天津自贸试验区服务京津冀协同发展工作方案，总结推出178项区域联动发展的经验案例，融资租赁收取外币租金、税务综合一窗等创新改革成果在京津冀推广。天津自贸试验区构筑起开放型经济新体制，开创国际竞争新优势，建设成为京津冀协同发展示范区。

通过实施新一轮改革开放，以改革促进开放，以开放倒逼改革，天津成为开放带动战略更鲜明、开放层次更高、营商环境更优、辐射作用更强的改革开放新高地。

作者：马兆亭

志在万里的天津港

港兴城兴。2019 年 1 月 17 日，习近平总书记视察天津港时强调，"要志在万里，努力打造世界一流的智慧港口、绿色港口，更好服务京津协同发展和共建'一带一路'"。天津市加快推进世界一流绿色智慧枢纽港口建设，积极推动天津北方国际航运枢纽建设，高水平打造京津冀"海上门户"枢纽，高质量共建"一带一路"开放平台，在精准定位中服务国家战略，在转型升级中融入新发展格局。

新科技让港口更"智慧"

牢记习近平总书记殷切嘱托，下好京津冀协同发展"一盘棋"，天津港在全力加快世界一流智慧绿色枢纽港口建设中，助推天津港高质量发展。

天津港集团始终坚持将创新作为第一动力，牢牢掌握关键核心技术，抢抓数字化转型，推动智慧赋能港口发展，争做建设中国式现代化港口的排头兵，加快建设以质为先、效率至上、创新引领的世界一流智慧港口。打造自主创新"策源地"。大力培养创新人才，组建创新联合体，打造智慧港口全球创新实验室。五年来，天津港集团年均投入的研发经费超 3 亿元，实施科技创新项目 374 项，新增申请国家发明专利、实用新型专利 521 项，33 项成果达国际及以上先进水平，助推集装箱吞吐量 5 年间增长 30% 以上。以智取胜，独创自动化码头工艺技术，全球首个"零碳"码头落地建成。建成全国首个港口自动驾驶示范区，智慧程度最高的自动化集装箱码头 2.0 版运营投产，津港方案破解世界难题。近百台人工智能运输机器人（ART）实现规模化运营，"5G+ 智慧港口"项目荣获 2022 年世界移动通信大会的全球移动大奖，集装箱大型装卸设备自动化占比超过66%，稳居全球港口首位。

新动能让港口更"绿色"

天津港坚持将绿色发展理念贯穿发展全过程，坚持"节能、减排、去污、降碳、添绿、增美"绿色发展模式，坚定不移走本质安全绿色低碳发展道路。

强化安全责任。落实新《安全生产法》，推行"十严格"、SOP工作法、目视化、网格化等有效管理，全面建立"1661"安全环保管理体系，建成"智能视频监控＋无人机"24小时巡检体系，搭建安全生产管理"一张图"式全时域管控平台和应急管控平台。开展危化品、仓储、物流等重点领域隐患排查治理专项行动，有力维护安全形势稳定。低碳发展稳步推进。建立绿色低碳发展的体系，推进发展绿色转型，建成8台风力发电机及超4万平方米光伏设施，年发"绿电"能力近1亿千瓦时，二氧化碳减排量近9万吨，低碳港区逐步推进。以深化实施"降碳"行动为抓手，研发全球首台氢电混动人工智能运输机器人（ART）投入使用，用低排放港作机械占比达到100%。加快运输模式调整，大力发展海铁联运。以示范打造"零碳"码头为支点，带动建设港区全部滚装码头实现"零碳"运营，码头通过物联网技术连通"人、车、箱、船、机、场"六大要素，提送箱在港作业时间减少26.2%，远洋干线船舶在泊船时效率提升28%。天津港太平洋国际集装箱码头获评五星级"绿色港口"称号。全方位打造美丽港口，打造全国港口首个集聚创新性、引领性的海洋环境监测示范项目，搭建全国港口首个生态环境大气智能监测系统。率先引入港口美学理念，打造"七彩码头"，累计完成4.5万株乔灌木和19.9万平方米植被种植，实现港口生产经营和生态保护协调统一、人与自然和谐发展。

从全面构建绿色低碳发展体系到建成全球首个"智慧零碳"码头，再到港区全部滚装码头实现"零碳"运营，新动能不断拓展着天津港可持续发展的新路径。

构建世界一流"海上枢纽"

高水平打造京津冀"海上门户"。打造北京和雄安新区最佳出海口,持续推动区域港口群合力成为京津冀世界级城市群融入全球经济的开放门户。设立北京 CBD 京津协同港口服务中心,在京津冀地区设立 40 家内陆服务营销网络直营、加盟店。设立天津港雄安新区服务中心,开通至雄安新区"绿色通道",运行天津港至北京平谷、河北邢台、高邑等地海铁联运班列,推进津冀港口协同发展,与环渤海 12 家港口共同发布联合服务倡议。推动京津冀生产要素流通,做强环渤海"天天班""两点一航"服务,5 年来环渤海内支线舱位增长 50% 以上。

高质量打造国内"大循环"关键节点。加强与全国沿海港口间的战略合作,发起组建中国内贸集装箱港航服务联盟,推出"海上高速 -FAST"内贸运输新模式,进一步畅通国内海运南北大通道。服务构建全国统一大市场,完善"三线十区"布局,内陆营销网点达 120 家,开辟"津海晋门"绿色运输新通道,开通吉林长春、甘肃敦煌、河南安阳海铁联运通道,获批"国家多式联运示范工程",公布海铁联运服务标准,推出"一单制"2.0 物流服务产品,2023 年海铁联运突破 122 万标准箱。

高定位打造"一带一路"开放平台。坚持陆向开班列、建网络、优服务,发挥中蒙俄经济走廊东端桥头堡和三条大陆桥过境通道优势,跨境陆桥运量稳居全国沿海港口前列。坚持海向拓航线、扩舱容、强中转,新建海嘉码头投产运营,持续巩固中国北方汽车进出口口岸优势地位。扩展远洋、近洋干线,集装箱航线提升至 145 条。

高标准打造一流口岸营商环境。深化区域协同、口岸联动,持续做强港口生态,创新"五保五即"、"三零"举措、"双直"新模式,为全国沿海港口借鉴推广。

服务港产城融合发展。以落实"十项行动"为落脚点,天津港依托港口核心功能,在港口中布局更多的城市服务功能要素。发挥港口业务优势和东疆综保区政策优势,合资成立港产城投资集团公司,打造东疆港产城融合发展示范区,促进港口物流、装备制造等适港产业发展,做大做强跨境电商等业。2023年，天津港率先恢复国际邮轮航线，全年接待游客8.5万人次，港口工业游全年接待游客1万余人次，天津港文化旅游区获评国家AAAA级景区，宜居宜业宜游的港口城市活力尽现。

天津港

殷殷嘱托犹在耳，踔厉奋发正当时。天津港正以更新科技打造世界一流智慧港口，以更宽视野打造世界一流枢纽港口，更好服务京津冀协同发展和共建"一带一路"，努力成为深度服务"双循环"新发展格局的国际枢纽港。

作者：孟罡

世界智能大会

2017 年世界智能大会落户天津，历经七年的发展，作为智能领域全球首个大型高端交流平台，世界智能大会在促进中国与世界智能领域交流，聚集全球智能科技产业发展要素，展现全球领先的前沿科技新成果方面起到了举足轻重的作用。

2017 年——开端

为推动世界智能领域的科技交流与合作、培育新兴智能科技产业、推动京津冀协同发展战略、服务经济社会发展，天津市人民政府与国家发展和改革委员会、科学技术部、工业和信息化部、国家互联网信息办公室、中国科学院、中国工程院共同主办世界智能大会。首届世界智能大会于 2017 年 6 月举行。大会邀请国内外知名科研机构、领军企业的代表及专家学者参加，共同探讨智能科技发展趋势，共同分享产业创新合作成就，谋划经济社会应用前景。

借助世界智能大会这个平台，天津接连出台《关于大力发展智能科技产业推动智能经济发展建设智能社会的实施意见》《天津市加快推进智能科技产业发展总体行动计划》和智能制造、智能农业等十大专项行动计划，形成了"1+10"的方案体系，快马加鞭开始谋划"大智能"战略布局、构建"大智能"创新体系，在全国率先提出智能科技产业概念，率先举起智能发展的旗帜。

围绕贯彻落实"中国制造 2025"，天津加快实施智能制造专项行动，将智能制造作为天津打造全国先进制造研发基地的主攻方向，以推动制造业智能转型和培育智能制造支撑产业为目标，实施智能制造创新中心建设、智能制造装备与系统创新、智能制造系统解决方案供应商培育、智能制造试点示范、中小企业智能化改造等专项行动。先后编制完成了新能源汽车、机器人、3D打印等产业发展三年行动方案，重点推动高档数控机床和机器人、新能源汽车、动力电池等装备制造企业重点项目建设，重点支持特色明显、有发展前景的中小企业加大创新产品产业化，形成以龙头企业为主、中小企业为辅的优势产业聚集区和较为完整的产业链。

天津市充分利用高等院校和科研院所多的优势，大力推动产学研用合作，为智能制造的科研转化、产业化进程提供了良好的条件。在首届世界智能大会上，天津与工信部、中国工程院、蚂蚁金服集团签订三个合作协议，在智能制造、绿色制造、服务型制造试点示范，加快天津市智能科技产业发展，打造"无现金城市"等方面进行合作。

2018—2023 年：精彩纷呈

21世纪以来，作为创新前沿的智能科技深刻改变着人们的生产、生活方式，为经济社会发展注入了新动能，推动人类社会迈向大智能时代。在此大时代背景之下，天津以举办世界智能大会为契机，不断完善智能科技产业体系，赋能制造业转型升级，拓展智能应用场景，人工智能先锋城市建设成效逐渐显现，为促进中国与世界智能领域交流，聚集了全球智能科技产业发展要素，展现了全球前沿科技新成果。

2018年和2019年世界智能大会围绕智能时代的进展、趋势、举措、进展、策略和机遇等主题，以智能科技产业发展、国内外学术业务交流合作、智能科技领军人物思想碰撞为宗旨，举办多场专题论坛、闭门交流会、培训讲座，在传播先进理念、推广科技成果、加快产业聚集、推动投融资对接、促进全球高端合作等方面取得丰硕成果，受到国内外广泛关注，赢得各方高度赞誉。

受疫情影响，2020年和2021年世界智能大会开启"云上"大会，以线上线下融合的方式举行。搭建云平台、云采访等智能化宣传载体，组建以中央新闻网站、重点商业网站、属地新闻网站为主的网络媒体的宣传矩阵，并在全国首次统筹了以全国重点直播平台为主的直播矩阵，联动新华网、环球网、国际在线、中国日报网等媒体的脸谱、推特、海外平台构成国际传播矩阵。

第四届世界智能大会

世界智能大会落户天津以来，大量科技新成果集中展现，连续出台一系列"硬核"举措，从"制造"到"智造"，从"智能"到"智慧"，全面推进国家战略在天津的深入实践，也体现着全球智能领域的发展趋势；有力推动国际交流与合作，五年来累计有 57 个国家和地区的重要嘉宾齐聚天津，日本、新加坡相继以主宾国身份亮相。天津通过高质量办好世界智能大会，逐渐搭建起了一个愈加广阔的平台，为更广更深的国际合作护航；促进智能科技领域与经济社会发展深度融合。天津秉承建设全国先进制造研发基地的使命，坚持"制造业立市"，打造"1+3+4"产业体系，并率先在全国开展国际消费中心城市培育建设。凭借世界智能大会契机，天津智能科技产业集群日益壮大，TCL、联想、麒麟等企业总部落户天津；智慧港口建设成果丰硕；智慧养老、智慧医疗等领域加速布局，作为目前为止国内唯一一个拥有双先导区的城市，天津正在构建"人工智能创新应用＋车联网"产业集聚地，全力为城市高质量发展注入新的动力。

2023 年第七届世界智能大会是全面贯彻落实党的二十大精神开局之年，国内举办的首场智能领域国家级国际盛会，规模和质量为历史之最。在此次大会上，天津智慧城市数字安全研究院正式揭牌，作为全国首个以智慧城市数字安全为场景的科研主体，研究院将依托大数据协同安全技术国家工程研究中心、"安全大脑"国家新一代人工智能开放创新平台两个国家级创新平台，面向智慧城市的数字安全不断探索创新。本届大会采用"会展赛＋智能体验"四位一体的创新模式为全社会搭建了融入智能、感受科技的崭新平台，共签约亿元以上重点项目 98 个，协议总金额 815 亿元，其中来自京津冀地区项目 33 个，协议额约 442 个，为推动京津冀协同发展走深走实注入强劲动力。为天津打造"信芯器端算"全产业链，构建"云网智联用"产业生态贡献力量。

2024 年——华丽转身

以党的二十大"加快建设网络强国、数字中国，促进数字经济和实体经济深度融合"为行动纲领，在京津冀协同发展重大战略指引下，天津进一步解放思想，以加快人工智能与经济、社会、国防深度融合为主线，以提升新一代人工智能科技创新能力为主攻方向，大力发展智能经济，建设智能社会，进一步打造经济增长新动能，构筑智能发展新优势。

以世界智能大会为契机，天津聚焦高端装备、新能源、航空航天等 12 条产业链，利用 5G 网络、算力网络、车联网等新一代信息技术，持续赋能传统产业数字化、智能化、绿色化转型升级，华为北方总部、腾讯全国最大 IDC 数据中心、360 集团总部、联想信创产业总部……一大批智能领域标志性项目在天津扎根，汇聚成强劲的智能脉动；以一场智慧盛宴为引力，联动政、产、学、研等多方面汇聚优质创新资源，不断深化产业合作、强化应用推广、拓展实践领域，扩大国际科技交流合作，逐步打造出具有全球竞争力的开放创新生态。

2024 年，按照中央要求，世界智能大会和中国国际智能产业博览会合并举办，正式更名为"世界智能产业博览会"，由天津市政府与重庆市政府等单位联合主办，2024 世界智能产业博览会是全国唯一以智能产业为主题的国际性展会。6 月 20 日，2024 世界智能产业博览会在天津开幕，博览会以"智行天下 能动未来"为主题，设立人工智能、智能网联汽车、智能制造等 10 大主题展览区。展会期间，共有来自 49 个国家和地区的与会嘉宾，聚焦通用人工智能、脑机交互、智能网联汽车、低空经济等热点话题分享思考，参展企业和机构超过 550 家。同时，该届博览会同期将集中发布 94 项新产品、新技术和新成果，48 项为首次对外发布。博览会还将举办世界智能驾驶挑战赛、国际智能体育大会等赛事活动。活动同期，2024 世界智能驾驶挑战赛（WIDC）在天津市东丽湖顺利举行。该赛事是世界智能产业博览会的重要组成部分。

作者：孟罡

鲁班工坊

鲁班工坊是天津原创并率先实践的中外人文交流知名品牌，是中国职业教育国际化发展的重大创新成果。近年来，天津主动服务我国总体外交战略布局，统筹各方面资源，推动全市优质职业教育成果走出津门、当好"使者"。

2016 年，由天津渤海职业技术学院建设的泰国鲁班工坊揭牌成立。这是我国在海外设立的首个鲁班工坊。随后，天津职教海外布局的脚步逐渐加快。围绕"一带一路"建设要求及中资企业在海外发展的实际需求，天津已在亚非欧三大洲的 20 个国家建成 21 个鲁班工坊，并在海外建立从中职到高职再到本科、从技术技能培训到学历教育全覆盖的职业教育输出体系。鲁班工坊，已经成为中国职业教育走向世界的"国家名片"。

授人以渔 中国技术助海外青年成才

2018 年 9 月 3 日，我国在中非合作论坛北京峰会开幕式上提出，将在非洲设立 10 个鲁班工坊，向非洲青年提供职业技能培训。天津市委、市政府高度重视此项工作，全力推进非洲鲁班工坊建设任务。2019 年 3 月 28 日，吉布提鲁班工坊在吉布提工商学校揭牌运营。这是天津市在非洲建设的首个鲁班工坊，由天津铁道职业技术学院、天津第一商业学校、吉布提工商学校和中国土木工程集团有限公司共同建设。工坊开设了铁道工程技术和铁道运营管理两个铁道类专业与商贸、物流类两个商科类专业，开创了吉布提高等职业教育的先河，并填补了该国铁道类专业的空白。此时，由中国企业建设的非洲第一条跨国电气化铁路——亚吉铁路吉布提段已通车。吉布提很多青年人曾梦想到中国学习铁路技术。随着吉布提鲁班工坊的落成，他们终于有机会圆梦铁路，通过吉布提鲁班工坊订单式培养，如愿成为亚吉铁路的正式员工。

授人以鱼，更授人以渔。天津职业技术师范大学将埃塞俄比亚鲁班工坊定位于人工智能领域，组建了具有丰富培训教学和科研经验的项目团队，按照具有中国特色的工程实践创新项目（EPIP）教学模式，开展系统化教学。2021年9月，埃塞俄比亚鲁班工坊的5名埃方骨干教师参加了世界机器人大赛锦标赛，全部获奖。

作为共建"一带一路"和构建中非命运共同体的具体实践，非洲鲁班工坊已培养了大批熟悉中国技术、了解中国工艺的技能人才，让非洲青年找到了就业和发展的新机遇。

辐射带动　中国职教方案名扬海外

切墩备料、颠锅甩勺、起锅摆盘……随着一气呵成的操作，一道道中式菜肴上了桌，掌勺的却是一群"洋厨师"。在首届世界职业院校技能大赛展演中，36名海外选手通过"空中课堂"大秀厨艺，展示了他们在英国鲁班工坊中餐烹饪课上的学习成果。

英国鲁班工坊是天津在欧洲建设的首个鲁班工坊，也是唯一获得英国国家职业教育认证的中餐烹饪技术学历教育和资格技能培训中心。中英合作开发的中餐烹饪标准化学历课程，为中餐职业技术技能在世界推广夯实了标准化基础。

从提供师资培训和实训场地的"技术驿站"，到全方位打造中国职业教育国际化范本，鲁班工坊不仅为合作国家带去了适应当地发展需求的技术技能，也将中国的职教标准、职教装备、职教方案在全球推广应用。

泰国鲁班工坊创新"一坊两中心"建设模式，同时开展学历教育与技能培训、技能大赛与设备研发、师资培养与合作交流，不仅服务泰国经济社会发展，还辐射周边东盟国家。该鲁班工坊的6个国际化合作专业全部纳入泰国国民教育体系，实现了中国标准在泰国落地。

2020年，由天津轻工职业技术学院与天津交通职业学院联合埃及艾因夏姆斯大学、开罗高级维修技术学校共建的埃及鲁班工坊正式揭牌。埃及学生在开罗高级维修技术学校鲁班工坊完成中职阶段学习后，可升入艾因夏姆斯大学鲁班工坊进行高职阶段学习，毕业后可获得本科文凭。

鲁班工坊首次实现了埃及中高职贯通，中国职教方案对打通职业教育体系起到了示范推动作用。

助力企业　国际产教融合促共赢

2021年，由天津城市建设管理职业技术学院承建的中亚首家鲁班工坊——塔吉克斯坦鲁班工坊场馆建设完成，中塔双方将共同成立产教协同育人联盟，为塔吉克斯坦重大工程项目提供技术人才支撑。

近年来，伴随鲁班工坊在海外"多点开花"，中外合作院校、行业企业、政府等多方力量相互协作、共享共建，有力推动了中国企业的服务和产品输出，提升了中国企业的国际竞争力。

鲁班工坊研推中心统计数据显示，与鲁班工坊合作的中外企业数量达到66个。鲁班工坊在专业教学、实训及校企协同发展等方面与企业展开合作，为中外企业培养了大批本土技术技能人才。

借助于鲁班工坊这个平台，天津圣纳科技有限公司研发的新能源汽车成为泰国大城新能源汽车改造指定商；东方亨瑞科技发展有限公司的交互智能平板进入泰国市场；天津骥腾科技有限公司生产的轨道、航空类实训设备走出国门，销至多个国家……鲁班工坊为中外企业提供人力支撑，助推中国企业走向世界。

2021年，由天津铁道职业技术学院和天津市鲁班工坊研究与推广中心联合发起成立鲁班工坊产教融合发展联盟，35家企业和21所参建鲁班工坊的职业院校共同推动国际产教融合、校企合作，实现共建共享共同发展。

天津的鲁班工坊是中国的鲁班工坊，中国的鲁班工坊是世界的鲁班工坊。

由院校、企业、科研机构和社会组织组成的鲁班工坊建设联盟，正致力于研究制定鲁班工坊建设标准，推动鲁班工坊在世界各地加快项目建设、提升办学质量、扩大影响力。

　　大道不孤，众行致远。鲁班工坊，让中国工匠精神叫响世界，在推进"一带一路"建设中展现天津作为，为促进国与国之间民心相通、助力各国发展作出"中国贡献"。

马达加斯加鲁班工坊

作者：曹冬梅

"时代楷模"张黎明

在中国广袤的电力事业版图上，有一个名字如同璀璨星辰般熠熠生辉，他就是被誉为"电力模范"的张黎明。参加工作30多年来，他始终奋战在电力抢修一线，用实际行动弘扬和践行新时代工人爱岗敬业的职业操守、精益求精的卓越追求、甘于奉献的人生境界，是天津电力行业唯一获得国务院政府特殊津贴的一线工人，当选党的十九大、二十大代表，多次受到习近平总书记等党和国家领导人亲切接见。因工作成绩突出，先后被评为"改革先锋""最美奋斗者""时代楷模"和天津市"海河工匠"等荣誉称号。

匠心独运　守护光明

在张黎明的职业生涯中，"匠心"二字是他最鲜明的标签。无论是炎炎夏日，还是凛冽寒冬，总能看到他穿梭于高压线网之间，检查每一寸线路，确保电力供应的安全稳定，保障了千家万户的光明与温暖。

他是故障排查"活地图"。工作以来，他累计巡线8万多千米，利用工余时间亲手绘制线路图1500余张，对所辖线路的参数指标、安全状况、沿线环境等情况了然于胸，以至于一旦发生故障，他立刻就能判断出大致位置、设备类型、事故成因等，并以最快速度排除，恢复供电，因此同事们都称赞他为"活地图"。

他是电力抢修"百宝书"。张黎明经常向老师傅、同事和专家请教，查阅大量资料，通过分析以往上万个故障，总结出50多个经典案例，编制成《黎明急修案例库工作法》，同时将常用的11个抢修小经验、8大抢修技巧、9个经典案例印成了《黎明抢修百宝书》，成为抢修一线员工的随身口袋书，使电力抢修工作更加安全、高效。

他是客户信赖的"电管家"。为让"老百姓想用电时就有电"，张黎明 30多年来几乎没有过真正意义上的节假日，8小时工作、24小时值守，一年365天手机在线成了他的工作习惯。报修单就是命令，他始终第一时间赶到故障现场，第一时间解决问题，第一时间满足群众用电需求。

技术创新　引领未来

张黎明不仅是一名优秀的电力工人，更是一位勇于探索的创新者。30多年来，他开展一项又一项发明，解决一个又一个难题。这些创新成果不仅在全国范围内推广，还推动了整个电力行业向智能化、自动化转型的步伐。

带电作业机器人获得习近平总书记肯定。带电搭火作业不但劳动强度大、作业时间长，而且存在"高空坠落"、"高压触电"两大风险。因此，2016年，张黎明萌生了由机器人代替人工作业的想法。他查阅大量资料，反复实验琢磨，发挥自己手工作业经验丰富的优势，认真研究解决带电机器人的绝缘、定位等关键问题。利用传感、识别、认知等人工智能技术，第一、二、三代机器人陆续研发成功。2019年1月17日，习近平总书记在天津考察期间，张黎明专门汇报了带电作业机器人、智慧电网、车联网平台等创新工作，习近平总书记给予了高度评价，并鼓励他在创新之路上取得更大成绩。张黎明牢记总书记嘱托，带领创新团队成功研发出第四代配网带电作业机器人。目前，这款机器人已经在全国20个省份推广应用，他编制的《配网带电作业机器人导则》在 IEEE 国际标准化组织正式发布。

张黎明常说："为人民服务的方向，就是职工创新的方向。"他始终把群众的用电需求作为创新的出发点。张黎明在日常工作中发现老小区新能源车充电存在油车占位、电车短充长停等问题，他联合创新团队研发制造了一款一对多的"移动共享充电桩"，彻底改变了以往"车找桩"的局面，为群众绿色出行保驾"续航"。

近年来，依托张黎明创新工作室，他带领团队累计开展技术革新500多项，研发"可摘取式低压刀闸""急修专用 BOOK 箱"等多项创新成果，获国家专利 200 多项。张黎明创新工作室获评"全国示范性劳模和工匠人才创新工作室"。他本人被中共中央、国务院评价为"创新型一线劳动者的优秀代表"。

工作中的张黎明

心系群众　服务万家

张黎明的电力人生，不仅仅是与电线杆和变压器打交道，更是将一颗滚烫的心投入到服务人民群众中。他发起成立了"滨海黎明共产党员服务队"，向社会作出了"黎明出发点亮万家"的庄严承诺，以实际行动诠释了新时代电力工作者的社会责任感。

志愿服务让张黎明成了居民用电的"定心丸"。只要遇到用电难题，他总能排除万难予以解决。2016 年寒冬大雪的一个晚上，辖区内一个小区忽然停电了。张黎明接到居民的求助电话，不顾严寒风雪，立即赶赴现场。由于电线杆在风雪中结冰，摩擦力太小，脚扣固定不牢，难以攀爬。他毫不犹疑，带领 2 名抢修队员砸开冰层，装上脚扣，用叠罗汉的方式搭起了一座"人梯"……多年来，张黎明带领他的志愿服务队，每一次都以最快的速度恢复供电，保障了千家万户的光明与温暖。

志愿服务不仅要有为民服务的热心肠，有时也要有甘冒风险的硬担当。丹东里社区 70 多岁的陈雨兰大娘突然感到心脏不舒服，在联系不上子女后，就给张黎明打电话。张黎明接到电话后，赶忙跑到陈大娘家，在得知救护车最快要 20 多分钟才能到后，当即表示自己要送大娘去医院："事不宜迟，出了事，我担着！"在把大娘背到最近的医院后，还垫付了治疗费。由于送医及时，大娘很快脱离了危险。

受台风"杜苏芮"北上影响，2023 年 7 月底，京津冀等地出现极端降雨过程，地处"九河下梢"的滨海新区，水位每天上涨，加固堤防刻不容缓。"险情在哪里，我们的红马甲就在哪里"，张黎明主动请缨，带领近 40 名服务队员和青年志愿者奋战在抗洪抢险第一线。看到堤坝身后老百姓辛辛苦苦种出来的粮食，他的责任心更重了，身先士卒挥铁锹，装沙袋，固堤坝，历经 6 个多小时的持续奋战，为守护人民生命财产安全筑起了一道抵御洪魔入侵的"铜墙铁壁"。

在张黎明的带动下，"滨海黎明共产党员服务队"逐步发展壮大，从最初的一支队伍几个人发展到如今的 128 支队伍 2500 余名队员，十几年来电力"红马甲"的足迹遍布天津的大街小巷、田间地头，一如既往地常态化开展优质服务，着力解决群众"急、难、愁、盼"用电问题，用实际行动搭建起电力企业与百姓的"连心桥"。服务队被中共中央宣传部评为"全国学雷锋活动示范点"，荣获"天津市优秀志愿服务队伍"等荣誉称号。

1969 年出生的张黎明今年已经 55 岁了，但他仍然奋斗在电力抢修、技术创新和志愿服务的第一线和最前沿。他以实际行动诠释了"敬业、精益、专注、创新"的工匠精神，在他身上，我们看到了新时代电力工作者的责任担当与无私奉献。他的故事激励着一代又一代电力人，不忘初心，砥砺前行，为国家的电力事业贡献自己的力量。张黎明如同一盏明灯，照亮了电力行业，也温暖了千家万户。

作者：崔玉田

筑牢抗击疫情的天津防线

己亥年末，庚子年初，一场前所未见、突如其来的新冠疫情席卷华夏大地。面对新中国成立以来传播速度最快、感染范围最广、防控难度最大的一次重大突发公共卫生事件，在以习近平同志为核心的党中央坚强领导下，天津市委、市政府团结带领海河儿女，同舟共济、共克时艰，打赢了艰苦卓绝的阻击战，取得了抗疫斗争的重大战略成果，谱写出一曲曲感天动地、气壮山河的英雄壮歌。

坚决打赢疫情防控的人民战争

2020 年初，新冠疫情暴发。面对突如其来的疫情，天津作为抗击新冠疫情人民战争、总体战、阻击战的一个战区，坚决贯彻落实习近平总书记和党中央决策部署，按照"坚定信心、同舟共济、科学防治、精准施策"的总要求，统筹疫情防控和经济社会发展，用一个多月的时间基本遏制住本地疫情蔓延势头，用不到两个月的时间实现本地确诊病例清零，取得了抗疫斗争的重大战略成果，交出了一份非同寻常、努力奋斗的"天津答卷"。

在抗疫斗争中，天津第一时间启动重大突发公共卫生事件一级响应，全力应对"海陆空"疫情冲击，全面打响疫情防控阻击战。市委、市政府始终把人民群众生命安全和身体健康放在第一位，坚决落实"四早"要求，建立多点触发的监测预警机制，持续加强对重点人群、重点部位、重点环节监测，对风险隐患第一时间排查、第一时间处置，最大限度提高收治率和治愈率、降低感染率和病亡率。充分发挥党建引领基层治理的独特优势，构筑起疫情防控的钢铁防线。坚持"全国一盘棋"，驰援湖北保卫战，支援武汉，对口帮扶恩施，参与京津冀联防联控大会战，有效承接北京分流航班入境检疫。扎实做好"六稳"工作、全面落实"六保"任务，奋力夺取疫情防控和经济社会发展"双战双赢"。在党的领导下，抗疫工作涌现出以"人民英雄"张伯礼为代表的一大批先进典型。在抗击疫情过程中，天津市始终坚持深入学习领会贯彻落实习近平总书记关于疫情防控的一系列重要讲话精神，深刻、完整、全面认识党中央确定的疫情防控方针政策，毫不动摇坚持"外防输入、内防反弹"总策略和"动态清零"总方针，坚持不懈落实好各项防控举措，坚持早发现、早排查、早报告、早隔离，从严从紧科学处置疫情，持续做好常态化疫情防控和应急处置，以快制快扑灭每一起疫情，切实筑牢疫情防控屏障，持续巩固疫情防控成果。

战斗在武汉疫情防控一线的天津援鄂医疗队

2022 年 1 月初，天津出现国内首例奥密克戎感染病例，又一次面对新冠疫情阻击战。市委、市政府深入贯彻落实习近平总书记重要指示精神，坚持人民至上、生命至上，采取迅速果断措施，仅用 14 天，就实现了社会面"清零"。再次打赢应对奥密克戎变异毒株疫情硬仗，切实履行首都疫情防控"护城河"的政治职责，为全国疫情防控作出天津贡献。

在抗击新冠疫情中，天津大力弘扬伟大抗疫精神，统筹疫情防控和经济社会发展，充分发挥基层党组织优势。以统一高效指挥、有力有序保障，科学精准、以快制快，倾心倾力守护人民群众的生命安全和身体健康。医务工作者、党员、干部、志愿者第一时间到社区、村疫情防控网格入队入列，控疫情、保民生，夜以继日投入战斗。

后疫情时代的健康天津建设

新冠疫情发生后，天津市从关键点和薄弱点入手，推进健康天津行动。

为深入扎实推进健康中国行动，天津市制定健康天津行动实施方案，在健康中国行动 15 项专项行动的基础上，增加行动内容，形成 19 个专项行动，建立 40 项考核指标和 152 项监测指标，开展了各具特色的专项工作。一是以深入开展爱国卫生运动，创建国家卫生区镇为重点，出台促进中医药传承创新发展的实施方案，持续推进健康环境促进行动。二是围绕疫情防控，持续推进传染病、地方病、慢性病、癌症等防控行动。天津市甲乙类传染病及 3 种重大传染病报告发病率居全国最低行列，肺结核报告发病率全国最低；率先将水痘疫苗纳入免疫规划，全市达到碘缺乏病消除标准。三是以促进健康素养提升，普及健康知识为重点，开展健康知识普及、健康细胞培育和全民健身行动。天津市居民健康素养水平达 26.29%，位于全国前列。2021 年，加强全人群全生命周期健康管理和公共卫生服务。四是聚焦重点人群健康，以"一老一小一急一投诉"为切入点，实施妇女儿童健康促进计划，开展妇幼健康、老年健康、心脑血管病防治、中小学健康等促进行动，出台促进 3 岁以下婴幼儿照护服务发展实施细则，2023 年新建养老服务综合体 30 个，新增养老床位 3168 张。强化考核监测评估，将健康天津行动纳入市委、市政府督考检计划，依托高校和专家团队，经过调研论证，结合各区经济社会发展水平，区分市内六区、环城四区和滨海新区、远城五区三个区域的不同情况确立考核和监测评估体系。每年组织相关领域专家对各区、各部门开展考核和监测评估，同时根据考核监测情况，进一步完善评估标准，更加科学有效地监测工作进展情况。

如今，人们的生活已回归正常，海河两岸又恢复了往日的生机与活力。展望未来，在天津高质量发展"十项行动"引领下，健康天津建设踔厉步稳，为推进中国式现代化筑牢健康根基。

作者：孟罡

文化惠民让百姓共享文化"盛宴"

党的十八大以来，天津持续用力推进文化惠民工程建设，谱写了新时代文化惠民新乐章。经过10多年建设发展，天津城乡公共文化服务体系日臻完善，越来越多高品质、多元化的公共文化产品让百姓享受到了文化的盛宴。群众精神文化生活水平连年攀升，获得感满意度跃上新高度。

健全现代公共文化服务体系

天津坚决贯彻落实党的二十大精神，加快构建覆盖城乡、便捷高效、保基本、促公平的现代公共文化服务体系，努力让人民享有更加充实、更为丰富、更高质量的精神文化生活。

近年来，天津持续加大对城乡特别是基层公共文化服务体系建设资金的投入力度，建成了以天津市文化中心为代表的一大批标志性公共文化设施，新建和改扩建了一大批区、街镇、村居委会文化设施，实现了村居文化室和农家书屋全覆盖。形成了完善的市、区、街镇、村居四级公共文化设施网络体系，城乡公共文化服务均等性、便利性、可达性显著提升。创新公共文化服务管理体制机制，完善公共数字文化服务体系，让人民群众享受丰富、高效、便捷的公共文化产品和服务。在全国率先出台《关于加快构建现代公共文化服务体系的实施意见》，制定天津市基本公共文化服务实施标准（2021-2025年）。建成投用国家海洋博物馆等重大公共文化设施，各区图书馆、文化馆、街道（乡镇）文化站、村（社区）文化活动室基本实现全覆盖并免费开放，四级公共文化设施网络更加完善。建设公共电子阅览室，天津图书馆和市内六区图书馆实现通借通还。推进天津歌舞剧院、天津交响乐团迁址扩建项目和非物质文化遗产馆新建项目。制定《天津市基本公共文化服务实施标准》，持续提升公共文化服务水平。出台推进博物馆改革发展实施意见，推动文博资源深度开发利用。天津博物馆、国家海洋博物馆、天津自然博物馆多次登上"中博热搜榜"。

推进"书香天津"建设

天津大力推广"书香天津"品牌，持续开展全民阅读活动，让广大市民拥有更多文化休闲的选择，进一步丰富群众精神文化生活，津沽大地书香满溢，全民阅读蔚然成风。

聚焦大众多元文化需求，创新全民阅读活动方式方法，创办"海河书香""书香天津·品读经典"等全民阅读专题栏目，以及系列阅读推广活动。"海河名家读书讲堂"、书香天津·云课堂……针对不同读者人群阅读需求，邀请一大批知名专家学者深入基层主要围绕《习近平著作选读》第一卷、第二卷，以及历史、法律、艺术、科普等领域，开展宣传宣讲，弘扬时代主旋律，不断培育和践行社会主义核心价值观。

线上线下，有机结合。开展线上"有声阅读"活动。通过"书香天津"微信公众号推出"有声阅读"栏目，精选津版好书，诵读优质篇章。同时，采取数字阅读与传统阅读相结合、线上主题讲座与线下阅读活动相结合、有声阅读与电子图书相结合的方式开展了一系列丰富多彩的阅读推广活动。针对青少年群体，开展经典诵读、书香传递等多项特色活动，帮助他们通过读书学习提升本领、增长才干，扣好人生的第一粒扣子。在全市范围内组织开展"绿书签·好书伴我成长"读书系列活动，在津城不断掀起读书热潮。

出台《天津市全民阅读促进条例》，将全民阅读工作纳入本级国民经济和社会发展规划，以地方性法规保障全民阅读的深入推进。以评选为载体，进一步推动全民阅读活动深入开展。在全市评选最美书店、特色书店，重点奖励综合型品牌书店、具有"专精特新"等经营特色的精品书店，打造多元化、开放型文化消费体验空间。推选天津市示范农家书屋、城市书吧、阅读新空间，启动优秀天津地方文化图书评选，推进乡土阅读，激发广大群众阅读热情。

开展文化惠民活动

天津以人民为中心，发行文化惠民卡，举办文化惠民活动，在促进文化供给均等化、便利化水平的同时，以高质量文化供给更好满足人民群众高质量精神文化需求。

发行文惠卡，在全国首创"变补贴院团为补贴市民"政府文化惠民模式，推出高品质文化惠民演出活动，实现"百姓叫好、院团发展、市场繁荣"的多赢局面。文化惠民卡2015年开始，面向天津市民发行。市民通过充值文惠卡享受政府看戏补贴，观赏话剧、亲子剧、戏曲、音乐歌舞、曲艺杂技等门类的精品演出。市民办理文惠卡不仅能拿到补贴，而且拥有每年5000余场演出的自主选择权利，被极大地激发了走进剧场看戏的热情。线上线下结合，持续实施"戏曲进校园进乡村""公益电影放映"等惠民项目，组织市民文化艺术节和优秀文艺节目巡演，通过公众平台推送经典讲座、经典剧目展播。截至2024年4月，文惠卡累计发行109.27万张，政府专项补贴总计32730万元，组织惠民演出突破3.8万场，603万人通过天津演艺网走进剧场，总票房4.17亿元，带动全网票房约15亿元，对天津文化市场的撬动效果显著。

坚持"二为"方向和"双百"方针，打造文艺精品力作。近年来，创作《周恩来回延安》《换了人间》《辛亥革命》《寻路》《五大道》《我和我的祖国》等优秀影视作品，多部作品在全国精神文明建设"五个一工程"评选中获奖。深入实施津派文艺精品创作计划，参与出品的电影《中国乒乓之绝地反击》获第36届中国电影金鸡奖6项提名、首届金熊猫奖1项提名。为激发创作活力，出台《天津市促进影视剧繁荣发展扶持奖励办法》。推出民族歌剧《同心结》、音乐偶剧《没头脑和不高兴》、交响诗篇《长城》和舞蹈《色·境》等一批优秀作品。举办"天津相声节"，让天津相声作品进入全国视野。《<汉书>研究史略》等4个项目入选国家出版基金资助项目。组织"我们的中国梦——文化进万家""海河之声"等群众性文化活动，不断满足人民群众高品质精神文化需求。

桥边音乐汇交响乐演奏现场

作者：曹冬梅

愿将一生献宏谋
——中国"氢弹之父"于敏

于敏（1926—2019），天津宁河人，中共党员，我国著名的理论物理学家，为我国核武器的发展作出了重要贡献。20世纪80年代，在二代核武器研制中，于敏突破关键技术，对我国科技自主创新能力的提升和国防实力的增强作出了开创性贡献。他曾荣获"两弹一星功勋奖章"、国家最高科学技术奖、"共和国勋章"、全国五一劳动奖章和全国劳动模范、改革先锋、全国道德模范等称号。

少年英才　成绩斐然

1926年8月，于敏出生在河北省宁河县（今天津市宁河区）芦台镇。虽家境贫寒，但父母想方设法让他读书，7岁开始在芦台镇上小学，中学时期先后就读于天津木斋中学、耀华中学。于敏的青少年时期正值军阀混战和抗日战争，他亲眼目睹了侵略者的累累暴行，于是在心中暗下决心：一定要刻苦学习，日后用自己所掌握的知识来拯救祖国。

1944年，于敏考入北京大学机电系，开始如饥似渴地学习。1945年8月6日，世界第一颗原子弹爆炸。于敏不禁为核武器产生的巨大威力感到震撼，同时也为积贫积弱的祖国感到

于敏（1926—2019）

忧心。不久之后，为了实现自己的救国梦想，他从工学院转到理学院物理系。1949年，他以北京大学物理系第一名的成绩成为新中国成立后的第一批大学毕业生，并考取了北京大学理学院院长、著名物理学家张宗燧的研究生。

1951年，于敏毕业后被调入新中国第一个核科学技术研究基地——近代物理研究所（后改称原子能研究所）工作。当时中国核领域的顶尖人才都聚集在这里。于敏从研究量子场论转行研究原子核。虽然于敏从未走出过国门，更未受过任何国外名师的指导，但在研究所的几年间，他开展了开创性的研究，与合作者提出了原子核相干结构模型，填补了我国原子核理论的空白。他与北京大学杨立铭教授合作编写了《原子核理论讲义》，这本书也成为我国第一部原子核理论方面的专著。1957年，日本专家同时也是诺贝尔物理学奖获得者朝永振一郎一行访华，在与于敏进行深入交流后，他在文章中由衷地称赞于敏是中国的"国产土专家1号"！

挺膺担当　以身许国

正当于敏原子核理论研究方面有可能取得重要成果的关键时期，为了国家的最高利益，于敏转而研究氢弹原理。时任主管原子能工业的国家"二机部"副部长钱三强告诉于敏，经组织研究，决定成立一个科研小组，于敏担任副组长，负责组织开展氢弹理论的预先研究。于敏毅然决然地服从组织决定。

核武器理论设计，是一项多学科性的工作，为此于敏把全部精力都倾注到学习和研究工作中。他常常睡到半夜，两三点钟突然起床去推导公式，将头脑中的一些想法记录下来。功夫不负有心人，1965年，氢弹研制方案终于有了一些眉目。为了对方案进行验证，他带领几十名科研人员，奔赴上海开启"百日会战"。当时，上海有中国唯一一台运算5万次的计算机，于敏带着他的团队，充分利用仅有的5%的运算时间进行研究。有时他们不得不将原始的计算工具，像算盘、计算尺等都用上。于敏将自己埋在数以万计的演算纸、运算纸中，从大量数据中逐渐找寻技术突破口。当他发现实现氢弹自持热核燃烧的关键因素时，当即给在北京的邓稼先打了一个著名的"隐语"电话。于敏："我们几个人去打了一次猎，打上了一只松鼠。（发现有效氢弹构型！）"邓稼先："你们美美地吃上了一顿野味？（你确定？）"于敏："不，现在还不能把它煮熟，要留作标本，我们有新奇的发现……（基本确定，但是要进一步研究！）"邓稼先："好，我立即赶到你那里去。"于敏靠着独立自主的精神，带领团队在不到 5 年的时间里，突破了核大国对氢弹理论技术的封锁，创造出轰动世界的"于敏构型"。"于敏构型"作为迄今为止世界上仅有的氢弹两种构型中的一种，为中国研制氢弹打开了一扇通往成功的大门。

不负国望　试验成功

于敏提出了一套从原理到构型基本完善的理论设计方案，这令所有人斗志昂扬，但要真正制造出氢弹还需经过核试验的检验。核试验场在偏远的大西北，日常生活条件极其艰苦。当时，法国也在加紧研制氢弹。于敏和大家心里有一个共同的强烈愿望，要在法国之前突破氢弹技术，这样不仅可以增强中国人的自信，更能让中国在世界上有一席之地。在一次核试验前的讨论会上，巨大的压力、紧张的氛围充斥着整个房间。这时，只听于敏和陈能宽两位科学家你一句我一句地将诸葛亮的《出师表》背诵出来："臣受命之日，寝不安席，食不甘味……臣鞠躬尽瘁，死而后已……"就在那一刻，所有人泪流满面。

1967 年 6 月 17 日，氢弹试验正式开始。伴随着震耳欲聋的响声，新疆罗布泊大漠上空出现两个太阳，蘑菇云拔地而起，我国第一颗氢弹空投爆炸试验成功，实际的爆炸当量达到 330 万吨。中国抢在法国前面，成为世界上第四个拥有氢弹的国家！

中国完全自主地实现了氢弹从无到有的过程，并创造了研制氢弹的世界纪录。从第一颗原子弹爆炸到研制成功第一颗氢弹，美国用了 7 年 3 个月，苏联用了 6 年 3 个月，英国用了 4 年 7 个月，而中国仅仅用了 2 年 8 个月。"于敏方案"设计得更适合实战，使中国氢弹刚一诞生就基本完成了小型化应用。于敏带领科研团队完成并定型的我国第一代核武器，成为装备部队的尖端武器。

孜孜不倦　精益求精

在氢弹试验成功后，于敏没有停止脚步，他根据国家需要，在中国核武器研制方面继续探索。1969 年，为了研发二代核武器，于敏深藏大山中，废寝忘食地开展科研工作，又加之实验中放射性物质对身体造成的损害，他的身体变得越来越虚弱，曾有过三次与死神擦肩而过的经历。

于敏对待工作始终坚持严谨扎实的作风。1982 年 9 月，在将要进行核试验的核爆炸装置已经向竖井内下放了四米左右的时候，他发觉在以前的核试验中都不大起作用的一个物理因素，在这次核试验中最终结果还没有计算出来。于是，他马上进行了粗略估算，并在第二天立即向上级领导汇报。他主动承担了责任，请求暂停核装置继续向竖井内下放的工作。经过两天一夜不间断的奋战，最终多个计算结果都表明，他所担心的这个物理因素对这次竖井核试验的成败不会造成影响，核装置可以继续向竖井内下放。在之后的总结大会上，于敏在发言中强调，在今后的理论方案设计中对这次审查的那个物理因素，必须十分小心谨慎地对待。如果忽略了，而它又产生了作用，那我们国家的巨额资金和成千上万人的劳动都将付诸东流，那将对不起国家、对不起人民。于敏的这种严谨务实的科学作风，以及对人民的事业完全负责的精神，教育、感染着身边每一位工作人员。

此外，于敏在中子弹、核武器小型化、惯性约束核聚变、X 光激光领域也作出了关键性、开拓性的贡献，对核武器发展战略更是具有高瞻远瞩的见地。1996 年 7 月 29 日，中国向全世界郑重宣布从 1996 年 7 月 30 日起暂停核试验，之后不久联合国大会通过了《全面禁止核试验条约》。对此，于敏提出了以精密物理、精密计算机模拟实验等设想，对于今天我国核武器事业发展仍然具有重要影响。

于敏是一位忠于祖国、无私奉献、为我国核武器事业作出了不可磨灭的历史性贡献的科学家。2014 年荣获国家最高科技奖。他在 73 岁那年创作了《抒怀》一诗："忆昔峥嵘岁月稠，朋辈同心方案求。亲历新旧两时代，愿将一生献宏谋。身为一叶无轻重，众志成城镇贼酋。喜看中华振兴日，百家争鸣竞风流。"这首诗抒发了他的情怀，表达了一位中华赤子的拳拳爱国之情。"愿将一生献宏谋"，于敏兑现了他对祖国的诺言！

作者：崔玉田

加快培育建设国际消费中心城市

天津在近现代商业中扮演着重要角色。2021 年 7 月，国务院批准，在上海、北京、广州、天津、重庆率先开展国际消费中心城市培育建设。立足新发展阶段，天津积极融入新发展格局，坚持以国内大循环为主体，将消费提质扩容作为扩大内需、引领增长的重要引擎，精心打造区域商贸中心城市；坚持国内国际双循环相互促进，以国内大循环吸引全球资源要素，更好利用国内国际两个市场、两种资源，不断提升"买全国、卖全国""买全球、卖全球"功能，加快培育建设国际消费中心城市。"双中心"建设，让天津这个北方重要商埠焕发新的荣光。

培育建设"买全球""卖全球"高地

天津拥有得天独厚的区位条件和资源禀赋，是我国最早对外开放的口岸城市之一。近年来，天津发挥海空两港优势，加快建设北方国际航运枢纽，强化集聚辐射和引领带动作用，打造国内大循环的重要节点、国内国际双循环的战略支点。

随着国内消费升级，天津跨境电商进口交易额不断增加，呈现良好发展态势。在"买全球"业务不断增长的基础上，2020 年，天津在全国率先开展跨境电商企业对企业（B2B）出口监管试点，为国内商品"卖全球"增添了重要渠道。跨境电商海外仓模式帮助我国自主品牌实现出口，为自有品牌走出国门建立"新驿站"。

新业态也助推了产业的创新发展，阿里、京东、唯品会、亚马逊、eBay 等头部电商纷纷在天津布局，传统企业线上线下业务融合的趋势愈加明显。

截至目前，天津已形成家具家居、自行车、地毯、乐器等产业集群，培育出易跨境、津贸通等一批年销售额超过千万美元的大卖家。

"内外"兼修的秘诀离不开一个"新"字。利用综合保税区的创新优势，天津近年来推动保税展示交易业务落地，相关企业的进口商品在销售之前无需办理通关手续或缴纳关税、增值税，能够有效降低资金占压，节约经营成本。未交易的商品可以退回综保区或退运出境，企业承担的销售风险也大大降低了。

借助天津口岸的强大引力场，越来越多的高品质商品进入国内，满足消费者的多元化需求，也有越来越多的中国制造从这里走向海外，拓展国际市场。

国际消费中心城市是全球市场的制高点、消费资源的集聚地、消费发展的风向标。天津找准优势谋篇布局，有的放矢、精准落子，围绕重点商品，提出打造汽车大流通中心城市，实施乳品、红酒等商品进口促进计划等具体任务，进一步增强辐射"三北"（我国东北、华北北部和西北）地区的能力。随着智慧港口建设、深度融入"一带一路"以及自贸试验区先行先试制度创新的有序推进，天津国内外物流集散枢纽中心的功能作用大大增强，城市的吸引力和影响力得到提升。

发起商业"供给侧结构性改革"

近年来，天津将政府引导与市场运作有机结合，掀起商贸领域的"供给侧结构性改革"：引入新商业载体，构建特色消费场景，提升便民商业发展水平，创新消费模式，畅通国内大循环，为市场注入源头活水。

一个个特色商贸载体在津落户，一批传统商业街区改造提升，天河城购物中心、和平印象城、仁恒伊势丹等新的地标性商圈在津城多点开花。佛罗伦萨小镇入选首批全国示范智慧商圈，

菜市场是满足人民"菜篮子"需求的必备业态。天津连续17年将菜市场和连锁便利店配套建设纳入民心工程项目，便民消费体系得到不断完善，90%的区域基本可实现步行10分钟至15分钟到达一个菜市场。滨海新区、河西

区、河北区和宝坻区先后入选全国城市一刻钟便民生活圈试点地区。

针对社区商业发展不均衡、不完善的情况，天津还推动商业资源下沉，优化生活性服务业的功能布局。建设社区型购物中心，提供适合社区消费群体的多层次、个性化商品和服务。

夜市经济的发展，让夜晚亮了、市场活了。和平区五大道、河北区意式风情街等夜间经济街区竞相亮相，各大商场、步行街等也融入夜间消费市场中。全市还建成了300余家特色深夜食堂、超过600家24小时便利店，博物馆、美术馆、体育馆、旅游景区等也纷纷延长经营时间，开展夜间展览、演出等活动。

美好生活·水滴夜市作为天津市海河国际消费季的重要组成部分，着力打造津城地标性夜生活商圈。

针对受疫情冲击的经济发展状况，天津多点发力、精准施策：推出定向、非定向消费券，激发市民消费热情，提振市场信心；为轻资产的商贸流通企业量身定制金融产品，帮助市场主体渡过难关；鼓励线上销售、直播带货等模式，打造"云上商店""云上街区"，发展新型消费；开展海河国际消费季、汽车促销、夜生活节、特色市集、酒吧节、银发购物节、老字号国潮等主题活动，积极营造消费氛围……天津要继续打造"乐享天津"活动品牌，将各项活动串珠成链、集链成群，形成波浪式消费热潮，实现"季季有主题，月月有活动，场场有精彩"。

增强城市吸引力凝聚力辐射力

"人气"是消费的关键因素。面对如何吸引人、留住人的城市之问，天津不断促进消费结构升级，追求更全面的服务、更深层次的开放，以文化、旅游、会展等为抓手，打造鲜明的消费品牌和城市符号，把握新的"流量密码"。

传承历史文脉和商业基因，创新发展重点领域。《天津市培育建设国际消费中心城市实施方案》提出，打造海河亲水、洋楼文化、津味美食等消费名片，发展时尚消费、旅游消费、文化消费、体育消费、康养消费、会展消费等。人们"买"到的，不仅有看得见的实物，还有"看不见"的服务和体验。

近年来天津加快推动商旅文融合，积极探索城市更新改造，不断擦亮城市"名片"。蓟州区、和平区、中新天津生态城被评为国家全域旅游示范区。众多热门地标为人们日常休闲提供了丰富多样的选择：百年金街作为购物街，又增加了国家 4A 级景区的身份，顾客可以坐在"古董"建筑中悠闲地品尝咖啡；登上海河游船领略两岸美景，串联"天津之眼"摩天轮、古文化街、意式风情街、解放桥等景点；走进"网红打卡地"滨海新区图书馆，享受视觉与精神的双重盛宴；在国家海洋博物馆，探索自然的奥秘；在"没有围墙"的天津茱莉亚学院，欣赏国际水准的音乐会。

同时，天津瞄准会展经济，打造"城市会客厅"，努力建设北方国际会展中心城市。2021 年，国家会展中心（天津）津南区拔地而起，展露新姿。它的建成投用标志着天津会展业进入新的发展阶段，承办大型展会的能力大大提升。来自全国各地的参展参会者不仅为展会本身贡献人气，也带动周边住宿餐饮业业绩提升，城市的影响力进一步扩大。

消费市场向阳而生，消费升级大潮澎湃。培育建设国际消费中心城市对天津来说，是又一历史性机遇。未来，天津会继续乘着这个"东风"，开启老牌商贸重镇的新征程，在构建新发展格局中填格赋能、奋力前行。

作者：曹冬梅

河海辉映　津滨共荣

　　天津因河而兴，因海而盛。运河载来繁荣之城，海港打开无限天地。为推进京津冀协同发展、打造世界级城市群，天津市以新发展理念优化完善城市布局，"津""滨"双城格局辉映发展，助力天津开启全面建设社会主义现代化大都市新征程。

新发展理念指引下的城市空间布局

　　全面形成津城、滨城双城格局，是天津市在构建新发展格局背景下，坚定不移贯彻新发展理念、推动高质量发展、优化城市空间布局的重要举措。2017 年 5 月，市第十一次党代会深入贯彻新发展理念，强调坚持集约发展，着力增强城市发展的持续性、宜居性，明确提出，"滨海新区与中心城区要严格中间地带规划管控，形成绿色森林屏障"。绿色生态屏障的建设，有效提升了区域生态空间总量，改善了环境质量。

　　立足新发展阶段，2020 年 11 月，市委十一届九次全会进一步提出：打造"津城""滨城"双城发展格局，推进"津城""滨城"相映成辉、竞相发展。会议强调，打造双城格局是推进京津冀协同发展、打造世界级城市群的重大举措，是用新发展理念优化完善城市布局的必然选择。

　　"津城""滨城"双城格局是符合天津自然地理格局特征和城市发展脉络，延续了"一挑扁担挑两头"的城市结构。秉持"紧凑城市""精明增长"理念，天津城市发展由外延扩张向内涵提升转变，空间布局由"单中心"向"多中心""组团式"转变，避免城市发展"摊大饼"的弊病。一方面，有助于"津城""滨城"各自发挥比较优势，实现中央赋予天津"一基地三区"的战略定位，是更好融入和促进京津冀协同发展战略、助力世界级城市群形成的必然选择；另一方面，打造双城发展格局，把"津城""滨城"双城之间 736 平方千米的"生态屏障"与京津冀的生态涵养区连接起来，形成"双城紧凑、中部生态"的新发展格局，为推进京津冀区域生态环境改善发挥重要作用，强化武清、静海、宝坻、宁河、蓟州各区的资源集聚能力，打造一批独具特色的区域节点，与"津城""滨城"融合发展，共同繁荣。双城之间合理分工、功能互补、高效协同，有助于提升"津城"公共服务能力，补齐"滨城"民生短板，化解城市发展碎片化、城区蔓延式发展，以及职住分离等问题。

优化产业布局，打造紧凑活力"津城"

津城重点优化产业布局，提升服务业发展能级。制定国际消费中心城市实施方案和区域商贸中心城市行动方案，深化落实促进市内六区高端服务业集聚发展的指导意见，围绕现代商贸、金融服务、设计服务、健康服务、高端商务、智能科技、数字经济、总部经济、平台经济、律师会计师事务所等重点领域，持续推动生产性服务业向专业化和价值链高端延伸、生活性服务业向高品质和多样化升级。建设产业发展载体。深度挖掘资源禀赋，充分用好中心城区经济基础优良、交通条件便利、公共服务完善、科教资源密集、优秀人才聚集、文化底蕴深厚等优势，主动适应产业要求，精准把握发展机遇，集中力量建设若干城市功能区，形成特色鲜明、业态高端、功能集成的发展标志区。增强城市发展活力。加快建设地标商圈，着力打造意式风情区、金街、五大道等 8 大地标商圈和万达—爱琴海、大悲院等 14 个目标商圈。支持发展首店、首发、首秀经济，国图文创空间、蓝将、雅格狮丹等 200余家国内外知名品牌进驻天津。为激发消费市场活力，连续举办两届海河国际消费季，围绕汽车、家电、零售、餐饮等主题推出数百场促销活动。大力发展夜间经济，培育摩天轮、水滴、奥城等 30 余个夜市，增添津城"烟火气"。努力发展会展经济，国家会展中心（天津）一期投入运营，连续七年举办世界智能大会、亚布力企业家论坛等大型活动，津城吸引力和影响力不断增强。面向年轻群体，挖掘具有天津文化特色的沉浸式体验文旅项目，策划"邂逅·天津"系列创意艺术项目，争创正能量"网红城市"。打造"海河灯光秀""海河音乐节"等丰富多彩的主题活动，市民、游客竞相"打卡"。

体现以人为本，建设创新宜居"滨城"

滨城城市坚持创新驱动，建设开放包容"滨城"。加快发展实体经济。实施制造强区战略，建成信创、高端制造、航空航天等 8 个国家新型工业化产业示范基地，形成石油化工、汽车及机械装备制造、新一代信息技术、新能源新材料等 4 个千亿级产业集群，2021 年工业总产值突破 1 万亿元，培育发展战略性新兴产业经验做法连续 4 年获得国务院办公厅督查激励。作为北京非首都功能的集中承接地之一，累计承接北京非首都功能重点项目 3919 个，滨海 - 中关村科技园注册企业达到 3200 家。加快推进改革创新：实施改革活区战略，率先推行"一企一证"综合改革，开展开发区法定机构改革，政府部门实行企业化管理，推行全员竞聘和绩效薪酬，得到中央深改委充分肯定并在全国推广。实施创新立区战略，加快建设国家自主创新示范区，国家高新技术企业达到 3922 家，入选"科创中国"创新枢纽城市。实施开放兴区战略，至 2023 年 5 月，自贸试验区累计实施 581 项制度创新措施，在全市范围内，自行复制推广改革试点经验五批次共 118 项及创新实践案例 7 个，向全国复制推广 38 项试点经验和实践案例。加快提升基础设施功能，加大交通基础设施建设力度，"5 横 3 纵 1 环"高速公路网基本形成，绕城高速、塘承高速滨海新区段、津石高速天津东段全线贯通；连续 5 年实施交通畅通工程，打通一批断头路、瓶颈路，加快建设轨道交通 B1、Z4 线，开工建设 Z2 线。累计建成 5G 基站 6800 个，基本实现 5G 网络全区覆盖。加快补齐公共服务短板。加快建设教育基础设施，不断提升医疗服务能力和水平，新建滨海新区肿瘤医院、中医医院和天津医科大学总医院滨海医院，三级医院达到 10 家，21 家医院建成智慧门诊。完善"一老一小"服务体系，新增养老服务总床位近 2000 张，累计达到 9000 张，"未成年人保护工作站"实现全覆盖。深入推进老旧房屋改造，改造老旧小区 70 个，2697 户农村困难群众危房彻底清零。2021 年 12 月，滨海新区美丽滨城"十大工程"正式启动，标志滨海新区落实"双城"发展战略、加快新时代高质量发展进入新阶段。到"十四五"末，滨海新区城市综合承载能力、公共服务能力、基础配套能力显著增强，城市品质大幅提升，生态环境、创业环境、营商环境明显改善，数字城市、智慧滨海基本成型，生态、智慧、港产城融合的宜居宜业美丽滨海新城基本建成。

美丽滨城

"津城""滨城"相映成辉、竞相发展，优化了发展空间，打通了城市脉络，正在形成吸纳高质量要素自由流动的区域磁场，加速推动京津冀世界级城市群崛起，在落实国家重大发展战略、构建新发展格局中填格赋能、绽放光彩。

作者：孟罡

民生无小事

——"一老一小"福祉达到新水平

习近平总书记指出，人民对美好生活的向往，就是我们的奋斗目标。实现好、维护好、发展好最广大人民根本利益是党一切工作的出发点和落脚点。2013 年 5 月，习近平总书记在天津考察时对天津工作提出要着力保障和改善民生的重要要求。强调，保障和改善民生是一项长期工作，没有终点站，只有连续不断的新起点，要实现经济发展和民生改善良性循环。

从以人民为中心的发展思想布局"一老一小"事业

党的十八大以来，以习近平同志为核心的党中央坚持以人民为中心的发展思想，着眼于在发展中补齐民生短板、兜牢民生底线，聚焦基层的困难事、群众的烦心事，中共中央、国务院印发《国家积极应对人口老龄化中长期规划》，适时修订《中华人民共和国未成年人保护法》，事关"一老一小"的法规政策日趋完善，服务体系不断建立健全，有力促进群众的民生福祉。天津认真学习习近平总书记有关重要论述，认真贯彻党中央、国务院有关工作部署，从全市人民群众最关心最直接最现实的利益出发，着力贯彻新发展理念办实事，不断提高基本公共服务均衡化、优质化水平，加大养老体系建设和大力发展学前教育，补齐"一老一小"民生短板，解决好发展不平衡、不充分的问题，把群众切身利益问题解决好，持续深化"我为群众办实事"实践活动，形成"和平夜话""五常五送"等典型经验做法，得到人民群众的认可和拥护。

着力解决"一老"问题

为积极应对人口老龄化，加快建立与现代化大都市地位相适应的健康养老服务综合保障体系，2019 年，天津市制定《促进养老服务发展三年行动方案（2019—2021 年）》，开展促进养老服务发展三年行动。加快完善以居家养老为基础的养老服务体系，全面提升居家养老综合服务能力，进一步推动健康养老服务全面协调可持续发展，更好地满足人民群众多层次、多样化养老服务需求。推动养老供给侧改革，在全市逐步构建"7+5"①养老模式，构建以社区为支撑的居家养老服务体系。2019 年，医养结合覆盖 95% 以上养老机构，实现了居家养老补贴城乡统筹。至 2021 年，全市老人家食堂达到 1701 个，190 万人次老年人享受助餐服务，养老机构 396 家。老年日间照料服务中心（站）1357 个，床位数 1.4 万张。街道综合养老服务中心和嵌入式养老服务机构试点达到 70 个。河西区多管齐下着力满足老年人养老需求经验做法在全国推广。推动残疾人"两项补贴"资格认定申请"跨省通办"，建设低收入人口动态监测信息平台，强化"救、急、难"兜底保障，持续改善困难群众生活条件。

完善养老保险制度，积极推动落实企业职工养老保险全国统筹制度。健全养老保险制度体系，构建以基本养老保险为基础，企业年金、职业年金为补充，与个人储蓄性养老保险和商业养老保险相衔接的"三支柱"养老保险体系。贯彻落实有关法定退休年龄、最低缴费年限等方面的调整政策，建立健全职工基本养老保险遗属待遇制度和病残津贴制度。不断完善城乡居民基本养老保险制度和被征地农民社会保障政策。健全社会保障财政投入制度，积极推进财政对养老保险的补贴制度和财政补贴的正常增长机制，完善国有资本收益充实养老保险基金制度，积极推动国有资本充实社保基金，促进养老保险基金长期平衡。

---

① 居家养老上门服务、社区日间照料服务、智能呼叫应急服务、入户上门延伸服务、专业机构养老服务、短期托老照护服务、社会组织养老服务等 7 种服务，以及由政府、社区、养老机构、社会组织、社会力量组成的"五位一体"养老服务网络。

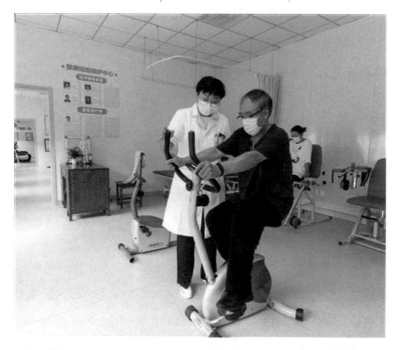

天津市探索将社区日间照料中心与养老机构服务功能进行有机融合，提升社区养老服务水平。图为河北区嵌入式养老服务中心——宁园街富方园社区养老服务中心正式投入运营。

加快补齐"一小"短板

"全面二孩"政策实施后，天津市着力新建改扩建和提升改造幼儿园，不断增加学位，不断满足学前教育需求。2019 年，天津市出台《关于学前教育深化改革规范发展的实施意见》和《大力发展学前教育两年行动方案（2019—2020）》，开展住宅小区配套幼儿园建设专项整治，建立市、区两级财政对普惠性民办幼儿园分级补助机制，鼓励社会资源投入学前教育，当年实现新增幼儿园学位 6.97 万个。2020 年，"一小"问题继续得到有效缓解，新建改扩建幼儿园 672 所，新增学位 16 万个，学前教育三年毛入园率达到 92.3%。解决儿科医疗资源不足问题是补齐"一小"短板的另一项重要工作，天津围绕加强儿童医疗服务，提升儿童就医服务水平重点发力。完善二级以上综合服务类医院儿科建设，到 2018 年，全市有 45 家医院开设了儿科门诊，33 家医院开设了儿科急诊，22 家医院开设了儿科住院服务。加快儿科医生人才队伍建设，经过几年儿科医生人才队伍建设，2019 年，全市儿科医生 1870 人，每千名儿童医师数 0.726 人，提前实现国家卫健委规定的"到 2020 年每千名儿童医师数 0.69 人"的发展目标。探索优化医疗资源配置，2019 年，天津市儿童医院作为全市核心与牵头单位，与 12 家医疗机构成立"天津市儿科医联体"，优化全市儿科医疗资源配置与供给。

教育领域综合改革深入推进。"双减"工作扎实推进，全面规范校外培训，全市义务教育学校课后服务实现全覆盖。公办小学 100% 实现免试就近入学，初中 99% 实现免试就近入学，对报名人数超过招生计划的民办学校采取随机派位方式确定学生入学。深化教育领域"放管服"改革，普通高校和部分市属高职院校实施人员总量管理，全面落实高校专业技术职称自主评审权。全市大中小学基本实现"一校一章程"。实施民办学校分类管理改革。推进教育行政审批制度改革，落实"权责清单"和教育公共服务清单制度。

实施健康天津行动，保障"一老一小"健康

2016 年 11 月，天津市制定发布《关于推进健康天津建设的实施意见》，明确健康天津建设的总体要求、重点任务、支撑保障、组织领导，旨在加快推进健康天津建设，持续提升全市人民健康水平。和平区被确定为全国首批 38 个健康城市建设试点。2017 年，市第十一次党代会把"坚持以'大健康'理念为引领，打造健康城市，全方位、全生命周期保障人民健康"写进工作报告，健康天津建设进入加速建设期。2019 年，市政府印发《健康天津行动实施方案》，将 2022 和 2030 年健康天津建设任务目标、政策举措等各项工作进一步具体化，坚持以人民健康为中心，坚持以基层为重点，以改革创新为动力，预防为主，中西医并重，把健康融入所有政策，人民共建共享的卫生与健康工作方针，针对生活行为方式、生产生活环境以及医疗卫生服务等健康影响因素，坚持政府主导与调动社会、个人的积极性相结合，推动人人参与、人人尽力、人人享有，落实预防为主，推行健康生活方式，减少疾病发

生，强化早诊断、早治疗、早康复，实现全民健康。坚持以"大健康"理念为引领，打造健康城市，全方位、全生命周期保障人民健康。加强重大疾病防控，突出解决好妇女儿童、老年人等重点人群的健康问题，推动中医药传承创新。持续开展爱国卫生运动，加强卫生防疫、计划生育、心理健康服务。积极应对人口老龄化，加快建设以居家为基础、社区为依托、机构为补充、医养结合的多层次养老服务体系。"十三五"期间，居民期望寿命连年超过81岁，从2015年的81.33岁提高到2019年的81.79岁。孕产妇死亡率、婴儿死亡率分别从8.1/10万、4.76‰下降到5.12/10万、2.69‰，主要健康指标位居全国前列，达到发达国家水平，顺利实现健康天津建设任务目标。

作者：马兆亭

消失的棚户区

　　棚户区改造，涉及千家万户；棚改安置的，不只是房子，还有人心。为贯彻落实中央城市工作会议提出的"到 2020 年，基本完成现有的城镇棚户区、城中村和危房改造"的部署要求，天津市利用三年时间，实施棚户区改造，实现中心城区棚户区 100% 消除。

启动

　　按照市委、市政府统一部署，2016 年底，天津市率先拟定了棚户区三年改造计划，力争用三年时间完成市区 147.33 万平方米棚改任务。这些棚改项目都是多年来经数轮改造后遗留的"硬骨头"，房屋建筑密度大，户均住房面积小，低保、残疾等困难群体比较集中，未登记建筑普遍存在，房屋权属问题、家庭财产纠纷等历史遗留问题交织，情况十分复杂，改造难度很大。而位于天津中心城区的棚户区则与"百年建筑"、多姿的"古韵洋楼"形成了极大的反差，与中央直辖市的地位极不相称。棚户区的房屋低矮潮湿、年久失修，设施破旧、残缺不全，环境恶劣、脏乱不堪。

　　2017 年，天津棚户区改造攻坚战全面而声势浩大地打响，天津市委、市政府对全市人民作出了庄严承诺："绝不允许在高楼大厦背后还有贫民屋"。这一年，天津中心城区棚户区改造"三年清零"行动计划开始启动。

举措

将棚户区改造列入市政府 20 件民心工程。全市上下团结一心、全力推进，在市、区两级分别成立了棚改机构，并列为"一把手"工程。重点实施四项举措：建立分片包干责任制，现场办公，完成一项销号一项；棚改任务纳入各区绩效考评，实施清单管理，做到任务到区、分解到月、对接到项目，逐项明确时间表、路线图、责任人；落实改造资金，及时解决融资难题；市、区两级集中资源，多方式、多渠道筹集落实房源，优先支持棚改。市有关部门加强协调推动，开展督查考核，确保任务落地。

通过"三个平衡"政策统筹全市力量，来打破市区棚改的最大瓶颈——资金问题。"三个平衡"，即可以通过地块出让实现资金的自行平衡；地块出让不能实现资金平衡的，可以通过区内地块寻找平衡地块解决；区内地块仍然不能实现资金平衡的，待项目完成后，根据届时土地出让实际情况，据实核算资金缺口，通过市级地块返还政府收益或提高区级留成比例，纳入全市统筹平衡。天津市红桥区的棚改任务最重，其总量占全市47%，且都是开发商眼中收不抵支的硬骨头。通过与上海证券交易所联手，以发行棚改专项债券的方式，撬动融资401亿元，成为全国首家发行棚改专项债券的城市。

为补齐民生短板提供宝贵资源。为了打好棚户区改造攻坚战，尽最大努力让更多群众受益，我市结合片区实际和群众诉求，吸收借鉴各地经验做法，广泛调研、深入论证，研究制定符合实际情况和法律法规的征收补偿安置方案。根据各区不同情况，对有条件的采取原地安置、就近安置，对不具备条件的，采取全市统筹建设，让棚改居民尽快住进安居房。

实施

天津市委、市政府郑重承诺，要在保障和改善民生上投入更大力量，高质量全面完成棚改任务。先后陆续启动了河西区科技大学、绍兴道，河东区东宿舍、东孙台，河北区新大路，和平区昆明路、山东路，南开区灵隐南里，红桥区丁字沽、同义庄等新项目，同步加快河西区小海地小二楼、河北区三十五中、河东区鲁山道小二楼、红桥区西于庄等老项目改造进度。

天津市委、市政府在中心城区棚改期间，充分体现出政策有力度、措施有温度、帮扶有深度，践行着习近平总书记"人民对美好生活的向往就是我们的奋斗目标"的执政理念。三年来，累计改造 148.56 万平方米，6.3 万户、近 30 万棚户人家告别"蜗居"，圆了"出棚进楼"的安居梦。瞄准"住得舒心"，天津积极推动老旧小区改造工作，着力提升群众居住品质。自 2017 年起，利用三年时间对中心城区外环线以内 1999 年 12 月 31 日以前建成的老旧小区和远年住房进行改造，重点解决消防、电梯、燃气、二次供水、供电、路灯等 11 项安全问题，同时兼顾房屋修缮、排水管网改造、规范户外供热设施等 9 项功能提升，共涉及 159 个子项。截至 2019 年底，已全面完成老旧小区三年改造任务，成为天津市继棚改工作之后又一项实现圆满收官的重大民心工程。三年累计改造 3185 个片区、8367.65 万平方米，直接受益居民 127.79 万户。老旧小区居住环境得到明显改善，安全性能不断提高，生活品质大幅提升，群众的获得感、幸福感、安全感显著增强。

在棚户区改造过程中，我市采取多元化帮扶措施落实精准脱困，确保困难群众得到妥善安置。市区棚户区中困难群体较多、情况复杂，包括低保户、特困户、残疾人、军烈属、丧失劳动能力人员、家庭成员中有患重大疾病人员、老少三代同居或四世同堂等多种类型，约占总改造户数的 30%。为彻底解决困难群众的后顾之忧，我市坚持算发展账、算民生账，从实际出发，不搞"大水漫灌"式补偿，找准突破口、因地制宜、精准施策，"一对一"采取救助措施，托底救助取得了实效。按照群众困难程度，我市分别制定了惠民补偿安置政策，特殊困难家庭可根据方案领取困难补助。精准帮扶困难群体，研究个性化解决方案，开展专项扶贫帮困活动，一揽子解决困难群众就业、入学、就医、低保等方面问题。据统计，三年累计发放各类困难补助近 15 亿元，约 3 万人受益。多项解困暖心的政策让棚改工作既有"力度"又有"温度"，确保困难群众得到妥善安置，不留后顾之忧，使民心工程落到实处。

天津市通过实施三年市区棚户区改造，累计投入改造资金千余亿元，使棚户区群众居住条件明显改善，城市"留白增绿"效果进一步显现。通过实施改造，市区棚户区居民户均面积由原来的 23 平方米提升至 65 平方米以上，居住质量和生活水平得到明显提高。在此基础上，天津市住建委继续重点推动中心城区以外的滨海新区、东丽区、北辰区等 7 个区开展老旧小区改造。2020 年，全市计划开工改造 49 个小区、256.57 万平方米，惠及 3.24 万户居民。在改造过程中，天津市住建委广泛听取居民的意见和建议，把群众最急需的项目优先纳入改造内容，着力解决群众关心的实际问题。目前项目已全面开工，竣工 13 个小区、77.22 万平方米。

住有所居，居有所安。天津在不断改善民生，增进民生福祉上，交出了一份有温度、有力度的民生答卷。

2018 年，天津市红桥区对子牙河北岸名为"渔村"的棚户区进行整体搬迁改造，原址现为综合性绿色生态公园——滨河公园。

作者：孟罡

贤以弘德　术以辅仁

——记中国工程院院士、天津中医药大学名誉校长张伯礼

张伯礼，河北宁晋县人，1948 年 2 月 26 日出生于天津，中共党员，教授、博士生导师，中国工程院院士。中国中医科学院名誉院长、天津中医药大学名誉校长。张伯礼院士从事中医药临床、教育和科研工作 40 余载，在中医临床、科研、教育、国际化、中药现代化等方面取得一批重要成果。2020 年新冠肺炎肆虐之际，张伯礼临危受命，逆行武汉，诠释了一名中医科学家救死扶伤的仁心大爱。

医德者仁术博爱

中医药学是中国古代科学的瑰丽宝藏，也是打开古代文明的钥匙。如何让中医药发扬光大，为维护人民健康服务，是当代中医人的使命，也是张伯礼一直在思考的重要问题。

1964 年，张伯礼考入天津市卫生学校，四年后被分配到渤海之滨的乡村。在基层，张伯礼感受到缺医少药的困难，在看到使用中草药来治病，能取得较好的疗效时，他十分感慨中医药的确切功效，从此他对中医药产生了浓厚的兴趣。张伯礼坚持白

张伯礼（1948—）

天临床诊治，夜晚钻研中医学知识。1979 年恢复研究生考试后，经过层层选拔，张伯礼以优异的成绩被天津中医学院录取，正式开启了他的中医药研究之路。三年求学时光，张伯礼师从国医大师阮士怡，对于中医近乎着迷的热爱，再结合原有的西医学知识，他将中医药与现代医学结合，开拓了中医药现代化研究之路。

育桃李芬芳满园

张伯礼说："我最喜欢的还是别人喊我'张老师'。老师是要传道授业解惑、真正培养人的，有很高的地位。作为老师，要以身作则，自己必须是正人君子，学生才服你。所以我努力做一个合格的老师。"

1982 年，张伯礼毕业后留校。他以培养人才、教书育人为己任，承担了多项国家重点项目研究。他尽可能吸收勤奋学生参与科研，在实践中培养。在担任天津中医药大学校长期间，张伯礼提出品德、能力、中医思维"三位一体"的教育理念。2009 年，在他的倡议下，成立了"勇搏励志班"，这个班以"责任、坚韧、克己、奉献"为班训，通过学生自我组织、自我约束、自我激励、自我评价的管理模式，提升班级整体素质。张伯礼还捐出自己获得的各类奖金 600 余万元设立"勇搏基金"，以此来奖励立志成才、品学兼优的学生，同时资助家庭经济困难的学生顺利完成学业。

在教学工作中，张伯礼坚持院校教育和师承教育相结合。在教学中，他提出强化中医临床思维的教学理念，这是中医药传承的根。他创建的"基于案例的讨论式教学——自主式学习联动"教学方法，得到学界的广泛好评，2009 年荣获教育部国家级教学科研成果一等奖。

怀大义谏言法典

作为著名的中医药专家，保护和弘扬好中医这门国粹，推动中医药现代化建设，是张伯礼一直致力奋斗的目标。

作为中医药大家，张伯礼认为任何一个学科成熟发展的标志，就是要建立标准，中医人才培养也应有统一的标准。2008年，张伯礼主持制定了我国第一个《中国·中医本科教育标准》和全球第一个中医学国际标准《世界中医学本科教育标准》，组织编写的《世界中医核心教材》13册，已在50多个国家和地区推广使用，推动了中医药学在海外的健康发展。

在担任全国人大代表期间，张伯礼先后以维护人民群众利益、推动医疗健康事业发展为主题，在国民健康、环境保护、精神文明建设、医疗卫生体制改革和中医药事业发展方面提出议案和建议60余项。其中，张伯礼最重视的是"中医药立法"。他先后5次领衔提出中医立法议案，4次参与立法调研，全程参与起草、修改法案，参加了3次审议会议，其间6次修改文本，他所提出的多条重要建议均被采纳。2016年12月25日，全国人大常委会第二十五次会议正式通过《中华人民共和国中医药法》。为表达自己的激动心情，张伯礼写下《中医立法之路》："卅载风雨几辈呼，十个春秋五上书。数次调研今年已，三审六改多踌躇。几章鼎立行如今，六十三条字赛珠。国医法典千秋事，锤落哽咽双泪出。"

大疫前"无胆英雄"

2020春，新冠肺炎持续蔓延。大年初二晚上，正在天津忙于指导疫情防控工作的张伯礼，接到中央疫情防控指导组飞赴武汉的通知。"疫情不严重，国家不会点我的名。这是一份信任，这份信任是无价的。"年逾古稀的张伯礼身先士卒，挂帅中医战疫"国家队"，奔赴武汉。

初到武汉，情况要比张伯礼想象的严重得多，经过分析，张伯礼等专家提出，要马上分类分层管理、集中隔离，并采用"中药漫灌"方法，上述措施有效地阻断了疫情蔓延趋势。为落实"应收尽收，应治尽治"的救治策略，中央指导组决定建立方舱医院，张伯礼与同是中央指导组专家的北京中医医院院长刘清泉写下请战书，提出"中药进方舱、中医包方舱"，身着"老张加油"的隔离服，张伯礼无数次走进隔离病房，高负荷工作，从2月14日开舱到3月10日休舱，在26天运营中，江夏方舱医院共收治564人，其中治愈482人，82人按照休舱要求转至定点医院，所有患者中没有一例从轻症转向重症，出舱病人无一例复阳。

连日奔波使得张伯礼胆囊旧疾复发，中央指导组领导强令他住院治疗。为避免动摇军心，张伯礼提出不要把手术的消息对外公布。做完手术，张伯礼以诗咏志："抗疫战犹酣，身恙保守难，肝胆相照真，割胆留决断。"

3月2日，中共中央政治局委员、国务院副总理孙春兰组织中央疫情防控指导组召开会议，专题研究新冠疫情防控科研攻关工作，指出救治工作中，中医药深度介入，取得良好的临床疗效，强调要坚持中西医结合，充分发挥中医药特色优势，并深入开展科学研究。张伯礼在2月初就申请了临床研究项目并火线立项，组织发表了第一篇临床论文，通过临床流调，明确了新冠疫情为中医的"湿毒疫"，并总结了其发病特点，丰富了中医疫病理论。他深入挖掘古代经典名方，结合临床实践，成功研制"宣肺败毒颗粒"，成为三药三方之一，为中药成为抗疫中国方案的亮点作出了主要贡献。

在江夏方舱医院休舱前，张伯礼提出要留下一支不走的中医团队。4月6日，全国名中医张伯礼名医工作室正式落户武汉市中医医院，这也是他第一次在天津以外收徒。在针对患者后期康复干预的问题上，张伯礼也事先做好安排，他2月中旬筹建了两个康复门诊，组织编写了《新型冠状病毒肺炎恢复期中西医结合康复指南》，有效指导了恢复期患者的中西医结合康复治疗。让张伯礼欣慰的是，国务院新闻办发布的《抗击新冠肺炎疫情的中国行动》白皮书，总结了中医救治新冠病毒感染的有效做法，包括中医医疗队整建制接管定点医院、早期介入、全程参与、分类救治取得的显著效果，充分肯定了中医药的特色优势。在诊治患者的同时，张伯礼团队还与WHO、世中联、世针联、侨联、意大利、韩国等医务工作者分享中国中医药在抗击新冠疫情方面的经验，同时向他们援助中医验方、中成药等。

9月8日，中共中央总书记、国家主席、中央军委主席习近平为张伯礼披上沉甸甸的"人民英雄"国家荣誉称号奖章。载誉归来，张伯礼依然如往常出现在天津中医药大学第一附属医院国医堂的诊室中，带着对祖国的热爱、对事业的担当、对患者的关爱，张伯礼用自己的行动诠释着医者大爱无疆的初心和使命。

作者：孟罡

以天津之为助力高质量打赢脱贫攻坚战

党的十八大以来，以习近平同志为核心的党中央把消除贫困摆在治国理政更加突出的位置，明确了到 2020 年我国现行标准下农村贫困人口实现脱贫、贫困县全部摘帽、解决区域性整体贫困的目标任务，提出精准扶贫、精准脱贫方略，建立起"五级书记"抓脱贫的工作机制，坚决打赢脱贫攻坚战。2013 年 11 月，习近平总书记来到湖南湘西十八洞村调研，提出"实事求是、因地制宜、分类指导、精准扶贫"扶贫工作重要要求。2017 年，党的十九大把精准脱贫作为三大攻坚战之一进行全面部署，决战决胜脱贫攻坚。2021 年 2 月，习近平总书记庄严宣告，经过全党全国各族人民共同努力，在迎来中国共产党成立一百周年的重要时刻，我国脱贫攻坚战取得了全面胜利，区域性整体贫困得到解决，完成了消除绝对贫困的艰巨任务，创造了又一个彪炳史册的人间奇迹。

形成天津助力脱贫攻坚工作思路

党的十八大以来，天津市委、市政府深入贯彻落实习近平总书记关于扶贫工作的重要论述，坚持把东西部扶贫协作、支援合作和全市结对帮扶困难村工作摆在战略和全局高度，以空前的工作力度全力投入，在打赢全国脱贫攻坚战中展现天津之为、彰显天津力量、做出天津贡献。

东西部扶贫协作和支援合作成效显著。按照党中央统一部署，天津承担甘肃、河北、新疆、西藏、青海、重庆、陕西、吉林等 9 个省（市、地区）82 个县（市、区）的对口帮扶任务，其中包括 5 省区 50 个贫困县 4395 个贫困村。市委、市政府把做好东西部扶贫协作和支援合作工作作为重大政治任务，坚决扛起中央交给天津的政治责任，确立"升级加力、多层全覆盖、有限无限相结合"工作总思路，举全市之力，尽锐出战，不折不扣，满怀真情做好东西部扶贫协作和对口支援各项工作；坚持多层全覆盖，发挥天津优势，全方位开展人才、产业、劳务、消费、教育、卫生、结对认亲等各方面帮扶，助力结对地区改善民生，不断提高贫困群众的幸福感、获得感，教育引导贫困群众听党话、感党恩、跟党走；坚持智志双扶、鱼渔兼授，加大劳动技术和职业教育培训力度，提高贫困群众劳动就业能力，提升结对地区内生动力和自我发展能力；坚持有限无限相结合，注重完善社会动员机制，搭建社会参与平台，创新社会帮扶方式，形成政府、市场、社会共同参与、协同推进的大扶贫格局。

构建天津助力脱贫攻坚工作体系

面对新形势新任务新要求，市委、市政府整合全市资源力量，完善帮扶工作体系，形成"四个体系"保障力量，用心用情用力助力帮扶地区打赢精准脱贫攻坚战。一是完善高位推动体系。坚持党政主要领导亲自抓经常抓，切实履行脱贫攻坚政治责任。2019年初，调整更改市对口支援工作领导小组名称为市扶贫协作和支援合作工作领导小组，确定了以市委书记为组长，市长为第一副组长，市委副书记、常务副市长、市委组织部部长及2名分管副市长为副组长的领导架构。充分发挥科技、教育、医疗、人才等方面优势，调动整合全市企业、市场和社会力量，积极推动全市党政机关、企事业党委开展结对扶贫，深入推动社会力量参与，全力推动脱贫攻坚天津实践，体现天津作为、天津担当。二是完善规划政策体系。自2018年以来，印发实施《天津市推进东西部扶贫协作和对口支援三年行动计划》《天津市关于助力受援地区解决"两不愁三保障"突出问题的实施方案》，出台涉及产业、就业、消费扶贫等方面支援政策20余项，推动形成政府引导、企业主体、社会各界广泛参与的帮扶格局。三是完善目标责任体系。2020年，市扶贫协作和支援合作工作领导小组成员单位扩展至39家。聚焦人才支援、资金支持、产业帮扶、社会动员、劳务协作、消费扶贫等重点帮扶工作，成立11个专项工作组。领导小组与各成员单位、各区、各前方工作机构分别签订年度目标责任书，构建领导小组统一领导、专项工作组专责推动、各部门各区跟进落实的责任传导机制，推动形成全市上下积极响应，全力投入，尽锐出战的攻坚态势。四是完善监督保障体系。开展扶贫助困领域专项巡视，针对存在问题制定整改措施 462 条，健全完善制度 47 项。结合"不忘初心、牢记使命"主题教育，全市扶贫系统开展对群众关心的利益问题漠然处之、空头承诺、推诿扯皮及办事不公、侵害群众利益问题的专项整治工作，取得明显成效。

加大天津助力脱贫攻坚资源投入

"十三五"时期，累计安排财政帮扶资金 126.22 亿元，年均增长 26.3%，实施帮扶项目 3651 个，帮扶资金占一般公共预算收入比重和增幅位居全国前列，精准扶贫政策落实力度、人力物力投入强度均超出中央对天津的工作要求。

天津高标准打赢脱贫攻坚战。图为天津企业与甘肃省庆阳市镇原县共建美丽乡村示范项目聚德小镇。

教育扶贫是着眼受援地区可持续发展的重要举措。以教育领域为例，2016—2020 年，全市 927 所中小学校与受援地区 2081 所中小学校建立结对帮扶关系，选派帮扶干部和支教教师 1700 余名，完成 5100 余名新疆、西藏、甘肃等地区骨干教师在津培训任务，组织 1550 名大学生赴新疆和田地区实习支教，教育帮扶精准有效。

消费扶贫是社会力量参与脱贫攻坚的重要途径，是助力脱贫攻坚、巩固脱贫成效的创新举措，是助力脱贫攻坚的重要一招。天津市高度重视消费扶贫，全面推进扶贫产品定向采购、爱心认购，全力打造线上、线下助销促销模式，激发消费者购买热情，通过建设专区专柜专馆、集中展卖推介以及举办消费扶贫"云签约""直播带货""消费扶贫月"等方式，促进扶贫产品产销两旺，营造全社会参与消费扶贫的浓厚氛围。"十三五"以至 2021 年，天津市累计购买和帮助销售贫困地区产品超过 30 亿元。

结出天津助力脱贫攻坚硕果

到 2020 年，积极推进东西部扶贫协作和对口支援，天津市区两级财政部门不降标准、不打折扣，聚焦解决贫困地区民生领域短板和贫困群众急难愁盼问题，优先安排财政帮扶资金，累计投入财政帮扶资金 126 亿元，实施帮扶项目 3651 个，消费扶贫超过 33 亿元。2020 年，天津市结对帮扶甘肃、河北承德、新疆和田、西藏昌都、青海黄南等共 50 个贫困县、4395 个贫困村全部退出贫困序列，建档立卡贫困人口 335.65 万人全部脱贫。受援地区义务教育、基本医疗、住房安全有了保障，贫困地区群众出行难、上学难、看病难等老大难问题得到有效解决，"两不愁三保障"全面实现。为受援地区全面完成脱贫攻坚目标任务、确保全面建成小康社会贡献了天津力量。

作者：马兆亭

精准扶困的生动实践

——天津市结对帮扶困难村工作

党的十八大以来，天津市深入学习贯彻习近平总书记关于扶贫开发工作的重要论述，紧紧围绕习近平总书记在天津调研时提出的"三个着力"重要要求，紧密结合天津实际，先后开展了两轮结对帮扶困难村工作，取得显著成效。

困难村的确定和帮扶工作目标的确立

中共天津市委、市政府针对天津部分农村地区依然存在的村级组织软弱涣散、集体经济薄弱、农民收入水平偏低、基础设施建设滞后、治理机制不够完善、群众矛盾纠纷多发等突出问题，组织涉农区，采取倒排方式，精准筛选确定困难村。

2013年筛选出500个困难村作为第一轮帮扶对象，从市级机关、市属企事业单位分两批抽调1998名优秀党员干部，组成342个驻村工作组，围绕加强基层组织建设、推进强村富民、改善生产生活条件、提供有效智力支撑、完善基层治理机制、维护村庄安定稳定"六项任务"，驻村开展帮扶工作。2017年8月，在圆满完成上一轮结对帮扶困难村工作的基础上，通过摸底排查，又精准确定1041个相对困难村作为帮扶对象，组织动员789家单位参加帮扶工作，选派2095名优秀干部组建688个驻村工作组。本轮帮扶工作，在整村推进的基础上，从"村"向"户"延伸，对农村低收入困难群体逐户进行精准识别、建档立卡，深入开展帮扶农村低收入困难群体教育资助、医疗救助、住房安全、社保兜底"四保障"工作。对标"两不愁三保障"和全面建成小康社会的总目标，结合天津到2020年全面建成高质量小康社会的实际情况，确定了加强基层组织建设、发展壮大村集体经济、增加农民收入、改善基础设施条件、完善基层治理机制、培育乡风文明"六项帮扶任务"，以及帮扶低收入困难群体促进就业转移一批、产业帮扶解决一批、社会救助兜底一批的"三个一批"工程，明确到2020年底困难村要实现"三美四全五均等"帮扶目标，即村庄美、环境美、乡风美，产业带动、转移就业、水电供应、户厕改造全覆盖，教育资助、医疗救助、住房安全、社会保障、便民服务城乡均等化。

多措并举保障帮扶任务落实

天津市委、市政府从困难村实际出发，牢牢把握帮扶工作的特点和要求，从干部选派、责任落实、资金保障、政策出台、工作督导、人员奖惩等六大方面入手，为帮扶任务落地落实提供有力保障。

（一）倾尽全市之力，选派优秀干部。坚持全市上下同向发力，广泛组织动员市区两级机关、企事业单位、驻津单位和民营企业参加帮扶工作，选派优秀干部组建驻村工作组。同时，抽调全市410名副高级以上职称的农业科技人员，组建技术帮扶组和专业支持组，开展技术帮扶工作，增强困难村科技发展驱动力。组织3.9万名党员干部直接联系服务困难村低收入困难群体和"三留守"人员，切实解决生产生活中的实际难题，真正形成了政府主导、社会参与的大帮扶格局。

（二）明确任务分工，各司其职抓落实。天津市始终坚持党的领导，突出抓党建促帮扶，健全完善"市负总责、区抓落实"的工作机制。市委、市政府成立结对帮扶困难村工作领导小组并下设办公室，切实做好结对帮扶困难村统筹协调和组织推动工作。各相关部门都根据分工制定工作方案，分解量化各项具体措施，明确任务。各区、镇逐级建立专门领导机构，各帮扶单位认真落实工作责任，党政主要负责同志亲自抓、负总责，分管负责同志具体负责，形成了市、区、镇、村上下协调、各级书记抓帮扶的工作体制和党委统一领导，组织、农业、民政部门牵头抓总，职能部门密切协作的运行机制。

（三）资金足够到位，强监管扩效能。坚持政府投入的主体和主导作用，累计投入各类帮扶资金220亿元。为更好地发挥资金作用，天津市积极推行

"大专项＋任务清单"模式，由各区镇结合自身实际自主安排帮扶项目，提高资金使用效益。制定出台资金管理办法、绩效考核办法、专项检查方案等规范性文件，全面加强资金监管，发挥帮扶资金最大效能。

（四）完善政策引导，精准施策脱困。为保障帮扶工作的顺利开展，天津市根据实际不断出台相关政策。近3年就制定出台"十项帮扶行动""三年行动方案"等十几项政策指导性文件，组织几十家市级职能部门制定了产业帮扶、就业援助、金融帮扶、饮水安全、党建帮扶等30多项务实管用的配套政策，各区制定出台"1+N"的系列政策文件；完善"四保障"工作措施，确保低收入困难群体"应保尽保"；制定精准救助政策，市和各涉农区全部建立以财政投入为主的社会救助基金，做好"救急难"工作。从而真正构建完善覆盖全面、聚焦精准、重点倾斜的政策支撑体系，织密织牢了从困难村到困难户多层次全覆盖的保障网，打好政策集合、项目集中、资金集聚、措施集成的帮扶工作"组合拳"。

在天津农学院科技帮扶下，蓟州区出头岭镇菇农喜获丰收。

（五）全方位加强督导，在做实做细上下功夫。为加强驻村干部与农民群众同吃、同住、同学习、同劳动的"四同"要求落实情况和帮扶工作落实的监督，市帮扶办建立健全领导小组联系点制度，领导小组成员定期走访调研；组建暗查暗访组，开展常态化明察暗访；加强大数据管理，建立结对帮扶困难村工作信息管理系统，开发手机APP，实现实时统计、动态监控。坚持典型引路，及时总结帮扶工作中的好经验、好做法，定期编发帮扶简报，并在人民日报、天津日报等主流媒体对先进事迹宣传报道。

（六）落实工作保障，奖惩分明促实效。市帮扶办督导建立并落实市、区、乡镇三级教育培训制度，不断提高帮扶组成员的工作能力；完善驻村干部待遇保障政策，落实交通、生活、居住等各类保障措施，为驻村干部入村工作、生活提供必要保障。对表现优秀、干出成绩、群众拥护的党员干部，在同等条件下优先提拔使用，对不称职的驻村干部，协调派出单位，按照程序及时调整，推动驻村干部切实转变工作作风，真蹲实住、真帮实扶。

天津市结对帮扶困难村工作硕果累累、成效显著

多年来，全市各级各部门深入贯彻落实市委、市政府的部署要求，紧紧围绕帮扶目标，扎实推动帮扶各项任务落地落实。截至 2020 年底，新一轮结对帮扶困难村工作全面完成，用实实在在的成效得到了广大农民群众的信任和支持。

（一）农村党组织战斗力得到加强。天津市坚持抓党建促脱贫攻坚，大力实施帮班子建设、帮发展党员、帮制度机制、帮精神文化、帮设施提升"五项工程"，充分发挥驻村工作组组长"第一书记"作用，困难村按期完成换届选举，村党组织书记和村委会主任"一肩挑"比例实现100%，党员干部队伍整体素质明显提高，软弱涣散的党组织全部实现转化提升，战斗堡垒作用逐步增强，困难村党组织已全部达到"五好党支部"创建标准，夯实了党在农村的执政基础。

（二）村集体经济取得快速发展。根据"区负总责、镇域统筹、镇村联动、一村一策"的原则和"宜农则农、宜工则工、宜商则商、宜游则游"的思路，帮扶组立足镇、村区位优势、资源禀赋和产业基础，大力实施产业帮扶，发展特色优势产业。同时，探索创新村级合作经营、产业基地运营、龙头企业入股、农业企业带动、固定资产租赁、乡村旅游开发、社会服务收益、"互联网＋"销售等产业帮扶带动模式，充分发挥产业带动作用，壮大困难村集体经济。通过帮扶，2020 年困难村集体经营性收入全部达到 20 万元以上，村均收入 48.2 万元，是帮扶前的 5.6 倍。

（三）农民收入有了大幅度提高。通过实施技术帮扶、帮助引进农业新品种、实用新技术、调整农业产业结构、开展农民教育培训，不断提高农民的

种、养殖水平和经营销售能力，农民收入逐年提高。截至 2020 年底，困难村农民人均可支配收入均达到全市农民收入的平均水平。

（四）基层治理能力显著提升。帮扶组推动强化村党组织在乡村治理中的领导地位，完善民主议事监督评议制度 2.6 万项，着力推进基层直接民主制度化、规范化、程序化；着眼实现乡风民风、人居环境、文化生活"三个美起来"，以培育和践行社会主义核心价值观为根本，扎实推进"文明村"建设，困难村全部达到区级及以上"文明村"创建标准。

（五）美丽村庄建设稳步推进。帮扶组聚焦道路硬化、街道亮化、垃圾污水处理无害化、能源清洁化、绿化美化、生活健康化"六化"和村党员活动室、农家书屋、文化活动室、便民超市、村卫生室、村邮站"六有"的"美丽乡村"建设目标，全面实施困难村基础设施和公共服务设施改造提升工程，扎实开展"厕所革命"，实施旱厕无害化卫生厕所改造。截至目前，困难村全部达到"美丽村庄"创建标准。

（六）建档立卡精准助力脱困。帮扶组严格落实"8+1"的社会救助机制，精准施策精准救助，大力实施"筑基"工程，建立主动发现机制，对困难村 1.4 万户、2.6 万名低收入困难群体全部建档立卡，实现"应保尽保"。新冠疫情来袭，天津市制定印发《关于切实做好新型冠状病毒感染的肺炎疫情防控和结对帮扶困难村工作的通知》等文件，帮扶组提前到村上岗，坚持疫情防控和结对帮扶"两手抓两不误"。帮扶单位充分发挥资源优势，积极筹措口罩、消毒液等防疫物资，主动捐款捐物，和困难村一道全力抗击疫情。

作者：赵凤俊

从第十三届全运会到体育强市建设

体育承载着国家强盛、民族振兴的梦想。近年来，天津市成功举办全运会、残运会等重大赛事活动，全民健身公共服务体系加快构建，体育改革成果普遍惠及广大人民群众，青少年身体健康水平和体育后备人才培养不断提升，体育产业规模不断扩大，全力开启天津体育强市建设新局面。

体育盛会　活力津城

2017年8月27日至9月8日，第十三届全运会在天津举行。习近平出席并宣布第十三届全运会开幕。此届全运会以"全民全运、全运惠民"为主题，坚持以人民为中心，创造了全运会"全民参与、健康共享"的新高潮。

作为国内水平最高、规模最大的综合性运动会，天津全运会新增19个大项126个小项的群众项目比赛，包括马拉松、轮滑、龙舟、太极拳等涵盖各个年龄层、各行各业人群兴趣点的体育竞技项目。通过线上线下等多种方式，共有数百万群众参加了"我要上全运"基层选拔比赛。为更好地发挥全运会在深化我国体育事业改革发展中的作用，此届全运会在七个方面全力探索机制创新，包括允许华人华侨以及达标的运动员参加部分项目比赛；鼓励参赛单位在技战术配合类项目上跨单位组队等，在10个大项49个小项上，共有279支跨省组合队参赛，涉及870名运动员。在跳水、田径、场地自行车、帆船4个项目上，跨省组合队项目全部拿到金牌。经过选拔，马术、射击、田径、游泳4个项目9名华人华侨运动员达到参赛标准，登上本届全运会决赛舞台。这一创举打破国界疆界，体现了全运会开门办会的理念和开放包容的胸怀。

　　此次全运会，天津市共有710名运动员、222名教练员参加33个大项、183个小项的竞技体育比赛，成为天津参加全运会决赛项目、人数最多的一届，金牌和奖牌总数全面超历届，实现天津竞技体育历史性新跨越、新突破。天津代表团以及31支运动队和45名运动员获得"体育道德风尚奖"，取得了运动成绩和精神文明双丰收。

中华人民共和国第十三届运动会开幕式

海河之畔涌动健身热潮

　　以举办第十三届全国运动会和第十届全国残运会暨第七届特奥会为契机，天津市大力实施"全运惠民工程"。制定出台《天津市全民健身实施计划（2021—2025年）》，促进全民健身场地设施建设和群众体育发展。近年来，我市体育场地总面积达到3728.9万平方米，总数量28016个，社会体育指导员总数超过5.2万人，每千人拥有社会体育指导员2.6人，建成区级公共体育场馆60个，城乡社区（村）健身园8000多处，实现了全覆盖，新建和提升改造 90 个体育公园、77 个街镇社区全民健身中心、蓟州登山步道 62 条、120 千米，全市"十五分钟健身圈"初步形成。群众性体育赛事和健身活动蓬勃发展，每年举办区级以上全民健身赛事和活动 300 多次，经常参加体育锻炼人数比例达到 45%，城乡居民国民体质测定标准合格率保持在 92% 以上，位居全国前列。运用新媒体、互联网等普及推广科学文明现代健身方法，多元化科学健身指导体系初步形成。成功举办 2022 年健身大拜年系列活动、全民健身线上运动会（天津赛区）各项赛事、第四届国际智能体育大会、首届外商投资企业运动会等群众性赛事活动。举办天津市第二届社区运动会，线上、线下相结合组织开展区级社区赛事活动 350 余场，受益群众达 50 万人次。东丽区、武清区荣获全国第一批全民运动健身模范市（区）荣誉称号。

竞技体育实现新的突破

在东京奥运会和北京冬奥会以及十三届、十四届全运会上，天津体育健儿顽强拼搏，取得多枚金牌、奖牌，在全国名列前茅。东京奥运会上获得 3 枚金牌、1 枚铜牌，取得天津市游泳和蹦床项目奥运金牌零的突破，创造天津市境外参加奥运会最好成绩。老将吕小军夺得举重男子 81 公斤级金牌，创造挺举、抓举和总成绩三项奥运纪录；朱雪莹夺得蹦床女子网上个人金牌，实现天津蹦床项目奥运金牌零的突破；董洁夺得女子 4×200 米自由泳接力金牌，取得天津游泳项目奥运会第一枚金牌；李晶晶获得赛艇女子八人单桨有舵手铜牌。3 名运动员首次参加冬奥会，夺得我国历史上第一枚钢架雪车冬奥会奖牌和女子团体追逐第五名。贯彻落实《天津市足球改革发展实施方案》，完成足球协会改革，进行职业足球俱乐部股权多元化改革，足球改革迈开破冰之旅。制定出台《天津市加快推进"排球之城"建设实施方案（2021—2030 年）》，天津女排获得 2023—2024 中国女子排球超级联赛冠军。精心组织天津市第十五届运动会，共 12444 名运动员报名参赛。群众组比赛设置 13 个大项、108 个小项，直接参赛人数近 5000 人。推动冰雪运动高质量发展。2022 年成功举办天津市第四届"迎冬奥、上冰雪"系列活动暨第十七届冰雪运动大会，以及系列群众冰雪赛事活动。

体育助力青少年健康成长

进一步完善青少年体育工作。建立健全体教融合工作机制，相继出台《天津市体教融合促进青少年健康发展实施方案》，两次修订《天津市青少年训练基地评估实施细则》《天津市青少年业余训练综合评估实施细则》。修订《天津市体育局青少年体育工作专项经费管理使用办法》，制定《天津市关于加强高水平体育后备人才培养工作的激励办法》，排球传统特色学校建设工作持续推进。与教育部门共同部署实施体校改革与学校体育融合发展工作机制，将此项工作首次列入天津市年度青少年体育工作综合评估的重要内容，为提高学校特色体育工作水平、丰富课后体育服务方式、促进体育后备人才培养起到了积极作用。

持续开展青少年体育活动，促进青少年养成终身锻炼的习惯。每年举办足球、排球、篮球、田径、游泳、武术等各项目市级青少年示范性比赛达40多项次，参加比赛的青少年有数万人次。资助92个天津市青少年体育训练基地和23个青少年足球训练基地；命名300所天津市体育传统项目学校，体校改革不断深化。注册青少年运动员达38000多人。以寒暑假、全国"爱眼日""全民健身日"等重要时间节点为契机，广泛开展符合新时代青少年身心特点的"奔跑吧•少年"主题健身、首届少年儿童体育活动，通过传统媒体和新兴媒体，积极向青少年宣传推广健康生活新理念，营造全社会共同促进学生健康成长的良好氛围。

"排球之城"建设成果丰硕

"祖国至上、团结协作、顽强拼搏、永不言败"，天津女排是新时代女排精神的坚定传承者。天津"排球之城"建设被写进天津市"十四五"规划和《天津市第十二次党代会报告》，天津市政府办公厅印发《天津市加快推进"排球之城"建设实施方案》，天津"排球之城"建设全面开启。

以竞技排球为引领，综合实力稳步提升。在2023—2024赛季中国女子排球超级联赛中，天津女排第十六次夺得全国联赛冠军。沙滩排球成绩迅速提升，获得全国巡回赛上平潭站亚军。通过不断优化顶层设计，提高运动员专业技术水平，多名优秀男女排运动员随国家队征战，为祖国争光。以校园排球为抓手，夯实排球基础。至2022年天津市排球传统特色学校已达58所，有序推进高校高水平排球运动队建设，与各区教育部门共同组织基层排球教练员素拓课教学及中小学"排球云教学"活动。以大众排球为重点，发掘消费潜力。持续完善排球基础设施建设，广泛深入推广职工排球和大众排球活动，激发了全民喜爱排球、参与排球运动的热情。积极构建排球产业体系，打造排球主题体育商业综合体。以女排精神为核心，传播排球文化。成功举办"海河回响—女排精神展"巡展等活动，形成宣传天津女排精神新阵地。同时开展女排精神进校园、社区、乡村、企业、机关、商圈活动。发行"排球之城"观影卡，设立"排球之城"主题地铁站，提升了"排球之城"品牌影响力，取得了良好的社会反响。

作者：孟罡

智慧城市创新发展的"天津样板"

——天津"城市大脑"建设

一屏观津门，一网联津城。天津"城市大脑"，正以其超强的"整合思考"能力，触摸城市脉搏，作出科学决策，提升治理效能，打造城市生活数字化界面，开启一场全新"云"上智慧体验。

开启智慧城市发展新时代

2014年2月，中央网络安全和信息化领导小组成立，中共中央总书记、国家主席、中央军委主席习近平亲自担任组长。在领导小组第一次会议上，习近平总书记强调，网络安全和信息化安全是事关国家安全和国家发展、事关广大人民群众工作生活的重大战略问题，要从国际国内大势出发，总体布局，统筹各方，创新发展，努力把我国建设成为网络强国。

党的十九大以来，以习近平同志为核心的党中央将建设"网络强国""数字中国""智慧社会"作为国家的重大战略部署，多次对智慧城市建设工作作出重要指示。新冠疫情发生以来，新一代信息技术在疫情防控、企业复工复产、城市治理等方面发挥了重要作用，后疫情时代智慧城市建设的重要性进一步提升。《国民经济和社会发展第十四个五年规划和二〇三五年远景目标纲要》第十六章加快数字社会建设步伐中，专门列出"建设智慧城市和数字乡村"一节，提出以数字化助推城乡发展和治理模式创新，全面提高运行效率和宜居度；分级分类推进新型智慧城市建设，将物联网感知设施、通信系统等纳入公共基础设施统一规划建设，推进市政公用设施、建筑等物联网应用和智能化改造。完善城市信息模型平台和运行管理服务平台，构建城市数据资源体系，推进城市数据大脑建设；探索建设数字孪生城市；加快推进数字乡村建设，构建面向农业农村的综合信息服务体系，建立涉农信息普惠服务机制，推动乡村管理服务数字化。

天津"城市大脑"建设

天津市坚持以习近平新时代中国特色社会主义思想特别是习近平总书记关于网络强国的重要思想为指导，驰而不息推动学习贯彻落实党的二十大精神行动化、具体化、实践化，聚焦全面建设高质量发展、高水平开放、高效能治理、高品质生活的社会主义现代化大都市的目标，以"让城市更聪明一些"为总线，持续推进大数据、人工智能、云计算，数字孪生、5G、物联网和区块链等新一代数字技术应用和集成创新，加强城市运行、社会治理、政府监管等领域大数据归集共享，打造直达民生、惠企、社会治理的丰富场景应用，不断完善城市治理现代化数字系统解决方案的数字生活服务为宗旨，以场景牵引和数字赋能为主线。

加强党的领导，加快数字赋能城市治理。市委网信办、市大数据管理中心以构建更加高效便捷的数字公共服务体系和更加普惠可及的数字生活服务为宗旨，以场景牵引和数字赋能为主线，统筹谋划、协同推进，积极推进天津"城市大脑"建设，夯实城市数字底座，推动城市数据资源汇聚融合和运行态势感知，加快驱动业务流程优化、重塑和再造，赋能城市治理手段、治理模式和治理理念创新。

加快智慧天津建设，打造全国智慧低碳的新型智慧城市标杆。天津市主动对标《天津市国民经济和社会发展第十四个五年规划和二〇三五年远景目标纲要》任务要求，同时与《天津市加快数字化发展三年行动方案（2021—2023年）》《天津市新型基础设施建设三年行动方案（2021—2023年）》等进行衔接，优化目标任务，编制出台《天津市智慧城市建设"十四五"规划》，目标通过智慧城市建设新发展，打造我市经济社会发展的新引擎和新动能。《规划》共包括五大部分，系统性地提出了今后五年我市智慧城市建设"1+5+3"（即一条主线、五项任务、三大支撑）的总体架构。提出：到2025年，实现

5G 网络全覆盖，建设 5G 基站 7 万个，示范应用场景超过 100 个；建成智慧教育示范区 3 个、数字乡村试点 60 个、智慧社区试点 300 个、互联网医院达到 30 家以上；建设 50 个数字治理典型应用场景；实现数字经济核心产业增加值占 GDP 比重稳步提升；打造一批智慧城区、智慧园区试点。到 2025 年，智慧天津将实现基础设施智能互联、民生服务普惠均等、社会治理精细高效、数字经济引领发展、试点创新落地应用的智慧城市发展格局，把天津打造成为全国智慧低碳的新型智慧城市标杆。

筑牢数字底座，打造智能中枢平台。建设"城市大脑"中枢系统，运用大数据、云计算、区块链、人工智能等新技术，实现城市治理体系和治理能力现代化的数字系统和现代城市基础设施，打造一个稳定的跨部门、跨业务、跨系统的协同平台，为应用场景提供信息化支撑。"城市大脑"能够保障业务信息即时在线、数据实时流动，支撑多样化的服务应用场景，实现"部门通""系统通""数据通"。随着"城市大脑"接入的场景和沉淀的数据越来越丰富，为各部门、各区信息化系统赋能价值体现得更为突出，从而为社会治理体系和治理能力现代化提供更加强有力的数字化支撑。

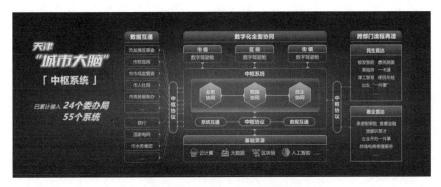

天津"城市大脑"中枢系统架构

"智慧大脑"就在身边

截至 2023 年，天津将"城市大脑"打造成为城市数字化发展新底座，建成"津产发""津心办""津治通"数字化综合应用平台，分批落地 69 个民生热点领域、数字治理典型应用场景，基本建成智治协同、运转高效的整体数字政府，让城市成为能感知、会思考、可进化、有温度的"智能体"，提高了人民群众的获得感、幸福感、安全感。

银发智能服务平台成为天津"城市大脑"发布的首批应用场景之一。借助智能感知设备，依托大数据算力判断老年人家庭实时水、电、燃气使用情况，时刻关注老年人健康。除此之外，天津"城市大脑"还接入了"两津联动"、慧治网约车、疫苗接种态势感知、冷链食品一码明、慧眼识津等多元化应用场景，推动城市治理和公共服务数字化，让服务愈发充满智慧，使百姓生活更加幸福。

在"津心办"和"津治通"两"津"联动场景中，海量数据打通共享、跨部门跨区域协同联动，让城市治理和政务服务"两张网"在指尖合一，以数据多跑路助城市治理加速。从数字化到智能化再到智慧化，是推动城市治理体系和治理能力现代化的必由之路。其中，市、区、街镇、村居四级全市一体化社会治理信息化平台——"津治通"，已在 275 个街镇级"战区"、5841 个村居级"战区"和 22301 个基层全科网格全面贯通应用。平时，不仅可随时记录社区治理的点点滴滴，"问题上报"功能还让街道社区精准触达居民的生活末梢，真正实现线上"吹哨"，线下"报到"。

"慧治网约车"应用场景则依托全市"互联网＋监管"平台信息化支撑，极大增强了现场执法能力和效率。该模式已覆盖全市"三站一场"等重点区域，共汇聚网约车驾驶员运营许可证数据 5 万条，每日平均 44 万余条订单数据。

在惠企方面，天津"城市大脑"也成绩突出。新冠疫情暴发以来，"津心办"App 已为企业成功办理各类事项上百万条，实现天津市企业开办业务全程网上办理，日均完成业务量超 1800 条。

作者：孟罡

智慧教育与科技创新融合新地标
——天开高教科创园

　　天津南开，津河之畔，一个新的城市地标——天开高教科创园拔地而起。这不仅仅是一座建筑群的落成，更是一场教育理念与科技创新深度融合的革命，标志着天津市在高等教育与产业升级上的又一重大突破。这是天津市发展新质生产力的生动注脚，是津沽大地落实党的二十大精神和习近平总书记关于"四个善作善成"重要要求的具体实践，是服务京津冀协同发展的创新谋划。

天工开物　梦想启航

2022 年 12 月 29 日，"高标准启动天开高教科创园建设"的重大决定在天津市委经济工作会议上诞生了。

　　学术滋养，智创未来。"天开"分别取天津大学和南开大学首字，蕴含"天工开物"之美意。天开高教科创园（以下简称天开园）孕育于天津丰富的科教资源，初步形成"一核两翼"的空间布局，致力于成为天津市集科技创新策源地、科研成果孵化器、科技服务资源集聚区于一体的综合平台。"一核"指南开区环天津大学、南开大学、天津医科大学片区的 7.14 平方公里区域，是历史上重要科教资源的承载地，以研发孵化为主。"西翼"拓展区选址西青区大学城片区，"东翼"拓展区选址津南区海河教育园区片区，"两翼"以研发转化产业化为主。

　　使命在肩，披荆斩棘。天开园领导小组办公室（专班），倒排工期，将天开园建设涉及的 129 项重点任务一一分解，逐项攻破。如何高效省时省力完成办公场所建设工作是摆在工作组面前的第一道难题。经过充分论证研究，工作组最终决定旧瓶装新酒，盘活天津科技广场的闲置楼宇，作为天开园起步期的办公场所。改造一个多年处于闲置状态的项目，难度很大，建设者们24小时全过程无间隙施工，各专业交叉作业，最终使核心区实现了从"0"到"1"的巨变，将烂尾楼改造成店铺林立的新园区，这座闲置近10年的楼宇上演了从规划设想到创新实景的华丽蜕变。

政策开路，点智成金。2023年4月18日，正式开园前一个月，天津市人民政府发布了《关于支持天开高教科创园高质量发展的若干政策措施》，综合运用34条政策的合力，支持大学生"在津圆梦"，支持高校科研人员成长为"产业教授"，支持校友打造"第二母校"。2024年5月18日，开园一周年之际，《关于进一步支持天开高教科创园高质量发展的若干政策措施》惊喜亮相，此版政策更加注重京津冀协同创新、更加注重提升成果转化能力、更加注重企业发展提质增效、更加注重企业发展提质增效。此外，天开园还搭建起高校与企业间的"握手通道"，制定了一系列的校企对接清单。在这场城市与高校互相滋养、相互赋能的双向奔赴中，人才有了施展的平台、技术有了转化的渠道、资本有了更多的用武之地。

天开高教科创园主雕塑——莫比乌斯环围合"母育子"的形象寓意"天开"的未来拥有无限可能。

科创引领 成果斐然

2023 年 5 月 18 日，作为举全市之力打造的科创园区，天开高教科创园正式开园。一年来，在市委、市政府的大力推动下，天开园实现快速发展，逐步成为天津发展新质生产力的主阵地。

创新版图进一步拓展。捷报频传——滨海高新区华苑科技园正式纳入天开园"一核两翼多点"空间发展布局，将与天开园"一核两翼"实现双向赋能、联动发展。在空间逐步拓展的同时，天开园的产业也进一步优化，吸引了一批科技含量高、创新能力强、发展潜力大的企业落地。目前，天开园新增注册人工智能、生物医药、新能源新材料等领域企业 1700 余家，永续新材料、佰鸟纵横等企业已实现产业化发展。

科创基金金融支撑更加稳固。2023 年海棠团泊基金、海棠天开高教科创基金、海棠金种子基金等子基金陆续成立。2024 年 1 月 20 日，50 亿天开九安海河海棠科创母基金正式发布，北洋海棠基金总体管理规模已超 60 亿元。北洋海棠基金将进一步发挥基金在筹集资金、推动创新、分散风险等方面的重大作用，形成种子、天使、成长等不同阶段的创投基金矩阵，构建覆盖企业发展全周期的金融服务体系，引导优质项目与科创成果在天开园转化落地，助力天开园高质量发展。截至 2024 年 5 月，天开园集聚科技和金融服务机构超 200 家，各类基金规模达到 63 亿元。

科技成果转化落地开花。科教资源丰富的天津，如何打通"产学研"通道？天开园给出了自己的答案。一年来，围绕生命科技、智能科技、低碳科技等领域，40 余项天开园创新产品逐步呈现在世人面前，每款产品都亮点十足。天开园已经成为科技成果转化的新高地，引进启迪孵化器、执信孵化器等专业孵化机构，推动世界首款脑机接口专用编解码芯片、水系规模储能电池关键材料和电芯等一批高水平成果到天开园孵化、转化，高校科创资源的"聚宝盆"正成为产业创新发展的"动力源"。

科教人才"活水"奔涌而来。天津市一边聚力栽下"金梧桐"，一边引育并举招"凤"来栖。2023 年以来，通过组织重大创新平台人才岗位需求发布活动、举办科技人才高级研修班等品牌活动，聚集了各类科技人才。仅在天开园核心起步区，已有科技型企业超过 300 家。打造天开实验室创新发展联盟，集聚院士、杰青等专家超过 400 名，推动创新要素互联互通。通过新认定 58 家天津市科普基地、支持建设 6 家"青少年科学探究实验室"等举措，聚焦青少年科普，不断壮大科创"后备军"力量。

创新生态　近悦远来

科创服务资源集聚态势明显。天开园着力构建"科创服务生态圈"，打造"一站式"综合智慧服务中心；编制由 67 家概念验证、小试中试平台构成的"天开科创技术服务平台能力地图"；成立天津市技术经理人发展促进会，天津市概念验证中心、中试平台咨询委员会等。为了给初创企业"扶上马"再"送一程"，天开发展集团联合天津市 12 条产业链重点企业发起成立天开应用场景联盟，遴选"优质场景"面向园区企业进行推荐。开园一周年之际，天开智慧园区服务平台正式上线，着力构建"政务服务""科创服务"等线上服务矩阵。一年来，天开集团构建了 6 大应用场景联盟，引聚了 117 家科创、商务服务机构，61 家投资机构，52 家银行及其他金融机构。

科技成果"孵化器"效能充分释放。天开园打破智力创造与生产制造之间的壁垒，大力引育市场化、专业化的科技服务资源，成立天开实验室创新发展联盟，吸纳了天津市 447 家实验室和服务机构，聚天津科研资源为天开园赋能。新增找厂房服务专员，为园区企业产业化提供全流程服务。此外，天开园充分发挥"北京研发、天津转化"平台作用，为京津冀协同创新培育丰沃土壤。一年来，园区注册企业已超过 1700 家，其中北京来源企业 128 家，天开集思拓、天开智汇云、中星云网、天开智算等一批北京科技成果在此落地。

创新创业氛围愈加活跃。天开园积极搭建交流平台，促进创新"金种子"生根发芽。成功举办"百家院所进天开"——中央驻津科研院所优势科技资源交流对接会，建立科研院所与科技园区"握手通道"。高水平开办"天开大讲堂"，邀请"创业大咖"开展专题授课，累计服务 3000 余名创业者和高校师生；邀请知名学者做客"天开创新沙龙"，打造创新思想工场；组建天开俱乐部，组织创新创业活动 300 余场。天开园持续强化知识供给，持续提升创业者创新创业能力，增强创新创业内驱力。此外，天开园通过举办"天开杯"等各类创新活动，汇聚无限创意，越来越多的创新创业梦想在天开高教科创园照进现实。

科技引领，智创未来。天开园将继续深入贯彻落实习近平总书记视察天津重要讲话精神，以推进京津冀协同发展为战略牵引，发挥园区头雁作用，辐射带动各类创新主体在发展新质生产力上善作善成、见行见效，为全面建设社会主义现代化大都市、奋力谱写中国式现代化天津新篇章贡献智慧力量。

作者：崔玉田

守护蓝天净土

　　生态是最公平的福利，环境是最基本的民生。党的十八大以来，以习近平同志为核心的党中央大力推进生态文明建设，坚决打好三场关键战役，即坚决打赢蓝天保卫战，着力打好碧水保卫战，扎实推进净土保卫战，生态环境状况得到持续改善。天津市委、市政府全面贯彻落实党中央部署，启动实施"美丽天津·一号工程"，持续深化污染防治，不断推进蓝天、碧水、净土保卫战，着力解决影响当前和长远发展的环境问题，生态环境质量不断得到改善，生态环境状况持续向好，人民群众"绿色幸福感"显著提升。

绿色生态屏障东丽片区水清岸绿，焕发出勃勃生机。

天更蓝

牢固树立"绿色决定生死"理念，将"打赢蓝天保卫战"，还人民群众"蓝天白云"作为一项重大的政治任务坚决扛实抓好。以产业、能源、运输和布局结构优化调整为关键举措，连续深入实施清新空气行动和打赢蓝天保卫战三年作战计划，空气质量逐年改善。

以大气污染防治攻坚为契机，调结构，促转型，为绿色高质量发展留下广阔空间。全力调整产业结构。在大力发展战略性新兴产业的同时，着力破解"钢铁围城"，3家钢铁企业整体退出；集中整治"散乱污"企业，倒逼落后产能退出、"两高"企业转型和传统产业升级，为实施传统产业智能化、绿色化改造留出宝贵环境容量空间；全力优化能源结构，压减煤炭消费总量，有序推进燃煤小锅炉并网整合或改燃关停，工业炉窑全部使用清洁燃料；全力转变交通运输结构，全面供应国六标准汽柴油，淘汰黄标车、老旧车70余万辆，占全市机动车保有量的四分之一。首批新能源电动重卡投用，天津荣程联合钢铁集团有限公司实现全市首个氢能运输示范应用场景；全力优化布局结构，持续用力破解"园区围城"，关停取缔131个工业园区，对全市62个涉气工业集聚区1700家企业建档立卡、排查治理。

深化"五控"治理，扎实提升重点领域绿色发展水平。以深化燃煤、工业、扬尘、机动车和新建项目污染"五控"治理为抓手，综合运用经济、法律、技术和必要的行政手段，探索总结出一套治污减排的"天津模式"，大气主要污染物排放量大幅下降30%左右。扎实推动煤炭清洁高效利用，在省级层面率先完成煤电机组超低排放改造；全面深化工业污染治理减排，制定一批地方大气污染物排放标准；持续提升面源精细化管理水平，不断提升绿色施工水平；综合施策强化移动源污染管控，在全国率先探索实行"环保取证、公安处罚"机制和开展非道路移动机械信息编码登记工作；坚决遏制"两高"项目盲目发展。

水更清

在习近平生态文明思想的指引下，天津市委、市政府先后开展清水河道行动、碧水保卫战等专项行动，推动水生态环境质量发生了根本性的变化，人民群众身边的"水清、岸绿、滩净、湾美"景象明显增多，获得感、幸福感显著增强。

健全水生态环境管理体系。市委、市政府先后成立市生态环境保护委员会、污染防治攻坚战指挥部、渤海综合治理攻坚战指挥部和河（湖）长制工作领导小组，构建了市、区、乡镇（街道）、村四级河长责任体系，分级分段设立河湖长，形成管理、治理、保护"三位一体"的河湖管护机制。2018年在全国率先发布天津市打赢蓝天保卫战三年作战计划，"一河一策"、分区分案，突出关键环节，打出一套碧水攻坚"组合拳"。强化法治约束，加严排放标准，构建流域水环境"五个一"管理体系，倒逼上下游各区共同护河治河。

筑牢良好生态环境基底。全力打好水源地保护攻坚战，下大力气保护好饮用水源地，在全国率先完成46个农村"千吨万人"、154个"千人以上"农村饮用水源地保护区划定工作，实现了农村饮用水源地监管零的突破。全力打好城市黑臭水体治理攻坚战、海河流水质提升攻坚战，与2011年相比，2021年天津市入海河流劣V类水体比例下降85.7个百分点，完成消劣任务，并总体达到IV类水质。

抓好污染治理。深化工业污染治理，持续推进工业园区污水集中处理设施规范化建设。坚决严惩渗坑排污的违法行为，杜绝污染反弹。重点补齐城镇水环境治理设施短板，提升污水处理能力，新建一批大型城镇污水处理厂，消除污水管网空白区，加快农村污水处理设施建设，实现生活污水处理设施"全部覆盖"。

推动生态扩容，划定生态保护红线，有效提升水生态保护能力。全力保障河湖生态用水，实施水系连通工程，打通南北生态调水通道，实现水体"蓄起来、活起来、清起来"。大力推动湿地保护修复建设，制定实施天津市湿地"1+4"规划，全力守护好"华北之肾"。

强化陆海统筹，加大近岸海域治理，实现海洋垃圾常态化防治。加强海洋生态保护修复，将10%的海域面积纳入生态保护红线范围，持续推进生物资源恢复。强化海洋环境风险防范，形成覆盖"一港八区"的应急联防模式。

土更净

在扎实推进土壤污染防治"一法一条例"贯彻实施的基础上，天津市坚持预防为主、保护优先、分类管理、风险管控，强化土壤与地下水污染协同防治，聚焦"吃得放心、住得安心"，坚持农用地、建设用地风险"两控"治土，农用地、建设用地安全利用得到有效保障。

全面开展土壤污染状况详查。掌握土壤环境质量变化，形成了高中低风险地块清单和优先管控名录，初步建成土壤、地下水环境监测网络，为天津市土壤污染防治奠定基础。

把好源头防控关。加强土壤污染重点企业监管、加强农业面源污染防治、加强重金属污染物管控，从源头杜绝污染物与土壤接触，有效切断土壤污染途径。

守住土壤环境安全利用底线。严格污染地块风险管控和治理修复，在全国率先出台《天津市暂不开发利用污染地块风险管控工作方案》；严格建设用地准入管理机制，建立生态环境和规划资源部门联合评审、专家会审制度，做好土地用途变更和流转环节监管，严格耕地土壤环境质量分类制度，全市10个涉农区全部完成耕地土壤环境质量类别划分，建立分类清单。

综合提升土壤污染防治能力。颁布《天津市土壤污染防治条例》，为土壤精准治污提供法律保障，提出建立京津冀土壤污染防治协商机制、加强对名特优新农产品产地的土壤环境保护、建立人才培养和引进机制等具有地方特色的措施，明确细化了土壤污染调查范围。突出制度建设、信息公开和服务保障，规范接受社会监督，创新采用健康风险模型评估、分地块分阶段评审等环境修复＋开发建设模式，支持地铁等重大民生工程建设。

"绿水青山就是金山银山"。新征程上，天津将继续深入贯彻落实习近平生态文明思想，协同高质量发展与高水平保护，踔厉奋发、笃行不怠，以实实在在的蓝天碧水为广大人民群众的高品质生活增添最舒心的底色。

作者：孟罡

深入实施 871 重大生态工程

　　绿水青山就是金山银山，天津深入贯彻习近平生态文明思想，坚持生态优先、绿色发展导向，大力实施"871"重大生态工程，加快天津生态格局重构重塑，着力建设人与自然和谐相处、共生共荣的现代化美丽天津。绿色变革，让蓝天白云成为常态，绿水青山触目可及，美丽天津建设迈出重大步伐，人民群众的获得感、幸福感不断提升。

推进湿地保护修复　构筑良好生态格局

　　湿地保护修复是生态文明建设的重要内容。天津湿地资源丰富。这里不仅是濒危珍稀候鸟的重要栖息地和停歇地，是全球八大鸟类迁徙廊道东亚—澳大利西亚迁徙路线的重要驿站，而且是全市重要的生态保障和碳汇区域，是维护渤海"污染控制、生态保护、风险防范"及流域生态安全的重要屏障。

　　近年来，天津市委、市政府积极推进湿地保护修复工作，先后印发《天津市湿地自然保护区规划（2017—2025 年）》《天津市湿地保护规划（2022—2030 年）》，提出统筹"山水林田湖海"生态环境治理，构建由北部山区到渤海之间的湿地生态格局，即北部山区湿地、中部平原湿地和东部滨海湿地，到 2030 年，构建"河流环抱""湿地围城"的良好生态格局，打造生态文明时代湿地保护、修复与利用典范；批复《七里海湿地生态保护修复规划（2017—2025 年）》等四个自然保护区专项规划，提出到 2025 年，按照国家级保护区标准建设、修复四个湿地自然保护区；出台、修订《天津市湿地保护条例》，制定湿地自然保护区"1+4"规划，划定 875 平方公里湿地自然保护区，全面加强七里海、北大港、大黄堡及团泊洼 4 大重要湿地保护与修复，坚决整治违法违规行为，大力实施湿地保护修复，开展土地流转、生态移民工程，实施引水调蓄生态补水，推进湿地自然环境和生态功能不断恢复。

天津市湿地自然保护区水域面积明显增加，其中团泊洼湿地面积保持了原有水平，生物多样性增多、珍稀濒危鸟类种群数量上升、植被覆盖度提升、生态系统明显向好、基本上遏制了湿地退化现象。875 平方公里湿地自然保护区，像一块碧玉，扮靓京津冀出海口。

北大港湿地成为"候鸟天堂"

推进绿色生态屏障建设　重构城市发展布局

绿色生态屏障建设重构重塑天津城市发展布局，为城市永续发展设定未来可持续度。位于天津中心城区和滨海新区之间的 736 平方公里绿色生态屏障，不仅是天津的一张靓丽"名片"，而且被称为京津冀"一叶绿肺"，在生态领域专业规划图上被标为"首都东南部生态屏障区"。

2017 年 5 月，天津市第十一次党代会作出加强滨海新区与中心城区中间地带规划管控、建设绿色森林屏障的战略决策，将双城绿色生态屏障区打造成为环首都东南部生态屏障带的重要组成部分。2018 年 5 月，天津划定 736 平方公里的绿色生态屏障区，将绿色生态屏障建设要求及规划管控相关工作以地方性法规形式进行规定。2019 年 10 月，《天津市双城中间绿色生态屏障区规划（2018—2035 年）》获得批复。按照规划，双城绿色生态屏障区南北向约 50 公里、东西向约 15 公里，涉及滨海新区、东丽区、津南区、西青区、宁河区等 5 个行政区，面积约为天津中心城区的 2 倍。屏障区北连天津七里海、大黄堡生态湿地保护区、盘山和于桥水库生态保护区，与北京通州生态公园和湿地公园相接；南接北大港和团泊生态湿地保护区，与雄安新区生态公园和湿地公园相连，融入京津冀区域生态环境体系。

经过多年实践，这片绿色生态屏障从蓝图走进了现实。2018 年绿色生态屏障试点建设启动，2019 年全面铺开，按照"双城生态屏障、津沽绿色之洲"的定位和要求，确定"一轴、两廊、两带、三区、多组团"①的总体空间布局。6 年来，天津在双城绿色生态屏障区完成新造林 11.39 万亩，一级管控区林地面积达到 19.3 万亩，林木绿化覆盖率达到 28% 以上，蓝绿空间达到 65.6%，"津城"与"滨城"之间生态廊道基本形成，逐步显现"水丰、绿茂、成林、成片"的生态场景。

推进海岸线综合治理　打造蓝色海湾

海岸线综合治理和生态保护修复，是加快推动绿色高质量发展的重要途径。天津地处海河流域最下游，紧靠渤海湾底，是京津冀及"三北"地区的海上门户。天津海岸线全长 153 公里，但由于主要是粉砂淤泥质滩涂，所以以往市民很难亲近大海。同时，受围填海工程等人类活动影响和全球气候变化等自然因素共同作用，海洋生态环境曾经形势严峻，滨海湿地面积缩减，海水自然净化及修复能力不断下降，自然岸线减少，海岛岛体受损且生态系统受到威胁。

这一趋势在党的十八大以后得到根本扭转。2015 年，党的十八届五中全会提出"开展蓝色海湾整治行动"。随后，该整治行动被列为"十三五"规划纲要中的重大海洋工程。2018 年 7 月，天津打响渤海综合治理攻坚战，出台

---

① "一轴"是指海河生态发展轴；"两廊"是指古海岸湿地绿廊、卫南洼湿地绿廊；"两带"是指永定新河湿地涵养带、独流减河湿地涵养带；"三区"是指以湿地湖岛和创新聚落为特征的北湖区，以海河绿廊为核心的中游区，以林田农苑和村镇组团为特征的南苑区；"多组团"是指东丽湖、空港经济区、高新区（渤龙湖片区）、津南城区和王稳庄镇等多个城市组团构成的分散式、小体量和网络化空间布局。

"蓝色海湾"整治修复规划，多方联动治理海域，全面禁止新增围填海活动，制定实施海岸线保护与利用规划，推进岸线整治修复。2019 年，全市 17 个部门共同研究制定出台"蓝色海湾"整治修复规划，着力进行海洋生态整治修复和合理开发利用。天津坚持从生态系统整体性出发，通过海堤生态化建设、海港污染综合治理、临堤滩涂提升改造等多种方式，推进海岸线、海域、海岸带一体化保护修复，极大改善海岸生态环境质量，拓展了绿色空间，海洋生态环境质量达到近年来最好水平。

2020 年，天津 12 条入海河流，从 2017 年的"全部为劣"改善为"全部消劣"，近岸海域优良水质比例达到 70.4%。同时，天津严守海洋生态保护红线，除国家重大战略项目外，全面停止新增围填海项目审批。截至 2021 年底，修复滨海湿地 531.87 公顷，整治修复岸线 4.78 公里。如今，沿海湿地内水系丰盈，植被得到恢复，吸引来的鸟类种类和数量以及珍稀鸟类的种数都大幅度增长。随着美丽海湾"颜值"提升，天津海岸线成为京津冀游客的亲海生态廊道，慕名而来的游客与日俱增。国家海洋博物馆、国际邮轮母港、航母海上军事文化体验区、东疆湾沙滩景区等形成了全新的滨海旅游品牌，大大提升了天津的海洋生态旅游产业价值。

作者：曹冬梅

现代化大都市在召唤

坐标天津，这里曾有一夕潮来集万船，也有工业文明的璀璨夺目。党的十八大以来，习近平总书记始终关心天津发展、心系天津人民，曾五次视察天津，从"三个着力"重要要求到"四个善作善成"重要要求，为天津发展领航掌舵、把脉定向。步入新时代新征程，天津沿着习近平总书记指引的方向阔步前进，积极推进京津冀协同发展，主动融入"一带一路"建设，组织实施高质量发展"十项行动"，奋力开创全面建设社会主义现代化大都市新局面。如今，这座城市正在发生深刻转型和新的历史变化。

加快发展新质生产力，城市发展有支撑

新质生产力是推动高质量发展的重要着力点，是天津发展的重要支撑。习近平总书记强调："天津作为全国先进制造研发基地，要发挥科教资源丰富等优势，在发展新质生产力上勇争先、善作为。"天津深刻领会习近平总书记关于发展新质生产力的核心要义和本质要求，坚持科技创新和产业创新一起抓，努力在发展新质生产力上善作善成。

加快提升科技创新带动力，整合用好全国重点实验室、海河实验室、研究型大学等创新资源，积极争取更多的国家战略科技力量在津布局，加强关键核心技术攻关，提质发展天开高教科创园等科创园区，推动更多科技成果从"实验室"走向"生产线"。有效激发产业焕新驱动力，不断壮大绿色石化、装备制造等主导产业和传统产业，培育布局新能源、新材料、生物制造等新兴产业和未来产业，促进数字经济与实体经济深度融合，完善现代化产

业体系。加强科技创新协同和产业体系融合，把天津先进制造研发优势和北京科技创新优势结合起来，有效贯通区域创新链产业链供应链资金链人才链。

近年来，全国先进制造研发基地核心竞争力持续增强，天津制造业立市战略深入实施。制造业高质量发展提速加力，"1+3+4"现代工业产业体系加快构建，12条重点产业链持续壮大，荣程钢铁等3家企业获评国家级智能制造示范工厂。科教兴市人才强市成效明显，天开高教科创园成功开园，成立天开实验室创新发展联盟，创新创业生态加快培育，10个全国重点实验室获批建设，脑机交互与人机共融海河实验室正式揭牌，国家新一代人工智能公共算力开放创新平台获批筹建，中科曙光牵头建设国家超算互联网联合体，全市技术合同成交额突破1900亿元，国家高新技术企业、国家科技型中小企业均突破1.1万家。

全面深化改革开放，城市发展有活力

全面深化改革是推进中国式现代化的根本动力，是实现天津高质量发展的动力源泉。习近平总书记明确要求："天津要认真总结已出台改革举措的落实情况，结合形势任务发展变化，谋划实施新的改革举措。"天津严格贯彻落实习近平总书记重要要求，坚持先行先试和重点突破，努力在进一步全面深化改革开放上善作善成。

深化重点领域改革，分类推进国企改革发展，全面落实促进民营经济发展壮大措施，持续培育市场化、法治化、国际化一流营商环境，加快建设金融创新运营示范区，积极发展科技金融、绿色金融、普惠金融、养老金融、数字金融、产业金融和航运金融。扩大制度型开放，更好发挥滨海新区对外开放龙头作用，深入实施自贸试验区提升行动，全力推进服务业扩大开放综合试点，充分发挥天津港优势和作用，打造我国北方地区联通国内国际双循环的重要战略支点。深入推进区域一体化和京津同城化发展体制机制创新，全力支持、主动服务北京非首都功能疏解和"新两翼"建设，唱好京津"双城记"，在交通基础设施、公共服务、社会治理、生态环境保护等领域强化协同发展。

津湾广场夜景

近年来，天津突出改革系统协同，稳步扩大制度型开放，高质量发展动力活力持续增强。自贸试验区示范引领作用有效发挥，入选对接国际高标准推进制度型开放试点，累计实施 615 项制度创新举措，39 项经验案例在全国复制推广。金融创新运营示范区建设扎实推进，服务实体经济成效明显。数字人民币、区域性股权市场制度和业务创新等全国性试点稳步实施。城市活力持续增强，国家会展中心（天津）二期建成运营，成功举办多届夏季达沃斯论坛、世界智能大会等展会赛事。对内对外开放不断深化，深度融入共建"一带一路"，中新双边合作机制会议圆满召开，累计建成鲁班工坊 22 个，国际友城增至 99 个。

推动文化传承发展，城市文化有内涵

城市文化是城市现代化的根基和气质灵魂所在。习近平总书记强调："以文化人、以文惠民、以文润城、以文兴业，展现城市文化特色和精神气质，是传承发展城市文化、培育滋养城市文明的目的所在。"天津深入学习贯彻习近平文化思想，牢记使命任务，坚持以文化人、以文惠民、以文润城、以文兴业，努力在推动文化传承发展上善作善成。

抓实保护利用，加强历史文化遗产和红色文化资源保护，加快长城、大运河国家文化公园（天津段）等项目建设，擦亮津味、津派文化品牌，用心讲好"天津故事"。实施文化惠民，健全现代文化产业体系、市场体系和公共文化服务体系，丰富特色群众性文化活动，推出更多优秀作品，推进城乡公共文化服务设施一体建设，更好满足人民的精神文化需求。深化文旅融合，坚持以文塑旅、以旅彰文，深挖山、河、湖、海、湿地、洋楼、历史文化街区等资源，推动串珠成链、连线成片，创新文旅消费新模式、新场景，打造特色鲜明的文化旅游目的地、国际消费中心城市。

近年来，天津120余项文物保护项目深入实施，一大批全国和市级重点文物保护单位重现历史原貌。和平区五大道街区入选第二批国家文物保护利用示范区创建名单。市政府制定了《关于让文物活起来实施方案（2022—2025）》，实施非物质文化遗产传承发展工程，推动历史文化遗产"见人见物见生活"。出台了《天津市红色资源保护与传承条例》，建立天津市红色资源保护与传承工作联席会议专项机制，为红色资源保护传承利用提供制度机制保障。摸清红色家底，公布了第一批红色资源名录、两批革命文物名录。统筹推进文化事业和文化产业发展，高水平建成一批文化设施，一批津产佳作荣获"五个一工程"奖，8家国家文化产业示范园区、9家国家级文化产业示范基地实力持续增强。做强特色文化品牌，发展"文旅+"，提升"吃住行游购娱"全链条服务质量，让人们在领略自然之美、城市之美中感悟文化之美、陶冶心灵之美。

提升城市治理现代化，城市生活有温度

人民城市人民建、人民城市为人民。习近平总书记强调："提高城市治理现代化水平是建设现代化大都市的重大任务"，并提出"要践行人民城市理念"。天津认真践行习近平总书记关于城市治理重要要求、坚持人民城市理念和走内涵式发展路子，努力在提升城市治理现代化水平上善作善成。

深化高品质生活创造行动，持续实施民心工程，增加就业、养老、教育、医疗等基本公共服务供给，织密扎牢社会保障网。推动城市更新，分年度分

区域改造老旧地下管网，推进保障性住房建设，实施一批城市更新、城中村改造项目，推动城市业态、功能、品质不断提升。促进新型城镇化和乡村全面振兴有机结合，大力发展现代都市型农业，建立健全城乡融合发展体制机制。建设韧性安全城市，加强重点行业领域和人员密集场所安全监管，加快建设城镇燃气、供热智慧监管平台，完善基层应急管理体系，提升城市本质安全水平。

　　近年来，天津全力做好民生工作，每年把财政支出的七成以上用于民生领域，连年精心组织实施 20 项民心工程。就业质量稳步提高。居住条件日益改善。"一老一小"问题有效缓解，河西区居家养老服务改革试点经验在全国推广，增加学前教育学位和义务教育学位。社会保障网进一步织密筑牢，养老、医疗等保险待遇水平以及城乡低保、特困供养等标准稳步提高。宜居城市品质稳步提升，建成开放水西公园、梅江公园二期和一批"口袋公园"。坚持人民至上，有效应对海河流域性特大洪水，灾后恢复重建扎实推进。城市整体安全水平稳步提升，有序做好"5·31"局部地面沉降地质灾害等突发事件处置工作。深入开展城镇燃气、危化品等重点行业领域安全隐患排查整治，能源保供、网络安全、食品药品安全等得到加强，扎实做好信访工作，严厉打击各类违法犯罪，社会大局安全稳定。

　　栉风沐雨，砥砺前行，习近平总书记为天津擘画的宏伟蓝图正在变成美好现实。津沽大地处处展现欣欣向荣、蓬勃向上的新气象，天津人民意气风发，朝着全面建设社会主义现代化大都市的目标昂首迈进，奋力谱写中国式现代化天津篇章。

作者：曹冬梅

推进"十项行动"，打开发展新局面

"十项行动"是天津全面贯彻落实党的二十大精神的生动实践，也是打开天津经济社会高质量发展之门的"金钥匙"。2022年底，"十项行动"首次在天津市委经济工作会议上提出。近年来，随着"十项行动"扎实开展，党的二十大精神在津沽大地落地生根、开花结果，为书写中国式现代化天津篇章奠定更加坚实的基础，为推动天津高质量发展打开新局面。

"十项行动"重大举措引领天津发展

2022年底，天津市委经济工作会议提出，围绕全面建设高质量发展、高水平改革开放、高效能治理、高品质生活的社会主义现代化大都市的目标，组织实施推动京津冀协同发展走深走实、制造业高质量发展、科教兴市人才强市、港产城融合发展、滨海新区高质量发展支撑引领、中心城区更新提升、乡村振兴全面推进、绿色低碳发展、高品质生活创造、党建引领基层治理等"十项行动"，推动学习贯彻党的二十大精神成果转化为天津高质量发展实效。"十项行动"的提出为天津未来五年发展明确了行动方向。

"十项行动"将中央战略部署具体化为天津战术战法。"十项行动"是市委、市政府推动学习贯彻落实党的二十大精神行动化、具体化、实践化的重要抓手。"十项行动"的工作内容，是向党的二十大最新战略部署的对标对表、是对党中央总体方略的延伸细化，进一步明确了当前和今后全市经济工作的"纲"与"目"，是将党中央宏伟蓝图转化为天津施工图和项目清单，逐个目标、逐个事项、逐个节点地加以推进，做到看准盯牢、做实见效。"十项行动"突出了"行动性"，通过各项行动方案的扎实实施，将学习贯彻党的二十大精神成果转化为天津高质量发展实效。

　　"十项行动"推动天津各项优势转化为高质量发展胜势。天津拥有京津冀协同发展的战略优势、产业的基础优势、科技教育人才的核心优势、港口的"硬核"优势、城乡空间的资源优势，推进高质量发展潜力巨大、空间广阔。在"十项行动"中，京津冀协同发展纵深推进行动、制造业高质量发展行动、科教兴市人才强市行动、港产城融合发展行动等，就是在新时代现代化建设的"大场景"下，进一步深入分析天津比较优势，充分运用政策牵引、改革创新、科技赋能等多种手段，巩固优势、盘活资源，扬长补短、提质增效，创造性地开展全面建设社会主义现代化大都市的生动实践。

　　"十项行动"激励引领各区、各部门各就各位、各展其能。滨海新区高质量发展示范引领行动、中心城区更新提升行动、乡村振兴全面推进行动、绿色低碳发展行动、高品质生活创造行动、党建引领基层治理行动等，为推动滨海新区、中心城区、涉农区实现高质量发展明确了行动路径，为统筹推进改革发展、民生保障、社会治理各项重点任务提供了目标指引，为全市上下提振精神、团结奋进吹响了行动号角。

天津市"十项行动"见行见效主题系列新闻发布会

"十项行动"见行见效展现天津作为

天津市坚持系统谋划、统筹推动，至2023年底，各项行动取得阶段性成效。"十项行动"见行见效，行之坚体现在质量提升上，效之实体现在具体实践中。

一是京津冀协同发展走深走实。三省市协同推进机制更加务实紧密，协同创新和产业协作持续深化，重点领域协同扎实推进，津兴城际正式通车，公共服务共建共享继续深化，实现"一企一证"场景统一、区域异地就医"一码通行"。二是滨海新区支撑引领作用有效发挥。突出滨海新区主引擎拉动，临港综合保税区正式获批，海洋工程装备产业集群入选国家级创新型产业集群，获批建设国家知识产权保护示范区，主要经济指标支撑有力。三是科教兴市人才强市成效明显。天开高教科创园成功开园，注册科技型企业1200余家，引入金融和科技服务机构225家，成立天开实验室创新发展联盟，创新创业生态加快培育。先进医用材料与医疗器械等10个全国重点实验室获批建设，脑机交互与人机共融海河实验室正式揭牌，国家新一代人工智能公共算力开放创新平台获批筹建，中科曙光牵头建设国家超算互联网联合体，全市技术合同成交额突破1900亿元，国家高新技术企业、国家科技型中小企业均突破1.1万家。"海河英才"行动计划累计引进各类人才47.9万人，中国博士后科学基金会与天津市联合资助项目正式启动。四是港产城融合发展相互赋能。出台促进港产城高质量融合发展政策措施，建成全球首个全物联网集装箱码头，航运服务要素不断集聚，启运港退税政策获批执行，东疆综合保税区获批国家骨干冷链物流基地，成功举办首届天津国际航运产业博览会，天津港集装箱航线达到145条。五是制造业高质量发展提速加力。12条重点产业链持续壮大，现代中药创新中心获批国家制造业创新中心，中芯国际大二期、中石化南港120万吨乙烯、华为天津区域总部、特变电工智慧园等项目加快建设，联想创新产业园、360科创园等项目竣工投产投用，荣程钢铁等3家企业获评国家级智能制造示范工厂。六是中心城区更新提升有力有序。开工建设第一机床总厂等14个城市更新项目，盘活一批闲置低效资源资产，金融、科技、信息、设计、航运等领域新产业、新业态有效导入。七是乡村振兴全面推进。新创建乡村振兴示范村 30 个，新型农业经营主体突破 2 万家，"津农精品"增加到 225 个，年销售额突破 100 亿元。八是绿色低碳发展稳步推进。绿色创新产业园区启动建设，投运全国首个政企合作电力双碳中心，培育绿色低碳领域国家级高新技术企业超千家。九是高品质生活成色更足。城镇新增就业 35.69 万人，居民人均可支配收入增长与经济增长同步，20 项民心工程全面完成。十是党建引领基层治理提质增效。基层组织、基础工作、基本能力建设持续增强。

"十项行动"成效成果彰显天津经验

百舸争流，奋楫者先。"十项行动"取得的阶段性成效，生动彰显了全市干部群众的使命担当、拼搏干劲，其中凝结的"天津经验"将激励天津人民在奋力谱写中国式现代化天津篇章的新征程上踔厉奋发、勇毅前行。

必须坚持强根铸魂，在凝心聚力上走在前。市委、市政府始终深刻领悟"两个确立"的决定性意义，坚决做到"两个维护"，坚持以习近平新时代中国特色社会主义思想为指导，坚定不移把党的创新理论转化为干事创业、改革创新的自觉行动，确保高质量发展"十项行动"各项目标任务都与党的二十大最新战略部署对标对表，汇聚起全面建设社会主义现代化大都市的磅礴力量。

必须坚持人民至上，在根本立场上站得稳。市委、市政府始终坚持以人民为中心的发展思想，将老百姓的"急难愁盼"与高质量发展"十项行动"的具体措施紧密结合，把民生实事办到群众心坎上，以实实在在的成效不断提升群众获得感和满意度，形成开创中国特色社会主义新局面的强大合力。

必须坚持守正创新，在知常明变中开新局。市委、市政府始终立足"一基地三区"的功能定位，坚持打开脑袋上的"津门"，以强烈的机遇意识和历史主动精神，向体制机制创新要活力，在"实干"二字上下真功夫、硬功夫，为高质量发展"十项行动"提供了强大的活力源泉和动力支撑，推动发展优势更多转化为发展胜势和发展成果。

必须坚持系统观念，在服务大局上做文章。市委、市政府始终将坚持系统观念贯彻到高质量发展"十项行动"中，紧紧围绕推进中国式现代化的新场景、新要求，以系统化方式将高质量发展、高水平改革开放、高效能治理、高品质生活的社会主义现代化大都市行动化、具体化，推动各项行动"面上统筹""线上突破""点上推动"。

必须坚持党建引领，在发展根基上抓得牢。市委、市政府始终把党的领导贯穿于高质量发展"十项行动"全过程、各方面，坚定不移推进全面从严治党，持续加强党的作风建设，以钉钉子的精神和过硬的作风，确保各项具体行动的部署要求落实到位，不断深化党建引领基层治理，筑牢基层治理"战斗堡垒"，把党的领导优势转化为治理效能。

作者：曹冬梅

共聊家常话　架起"连心桥"
——记"和平夜话"实践活动

　　为推进党建引领基层治理创新，充分发挥党同人民群众融在一起、想在一起、干在一起的政治优势，进一步密切党同人民群众的鱼水关系，2020年7月11日，和平区开展"和平夜话"实践活动。全区党员干部利用八小时以外时间，深入64个社区，走进群众，交朋友、摸实情，听取意见建议，解决困难问题，回应群众所思所想所需所盼，搭建起党员干部与居民群众之间的"连心桥"。该活动成效显著，得到市委主要负责同志两次批示。

办实事、解难题——为民服务称民心

　　想群众所想，心贴心办好事，满足群众所思所想所盼，是"和平夜话"实践活动的出发点和落脚点。和平区坚持将"夜话"作为党委政府知民情、解民忧、办实事的重要抓手，组织党员干部以志愿者身份对辖区居民群众进行回访，依据需求建立"办实事清单"，通过"和平夜话"，把城市管理与群众利益结合起来，解决了同方花园地下车库扬尘等一大批群众的"烦心事"，在全区6个文明实践所和64家实践站设立"城市驿站"，为环卫工人、快递小哥等户外作业人员提供饮水用餐、遮风避雨等基本服务，以真诚为民的情怀赢得群众理解、信任和拥护。

　　急群众所急，实打实解难题。和平区党员干部通过与群众拉家常、聊生活，收集梳理了大量群众最关心的问题，用文明实践创新之举承托起城市民生的幸福之盼。在"夜话"活动中，和平区先后建成9个一级老年人食堂、64个二级助餐点，为高龄、失能老年人提供健康医疗服务1万余人次，成立多个残障人士免费康复站，现场协调安装马桶扶手架，解决如厕难题等。一位高龄老人通过"志愿和平"App"点单"平台反映，由于年事已高无法独自居家洗澡，相关部门立即开展摸底调研，邀请专业人士对调研结果进行分析，共同提出"解题思路"。随着南营门街老年助浴站的落成，以及老年助浴服务纳入"服务群众专项经费"支持范围，困扰南营门街1200余名失能半失能老人的"洗澡难"问题得以彻底解决。

和平区新兴街街道办事处开展和平夜话·共话食品安全活动

"和平夜话"的双向互动、精准对接让民情"小事"处理更快，久拖"难事"解决更顺，便民"实事"惠及更广，画出了精准服务群众的最大"同心圆"。

走基层、靠群众——建强堡垒聚民心

和平区面积9.98平方公里，有35万名居民，人口密度大、老旧房屋多。党员干部通过"夜话"，与群众畅谈，更加精准地洞悉民情，更加清楚地了解群众心里想什么、盼什么、愁什么，有针对性地解决问题。在与社区居民的"夜聊"中，区排水管理所党员干部了解到社区由于地势低洼，只要下大雨，雨水就会倒灌进小区，有时好几天都排不干净。群众的诉求就是行动的指南，区排水管理所发挥专长，立即对小区排水管道进行集中冲刷，清掏堵塞的下水井。经历一场雨季的瓢泼大雨后，小区的积水很快就排干了。社区居民看在眼里，喜在心头，对这些来到他们身边倾听心声、解决困难的党员干部赞不绝口。

群众路线是党的生命线。"和平夜话"以"向群众汇报"为工作导向，将党的立场主张贯穿到文明实践全过程，在解决思想问题和实际困难中打通人心、汇聚力量，宣传群众、教育群众，关心群众、服务群众，不断夯实基层党的宣传阵地堡垒，通过"夜话""大走访"，进一步让文明实践走深做实。

和平区广大党员干部投身"和平夜话"实践活动，以真情感染群众、以服务温暖群众、以作为带动群众，唱响"我是人民的公仆""我为人民服务"的主旋律。和平区率先实现了新时代文明实践"中心—所—站"三级阵地全覆盖，将7200多名党员志愿者编入352个网格，真正让党员干部身体沉下去、问题兜上来、诉求解决好，让"和平夜话"坚持经常、融入日常、干在平常。

为解决"夜话"中反映的群众缺少文化活动和展示场地问题，和平区结合庆祝建党100周年与党史学习教育，打造了"和平夜话·津湾之夜"，设置了"海河红船""红色剧场"，举办了新时代文明实践专场等演出15场，吸引全市240万人次参与"红船打卡"，让百年党史照亮新征程，让文明甘泉浸润人心。

绘底色、增亮色——志愿服务筑同心

"和平夜话"植根百姓生活，解码密切鱼水联系新实践，为党员志愿者和老百姓搭建起美好生活向往的共同舞台。全区党员志愿者深入社区基层一线，开展"夜话"实践活动，回应群众所思所想所需所盼，为居民"幸福指数"的提升注入源源不断的"红色动力"。

天津市和平区新兴街朝阳里社区是全国首个社区志愿者组织发祥地。30多年前，和平区新兴街朝阳里社区 13 位居民在社区党支部的组织下组成邻里互助小组，点燃了和平区社区志愿服务的"星星之火"。1989 年，全国首个社区服务志愿者协会在和平区新兴街成立，13 名社区志愿者组成"义务包户服务小组"，开启了一条社区志愿服务的探索之路。35 年来，社区居民都陆续自发地成为当代"活雷锋"，将互助互爱的正能量向社会传递。如今，这股文明之风早已从社区蔓延到全区，正是这种志愿服务精神铸就了和平区和谐社会的"文明底色"，创造出"百姓志愿"的特色品牌。时至今日，和平区注册志愿者人数已达 11 万人，每 3 位常住居民中就有一名志愿者，这里有志愿团队 764 个，累计服务时长 1467 万小时，形成了"心目影院""爱心助空巢""最美的风景"等全国知名的志愿服务品牌。"奉献、友爱、互助、进步"的志愿者精神已化为和平基因，融入市民血脉。和平区实现了全国文明城区"六连冠"，先后荣获全国社区志愿服务先进集体奉献杯、全国志愿服务示范团队等荣誉。

"和平夜话"实践活动依托"新时代文明实践志愿服务网络"，理顺"自上而下组织发动、自下而上群众参与"工作机制，秉持资源共享、阵地共建、活动共联、队伍共育"四共"原则，围绕理论宣讲、医疗卫生、扶老助困、心理辅导、环保教育、垃圾分类等服务方向，设置项目 2553 个，重点关注城市高楼大厦背后的弱困群体。党员干部和志愿者，通过"夜话"融入百姓日常，走访慰问低保户、低收入家庭和残障人士等，将党和政府的关怀与温暖送到家中、送进心坎。

作者：曹冬梅

五常五送工作法 成为群众"暖心人"

"语似春风温暖四面八方，心如炉火映红千家万户"，这是北辰区宝翠花都社区工作人员运用"五常五送"工作法的真实写照。近年来，宝翠花都社区深入贯彻落实习近平总书记"人民城市人民建、人民城市为人民"重要要求，在工作实践中创建"五常五送"工作法，把联系服务群众做到居民家门口，开创了社区工作新局面。"五常五送"工作法作为党建引领基层治理体制机制创新的优秀成果，于2019年在全市推广。

"五常五送"工作法的创建

"五常五送"工作法是宝翠花都社区居委会主任林则银带领社区工作人员，在工作实践中不断探索而形成的。

2014年，宝翠花都社区成立。已有7年社区工作经验的林则银被调到这里担任党总支书记、居委会主任。林则银深知，群众工作无小事，社区的每一件工作都关乎群众切身利益。来到新的工作岗位上，她打起十二分精神，以最快的速度捋顺社区工作，并在工作中不断探索好的工作方法。

2018年春天，社区开展走访老人工作。林则银来到一位103岁独居老人的家中。在聊天交谈中，老人提到自己一辈子的遗憾就是没有收到过鲜花。细心的林则银在心里默默地记下这件事。恰好母亲节临近，林则银盘算着给老人买一束鲜花，作为母亲节的问候。随后，林则银又陷入繁忙的工作。等再想起来这件事时，母亲节已经过去2天了。林则银匆忙地买上鲜花，赶往老人家。可是当敲开老人家门时，老人的家人告诉她，老人已经在当天凌晨去世了。迟到的问候，成为林则银心中的遗憾。林则银流下了内疚的泪水，由此她也深深感悟到：服务群众要像孝敬父母一样，趁早不能等。

从那时起，林则银带领社区工作人员树立"服务群众马上办"的理念，提出了"五常五送"工作法。具体内容包括：常敲空巢老人门，嘘寒问暖送贴心；常串困难家庭门，排忧解难送爱心；常叩重点人群门，沟通疏导送舒心；常守居民小区门，查防管控送安心；常开休闲文明门，和谐追梦送欢心。2022年，宝翠花都社区将"五常五送"再次"升级"，并制定了升级版标准化服务手册。社区工作人员希望"五常五送"可以惠及每一户居民，让社区治理更精准高效，居民的获得感、幸福感获得更大的提升。

宝翠花都社区工作人员与居民谈心

"五常五送"工作法的实践与成效

宝翠花都社区大力推进新时代文明实践建设，树立"老百姓说好才是真的好"理念，探索"五常五送"服务机制，传理论、润心魂，解难题、办实事，群众幸福指数持续攀升。

　　常敲空巢老人门，嘘寒问暖送贴心。坚持把服务老人作为文明实践建设聚焦点，秉承"孝敬社区老人一定趁早不能等"服务理念，组建"热心肠"服务队，建立关爱台账和"七彩民情图"，实行网格员＋党员"二对一"帮扶，对空巢老人"早看窗帘晚看灯"，开展"红色菜篮子""阳台菜园"等便民服务。成立志愿者互助组，消除独居老人孤独感，帮助联系生活事务，帮助生活不能自理老人做家务，一早一晚巡视老人是否在家、是否平安，形成"苦有人问、难有人帮、事有人管"一家亲氛围。

　　常串困难家庭门，排忧解难送爱心。坚持把解决群众急难愁盼作为文明实践建设加热升温着力点，针对下岗女工、单亲母亲等人群，发挥高校、企业和驻区单位资源人才优势，联创联建"织梦桥""红色筑梦联盟"等５大服务平台，建立"妇女微家"和"亲子时光铺"，开展"承办小心愿、化解大难题"等行动。积极开展"我为群众办实事"活动，建成集餐饮、健身、休闲、阅读为一体的红色会客厅和群众"家门口"食堂。

　　常叩重点人群门，沟通疏导送舒心。坚持把全面提升居民文明素养作为文明实践建设用力方向，针对邻里纠纷问题，组建"睦邻调解工作室"，化解了楼内扰民、楼顶种菜、厨房渗水等矛盾。针对安置帮教人员转化问题，发挥"网格员"和"三长四员"帮扶作用，鼓励其参加志愿服务，增强融入感、存在感和认同感。针对居民法治意识亟待提升问题，成立"关爱明天"普法服务队，组建模拟法庭，开设法治讲堂和道德课堂。

　　常守居民小区门，查防管控送安心。坚持把创建平安社区作为文明实践建设基础工程，组建"守好家"巡逻队，健全"治调巡"网格联动机制，每天开展小喇叭广播、安全巡查、秩序管控等工作。推行市域治理现代化试点工作，深化"小网格"，维护"小平安"，探索建立"楼栋微党校"，真正将红色教育和社区治理"一根钢钎插到底"。

　　常开休闲文明门，和谐追梦送欢心。坚持把以文化人、润德于心作为文明实践建设价值导向，聚焦家风民风社风建设，不断培育"里仁为美""德不孤""必有邻"的社区文化理念。组建文艺团队，建成"翰墨飘香林""八德文化长廊"，举办各类文体活动，通过"众人拾柴金点汇"，协商小公约、征集小家训，形成"快乐老家""宝翠春早"等５个文化品牌，选树社区好婆婆、好儿媳等身边典型，涌现出全国抗疫先进个人、中国好人、全国最美家庭等先进典型。

"五常五送"工作法的经验启示

"五常五送"工作法的成功运用，为我们开展工作提供宝贵经验和启示。

坚持人民至上，始终把解决好群众的民生实事作为履职之要。凡是涉及群众切身利益的事情，即使再小也竭尽全力去办，即使再难也想方设法解决。多使用"换位思考法"，特别是对于一些涉及群众切身利益的具体事情，更注重用群众的眼光、从群众的角度去考虑和处理。只有这样才能获得大家的理解和支持，才能形成众人拾柴火焰高、齐心合力撑大船的强大合力。

健全组织体系，始终把坚持和加强党的领导作为根本前提。作为天津市基层党组织体系试点社区，宝翠花都社区坚持把党的领导贯穿社区治理的全过程，不断健全完善社区党组织体系，增强党的政治领导力、思想引领力、群众组织力、社会号召力。纵向上，健全"社区党委—网格党支部—楼栋党小组—党员中心户"一贯到底的四级组织链条，形成"动力主轴"，推进基层党组织体系向居民家门口延伸。横向上，探索多元力量扁平合作，节约治理成本、盘活公共资源，扩大社区治理"朋友圈"。依托党建联席会，形成以社区党组织为轴心，居委会、业委会、物业公司、社区社会组织、共建单位等多元主体，联建联动、共融共享的"一核多圈、多委合一"工作体系。

提高群众参与度，始终把群众共享共建作为治理之策。"五常五送"是一套"组合拳"，既有为困难群体、特殊人群送去关心和温暖，也有落实好基层治理各项任务，仅靠社区"两委"干部是远远不够的。宝翠花都社区充分调动社区群众积极性，先后建立多个志愿服务品牌，连安置帮教青年都被动员起来，在社区工作中发挥了重要作用。只有把群众的主动性创造性调动起来，把党和政府的主张转化为群众的自觉行动，就能形成一往无前的强大力量。

抓好人才建设，始终把建设高素质专业化工作队伍作为力量之源。搞好社区治理，人才队伍是关键。宝翠花都社区严把选人政治关、品行关、廉洁关、能力关，解决"两委"成员和带头人队伍素质能力不强、年龄结构老化、文化结构偏低的问题，增强了"两委"班子整体功能，提升了党组织凝聚力战斗力。在教育培训时，重点突出政治理论、基层治理、提升群众服务水平等内容，采取"集中培训＋经验交流＋现场观摩"多维互动式学习培训模式，对社区干部进行全员轮训，提升社区干部政治素质和履职能力。同时，建立"书记工作室"和后备干部人才库，定期与社区后备干部开展论坛沙龙、专题培训等活动，通过"大梁带小梁"推动"小梁挑大梁"。

作者：曹冬梅

大爱无疆　德润津城

——天津楷模王辅成的信仰与坚守

在海河之畔的天津，有一位道德使者，他以实际行动诠释了"师者"的崇高与伟大，他就是天津楷模王辅成。他获得天津市优秀共产党员、天津市道德模范、全国未成年思想道德建设先进工作者、全国离退休干部先进个人、全国道德模范提名奖、新中国70年"最美奋斗者"等多种荣誉称号，两次受到习近平总书记的亲切接见，是新时代德行兼备的楷模。

园丁岁月　立志"把一切献给党"

1963年6月，王辅成从天津师专毕业后，被分配至和平区人民中学任教。他用所学知识，为学生们上好每一堂课，业务水平有口皆碑，工作第二年就在全市做了一堂观摩课。他严于律己，每天早7点到校，晚7点离校，"七对七"12小时工作制他整整坚持了19个年头。他视生如友，与学生们一起背诵课文，一起学工学农，一起踢足球，教育和引导他们好好学习、热爱祖国、热爱人民。他的博学多闻及兄长般的教导，深受学生们的喜爱。在学生心里，他不仅是知识的传递者，更是心灵的引路人。

此外，他还鼓励学生们做学习雷锋标兵。当时，各行各业都在学习"宁愿一人脏，换来万人洁"的时传祥精神。王辅成也不例外，无论寒冬酷暑，他带领一茬又一茬的学生在卫生点位上，开展义务掏粪近十年之久。1981年12月21日中央人民广播电台晚全国联播节目报道："值得赞美的人——介绍带领学生连续九年坚持掏粪的人民教师王辅成"。

成为一名光荣的共产党员是王辅成的志向，1973年6月加入中国共产党后，王辅成更加注重发挥模范带头作用，业绩显著，获得组织上的信任和表彰。1979 年、1980 年两年被评为天津市劳动模范。1980、1981、1982 年三次被评为和平区优秀党员。1982 年 4 月，王辅成作为天津市劳动模范，到北京参加全国劳动模范和先进人物代表座谈会，受到邓小平等中央领导同志的接见。在这次会议上，王辅成还见到一直崇拜的英雄、被称为"中国保尔"的全国劳动模范吴运铎，他为王辅成在笔记本上签字"把一切献给党"。从此，"把一切献给党"成为王辅成的人生座右铭。

环卫先锋　平凡岗位上的不凡创举

1982 年 7 月，王辅成被任命为天津市环境卫生管理局副局长兼党组副书记。当时的天津，唐山大地震的破坏痕迹还随处可见，环境卫生工作欠账多、任务重。王辅成到任后，把调研点设在红桥区环卫局，该单位在全市率先采用集装箱车辆收装垃圾——先用小车到居民小区收取垃圾，然后将垃圾集中到设在居民区附近的垃圾站，再由集装箱车辆把垃圾统一运到上一级的垃圾站进行集中处理。针对这一创新之举，王辅成广泛介绍和推广。他还经常挤出时间，深入基层和环卫工人一起扛着扫帚清扫地面，拉着粪车掏粪。遇到冬季下大雪，他更是身先士卒，经常忙到深夜。1984 年 2 月 18 日，《天津日报》刊发新华社记者报道，对天津市环卫局在整党进程中边整边改、恢复干部参加劳动制度的做法给予充分肯定，所选事迹就是局级领导王辅成和基层环卫工人一起掏粪。

王辅成退休后仍然坚持每天学习

在环卫一线，王辅成深切地体会到工人的辛劳。一次，市环卫局为职工分房时，房源就几十套，要房的却多达二三百人。王辅成完全符合分房条件，但他说：环卫工人工作不容易，等大家都有了好房子住，我再住好房子。这次，他主动放弃了分房资格，并以公平公正的分配结果赢得了全局职工的信任。

20世纪90年代初，王辅成觉察到环卫职工的情绪有些低迷，于是，他参照北京、上海等地的经验，成立了天津市环卫系统的第一个思想政治研究会，亲任会长。他经常为各区局骨干讲思想教育课，让职工认识到自身的价值，认识到这个职业的平凡与伟大。研究会的引领彻底改变了全市环卫职工的精神面貌，涌现出一大批先进人物。基于此，1992年，王辅成撰写"努力学习马列主义、毛泽东思想，培养树立无产阶级的价值观是职业道德建设的核心与根本"论文，获得全国环卫政研会优秀论文一等奖。

退而不休　道德讲堂的守望者

1994年8月，王辅成调到天津教育学院任副院级巡视员，兼讲师德课。后来，他觉得师德是道德观的一部分，道德观又是人生观的一部分，人生观又是世界观的组成部分。如果站在"三观"的基点上讲师德，无疑会提升师德课的高度、深度、广度和力度。他试讲后，果然效果非常好。此后，王辅成的宣讲从单纯的师德层面提升到如何正确树立人生"三观"，宣传的对象从老师逐渐拓展到大学生、中学生和机关干部。2001年退休前，从1994年—2000年，他义务宣讲"三观"240场，年均40场。

退休后，邀请王辅成讲"三观"的人与日俱增。为了让青年学生树立正确的价值观念，更好立志成才、报效祖国，王辅成始终坚守在宣讲"三观"的讲台上，从60岁讲到了70岁，又从70岁讲到了80多岁……即使在新冠疫情期间也没有中断，采取线上线下相结合的形式进行宣讲。他说：只要有需要，我会一直讲下去。

在宣讲中，王辅成给自己"约法三章"，即站着讲、脱稿讲、不计报酬讲。几乎每一场宣讲都是自己坐地铁、挤公交车，从不让邀请单位专车接送。他在宣讲中引经据典、旁征博引，叙述原文精确到字数，并能说出出处、篇目，甚至精确到第几页、第几行，听众无不被他的博闻强识所折服。为做好宣讲工作，王辅成退休后仍坚持每天学习五六个小时。他搜集着那些鲜活的事例和精彩的文章，然后记在本子上和大脑里。密密麻麻的文字、遍布的符号标记，记录着他的勤奋与深思。实际、管用、有效是王辅成宣讲的追求。他说：我希望通过自己的努力，帮助更多人树立起道德的坐标，寻找到人生的航向。

言传身教　不忘初心的坚守

王辅成不仅是道德的传道者，更是实践者。多年来，他把劳模补贴、各种奖励和自己每月的大部分零花钱，都用于助弱帮残，累计向社会爱心捐款50余万元。他自己淡泊名利，生活简朴，75岁以前，长期居住在老式楼房6楼顶层38平方米的住房内，直到爱人重病，在儿子的资助下，才搬进了有电梯的楼房里。

1940年6月出生于天津宁河的王辅成现在已经84岁了，但只要时间允许，他对所有宣讲邀请都不拒绝。从1994年宣讲至今，30年间，他从大学讲到中小学，从机关讲到社区，从企业讲到农村，从天津讲到河北、河南、北京、山西等省市，曾创下一周宣讲6场、一天宣讲3场的纪录，听众人数最多一次达到近万人。1500多场的义务宣讲，50万听众的思想共鸣，彰显着一位教育工作者的情怀，书写着一位共产党员的执着。他的宣讲催人奋进、启迪心灵，南开大学一位学子在他宣讲以后，一路追着他连鞠了6个躬。天津师大的李相宜同学听了他的"三观"宣讲以后，两次去新疆支教。这些动人的情景让王辅成深深地感受到宣讲的意义和价值。

王辅成立下遗嘱：活着完献生命，死后全捐遗体。他用实际行动践行"把一切献给党"的人生准则，展现了一名"最美奋斗者"的形象，体现了一名优秀共产党员的信念与坚守。

王辅成的事迹，如同一盏明灯，照亮了无数人的心灵。王辅成的故事，如同海河之水，流淌着无私与奉献的温暖力量，永远滋养着天津乃至全国人民。

作者：崔玉田

党建引领基层社会治理体制机制创新

基层强则国家强，基层安则天下安。基层是国家治理的最末端，是服务群众的最前沿，党和国家的方针政策都落地在基层，能否发挥政策真正实效，还要看基层。基层治理是国家治理体系的重要组成部分，在很大程度上体现了国家治理体系和治理能力的现代化水平。党建引领是基层治理的重要一环，党的力量向基层下沉，有助于推进国家治理体系和治理能力现代化。党建引领基层治理创新，有利于将组织优势转化为治理优势，有助于基层治理提质增效。党建凝聚合力，保障和改善民生，充分激发新经济组织、新社会组织活力，不断建强基层党建堡垒。天津市贯彻落实中央关于加强和创新社会治理能力现代化的部署，牢牢抓住党建引领这一重要抓手，加强党建引领基层治理创新，不断夯实基层治理根基，下好基层治理这盘大棋。

基层党组织和党员参与社会治理

2014 年以来，天津市推行完善街道"大工委"制和社区"大党委"制，在符合条件的 107 个街道实行大工委制、1578 个社区实行大党委制，形成以街道党工委为核心、以社区党组织为基础、辖区单位党组织共同参与的区域化党建格局。推行单位党组织到驻地街道社区党组织报到、党员到居住地社区党组织报到的"双报到"制度，形成党员"工作在单位、活动在社区、奉献双岗位"的新机制。实施非公企业党组织和党的工作全覆盖，社会组织党组织全覆盖工程，强化基层基础保障。深入开展机关事业单位联系社区工作，在职党员干部开展联系服务困难群众的"双联系"制度，围绕改进机关干部作风，服务社区居民群众，以建设"美丽社区"为目标，着力落实强化社区基层组织、深化社区管理工作、提升社区服务能力、优化社区居住环境、繁荣社区文化建设、培育社区社会组织等六项任务，切实发挥机关事业单位作用；以社区低保户、困难户、重点优抚对象、特困救助人员和五保户、留守儿童、留守妇女、留守老人等困难群体、困难家庭为联系服务对象，采取"一帮一"或"几帮一"形式，以助困、助业、助医、助学、助稳"五助"和送政策、送技术、送文化、送信息、送温暖"五送"为主要内容，切实解决群众生产生活难题。

区域化党建工作体系促进社会治理

2017年，天津市召开全市城市基层党的建设工作会议，制定实施《关于全面加强城市基层党建工作的意见》，坚持城市"大党建"理念，发挥街道社区党组织"轴心"作用，突出政治功能，构建以街道党工委和社区党组织为核心，居委会和居务监督委员会为基础，业委会、物业企业、社会组织为纽带，驻区单位和各类经济组织共同参与的区域化党建工作体系。坚持创新发展新时代"枫桥经验"，层级签订社会治安综合治理目标责任书，推动落实社会治安综合治理领导责任制。制定《推进天津市域社会治理行动方案》，探索推行"一元领导、一体运行、一网覆盖"社会治理体系。加强基层综治中心建设，全市16个区、252个街乡镇、5395个社区（村）实现综治中心全覆盖，全面完成街乡镇综治办、信访办、司法所合署办公一体运行。提升综治网格化服务管理水平，全市划分基础网络2.2万个，推动资源整合形成"一个网格管全部"，持续壮大兼职网格员队伍，鼓励楼栋长、村民小组长、平安志愿者、治保人员等担任兼职网格员，全市专兼职网格员4.8万人，形成四级网格化服务管理全覆盖，实现"大事全网联动、小事一格解决"。

创新党建引领基层治理现代化

从2019年初开始，天津市探索创新推行"战区制、主官上、权下放"党建引领基层治理做法，制定《关于落实街道（乡镇）对区属职能部门人事建议权的指导意见》《关于建立健全街道（乡镇）对区属职能部门考核评价机制的指导意见》，通过"管事"和"管人"相结合、"上考下"和"下考上"相结合，强化街镇战区调度指挥能力，持续深化驻区单位党组织和在职党员到街道社区"双报到"，增强了广大党员的宗旨意识，密切了党员与群众的血肉联系。集中整顿治理软弱涣散的党组织，实现全部销号转化，全面实行村（社区）评星定级，统筹推进各领域基层党组织建设全面进步、全面过硬。

建立健全矛盾问题排查化解、基层治理应急处置、综合执法联合查处、服务群众快速响应、重点工作"最后一公里"落实机制，将全市视作一个"战区"，区、街镇、社区（村）层层划分为"分战区"，赋予街道对区职能部门的"吹哨"调度权、考核评价权、人事建议权，各战区党委书记是该区域社会治理第一责任人，夯实街道战区地位，确保党的领导"一根钢钎插到底"。健全117个街道"大工委"、1681个社区"大党委"，推动绝大多数业委会、物业公司将接受社区党组织领导写入议事规则和公司章程，党组织轴心作用在基层治理中充分体现和落实，探索形成"红哨""红色物业"等经验做法。落实赋权减负要求，赋予街镇对部门的调度指挥权、考核评价权、人事建议权和对投入社区资金的统筹管理权。加强网格化建设和服务管理，推动网格化管理中心与基层综治中心人员联配、平台联用、工作联动、一体运行，探索落实网格管理"九全"工作机制，解决基层治理"最后一米"问题。强化示范引领作用，坚持共建共治共享，推进基层治理和平安建设"十百千"示范工程。

天津市"战区制、主官上、权下放"党建引领基层治理做法在全国市域社会治理现代化工作会议上进行推介。作为天津党建引领基层治理体制机制创新和市域社会治理现代化试点全域创建工作的重要载体，"津治通"平台搭建全市一体化协同处置系统，建立起市、区、街道（乡镇）、社区（村）四级联动体系，完成党的建设、综合治理、社区治理、数字城管等现有信息资源整合，搭建开发完成全市一体化协同处置系统和"津治通"App移动端，依托网格化机制和信息化手段，通过9大类38小类238三级分类事项清单进行快速任务分发、流转处置，实现平台受理、分析研判、分流交办、全程监督、评价反馈等功能，通过统一平台、统一协调、统一调度，减轻基层工作人员协调难度大、工作步骤繁琐、事务繁杂等负担。新冠疫情暴发后，基层网格员利用手机 App 开展疫情防控工作，对重点关注人员持续动态跟踪；"津治通""津心办"双平台联动实现"码上"管理。将"津心办"一网通办平台"健康码"系统自动识别的"红码""橙码"人员信息通过"津治通"一网统管平台及时推送各区、街道（乡镇）、社区（村），形成电子信息化台账，纳入线下疫情防控体系，实现对不同人群的分类管理。网格员通过"津治通"APP 精准掌握管辖范围内"红码""橙码"人员，主动上门服务，形成"大数据 + 网格化"闭环体系，服务科学防控和精准治理。

红桥区和苑街道社会矛盾纠纷调处化解中心内，检察院工作人员正在为居民解答法律问题。

作者：赵风俊

自我革命永远在路上

党的十八大以来，以习近平同志为核心的党中央以刀刃向内的勇气向党内顽瘴痼疾开刀，以雷霆万钧之势推进全面从严治党，构建起一套行之有效的权力监督制度和执纪执法体系，探索出一条长期执政条件下解决大党独有难题的成功道路。市委坚持全面从严治党，一体推进不敢腐、不能腐、不想腐，推动管党治党从宽松软走向严紧硬。在市委领导下，各级党委（党组）和纪委监委认真履行党章赋予的职责，坚持把纪律挺在前面，持之以恒正风肃纪反腐，推动反腐败斗争取得压倒性胜利并全面巩固。

驰而不息纠正"四风"

党的十八大召开后，天津市制定实施《关于加强党的作风建设的规定》《天津市深化党的纪律检查体制改革实施方案》《关于深入贯彻和严格执行中央八项规定精神实施细则》，建立"四位一体"明察暗访机制，锲而不舍落实中央八项规定及其实施细则精神，享乐奢靡之风得到有效遏制。

持续大力整治形式主义官僚主义和不担当不作为问题。2017年，市委出台《关于贯彻落实〈中共中央政治局贯彻落实中央八项规定实施细则〉精神的实施办法》，大兴调查研究之风，注重改进文风会风，严格规范出访出差，大力改进新闻报道，在全市深入开展不担当不作为问题专项治理。2018年到2020年深入开展"不担当不作为问题专项治理三年行动"；开展"大兴学习之风、深入调研之风、亲民之风、尚能之风"活动和"建立一张联系卡、蹲点一个单位、解决一个问题、开展一次主题党日活动、形成一份调研报告""五个一"活动；召开全市"讲担当、促作为、抓落实"动员会暨警示教育大会、市级机关处长大会等会议，引导广大党员干部勇于知重负重、担难担险、苦练事功、善于作为；2021 年 3 月，市委启动"讲担当促作为抓落实，持续深入治理形式主义官僚主义不担当不作为问题专项行动"，聚焦重点、靶向施治，坚决治庸治懒治无为，取得阶段性成果，为"十四五"开好局、起好步，全面建设社会主义现代化大都市提供坚强作风保障。同时，出台《天津市干部干事创业容错免责操作规程》，建立健全容错免责机制，为敢于担当的干部撑腰鼓劲提供制度支撑。

零容忍惩治腐败

始终保持惩治腐败高压态势，坚持纪严于法、违纪必究，推动各级党组织严明党的纪律特别是政治纪律，严肃党内政治生活。坚持"一案双查"，抓好"案后整改"，不断加大对违纪违法行为的惩治力度，营造风清气正的政治生态，始终坚持无禁区、全覆盖、零容忍，坚持重遏制、强高压、长震慑，巩固发展反腐败斗争压倒性态势。严肃查处国企、金融、土地、规划、政法、人防、供销社等重点领域腐败问题，一批以权谋私、官商勾结、设租寻租的腐败分子受到严肃惩处。树立大抓基层的鲜明导向，坚持人民群众反对什么、痛恨什么，就坚决防范和纠正什么，先后开展漠视群众利益、扫黑除恶和民生领域腐败等专项整治，大力纠治群众身边的腐败和不正之风。聚焦党的十八大特别是十九大以来不收敛不收手、政治问题与经济问题交织的腐败案件，集中整治国企、金融、土地、政法等重点领域腐败，坚决纠治群众身边腐败和不正之风，做实以案为鉴、以案促改、以案促治，标本兼治综合效应充分彰显。

加强对权力运行的监督

天津市健全完善党委（党组）全面监督、纪检监察机关专责监督、党的工作部门职能监督、党的基层组织日常监督、党员民主监督相衔接的党内监督体系。制定纪律监督、监察监督、派驻监督、巡视监督统筹衔接工作意见等文件，实现力量整合、成果共享、工作接力。发挥党内监督带动作用，推动与人大监督、民主监督、行政监督、司法监督、审计监督、财会监督、统计监督、群众监督、舆论监督有机贯通、相互协调。强化日常监督，制定落实加强监督工作意见和统筹监督工作办法，采取个别谈话、专项检查、制发提示函和督办单等方式，把监督贯穿日常工作生活始终。

天津市认真落实中央《关于加强对"一把手"和领导班子监督的意见》，通过日常监督、专项检查、参加民主生活会等方式，深入了解"一把手"和领导班子践行"两个维护"、执行民主集中制、廉洁自律等情况，对存在违纪苗头等一般性问题开展同志式谈心谈话，对严重违纪违法问题坚决查处。推动监督向基层延伸，出台《关于进一步加强基层监督工作的意见（试行）》，制定加强纪检监察工作联络站建设指导意见。深化运用监督执纪"四种形态"，出台《关于运用监督执纪"四种形态"的实施办法（试行）》和《关于党委（党组）运用监督执纪"第一种形态"的意见》，抓早抓小、防微杜渐成为常态。

筑牢拒腐防变的制度防线和思想防线

市委认真贯彻新时代党的建设总要求，把党内法规制度建设作为党的各项建设特别是党的政治建设的重要抓手，制定《中共天津市委关于加强新时代党内法规制度建设的实施意见》，明确党内法规制度建设的重点任务。

为加强对权力运行的监督，筑牢制度防线，市委出台《关于进一步加强基层监督工作的意见（试行）》《关于运用监督执纪"四种形态"的实施办法（试行）》《中共天津市委关于加强新时代党内法规制度建设的实施意见》等文件，坚持一体推进不敢腐、不能腐、不想腐，构建标本兼治制度机制。将党内法规制度建设纳入全面从严治党主体责任考核和政治生态建设考核评价，作为党建工作述职述责的重要内容，推动各级党委（党组）切实履行党内法规制度建设主体责任、主要负责同志履行第一责任人责任。制定出台《关于运用典型违纪违法案件推进以案促教、以案促改、以案促建工作办法（试行）》，构建标本兼治制度机制。加强纪律建设，深入开展党纪学习教育，组织党员干部学习贯彻《中国共产党纪律处分条例》。

2017年以来市委先后7次召开警示教育大会,拍摄警示教育片15部,汇编警示教育材料32类,建成市警示教育中心,举办"利剑高悬、警钟长鸣"警示教育展和全面从严治党主题教育展,累计观展29万人次。深化党风廉政宣传教育,制定清廉天津建设意见和加强新时代廉洁文化建设若干措施,统筹推进各清廉单元建设,精心打造"一区一品"廉政文化品牌和教育阵地,创作廉政题材文艺作品,弘扬崇廉尚洁社会风尚。

天津市警示教育中心

发挥巡视监督利剑作用

市委制定落实《中共天津市委关于加强巡察工作的意见》《中共天津市委贯彻〈中国共产党巡视工作条例〉的实施办法》《加强巡视问题整改工作的操作规范》,印发《十一届天津市委巡视工作规划》,市委常委会、市委书记专题会定期研究巡视工作。突出政治巡视,聚焦党的领导、党的建设、全面从严治党,不断加大巡视力度。加强巡视队伍建设,将市委巡视办列为市委工作机构序列。党的十八大至十九大的五年间,完成对276个党组织巡视全覆盖；党的十九大以来，市委坚定不移深化政治巡视，推动落实"巡视反馈问题整改、举一反三整改、推动改革促进发展整改"三级递进机制，完善整改情况报告、公开制度，扎实做好巡视"后半篇文章"。

天津市深化纪检监察体制改革，持续深化纪检监察机关转职能、转方式、转作风，各级纪委书记、纪检监察组组长不再分管其他业务工作。推动查办案件以上级纪委监委领导为主具体化程序化，健全领导指挥、立案指导、处理决定把关、检查考核、请示报告等制度机制。深化派驻机构改革，认真落实中央关于加强市纪委派驻机构建设的意见，出台《关于深化天津市纪委监委派驻机构改革的实施意见》，市纪委设置56家派驻机构，16个区设立派驻机构118家，实现市区两级党和国家机关派驻监督全覆盖，在全国率先完成市、区两级派驻机构改革任务。落实党中央深化国家监察体制改革重大战略部署，2018年，市区两级监察委员会组建挂牌，市区监察委员会与纪委合署办公，实现对所有行使公权力的公职人员监察全覆盖。

经过全市上下共同努力，全市党风廉政建设和反腐败斗争取得明显成效。党的纪律建设得到全面加强，不敢腐的目标初步实现，不能腐的制度日益完善，不想腐的堤坝正在构筑。党风政风持续向好，人民群众对反腐败工作的满意度明显提升，改革发展正能量不断聚集，干事创业氛围更加浓厚，为全面建设社会主义现代化大都市，谱写中国式现代化天津篇章提供坚强的政治保证和组织保证。

作者：赵凤俊

牢记嘱托，坚定不移沿着习近平总书记指引的方向阔步前进

党的十八大以来，在以习近平同志为核心的党中央坚强领导下，中共天津市委团结带领全市各级党组织和广大党员干部群众全面贯彻落实党的十八大、十九大和二十大精神，深入贯彻落实习近平总书记视察天津重要讲话精神和一系列重要指示批示精神，坚定不移走高质量发展之路，全面建设社会主义现代化大都市，奋力谱写中国式现代化天津篇章。

习近平总书记五次亲临天津视察调研和出席活动，为天津发展指明前进方向

进入新时代，党和国家赋予天津新使命、新任务。天津承担着推进京津冀协同发展、服务"一带一路"建设等重大国家战略任务，肩负着建设全国先进制造研发基地、北方国际航运核心区、金融创新运营示范区、改革开放先行区的重大责任。习近平总书记始终关心天津发展、心系天津人民。党的十八大以来，习近平总书记先后五次视察天津和出席活动，向第三届世界智能大会、首届世界职业技术教育发展大会等重要活动发来贺信，对天津工作发表重要讲话、作出重要指示批示，为天津发展和各项工作提供了根本遵循和行动指南。

2013年5月，习近平总书记亲临天津视察，对天津工作提出"着力提高发展质量和效益、着力保障和改善民生、着力加强和改善党的领导"的"三个着力"重要要求，对天津发展给予重托、赋予重责、寄予厚望。2017

年 8 月，习近平总书记在天津出席中华人民共和国第十三届运动会开幕式并宣布运动会开幕。2017 年 9 月，习近平总书记给南开大学 8 名新入伍大学生回信，肯定了他们携笔从戎、报效国家的行为，勉励他们把热血挥洒在实现强军梦的伟大实践中，书写绚烂、无悔的青春篇章。2018 年 6 月，习近平总书记与俄罗斯总统普京在天津共同观看中俄青少年冰球友谊赛。2019 年 1 月，习近平总书记在京津冀考察，主持召开京津冀协同发展座谈会并发表重要讲话，对新时代京津冀协同发展作出战略部署，在天津先后考察调研南开大学、和平区新兴街朝阳里社区、梁启超旧居、天津港、天津滨海—中关村科技园，对天津工作作出重要指示，在创新发展、发展实体经济、加强生态环境建设、高校建设发展、加强社区治理、深化志愿服务、城市规划建设管理等方面提出重要要求。2019 年 5 月，习近平总书记向在天津举办的第三届世界智能大会发来贺信，强调推动新一代人工智能健康发展，更好造福世界各国人民，为推动人工智能同经济社会发展深度融合指明了方向。2022 年 8 月，习近平总书记向在天津举办的首届世界职业技术教育发展大会发来贺信，深刻阐述了职业教育对促进经济发展和民生改善的重要作用，为深化职业教育国际交流与合作增添了信心和动力。2023 年 5 月，习近平总书记主持召开深入推进京津冀协同发展座谈会并发表重要讲话，指出要以更加奋发有为的精神状态推进各项工作，推动京津冀协同发展不断迈上新台阶，努力使京津冀成为中国式现代化建设的先行区、示范区。

2024 年 2 月，在喜迎新中国成立 75 周年的重要节点，在京津冀协同发展重大国家战略实施 10 周年的重要时刻，习近平总书记亲临天津视察指导，深入农村、历史文化街区、革命纪念馆考察调研，看望慰问基层干部群众。先后考察西青区辛口镇第六埠村、天津古文化街、平津战役纪念馆，视察慰问驻天津部队，听取天津市委和市政府工作汇报，对天津各项工作取得的成绩给予肯定。深刻阐述了事关天津长远发展的全局性、根本性、战略性问题，提出了新时代新征程对天津工作的总体要求，明确了"四个善作善成"重要要求和巩固拓展主题教育成果、加强党的建设的部署要求，擘画了全面建设社会主义现代化大都市、奋力谱写中国式现代化天津篇章的宏伟蓝图，为天津工作指明了前进方向、提供了行动遵循。

以"三个着力"为元为纲，开创全面建设
社会主义现代化大都市新局面

2013年5月，习近平总书记视察天津后，市委深入学习贯彻习近平总书记对天津工作提出的"三个着力"重要要求和一系列重要指示批示精神。8月，市委十届三次全会审议通过《中共天津市委关于深入贯彻落实习近平总书记在津考察重要讲话精神加快建设美丽天津的决定》。2017年5月，市第十一次党代会坚持以习近平总书记对天津工作提出的"三个着力"重要要求为元为纲，提出建设创新发展、开放包容、生态宜居、民主法治、文明幸福的"五个现代化天津"奋斗目标。

党的十九大确立习近平新时代中国特色社会主义思想为党的指导思想，提出了新时代坚持和发展中国特色社会主义的基本方略，确定了决胜全面建成小康社会、开启全面建设社会主义现代化国家新征程的奋斗目标，对新时代推进中国特色社会主义伟大事业和党的建设新的伟大工程作出全面部署。2017年11月，市委十一届二次全会审议通过《中共天津市委关于深入学习宣传贯彻党的十九大精神奋力推进习近平新时代中国特色社会主义思想在津沽大地生动实践的决定》。2019年2月，市委十一届六次全会审议通过《中共天津市委关于认真学习贯彻习近平总书记视察天津重要指示和在京津冀协同发展座谈会上重要讲话精神的实施意见》。2022年6月，市第十二次党代会强调要把握新发展阶段、贯彻新发展理念、构建新发展格局，统筹发展和安全，以高质量发展、高水平改革开放、高效能治理、高品质生活为目标导向，面向新时代新征程对天津发展做出新部署。

党的十八大以来，市委、市政府坚决贯彻党中央部署要求，坚持稳中求进工作总基调，笃定高质量发展不动摇，高效统筹疫情防控和经济社会发展，统筹发展和安全，办成了一些大事要事难事，推进了许多固本培元、

守正创新的工作，实施了一批打基础、补短板、利长远的重大项目。坚决把战略重点转移到拼质量、拼效益、拼结构优化、拼绿色发展上来，实现动力结构、产业结构、财税结构不断优化，推动经济高质量发展取得显著成效。在服务京津冀协同发展重大国家战略方面，承接北京非首都功能疏解取得新突破，服务支持雄安新区建设成效明显，"轨道上的京津冀"加快打造，生态环境联建联防联治取得新成效，世界一流智慧、绿色港口建设提速加力。营商环境进一步优化，国企改革成效明显，金融创新运营示范区建设步伐加快，东西部扶贫协作和支援合作任务圆满完成。统筹推进山水林田湖海等系统治理，美丽天津建设迈出坚实步伐。全力做好普惠性、基础性、兜底性民生工作，每年把财政支出的七成以上用于民生领域，连年精心组织实施20项民心工程，人民群众获得感幸福感安全感进一步提升。坚持党的全面领导，推进全面从严治党和党的自我革命，持续推进党内集中学习教育走深走实，政治判断力、政治领悟力、政治执行力进一步提高，大力开展形式主义官僚主义和不担当不作为问题专项整治，政治生态展现全新气象。

践行"四个善作善成"重要要求，
奋力谱写中国式现代化天津篇章

党的二十大庄严宣告："从现在起，中国共产党的中心任务就是团结带领全国各族人民全面建成社会主义现代化强国、实现第二个百年奋斗目标，以中国式现代化全面推进中华民族伟大复兴。"习近平总书记站在新时代新征程党和国家事业发展全局的战略高度，对中国式现代化的一系列重大理论和实践问题，作出全面、系统、深入的阐述，为新时代新征程推进中国式现代化提供了行动指南。市委十二届二次全会审议通过《中共天津市委关于深入学习宣传贯彻党的二十大精神奋力开创全面建设社会主义现代化大都市新局面的决定》。随后召开的市委经济工作会议，立足中国式现代化新场景，积极探索天津全面建设社会主义现代化大都市的实践路径，提出推动天津发展的"十项行动"，绘制了新时代新征程中国式现代化天津篇章的"施工图""实景图"。2023 年 5 月，市委十二届三次全会审议通过《中共天津市委关于认真学习贯彻习近平总书记在深入推进京津冀协同发展座谈会上重要讲话精神的决定》，动员全市广大党员干部群众奋发有为推动京津冀协同发展走深走实，担当起使京津冀成为中国式现代化建设先行区、示范区的职责使命。

2024 年 2 月，在天津改革发展的关键时刻和重要关口，习近平总书记亲临天津视察指导并发表重要讲话，为全面建设社会主义现代化大都市注入强大的政治动力、精神动力、工作动力，为中国式现代化天津篇章确定主题思想、主体设计、基本框架，为天津推进高质量发展指航定向、擘画蓝图、立柱架梁，赋予天津新目标、新使命、新任务，在新时代新征程天津发展进程中具有重要里程碑意义。市委十二届五次全会深入学习贯彻习近平总书记视察天津重要讲话精神，审议通过《中共天津市委关于深入学习贯彻习近平总书记视察天津重要讲话精神奋力谱写中国式现代化天津篇章的决定》。全会要求，全市各级党组织和广大党员干部深刻领悟"两个确立"的决定性意义，坚决做到"两个维护"，把深入学习宣传贯彻习近平总书记视察天津重要讲话精神作为当前和今后一个时期的首要政治任务，同学习贯彻习近平总书记对天津工作的一系列重要指示要求结合起来，深刻领会把握新征程上天津工作的总体要求、"四个善作善成"的重要要求和巩固拓展主题教育成果、加强党的建设的部署要求，学在深处、谋在新处、干在实处，把习近平总书记的殷殷嘱托全面落实到津沽大地上。

在市委领导下，全市上下紧密团结在以习近平同志为核心的党中央周围，全面贯彻党的二十大和二十届二中全会、三中全会精神，深入学习贯彻习近平总书记视察天津重要讲话精神，聚焦经济建设这一中心工作和高质量发展这一首要任务，以推进京津冀协同发展为战略牵引，坚持科技创新和产业创新一起抓，努力在发展新质生产力上善作善成；坚持改革的精准性、针对性、实效性，在进一步全面深化改革开放上善作善成；坚持以文化人、以文惠民、以文润城、以文兴业，在推动文化传承发展上善作善成；坚持人民城市理念、走内涵式发展道路，在提升城市治理现代化水平上善作善成，奋力谱写中国式现代化天津篇章。

2024 年 2 月 27 日至 28 日，中国共产党天津市第十二届委员会第五次全体会议召开。图为会场。

作者：周巍

后　记

为庆祝中国共产党天津地方执行委员会成立 100 周年，全面反映中国共产党带领天津人民进行革命、建设和改革，特别是党的十八大以来的奋斗历程和取得的重大成就与宝贵经验，传承红色基因，赓续红色血脉，凝聚奋进力量，中共天津市委党校（市委党史研究室）组织编写了《津沽大地上的奋斗足迹》一书。

《津沽大地上的奋斗足迹》的组织编写工作于 2023 年初启动。本书编写工作坚持以习近平新时代中国特色社会主义思想为指导，深入学习贯彻党的二十大、二十届二中全会、二十届三中全会精神和习近平总书记关于党的历史的重要论述精神，坚持以《中共中央关于党的百年奋斗重大成就和历史经验的决议》《关于建国以来党的若干历史问题的决议》《关于若干历史问题的决议》为依据，坚持唯物史观和正确党史观，认真查阅收集相关档案、报刊和图片等资料，充分利用已有的研究成果，特别是注意吸收近年来理论界、学术界最新研究成果，扎实开展专题研究撰写工作。

中共天津市委党校（市委党史研究室）对本书编写工作高度重视，市委党校分管日常工作副校长徐瑛审定书稿，市委党校副校长、市委党史研究室主任王永立对大纲编写给予指导并审阅书稿。承担本书的编写人员有周巍、马兆亭、孟罡、赵风俊、曹冬梅、崔玉田等。全书由徐华娟统稿。南开大学出版社、天津人民出版社领导和编辑为本书出版付出了辛勤劳动。在此一并表示衷心感谢。

由于水平所限，如有疏漏和不当之处敬请读者批评指正。

编者

2024 年 6 月